Kohlhammer

Der Autor

Peter D. Kramer, Harvard Medical School, M. D., emeritierter Professor für Psychiatrie an der Brown University (Providence, R. I., USA), ist ein renommierter amerikanischer Arzt und Autor, dessen Werke maßgeblich zur Entstigmatisierung psychischer Erkrankungen, insbesondere der Depression, beigetragen haben.

Internationale Bekanntheit erlangte Peter D. Kramer erstmals durch sein 1993 veröffentlichtes Buch »Listening to Prozac«, in dem er die Auswirkungen von Antidepressiva auf das Selbst und die Persönlichkeit untersuchte. Dieses Buch war und ist ein internationaler Bestseller (viele Übersetzungen, auch ins Deutsche, Neuauflage vor kurzem anlässlich des 30. Jahrestages des Erscheinens).

Deutsche Übersetzung

Dr. med. Karl Dantendorfer, Facharzt für Psychiatrie und Neurologie und Psychotherapeut, ist Individualpsychologe in einer niedergelassenen Praxis und ao. Univ.-Professor. Zudem war er Chefarzt und GF der Psychosozialen Dienste Burgenland bis 2010 sowie Ärztlicher Direktor der Pro Mente Reha GmbH bis 2023.

Elisabeth Dantendorfer, B. A., M. Sc. in Global Health and Social Justice, King's College London, war Kaufmännische Leiterin einer ambulanten Suchtklinik in London bis 2024.

Peter D. Kramer

Wirksam

Was Wissenschaft und Praxis über
Antidepressiva lehren

Deutsche Übersetzung von Karl Dantendorfer
und Elisabeth Dantendorfer

Verlag W. Kohlhammer

Dieses Werk einschließlich aller seiner Teile ist urheberrechtlich geschützt. Jede Verwendung außerhalb der engen Grenzen des Urheberrechts ist ohne Zustimmung des Verlags unzulässig und strafbar. Das gilt insbesondere für Vervielfältigungen, Übersetzungen, Mikroverfilmungen und für die Einspeicherung und Verarbeitung in elektronischen Systemen.
Pharmakologische Daten, d. h. u. a. Angaben von Medikamenten, ihren Dosierungen und Applikationen, verändern sich fortlaufend durch klinische Erfahrung, pharmakologische Forschung und Änderung von Produktionsverfahren. Verlag und Autoren haben große Sorgfalt darauf gelegt, dass alle in diesem Buch gemachten Angaben dem derzeitigen Wissensstand entsprechen. Da jedoch die Medizin als Wissenschaft ständig im Fluss ist, da menschliche Irrtümer und Druckfehler nie völlig auszuschließen sind, können Verlag und Autoren hierfür jedoch keine Gewähr und Haftung übernehmen. Jeder Benutzer ist daher dringend angehalten, die gemachten Angaben, insbesondere in Hinsicht auf Arzneimittelnamen, enthaltene Wirkstoffe, spezifische Anwendungsbereiche und Dosierungen anhand des Medikamentenbeipackzettels und der entsprechenden Fachinformationen zu überprüfen und in eigener Verantwortung im Bereich der Patientenversorgung zu handeln. Aufgrund der Auswahl häufig angewendeter Arzneimittel besteht kein Anspruch auf Vollständigkeit.
Die Wiedergabe von Warenbezeichnungen, Handelsnamen und sonstigen Kennzeichen in diesem Buch berechtigt nicht zu der Annahme, dass diese von jedermann frei benutzt werden dürfen. Vielmehr kann es sich auch dann um eingetragene Warenzeichen oder sonstige geschützte Kennzeichen handeln, wenn sie nicht eigens als solche gekennzeichnet sind.
Es konnten nicht alle Rechtsinhaber von Abbildungen ermittelt werden. Sollte dem Verlag gegenüber der Nachweis der Rechtsinhaberschaft geführt werden, wird das branchenübliche Honorar nachträglich gezahlt.
Dieses Werk enthält Hinweise/Links zu externen Websites Dritter, auf deren Inhalt der Verlag keinen Einfluss hat und die der Haftung der jeweiligen Seitenanbieter oder -betreiber unterliegen. Zum Zeitpunkt der Verlinkung wurden die externen Websites auf mögliche Rechtsverstöße überprüft und dabei keine Rechtsverletzung festgestellt. Ohne konkrete Hinweise auf eine solche Rechtsverletzung ist eine permanente inhaltliche Kontrolle der verlinkten Seiten nicht zumutbar. Sollten jedoch Rechtsverletzungen bekannt werden, werden die betroffenen externen Links soweit möglich unverzüglich entfernt.

Die englischsprachige Originalausgabe ist 2016 unter dem Titel »Ordinarily Well. The Case for Antidepressants« bei Farrar, Straus and Giroux erschienen.

Alle Rechte vorbehalten
© 2016 Peter D. Kramer

Für die deutschsprachige Ausgabe:
Umschlagabbildung: cristovao31 – stock.adobe.com

1. Auflage 2025

Alle Rechte vorbehalten
© W. Kohlhammer GmbH, Stuttgart
Gesamtherstellung: W. Kohlhammer GmbH, Heßbrühlstr. 69, 70565 Stuttgart
produktsicherheit@kohlhammer.de

Print:
ISBN 978-3-17-046644-9

E-Book-Formate:
pdf: ISBN 978-3-17-046645-6
epub: ISBN 978-3-17-046646-3

» Niemand wagt es mehr zu sagen oder auch nur einzugestehen, dass er sieht, was er sieht – das, was schlichtweg da ist, vielleicht unausgesprochen oder kaum benannt, und doch auf der Hand liegt.«
— Javier Marías, *Dein Gesicht morgen*

» Süße Analytik – du hast mich verführt.«
— Christopher Marlowe, *Doctor Faustus*

Inhalt

Vorwort der Übersetzer 11

Vorwort des Autors 14

1 Die Geburt der Moderne 29

2 Intermezzo: Eine Anekdote 37

3 Streiflichter 42

4 Wie Max es sah 49

5 Intermezzo: Das Gegenteil von Wissenschaft 53

6 Alles geklärt? 59

7 Intermezzo: Meine Sünden 66

8 Ermutigung 74

9 Intermezzo: Was er suchte und was er fand 78

10 Anti-Depressiv 84

11 Intermezzo: Übergänge 88

12 Ein Wendepunkt 94

13 Alchemie 99

14 Intermezzo: Providence, Rhode Island 106

15 Beste Referenzen? 110

16 Besser, Schneller, Billiger 114

17 Intermezzo: Erträglich gut – Depression und Lebensqualität ... 121

18 »Better than well« – Die »Mehr-als-gesund«-Frage 129

19	Intermezzo: Ein alter Traum	138
20	Forellen in der Milch finden – Fragwürdige Statistik als Beginn der Antidepressiva-Diskussion	142
21	Placebo – Was es ist und was nicht	150
22	Zwei plus Zwei = Zwei – Was Studien zeigen	154
23	Dysthymie – Im blinden Fleck der Evidenz	161
24	Verlaufskurven	171
25	Kein Mythos	183
26	Intermezzo: Antidepressiva-Forschung in den USA – Ein Blick hinter die Kulissen	191
27	»Rate What You See« – Was wir sehen und was wir übersehen	203
28	Placebo – Hoffnung ohne Wirkung?	209
29	Von der Wirkung zur Besserung	217
30	Intermezzo: Durchhalten	224
31	Niedergeschlagenheit oder Depression	227
32	Die Auswaschphase – Studienbeginn, Placeboeffekte und verzerrte Evidenz	233
33	Jenseits von Ausschlusskriterien – Antidepressiva im echten Leben	242
34	Intermezzo: Antidepressiva als Ko-Therapeuten	249
35	Wo wir stehen – Wirkungen voraussagen, Möglichkeiten begreifen	254
36	Zurück ins Leben – Antidepressiva auf der Langstrecke	266
37	Intermezzo: Ein Albtraum-Szenario	277
38	Intermezzo: Woran ich zweifle und woran ich glaube	282
39	Intermezzo: Therapie als Kunst – Zwischen Leitlinien und klinischer Erfahrung	287

Inhalt

40 Zuviel oder Zuwenig – Wer Antidepressiva nicht braucht und wer sie nicht bekommt 298

41 Wie weit wir gekommen sind 305

Verzeichnisse 320

    Literaturangaben und Anmerkungen 320

    Glossar 358

    Sachwortverzeichnis 385

Vorwort der Übersetzer

Warum dieses Buch?
Weil Depression eine der häufigsten und zugleich folgenreichsten Erkrankungen unserer Zeit ist – und weil es noch immer an Wissen, Verständnis und Vorurteilsfreiheit fehlt. Wir, Karl und Elisabeth Dantendorfer, kommen aus unterschiedlichen Fachrichtungen – Psychiatrie und Psychotherapie einerseits, Gesundheitsökonomie andererseits – und sind überzeugt, dass dieses Buch von Peter Kramer für beide Blickwinkel von unschätzbarem Wert ist.

Der ärztliche Zugang
Karl Dantendorfer arbeitet seit über 35 Jahren als Psychiater und Psychotherapeut mit Menschen, die an Depression erkrankt sind. Die Lebenszeitprävalenz – also die Wahrscheinlichkeit, im Lauf des Lebens mindestens einmal zu erkranken – liegt je nach Studie zwischen 11 und 20 Prozent. Die Punktprävalenz – der Anteil der Bevölkerung, der zu einem gegebenen Zeitpunkt betroffen ist – beträgt typischerweise etwa 6 Prozent. Viele Betroffene erleben wiederkehrende Episoden, nicht wenige entwickeln chronische Verläufe. Besonders bedrückend ist: Bis zu 65 Prozent der Erkrankten erhalten keine adäquate Behandlung. Ein Grund dafür liegt nicht selten in Vorurteilen und Fehleinschätzungen zur Wirksamkeit, Sicherheit oder Verträglichkeit von Antidepressiva. Einseitige Darstellungen in den Medien verstärken dieses Problem.

Der gesundheitsökonomische Zugang
Elisabeth Dantendorfer bringt als Sozio-Ökonomin die Perspektive der öffentlichen Gesundheit und der Volkswirtschaft ein. Depression verursacht nicht nur persönliches Leid und Einbußen an Lebensqualität für Betroffene und Angehörige – sie gehört auch zu den teuersten Erkrankungen überhaupt. Schätzungen zufolge gehen den westlichen Staaten dadurch jährlich mehrere Prozent des Bruttoinlandsprodukts verloren.

Eine behandelbare Erkrankung
Depression ist keine Charakterschwäche, sondern eine ernstzunehmende – und in den meisten Fällen gut behandelbare – Erkrankung. Je früher sie erkannt und therapeutisch adressiert wird, desto größer sind die Chancen auf Besserung oder vollständige Genesung. In vielen Fällen ist eine Kombination aus medikamentöser Behandlung und Psychotherapie besonders wirksam – beides ergänzt sich sinnvoll, statt einander auszuschließen.

Warum Peter Kramer lesen?
Peter Kramer beschreibt mit großer Klarheit und spürbarer Menschlichkeit seinen persönlichen Weg – und den Weg der Psychiatrie insgesamt: von der Dominanz psychoanalytischer, medikamentenkritischer Haltungen hin zu einer von Forschung und Evidenz geprägten, oft auch kontroversen Auseinandersetzung mit der Wirkung antidepressiver Behandlung.

Die Debatten um Antidepressiva werden bis heute nicht selten ideologisch statt wissenschaftlich geführt. Die Stärke dieses Buches liegt in Kramers Fähigkeit, die komplexen und zum Teil widersprüchlichen Argumente so darzustellen, dass sie auch für Leser ohne medizinisches oder statistisches Vorwissen verständlich werden.

Was Peter Kramer auszeichnet, ist die seltene Verbindung von wissenschaftlicher Genauigkeit und klinischer Erfahrung. Er leitet seine Schlüsse konsequent aus der vorliegenden Evidenz ab – und verliert dabei nie den einzelnen Menschen aus dem Blick. Für ihn stehen Medikamente und Psychotherapie nicht in Konkurrenz, sondern bilden ein komplementäres Instrumentarium, das individuell und mit Blick auf Lebensgeschichte und Umfeld eingesetzt werden muss.

Was hat sich seit Erscheinen des Buches verändert?
Die Erstausgabe von »Ordinarily Well« erschien 2016. Seitdem hat sich vieles weiterentwickelt – und vieles von dem, was Kramer darlegt, wurde wissenschaftlich bestätigt. So hat sich seine Einschätzung zur Diskussion um Absetzphänomene als zutreffend erwiesen: Neue Studien erlauben inzwischen eine differenzierte und realistische Einordnung.

Mit der Zulassung von Esketamin als Nasenspray unter dem Namen Spravato® steht für die Subgruppe der therapieresistenten Depressionen eine neue Behandlungsoption zur Verfügung, deren langfristige Wirkung weiter beobachtet werden muss. Weitere Substanzen mit vergleichbarem Wirkansatz befinden sich unter dem Sammelbegriff »schnell wirkende Antidepressiva« (RAAD) in der klinischen Entwicklung. Auch nicht-medikamentöse Verfahren wie die transkranielle Gleichstromstimulation (tDCS) zeigen – vor allem in Kombination mit Antidepressiva – vielversprechende Resultate.

Blick nach vorn: Präzisionspsychiatrie und humane Haltung

Wir stehen am Anfang eines tiefgreifenden Wandels – in der Medizin insgesamt, aber auch in der Psychiatrie. Genomik, Pharmakogenetik und KI eröffnen neue Wege der individuellen Diagnostik und Therapieplanung. So zeigen KI-Modelle auf Basis großer Sprachmodelle neue Möglichkeiten in der Frühdiagnostik, während Machine-Learning-Verfahren helfen könnten, die individuell wirksamste Behandlung vorherzusagen. Parallel dazu ermöglicht die Pharmakogenetik eine personalisierte Auswahl geeigneter Medikamente.

Bei all dem Potenzial dieser technologischen Entwicklungen ist es umso wichtiger, dass sich ärztliches Handeln nicht auf Algorithmen oder Wirkprofile reduziert. Peter Kramer erinnert uns daran, dass gute Medizin – gerade in der Psychiatrie – technisches Wissen in eine humanistische Praxis einbetten muss.

Ein Buch für viele Leser

Dieses Buch soll Menschen mit Depression Hoffnung und Orientierung geben – und sie ermutigen, die für sie passende Hilfe zu suchen und anzunehmen. Für Ärztinnen und Ärzte, Psychotherapeutinnen und -therapeuten sowie für alle, die im pflegerischen oder sozialen Bereich mit psychisch erkrankten Menschen arbeiten, ist es ein Plädoyer für eine Psychiatrie, die menschlich bleibt – und zugleich wissenschaftlich verantwortet handelt.

Vorwort des Autors

Zu Beginn des Jahres 2011 erfuhr ich, dass ein guter Freund, Alan, einen Schlaganfall erlitten hatte. Alan und ich hatten uns vor mehr als vierzig Jahren kennengelernt, als wir auf demselben Stockwerk eines Studentenheims in Harvard wohnten. In einer Zeit, in der Absolventen teurer Privatschulen wie Andover und Exeter die Universität dominierten, waren Studenten wie wir aus öffentlichen Schulen in der Nähe von New York City die Ausnahme. Wir wählten dasselbe kleine Studienfach, einen kombinierten Studiengang namens Geschichte und Literatur. Wir traten beide der Redaktion der Universitäts-Zeitung bei.

Sechs Jahre nach unserem Abschluss trafen wir uns wieder, als ich nach dem Medizinstudium meine Facharztausbildung in Psychiatrie an der Yale University begann. Ich wurde an dem Zentrum für psychische Gesundheit ausgebildet, wo Alan gerade sein Psychologie-Praktikum abgeschlossen hatte. Wir diskutierten über Psychotherapie. Wir unterstützten uns gegenseitig als angehende Schriftsteller. Am wichtigsten war jedoch — und dies verbindet uns für immer — Alan stellte mich meiner zukünftigen Frau vor. Als Rachel und ich Kinder bekamen, wurde Alan zum Onkel ehrenhalber.

Unsere Verbundenheit war aber nicht nur eine Frage von gemeinsamer Geschichte, gemeinsamen Interessen und Dankbarkeit. Alan war freundlich, großzügig, humorvoll und weise – wir standen uns sehr nahe.

Bei Schlaganfallpatienten ist rasches Handeln wichtig, sobald die ersten Symptome auftreten. Wenn Patienten schnell ins Krankenhaus gebracht werden, können Medikamente, die die entstandenen Blutgerinnsel auflösen, Schäden am Gehirn begrenzen. Alan hatte eine solche, als Thrombolyse bezeichnete Behandlung nicht erhalten. Durch den Schlaganfall war er auf der rechten Körperseite gelähmt. Seine Sprachfähigkeit war stark beeinträchtigt.

Die Nachricht erreichte mich am Tag nach dem Vorfall, nachdem Alan seinen Cousin, einen Arzt, gebeten hatte, mich zu informieren. Der Cousin war besorgt, weil Alan sich nicht erholte und seine Beweglichkeit und seine Sprache weiterhin stark beeinträchtigt waren. Es war nicht klar, ob er in der Lage sein würde, wieder

Psychotherapie zu praktizieren oder außerhalb eines Pflegeheims leben zu können.

Auf meiner Suche nach möglichen Behandlungsoptionen, um Alan zu helfen, erinnerte ich mich vage an eine wissenschaftliche Veröffentlichung. Ich fand sie wieder, in einer angesehenen Fachzeitschrift, »*The Lancet: Neurology*«. Eine Forschergruppe in Frankreich hatte an mehr als hundert Schlaganfallpatienten eine neue Behandlung getestet. Durch eine Unterbrechung der Blutzufuhr zum Gehirn war es bei diesen Patienten – wie bei Alan – zu Lähmungen einer Seite des Körpers gekommen. In der Studie erhielten alle Patienten Physiotherapie. Zusätzlich erhielt eine Hälfte das Antidepressivum Fluoxetin (in den USA: Prozac) und die andere Hälfte ein Placebo.

Drei Monate später hatten die Patienten, die Fluoxetin (Prozac) erhalten hatten, deutlich mehr ihrer Arm- und Beinbewegungen zurückerlangt als die Patienten, die das Placebo bekommen hatten. Diejenigen, die das Antidepressivum erhalten hatten, lebten häufiger wieder selbständig. Die Verbesserungen waren auch bei Patienten eingetreten, bei denen – wie bei Alan – keine Thrombolyse durchgeführt worden war.

Die Studie beantwortete meine Frage, was man noch für Alan tun könnte. Diese Übereinstimmung – ein Dilemma in der Patientenversorgung und eine hochwertige Studie, die direkt darauf eingeht, – ist seltener, als man vielleicht denkt. Die Ergebnisse der Studie fügten sich sehr gut in das damals vorhandene Wissen über Schlaganfälle ein.

Schlaganfallopfer leiden häufig an Depressionen; aus nachvollziehbaren psychologischen Gründen, aber auch, weil die Verletzung des Gehirns Regionen betreffen kann, die Einfluss auf die Stimmung haben. Im Anschluss an einen Schlaganfall verhindern Antidepressiva Depressionen und unterstützen die geistige Leistungsfähigkeit. In einer Studie mit einer Nachbeobachtungszeit von neun Jahren hatten Patienten, die frühzeitig nach einem Schlaganfall ein Antidepressivum erhalten hatten, fast doppelt so häufig überlebt. Die Entscheidung, ein Antidepressivum zu verschreiben oder nicht, könnte also eine Frage von Leben und Tod sein.

Alan war in seiner Behandlung noch kein Antidepressivum angeboten worden. Ich drängte ihn, das Thema mit dem Behandlungsteam anzusprechen, und leitete die wissenschaftlichen Arbeiten über Antidepressiva an seine Ärzte weiter. Sie fügten Antidepressiva zu Alans Therapie mit Physiotherapie hinzu. Innerhalb weniger Wochen begann er, die Bewegungsfähigkeit seines rechten Beins zurückzugewinnen. Ich konnte die Fortschritte bei meinen Besuchen im Rehabilitationszentrum beobachten. Bald konnte er sich auch wieder mit mir telefonisch verständigen.

Während dieser Zeit hatte ich ein bedenkliches Gespräch mit einem von Alans Neurologen. Er sagte, dass die Verabreichung von Fluoxetin bei Alan eine Ausnahme wäre, auf den Wunsch von Alans Cousin und mir. In seiner Praxis habe er den Einsatz von Antidepressiva zurückgefahren, da sie seiner Meinung nach kaum besser als Placebos wären. Er bezog sich auf einen Pressebericht, in dem behauptet wurde, dass Antidepressiva überhaupt nur bei sehr schweren Depressionen wirksam seien.

Als ich danach über diesen Punkt noch mit einem medizinischen Experten zu Schlaganfällen und Stimmungsstörungen sprach, Robert Robinson, Psychiater an der Universität von Iowa, meinte der: »Neurologen sagen mir, sie verwenden ein Antidepressivum nur, wenn ein Patient an einer sehr schweren Depression leidet. Sie werden von Medienberichten beeinflusst, die behaupten, dass Antidepressiva nur dafür gut sind«.

Diese Gespräche beunruhigten mich sehr.

Auch ich hatte schon solche Zeitungsberichte gelesen. Im Jahr 2010 hatte Newsweek eine Titelstory veröffentlicht, deren Untertitel lautete: »Studien legen nahe, dass diese beliebten Medikamente nicht wirksamer sind als ein Placebo«. Im selben Jahr führte eine Zusammenfassung verschiedener Antidepressiva-Wirksamkeitsstudien zu einem Artikel in *USA Today* unter dem Banner »Antidepressive Wirkung könnte nur Einbildung sein«. Dieser Artikel enthielt die Behauptung, dass die antidepressiven Medikamente nur bei sehr schweren Depressionen wirkten. »Im Durchschnitt«, so die Schlagzeile, »sind bei den meisten Patienten, die sie einnehmen, Antidepressiva möglicherweise kaum wirksamer als ein Placebo«.

Angriffe auf Antidepressiva sind nicht neu. Skeptische Essays erscheinen, seit es diese Medikamentenklasse gibt. Im Allgemeinen waren sie Teil fachlicher Auseinandersetzungen, Versuche einer indirekten Verteidigung der Psychotherapie. Da diese Kritik weitestgehend in der Fachwelt ausgetragen wurde, hatte sie wenig Auswirkungen. Jetzt schien es jedoch, als hätten Neurologen die Argumente so überzeugend gefunden, dass sie begonnen hatten, die etablierten Fakten der neurologischen Fachliteratur – welche konsistent die Wirksamkeit von Antidepressiva zeigen – in Zweifel zu ziehen.

Diese reißerischen und beunruhigenden Medienberichte waren falsch und auch potenziell gesundheitsschädlich für Patienten, die an Depression litten. Es schien mir wichtig, mich dazu deutlich zu äußern.

Ich befand mich in einem unangenehmen seelischen Zustand – niedergedrückt von Trauer, aber zugleich innerlich aufgewühlt.

Hätte ich schon früher Anzeichen von Alans sich verschlechternder Gesundheit bemerken müssen? Ein Selbstvorwurf führte zum nächsten, bis ich begann mich zu fragen, ob ich selbst vielleicht eine gewisse Verantwortung für die falsche Überzeugung des Neurologen trug.

Im Jahr 1993 hatte ich ein Buch geschrieben: »*Listening to Prozac*«. Darin behandelte ich auch soziale und ethische Aspekte von Wirkungen, die ich beim Verschreiben der neuen Antidepressiva beobachtet hatte. Einige Patienten waren durch die Antidepressiva selbstbewusster geworden. Wenn Ärzte die Fähigkeit hatten, die Persönlichkeit von Patienten zu verändern, wie sollten sie sie nutzen? Der Erfolg des Buches hatte Journalisten dazu veranlasst, mich zu bitten, auch zu aktuellen medizinischen Fragen Stellung zu nehmen — neuerdings auch zur Frage der Wirksamkeit von Antidepressiva in der Depressionsbehandlung. Ich hatte abgelehnt.

Es ist nicht so, dass meine Worte besonderes Gewicht gehabt hätten – aber ich hatte nicht getan, was ich hätte tun können. Mir wurde bewusst, dass das Misstrauen gegenüber Antidepressiva zunahm. Meine Patienten erzählten es mir.

Kurz bevor ich von Alans Schlaganfall erfuhr, hatte ich eine Therapiesitzung mit Nora, die wiederholt depressive Phasen durchlitten hatte. Obwohl die Psychotherapie anfangs geholfen hatte, reichte diese Behandlung bei dem zunehmenden Schweregrad der depressiven Episoden nicht aus. Als sie nach Providence zog, suchte Nora mich auf. In unseren frühen Gesprächen wurde deutlich, dass ihre Stärken, zu denen ein hohes Maß an Kreativität gehörte, die Schwere ihrer Stimmungsstörung verschleiert hatten. Sie beeinträchtigte jeden Aspekt ihres Lebens. Ich schlug eine Behandlung mit Antidepressiva vor.

Mittlerweile hatten diese sie vier Jahre lang stabil gehalten, die längste Zeit ihrer Jugend, in der Nora symptomfrei gewesen war. Antidepressiva hatten es Nora ermöglicht, ihr Leben neu zu gestalten. Sie hatten ihre Ehe gerettet, sie beruflich auf Kurs gehalten und ihr geholfen, als Mutter zu funktionieren. Doch in einer der letzten Sitzungen hatte sie gefragt, ob ihr die Medikation wirklich helfe. »Vielleicht erlebe ich nur einen Placeboeffekt.« Sie hatte einen Radiobeitrag gehört. War es wahr, dass Antidepressiva selbst nichts bewirkten, dass nur der Glaube an sie die Besserung hervorbrachte?

Nora und ich konnten erwägen – immer wieder taten wir das –, ob es an der Zeit war, die Medikation zu reduzieren. In der Vergangenheit war sie nach Versuchen, die Dosis zu reduzieren, jeweils wieder zur vollen Dosis zurückgekehrt, weil sie am besten wirkte. Bemerkenswert für mich war der aktuelle Anlass zur Neubewertung der Medikamenteneinnahme, die Idee, dass Antidepressiva vielleicht nur durch die Anregung der Vorstellungskraft wirkten.

Nach vier Jahrzehnten Arbeit mit Patienten, die Antidepressiva einnehmen, kenne ich die Placebo-Frage. Psychopharmaka wurden zu keiner Zeit von der Öffentlichkeit unkritisch akzeptiert. Doch in letzter Zeit waren die Zweifel häufiger geworden.

Als ich über diesen Trend in meiner Praxis nachgrübelte, dachte ich, es hätte nicht erst Alans Schlaganfall gebraucht, um mich zum Handeln zu bewegen. Die Bedenken meiner Patienten hätten ausreichen müssen. Depression wirkt auf heimtückische Weise – wie eine degenerative Krankheit, die Nervenzellen schädigt. Wie bei Alan waren auch die Gehirne meiner Patienten angegriffen. Wie bei Alan galt auch bei meinen Patienten: Wenn nicht frühzeitig entschieden behandelt wurde, war die Langzeitprognose schlecht.

Das wusste ich genau. In meinem Buch »*Against Depression*« hatte ich ausführlich beschrieben, welche Schäden Depressionen verursachen. Die Weltgesundheitsorganisation hat festgestellt, dass Affektive Störungen weltweit zu den häufigsten Ursachen krankheitsbedingter Beeinträchtigung (Disability) führen – sowohl im individuellen Alltag als auch in der gesamtgesellschaftlichen Perspektive. In den Vereinigten Staaten erhalten nur ein Drittel der schwer depressiven Patienten Medikamente – obwohl gleichzeitig zu jedem gegebenen Monat einer von acht amerikanischen Erwachsenen ein Antidepressivum einnimmt. Bei Frauen in den Vierzigern und Fünfzigern liegt die Rate sogar fast doppelt so hoch. Wenn die Medikamente nicht wirken, müssen wir das wissen. Wenn sie wirken, sollte diese Tatsache nicht in Zweifel gezogen werden.

Warum hatte ich mich bisher nicht an dieser wichtigen Diskussion beteiligt? Die Kontroverse über die Wirksamkeit von Antidepressiva hatte schon 1989 mit einem kritischen Essay über mein oben erwähntes Buch »Listening to Prozac« mit dem Titel »Listening to Prozac but Hearing Placebo« begonnen. Ich sah damals die Formulierung »Hearing Placebo« einfach als Provokation. Der Essay verwendete nur eine einseitig selektive Auswahl von Daten, um die Annahme zu stützen, dass Antidepressiva weniger wirksam seien, als Ärzte annahmen. Sei's drum – darüber konnte man hinwegsehen. Einen Teil dieser Artikel zur Wirksamkeit von Antidepressiva las ich wie eine Satire, sie waren nicht ernst zu nehmen. Auch die pharmazeutische Industrie konnte solche kritischen Stimmen verkraften. Ich betrachtete diesen und andere Essays als mediales Spektakel und sah (damals) keinen Grund, darauf zu reagieren.

Ich hatte mich auch aus einem weiteren Grund zurückgehalten. Mit der Veröffentlichung meines Prozac-Buches war ich zu einer öffentlichen Figur geworden. Reporter interviewten mich in nationalen Fernsehsendungen morgens und abends. Der berühmte Karikaturist Roz Chast zeichnete »Listening to«-Cartoons für *The New Yorker*. Im Jahresrückblick titelte die *New York Times* mit der Überschrift »Listening to 1993« und stellte fest: »Prozac hatte das Wort«.

Ich genoss den Erfolg, da ging es mir wie den meisten anderen auch; aber was nützte Erfolg, wenn ich meine eigenen Interessen nicht mehr verfolgen konnte – und die waren vielfältig.

Ich schrieb ein Buch über die Psychologie von Intimität und Beziehungen mit dem Titel »Should You Leave?« (»Bleiben oder gehen?«, keine deutsche Ausgabe) und der Scribner-Verlag veröffentlichte es.

Auch in anderen Medien versuchte ich, mein Themenspektrum zu erweitern. Für einen TED-Talk sprach ich über Psychotherapie als eine Form von Technologie. Im Radio moderierte ich Programme über häusliche Gewalt und psychische Gesundheitsversorgung für Migranten. Wenn ich für Publikationen wie die New York Times, die Washington Post und Slate schrieb, waren die Themen vielfältig:

Neurowissenschaften, ja – aber auch Literatur, Theater, Fernsehen, Politik und Religion. Angesichts meiner manchmal unbeholfenen Versuche, meine Unabhängigkeit zu wahren, schickte mir ein Freund Norman Mailers Reflexion über die Unmöglichkeit, seiner öffentlichen Persona zu entkommen: »Er hatte tatsächlich gelernt, im Sarkophag seines Bildes zu leben – nachts, im Schlaf, konnte er hinausschlüpfen und Verbesserungen am Sarkophag anbringen«. Rezensierende späterer Bücher nannten mich »den Prozac-Mann« und »Dr. Prozac«. Entgegen jeder Wahrscheinlichkeit blieb ich hoffnungsvoll, dass es mir gelingen würde, einer endgültigen Etikettierung zu entkommen.

Ich vermied die Debatte über Antidepressiva. In »*Against Depression*« – das Buch handelt von der Spannung zwischen romantischen Vorstellungen von Melancholie und der modernen neurowissenschaftlichen Perspektive – machte ich klar, dass ich Medikamente als zentralen Baustein des Behandlungskonzeptes betrachte. Auch in meinen Blogeinträgen und Buchrezensionen war diese Meinung offensichtlich. Aber mir war auch klar, dass, wenn ich mich mit dem nun aktuellen Hauptthema – der Wirksamkeit von Antidepressiva – beschäftigen würde, mein Bild in der Öffentlichkeit endgültig festgelegt wäre.

Ich fürchtete, dass dadurch meine Objektivität und Unabhängigkeit als Arzt und Schriftsteller in Zweifel gezogen werden könnten. In den Nach-Prozac-Jahren hatte Big Pharma zahlreiche ethische Grenzen überschritten. Die wissenschaftliche Literatur war teilweise korrumpiert, einflussreiche Ärzte wurden subventioniert und negative Studienergebnisse wurden nicht publiziert. Ich sah bis zu diesem Zeitpunkt keine Veranlassung, mich in einer Kontroverse auf der Seite der Pharmaindustrie anzuschließen.

Jetzt aber erschienen mir diese Gründe für Zurückhaltung nicht mehr stichhaltig. Ich musste Stellung beziehen, und ich war dazu bereit.

Genau in diesem Moment bot sich auch die Gelegenheit. Ende April 2011 lud mich Trish Hall, eine Redakteurin der *New York Times*, ein, über Antidepressiva zu schreiben. Die New York *Times* plante zu diesem Zeitpunkt die Einführung des Sunday Review, einer neuen Sektion, in der Meinungsbeiträge von externen Autoren erscheinen sollten. Bei einem Abendessen wurde Hall von einem anderen Gast überrascht, der mit Nachdruck behauptete, Antidepressiva seien wirkungslos. Bei ihrer anschließenden Recherche fand sie dann Zeitschriftenartikel über Studien, die behaupteten, Fluoxetin, Sertralin, Escitalopram und die anderen Antidepressiva wirkten nur als Placebos durch die hoffnungsvolle Erwartung der Patienten. Sie fragte mich, ob ich zu der Behauptung, die antidepressiven Medikamente seien von Natur aus unwirksam, Stellung nehmen würde.

Meine Antwort war, dass ich gerne einen korrigierenden Essay schreiben würde – aber ich fragte mich, ob sie ihn auch veröffentlichen würde? Da der Geschichte ein aktueller Aufhänger fehlte, entschied ich mich dafür, einen sehr ausführlichen Beitrag zu schreiben und den Stand der Forschung im Detail zu diskutieren. Ich hoffte, Hall davon zu überzeugen, dass das Thema wichtig war. Wenn in der Zeit, während ich den Artikel schrieb, neue relevante Nachrichten auftauchten, würde ich darauf eingehen.

Anfang Juni veröffentlichte die *New York Review of Books* online den ersten Teil einer kritischen Übersicht über die Psychiatrie von Marcia Angell, einer angesehenen Wissenschaftlerin. Angell hatte interimistisch als Herausgeberin des *New England Journal of Medicine* gearbeitet, der angesehensten Publikation des Fachs. Sie war eine Verfechterin der evidenzbasierten Medizin, einer Bewegung, die zwei Jahrzehnte zuvor begonnen hatte und in ihrer extremsten Form eine Zukunft voraussah, in der Ärzte auf ihre klinische Erfahrung verzichten und sich fast ausschließlich auf die Ergebnisse strukturierter Untersuchungen verlassen würden.

Bei der Diskussion von Antidepressiva bezog sich Angell auf ein Buch, in dem die Wirkung von Antidepressiva mit Placebos gleichgesetzt wurde. Angell übernahm dessen Schlussfolgerungen. Sie fasste ihre Einschätzung der Wirkung von Antidepressiva so zusammen: dass »psychoaktive Medikamente nutzlos sind ... oder schlimmer als nutzlos«.

Mein Beitrag für den Sunday Review nahm schnell Form an. Ich entschied mich für einen kurzen Hinweis auf den Beitrag von Angell im *New York Review of Books*, änderte aber meinen Essay nicht. Ich ging direkt auf die angeblich fundierten Analysen, die die Wirksamkeit von Antidepressiva zu belegen schienen, ein.

»In Verteidigung von Antidepressiva« erschien im Juli 2011 in der *New York Times* (https://www.nytimes.com/2011/07/10/opinion/sunday/10antidepressants.html). In dem Artikel fasste ich den Stand der Forschung zusammen und kam zu dem Ergebnis, dass Antidepressiva genauso wirksam seien wie die medikamentösen Behandlungen in anderen Fächern der Medizin, mit denen Ärzte zufrieden sind. Die große Wirkung des Essays lag weniger an meinen Argumenten als darin, dass er erstklassig platziert war. Er füllte den größten Teil der Titelseite des neuen Abschnitts der *New York Times*. Die Message war: Die Geschichte hat zwei Seiten. Es gibt die Ansicht, dass Antidepressiva überhaupt nicht wirken, und (jetzt wieder) die Ansicht, dass sie meist (wenn richtig eingesetzt) gut wirken.

In einem den Essay kritisierenden Leserbrief wiederholte Angell ihre Position. Einen Satz darin fand ich besonders unpassend. Angell schrieb: »Anekdoten über Wirksamkeit sind kein Ersatz für klinische Studien, da sie den Placeboeffekt oder wie oft ein Medikament unwirksam oder gar schädlich ist, nicht berücksichtigen können«.

Welche Anekdoten hatte Angell im Sinn? Ich hatte nur eine einzige einbezogen. Um die Dringlichkeit meines Themas zu illustrieren, hatte ich Alans Fortschritte beschrieben, aber hinzugefügt: »Wie bei vielem, was wir in der klinischen Medizin sehen, ist die Ursache dieser Veränderung nicht erkennbar«. Ansonsten hatte ich mich auf kontrollierte Studien bezogen, wie jene in *The Lancet: Neurology* – Studien, in denen Antidepressiva mit Placebos verglichen wurden –, und die die Verschreibung für Alan wissenschaftlich gerechtfertigt hatten.

Hatte ich mich nicht als gewissenhafter Kollege von Angell gezeigt, indem ich seriöse Forschungsliteratur zitierte – wie sie, ein Arzt, der auf sorgfältig durchgeführte Experimente größten Wert legt?

Damit hätte die Angelegenheit auch erledigt sein können, hätte Angell mich nicht erneut angegriffen. Innerhalb weniger Tage kontaktierte mich Alex Beam, ein Kolumnist für *The Boston Globe*. Beam fragte, ob ich in einem Boxkampf mit Angell sei.

Nein, antwortete ich, es gäbe keinen Kampf, ich hatte den Essay für die *Times* begonnen und praktisch fertiggestellt, bevor mir Angells Ansicht bekannt war.

Davon unbeeindruckt leitete Beam seine Kolumne mit Box- und Tauziehmetaphern ein. Er beschrieb einen Wettbewerb zwischen lokalen Ärzten aus Neuengland, Angell und Kramer, eine Darstellung, die Angell nicht widerlegt hatte. Laut der Kolumne hatte Beam Angell interviewt, und sie hatte sich beschwert: »Man kann Urteile nicht auf Anekdoten aus der klinischen Erfahrung stützen, weil das sehr irreführend sein kann ... Ich vertraue auf die Beweise – auf rigorose, randomisierte, doppelt verblindete, kontrollierte klinische Studien, und das ist der einzige Weg, um als Ergebnis Fakten zu bekommen. Die Medizingeschichte ist voll von Märchen, und sie ist oft falsch«. Wie frustrierend! War Angell der Meinung, dass Psychiater die gewissenhaft geplanten, randomisierten und wiederholten wissenschaftlichen Studien ignorieren? Ich war gekränkt. Und dann hielt ich inne.

Ich nahm an, dass Angell und ich in wichtigen Punkten übereinstimmten. Wir würden sicherlich beide sagen, dass die Kontroverse um Antidepressiva wichtig ist, dass Ärzte und Patienten wissen sollten, ob Medikamente wirken. Ich stellte mir vor, dass wir auch darin übereinstimmen würden, dass einige psychiatrische Studien – einschließlich Studien, die gut designt waren, – durch Mängel in der Durchführung in der Praxis ziemlich schlecht sein können.

Sicherlich glaubten wir beide, dass Arzneimittelunternehmen viel zu beantworten hatten und dass es schließlich besser wäre, wenn die Bewertung von Medikamenten von neutralen Experten durchgeführt würde. Angell war bekanntermaßen kritisch gegenüber der Pharmaindustrie.

Gleichzeitig wurde mir klar, dass Angells Position, wenn auch nicht explizit, auf den Unterschied unserer beiden Sichtweisen hinwies. Sie war Pathologin und vorübergehend auch Herausgeberin eines sehr angesehenen medizinischen Journals. Sie glaubte – das war der Punkt, den sie wiederholte – an objektive Beweise. Ich behandelte kranke Menschen. Ich hielt mich über die aktuellen Forschungsergebnisse dauernd auf dem Laufenden, wie die meisten Ärzte das tun, aber ich las sie im Kontext dessen, was ich in meiner täglichen Arbeit sah.

Ich hatte meine Perspektive nie geheim gehalten. Einmal zuvor hatte ich Angells Weg gekreuzt. Im Jahr 1994 saßen wir gemeinsam am Podium bei einer medizinischen Tagung, die von Epidemiologen der Universität von Iowa veranstaltet wurde. Ich hatte meinen Vortrag – über biologische Perspektiven auf das Selbst, also über das zentrale Thema von »*Listening to Prozac*« – begonnen, indem ich mich dem Publikum zuwandte und bekannte: »Ich stehe vor Ihnen als Kliniker«.

Ich hatte dabei den gerade beendeten Präsidentschaftswahlkampf von Bill Clinton im Sinn und die Art und Weise, wie Politiker die Fehler gemacht haben, ihre Predigten bei Kirchenbesuchen beginnen.

Als ich »Kliniker« sagte, wollte ich, dass meine Zuhörer »Sünder« hörten. Die Ärzte aus Iowa lachten als Antwort. Forschende Wissenschaftler haben so ihre Zweifel an Praktikern.

Als ich auf meinen Platz zurückkehrte, hatte Angell eine Frage an mich: Wie viel von dem, was ich besprochen hatte, sei durch randomisierte Studien belegt? Damals, wie heute, betonte sie ihren Glauben an sorgfältige Experimente, als Bollwerke gegen unzuverlässige informelle Einzelerfahrungen. Was ich vertrat, war schwerer zu benennen, obwohl als Ein-Wort-Zusammenfassung »Pragmatismus« passen könnte. Kliniker müssen handeln. Sie nutzen alles, was ihnen zur Verfügung steht. Ich glaube, dass unumstößliche Wahrheiten selten und Zweifel eine notwendige Konstante sind. Ich glaube auch, dass gerade in der Psychiatrie die Entscheidungsfindung das Suchen nach und das Prüfen aller vorhandenen Informationen erfordert.

Auch mein Bekenntnis, *Kliniker* zu sein, war kein vollständiges. Die meisten Ärzte kommen über die Naturwissenschaften in den Beruf. Ich habe Geisteswissenschaften studiert, und diese Ausbildung hat ihre Spuren hinterlassen. Ich habe daher Forschungsberichte immer als Texte betrachtet, die im Licht ihres Genres interpretiert werden sollten. Einige sind hohe Literatur, andere Schundromane. Manche Arbeiten waren nach meiner Lesart Polemiken oder Märchen. Einige Analysen, die ich gelesen hatte, erschienen mir als grenzüberschreitend, jedoch witzig. Ich liebe eigenartige kleine Studien.

Wo Angell eine Dichotomie vorschlug – raffinierte Forschung, die Fakten liefert, versus Anekdoten, die oft irreführend sind, – sah ich ein Spektrum, auf dem mehr oder weniger fehlerhafte Bemühungen um Objektivität stehen. Ich respektierte klinische Erfahrung. Warum sonst sollte ich Kollegen um Rat fragen? Ich wollte, dass mein eigener Arzt in seiner Laufbahn schon einiges gesehen und erlebt hat.

Sind Kliniker Sünder? Immer mehr. Als Gesellschaft vertrauen wir Ärzten nicht mehr so, wie wir es einst taten. Unsere Zeit ist geprägt von einer Faszination von medizinischen Fehlern. Atul Gawandes Schriften über chirurgische Komplikationen und Jerome Groopmans über die Arten, wie Ärzte sich selbst täuschen – bewundernswerte Bücher – haben ihren Platz auf Bestsellerlisten gefunden. Ärzte sind Menschen. Der menschliche Geist ist fehlbar, eine Wahrheit, die die Grundlage für weite Bereiche der zeitgenössischen Psychologie bildet: Studien darüber, wie wir aufgrund des letzten Ereignisses, das wir gesehen haben, übergeneralisieren, wie wir billigen Wein genießen, der in edlen Flaschen präsentiert wird. Und dann gibt es die Modeerscheinung Placebo – ein Aufschwung im Glauben daran, dass durch Placebopillen geweckte Erwartungen Großes bewirken können. Wenn dem so ist, täuschen sich Ärzte oft über die Ursachen einer Zustandsverbesserung ihrer Patienten.

Der klinischen Erfahrung eine wesentliche Rolle bei der Auswahl von Behandlungsmöglichkeiten zuzugestehen, bedeutet, sich dem Zeitgeist entgegenzustellen; niemals eine kluge Entscheidung. Und dann kommt noch hinzu: Schon immer war ich anfällig für und ein Meister der Selbstzweifel. Patientenversorgung macht demütig.

Trotzdem schien mir es nach Alans Schlaganfall unvermeidlich, sich mit der Kontroverse um Antidepressiva auseinanderzusetzen. Angells Reaktion auf meinen Artikel ließ mich erkennen, dass die Aufgabe zwei Teile hatte: die Frage zu beantworten, ob sie wirken, und zu zeigen, was einen praktizierenden Arzt zum Zeitpunkt der Therapieentscheidung leitet.

Dieses Buch handelt von zwei Einflussfaktoren der medizinischen Praxis: rigorose Studien und klinische Begegnungen. Um die Stränge getrennt zu halten, werde ich den Titel »Intermezzo« für Kapitel verwenden, die besonders die Gespräche und Erfahrungen mit Patienten behandeln. Aber diese Unterscheidung wird nicht strikt eingehalten. Beobachtungen aus meiner eigenen Erfahrung dringen in wissenschaftliche Abschnitte ein, und Fallvignetten führen technische Punkte ein. Diese Vermischung spiegelt eine Dialektik wider, die die Praxis prägt. Ärzte hinterfragen Literatur, probieren neue Ansätze aus, notieren Ergebnisse, überdenken ihre Vorstellungen von Plausibilität und lesen weiter.

Ich beginne die Erzählung, indem ich die Entwicklung von Antidepressiva und die Forschung, die ihre Wirksamkeit testet, überprüfe. Zu Beginn meiner Karriere stieß ich zufällig auf Pioniere der frühen Generationen von Psychopharmakologen. Ihre Geschichte setzt den Kontext, in dem ich und Kollegen wie ich Fragen zur Behandlungswirksamkeit betrachten.

Statistik – das stille Expertenspiel der psychiatrischen Wissenschaft. Da sie für die Interpretation und das Verständnis der wissenschaftlichen Ergebnisse und Diskussionen notwendig ist, muss ich etwas über Statistik sagen. Ich hoffe, dass auch diese Details Spaß machen und faszinieren können. Ich lese die Fachliteratur mit dem Blick des Klinikers – und, wie ich bereits eingeräumt habe, lese ich sie zugleich als »Literatur«.

Trotzdem beruht meine Kritik auch auf der Beurteilung, wie die besprochenen Studien jeweils aufgebaut sind. Ich frage, ob bestimmte methodische Kompromisse im Design oder gewählte statische Auswertungsverfahren systematische Verzerrungen der Ergebnisse zulassen, die formale Studien eigentlich ausschließen sollten. Je anfälliger das Studiendesign für diese Art von Fehler ist, desto mehr ähneln die Ergebnisse der Studie dann subjektiven Kommentaren, auch wenn die Meinung in Zahlen ausgedrückt wird.

Zum größten Teil werde ich nicht über die Biologie des Gehirns sprechen – weder über Neuronen oder Synapsen noch über Mäuse oder Affen. Unser Thema ist komplex genug. Außerdem habe ich darüber in »*Listening to Prozac*« und »*Against Depression*« geschrieben; die großen Theorien zu Krankheit und Genesung haben sich nicht verändert.

Dieses Buch betrachtet jedoch Patienten, wie sich ihre Geschichten in Arztpraxen abspielen, und Patienten, deren Zustandsveränderungen als Daten erfasst werden. Durchgehend werde ich Fragen zur Evidenz aufwerfen: was sie ist, wo sie gesammelt wird, wie sie verarbeitet wird, welche Kräfte sie verzerren könnten und wie ein Kliniker sie in die Praxis integriert. Ich werde nie aus den Augen verlieren, ob Antidepressiva wirken. Wir sprechen über ein großes Übel der Menschheit, die Depression. Wir denken an viele Millionen Menschen, solche, die Medikamente erhalten und jene, denen noch keine Behandlung angeboten wurde. Wir müssen darüber Bescheid wissen.

Nachmittags unter der Woche behandle ich Patienten. Sie scheitern, sie leiden, sie sind in Gefahr, weiteren Schaden zu nehmen. Ich kann Medikamente empfehlen oder davon absehen. Wie soll ich vorgehen? Wie gehe ich am besten mit Alans Krise oder Noras Zweifeln um? Dieses Buch ist der idiosynkratische Versuch eines Klinikers, eines Sünders, eine Antwort zu finden.

Dies, das technischste meiner Bücher, ist vielleicht auch das persönlichste, und der Akt seiner Entstehung der einsamste. Ich habe versucht, mein Verhalten als Arzt zu hinterfragen, zu fragen, warum ich handle, wie ich handle, und meine Entscheidungen und deren Gründe nachvollziehbar zu beschreiben. Gleichzeitig hat mich die Arbeit in ein Gebiet, die Statistik, gestoßen, über das ich nur das weiß, was Kliniker als Leser benötigen. Aus diesem Grund ist es auch das Buch, bei dem ich mich am meisten auf die Unterstützung anderer verlassen habe.

Wie immer möchte ich meinen Patienten danken, die mir so viel anvertrauen und meine Schwächen tolerieren.

Um die Privatsphäre zu wahren – für meine Patienten und für Teilnehmer an Arzneimittelstudien – habe ich in Fallvignetten Namen, Alter, Epochen, Geschlechter und die Umstände von Liebe und Arbeit geändert. Manchmal habe ich Aspekte oder Geschichten verschiedener Personen kombiniert, um eine einzige Figur zu schaffen. Immer habe ich versucht, den Kern bedeutsamer Begegnungen zu bewahren: eine Person und ihre Reaktion auf Widrigkeiten, eine Krankheit und ihre Reaktion auf die Behandlung. Ich hoffe, dass diese Methode mit einem Thema des Buches übereinstimmt, dass Anekdoten, die klinische Erfahrungen vermitteln, zusammen eine nützliche Perspektive bilden können, von der aus eine wissenschaftliche Literatur, die der Interpretation bedarf, betrachtet werden kann.

In der Betreuung meiner (echten) Patienten habe ich oft auf die Erfahrung und das Wissen von Kollegen vertraut. Ihnen gilt mein Dank.

Mein Agent, Andrew Wylie, und meine Herausgeber, Jonathan Galassi und Alex Star, haben dieses Projekt (und mich) mit Verständnis und Geduld geleitet.

Ohne die Unterstützung meiner Frau Rachel gäbe es keine Bücher.

Aber besonders für dieses Projekt wäre es unangebracht, wenn ich nicht den vielen Ärzten, Gelehrten und anderen Experten danken würde, die auf meine Fragen großzügig mit ihrer Zeit, Anleitung, Forschungsergebnissen, Geschichten, Theorien, Ratschlägen und Meinungen reagiert haben. Mit tiefer Dankbarkeit möchte ich die Beiträge von Scott Aaronson, Goldie Alfasi, Per Bech, Harold Bursztajn, Linda Carpenter, Rachel Churchill, Philip Cowen, James Coyne, Pim Cuijpers, John Davis, Carl Elliott, Yiru Fang, James Faucett, Maurizio Fava, Jan Fawcett, Anna Fels, Robert Fenster, Murray Finkelstein, Konstantinos Fountoulakis, Ellen Frank, Richard Friedman, Nassir Ghaemi, Pedro Gozalo, Alan Gruenberg, Ralitza

Gueorguieva, David Hellerstein, Verena Henkel, Jamie Horder, Asbjørn Hróbjartsson, Thomas Insel, John Ioannidis, Blair Johnson, Ronald Kessler, Arifula Khan, Donald Klein, Helena Kraemer, Thomas Laughren, Stephan Leucht, Robert Liberman, Michael Liebowitz, Scott Lilienfeld, Mauricio Silva de Lima, Richard Metzner, Andrew Nierenberg, Mark Olfson, Raymond Osheroff, Ronald Pies, Alan Pollack, Walter Reich, Robert Robinson, Norman Rosenthal, Anthony Rothschild, Bret Rutherford, Timothy Ryan, M. Tracie Shea, Richard Shelton, Charles Silberstein, David Solomon, Michael Stein, Jonathan Stewart, Michael Thase, Thomas Trikalinos, Erick Turner, Bruce Wampold und die Verwaltung und das Personal des klinischen Forschungszentrums, in dem ich die Bewertung von Antidepressiva beobachtet habe, anerkennen.

Ich liste diese Kollegen auf, ohne sie in die vorliegende Arbeit einzubeziehen. Viele von ihnen werden meinen Schlussfolgerungen widersprechen. Ihnen gebührt große Anerkennung, dafür, dass sie kooperiert haben, obwohl sie wussten, dass wir unterschiedlicher Meinung sind. Wir hatten Spaß, denke ich, als wir Ideen austauschten, und wenn es um Anleitung ging, hoffe ich, dass ich ein williger, wenn auch nicht immer ein vorbildlicher Schüler war.

1
Die Geburt der Moderne

Ein Schweizer Psychiater, Roland Kuhn, erfand das moderne Antidepressivum. Er synthetisierte keine Chemikalie – er erschuf das Konzept. Kuhn gab der Ära der Antidepressiva ein Geburtsdatum: den 18. Januar 1956. Sechs Tage zuvor, unter seiner Aufsicht, hatte eine 49-jährige hospitalisierte Frau, Paula J. F., begonnen, täglich 100 Milligramm G22355 einzunehmen, eine Substanz, die von der Schweizer Pharmafirma Geigy geliefert wurde. Am 18. Januar ging es Paula J. F. deutlich besser – weniger geplagt von dem, was Kuhn als ihre »vitale Depression« bezeichnete. Bis zum 21. Januar bemerkte das Stationspersonal, dass die Patientin »vollkommen verändert« war. Ein Eintrag in der Krankenakte lautete: »Seit drei Tagen ist es, als hätte die Patientin eine Wandlung durchgemacht«.

Kuhn war sich bewusst, dass spontane Remissionen vorkommen, aber er kannte seine Patientin gut. Paula J. F. hatte sich verändert, auch im Vergleich zu ihrem Zustand vor der depressiven Episode. Typischerweise aggressiv und streitsüchtig, war sie nun ruhig und freundlich. Zum ersten Mal seit Jahren genoss Paula J. F. die Arbeit und Aktivitäten wie Lesen. Sie dachte klarer. Auch ihr Schlaf hatte sich verbessert.

Kuhn schlug eine Brücke zwischen der alten und der neuen Psychiatrie: zwischen Psychoanalyse und Psychopharmakologie. Geboren 1912 in Biel, Schweiz, studierte er Medizin in Bern und Paris. 1939 nahm er eine Stelle in der psychiatrischen Klinik in Münsterlingen an, 190 Kilometer von seinem Geburtsort entfernt. Kuhn hatte diese Anstellung in der Hoffnung gewählt, vom Psychoanalytiker und Existenzphilosophen Ludwig Binswanger zu lernen, der in der Nähe arbeitete und den Kuhn für ein Genie in seinem Verständnis von Stimmungserkrankungen hielt. Im Zentrum von Binswangers Praxis stand die Auseinandersetzung mit Martin Heideggers Begriff des »*Daseins*« – dem Person-Sein oder der Präsenz, der Wirklichkeit des Hier-Seins. Kuhn selbst praktizierte »*Daseinsanalyse*«, er erhielt Supervision von Binswanger und war auch im Kontakt mit Philosophen, einschließlich Heidegger. Kuhn behandelte sowohl stationäre als auch ambulante Patienten. Bis dahin nichts Ungewöhnliches: Die Psychiatrie bis zur Mitte des 20. Jahrhunderts war psychoanalytisch. Kuhn war ein Generalist, der ohne öffentliche Aufmerksamkeit arbeitete. Doch Kuhn war ein Arzt mit großem Interessenspektrum. Er beschäftigte sich mit psychiatrischer Klassifikation und entwickelte seinen eigenen diagnostischen Ansatz. Auch setzte er die zu dieser Zeit möglichen biologischen Therapieverfahren ein, einschließlich der Insulinschocktherapie, bei der Patienten durch eine schnelle Senkung ihres Blutzuckers in epileptische Anfälle versetzt wurden. Kuhn verschrieb Medikamente wie Morphium und Amphetamin. Opioide und Stimulanzien waren alles, was damals an psychopharmakologischen Medikamenten zur Verfügung stand. Sie konnten Patienten beruhigen oder anregen, aber nichts wirkte direkt auf Schizophrenie, Depression oder Manie.

Der Durchbruch kam Anfang der 1950er Jahre mit der Entwicklung von Chlorpromazin, dem ersten wirksamen Medikament gegen Psychosen. Hersteller der Substanz war die Schweizer Pharmafirma Geigy, der Handelsname in der Schweiz war Largactil®, in Deutschland Megaphen. Kuhn forderte eine Lieferung für sein Krankenhaus an. Sechs Monate lang stellte der Hersteller das Medikament kostenlos zur Verfügung: »Die ganze Klinik schluckte Largactil®, wie man sich vorstellen kann«. Das Medikament ersetzte die lebensbedrohlichen Insulinschock-Therapien, und es wirkte. Aber am Ende der Testphase begann das Unternehmen, Largactil® zu verrechnen.

Kuhn verstand – wie die kleine überschaubare Gemeinschaft der Psychiater, die sich mit Pharmakotherapie befassten –, dass sich die Welt verändert hatte. Zum ersten Mal in der Geschichte konnten Ärzte spezifische Medikamente verschreiben und hatten berechtigte Hoffnung, Schizophreniepatienten damit zu helfen.

Bei der Anwendung von Chlorpromazin/Largactil® bei depressiven Patienten beobachtete Kuhn jedoch, dass es zwar Unruhe dämpfte, aber die Kernsymptome der depressiven Verstimmung nicht gebessert wurden. Darüber hinaus konnte sich das Krankenhaus, in dem er arbeitete, Largactil® nach der Testphase nicht mehr leisten. Aber Kuhn war in Kontakt mit Geigy. Er fragte, ob das Unternehmen ähnliche Substanzen hätte.

Die erste neue Substanz, die Geigy lieferte, half nur gering bei Schizophrenie und hatte darüber hinaus unangenehme Nebenwirkungen. Daher bat Kuhn um ein Präparat mit einer molekularen Struktur, die Chlorpromazin/Largactil® ähnelte. Wie sich herausstellte, hatte Geigy diese Substanz bereits synthetisiert: G22355.

Rückblickend, nach jahrzehntelangen Fortschritten in der molekularen Biochemie, scheint Kuhns Bitte ein rein intuitiver Vorstoß ins Unbekannte gewesen zu sein. Bis heute können Wissenschaftler selbst mit ausgefeilten Methoden nur schwer die Funktion eines Moleküls aus seiner Struktur vorhersagen. Es gibt auch Berichte, die von Kuhns Schilderung der Geschehnisse abweichen. Alan Broadhurst, ein Chemiker, der für Geigy in Großbritannien zuständig war, war einer der ersten Menschen, die G22355 zu Testzwecken einnahmen. Er sagte, dass Geigy sich für G22355 interessierte, nachdem Largactil® seine Wirkung gezeigt hatte. Das Unternehmen, so erinnerte sich Broadhurst, habe ein Treffen mit Kuhn vorgeschlagen. Obwohl er als Vertreter der traditionellen, nicht-biologischen Psychiatrie bekannt war, die stark auf psychodynamische und psychotherapeutische Ansätze ausgerichtet war.

Wie auch immer es genau dazu kam, Kuhn erhielt eine Lieferung von G22355, später Imipramin (Handelsname in Deutschland und Österreich: Tofranil) genannt. Er testete das Medikament an 300 Patienten mit Schizophrenie, aber auch Depression. Es war ein schwaches Antipsychotikum. Aber Kuhn bemerkte, dass einige schizophrene Patienten unter G22355 weniger depressiv wurden. Er fragte sich, ob das Medikament bei Depressionen wirksam sein könnte.

Aus heutiger Sicht, 60 Jahre später, lässt sich kaum ermessen, wie originell Kuhns Denken tatsächlich war. Psychoanalytiker behandelten Depression in Teilschritten. Ein neurotischer Mann könnte beispielsweise seine Energie verloren haben, weil er emotional noch immer an seine verstorbene Mutter gebunden war. Gleichzeitig könnte seine Suizidalität darauf zurückzuführen sein, dass seine aufgestaute Wut auf den Vater gegen ihn selbst umgeleitet wurde.

Kuhn hingegen verstand Depression als ein Syndrom: eine Konstellation von Symptomen, die gemeinsam auf- und abklingen – und womöglich direkt auf Eingriffe ins Gehirn reagieren könnten.

Als es dann etwas zu feiern gab, erinnerten sich die Forscher bei Geigy daran, dass auch sie erwogen hatten, Depression als medizinisches Krankheitsbild zu betrachten. Doch das größere Bild ist wohl eindeutig: Geigy hatte ursprünglich wenig Interesse daran, ein Antidepressivum zu erfinden oder auf den Markt zu bringen.

Die meisten praktizierenden Ärzte waren damals unvorbereitet, das Konzept eines Antidepressivums zu akzeptieren. Einige Denkschulen verstanden Schizophrenie als »extrapsychisch«, d. h. als Folge einer organischen Krankheit, deren Ursache noch nicht identifiziert war. Schizophrenie mit Medikamenten zu behandeln, schien daher durchaus plausibel. Depression war eine andere Angelegenheit.

Freud hatte das Feld mit seinem Aufsatz »Trauer und Melancholie« geprägt – einem Text, der selbst schwere Depressionen auf ambivalente Gefühle gegenüber geliebten Menschen zurückführte. Zwar zeigte sich Freud selbst offen für biologische Erklärungsansätze – doch seine Nachfolger ließen diesen Gedanken fallen. Sie konzentrierten sich auf Depression als Folge ungelöster emotionaler Bindung. »Depressive Neurosen« standen im Mittelpunkt der psychoanalytischen therapeutischen Praxis.

Kuhn wusste aber bereits, dass Depression oft gut auf Elektrokrampftherapie (EKT) anspricht. Dabei wird durch kurze elektrische Impulse ein kontrollierter epileptischer Anfall ausgelöst. Er folgerte daraus, dass die Störung auch eine organische Basis haben müsse. Als er sah, dass die Stimmungszustände der Schizophreniepatienten, mehr als ihre Psychosen, durch G22355 verändert wurden, versuchte er, das Medikament zur Behandlung von Depression bei nicht-psychotischen Patienten einzusetzen.

Er begann mit jener Erkrankung, die er für die am stärksten biologisch bedingte hielt: der »vitalen Depression«. Patienten mit vitaler Depression litten unter »Gefühlen von Müdigkeit, Lethargie, Enge, Unterdrückung und Hemmung, begleitet von einer Verlangsamung des Denkens, Handelns und Entscheidens«. Die Störung war morgens schlimmer. Im Gegensatz dazu wurde »reaktive Depression« durch eine psychologische Ursache ausgelöst und verschlimmerte sich im Laufe des Tages.

Kuhn hielt vitale Depression für schwer zu identifizieren. Patienten könnten die Natur ihrer Erkrankung nur im Laufe einer langen Beziehung zu einem Arzt offenbaren. In seiner Praxis außerhalb des Krankenhauses diagnostizierte Kuhn vitale Depression bei Patienten mit gastrointestinalen Beschwerden, deren Ursache schwer festzumachen war. Kuhns Vorstellung von Depression ähnelte einer intuitiven Vorstellung, die auch heute noch häufig besteht – die einer erheblichen psychologischen Beeinträchtigung mit Verzweiflung im Kern.

Nachdem er drei depressive Patienten erfolgreich behandelt hatte, kam Kuhn zu dem Schluss, dass G22355 wahrscheinlich ein Antidepressivum war – die erste spezifische medikamentöse Behandlung für Stimmungsstörungen, die jemals entdeckt wurde. Das Medikament kehrte die Müdigkeit, Gehemmtheit und beeinträchtigte Denkfähigkeit auf einmal um. Es löste das Syndrom – den Cluster von Symptomen – der Depression.

Kuhn informierte Geigy und setzte seine Studien über die Wirkungen von G22355 an vierzig Patienten fort, die er über längere Zeit genau beobachten konnte. Die meisten waren schwer kranke stationäre Patienten, aber Kuhn medikamentierte auch ambulante Patienten, deren Depression nicht sofort erkennbar war. Das Medikament wirkte selbst bei Patienten, deren düstere Stimmung eine offensichtliche Ursache hatte. Kuhn erwähnte eine junge Frau, die »durch eine Abtreibung unter schwierigen Umständen« eine Depression entwickelt hatte, und eine ältere Frau, die aufgrund einer Lähmung durch Polio depressiv geworden war.

Im August 1957 teilte Kuhn seine Ergebnisse in einer medizinischen Schweizer Wochenzeitschrift. Der kurze Artikel wird mittlerweile als ein Klassiker der psychiatrischen Literatur angesehen. Kuhn traf Vieles richtig. Er charakterisierte die Nebenwirkungen von Imipramin: Mundtrockenheit, schneller Herzschlag und Verstopfung. Er schätzte die benötigte Dosierung für die Wirksamkeit auf oft bis zu 200 oder 250 Milligramm pro Tag. Er beschrieb den Wirkungsverlauf des Medikaments. Einige Patienten reagierten innerhalb von Tagen, aber bei vielen brauchte es eine bis vier Wochen, bis sich eine Besserung einstellte. Kuhn hatte noch nicht genug Patienten gesehen, um wirklich sicher sein zu können, aber er glaubte, dass mit Imipramin ein Viertel bis die Hälfte der Patienten direkt eine vollständige Remission erreichen würden. Eine weitere Gruppe würde genug Erleichterung erfahren, um ihren Gemütszustand erträglich zu machen, während sie auf eine natürliche Remission warteten. Zusammengefasst: Es würden drei Viertel bis vier Fünftel aller depressiven Patienten profitieren.

Wie Kuhn feststellte, erlebten depressive Patienten unter Imipramin nicht nur eine isolierte Besserung – wie etwa gesteigerte Energie bei der Gabe von Amphetaminen –, sondern eine umfassende Aufhellung ihres Zustands. Sie wachten morgens ohne die Niedergeschlagenheit auf, die sie geplagt hatte. Sie hatten wieder Interesse am Familienleben. Sie schliefen ohne die Hilfe eines Schlafmittels. Ihre suizidalen Impulse verschwanden. Die Krankenschwestern berichteten von angeregten Gesprächen, ohne Klagen über psychische Beschwerden.

Geschichten über medizinische Durchbrüche haben oft Fußnoten. Anfang der 1950er Jahre wurde ein Medikament gegen Tuberkulose eingesetzt, das Aufmerksamkeit erregte, weil es Patienten aufpeppte und die Stimmung verbesserte. Später, gleichzeitig mit Kuhns Artikel, wurde ein Medikament, das mit diesen Tuberkulosemitteln verwandt war, als »psychischer Energieschub« beworben. Der Begriff *Antidepressivum* wurde zuerst auf diese Klasse von Substanzen angewendet. Diese Medikamente, Monoaminoxidase-Hemmer oder MAO-H genannt, wirken durch die Verhinderung des Abbaus von bestimmten Substanzen im Gehirn. Im Gegensatz dazu werden Imipramin und ähnliche Medikamente als Trizyklika bezeichnet, eine Referenz auf ihre aus drei Ringen bestehende chemische Struktur. Ich erzähle die Geschichte der MAO-Hemmer kurz in »*Listening to Prozac*«.

Da die MAO-Hemmer aufgrund ihrer Nebenwirkungen medizinische Risiken bergen, erreichten sie nicht die Popularität der Trizyklika. Konzeptuell war die Wirkungsweise der MAO-Hemmer durchaus plausibel. Sie wirkten zuerst oft als Stimulanzien, bevor sie die Depression der Patienten verbesserten. Im Gegensatz dazu hatte Imipramin beruhigende Eigenschaften und hob dennoch die Stimmung. Bemerkenswert ist, dass Kuhn ein Medikament gefunden hatte, das nicht stark antriebssteigernd war und er es spezifisch für die Behandlung der Depression einsetzte.

Kuhns Entdeckung der therapeutischen Wirkung von Imipramin veranschaulicht eine bestimmte Form wissenschaftlicher Erkenntnis: das Erkennen eines neuartigen Effekts – dass ein Medikament etwas bewirkt, was zuvor keine Substanz vermocht hat. Seine Vorgehensweise bei der ersten Anwendung von Imipramin hatte dabei Qualitäten, die sich in standardisierten Arzneimittelstudien kaum reproduzieren lassen. Er kannte seine Patienten sehr gut und interviewte sie ausführlich. Er konnte sich ihrer Diagnosen sicher sein. Er verabreichte Imipramin, wenn es verfügbar war – zu einem willkürlichen Zeitpunkt. Auf diese Weise umging er einen typischen Störfaktor in klinischen Studien: dass sich Patienten oft dann für eine Medikamentenstudie anmelden, wenn ihre Depression bereits erste Anzeichen der Besserung zeigt und sie sich in einer bereits hoffnungsvolleren Phase befinden. Zudem setzte Kuhn seine Beobachtungen über einen Zeitraum von 18 Monaten fort, während er alle sonst üblichen therapeutischen Maßnahmen unverändert beibehielt.

Und Kuhn hatte ein gutes Gespür dafür, was Befürworter des Placebo-Effekts die »kontrafaktische Bedingung« nennen: die Überlegung, wie sich der Zustand der Patienten entwickelt hätte, wenn die neue Behandlung nicht verabreicht worden wäre. Alle Mitarbeiter der Abteilung hatten beobachtet, wie Chlorpromazin/ Largactil® bei Schizophrenie Wunder wirkte, doch depressive Patienten profitierten davon kaum. Auch andere Geigy-Medikamente hatten enttäuscht. Weder andere Medikamente noch Psychotherapie, die damals meist verwendete Behandlung bei Depression, bewirkten, was Imipramin tat. Das neue Medikament brachte positive Veränderungen in bislang unbekanntem Ausmaß.

Die Bedingungen, unter denen Kuhn damals arbeitete, lassen sich nicht wiederholen: Ein Antidepressivum wird erstmals verfügbar – und kein einziger Patient hat je zuvor ein solches Medikament erhalten. Heute ziehen Versuche neuer Medikamente oft Menschen an, bei denen die bereits verfügbaren Medikamente nicht ausreichend wirksam waren, oder besonders in den USA Menschen außerhalb des medizinischen Systems, die nicht im Verlauf der üblichen Behandlungspraxis diagnostiziert wurden – eine nicht repräsentative Stichprobe. Kuhns Patienten hatten niemals zuvor Antidepressiva bekommen. Obwohl es den Untersuchungen an der heute üblichen methodischen Strenge mangelte, hatte Kuhns Experiment einen einzigartigen Beweiswert. Kuhn hätte es wohl nicht anders gesagt: Er war Zeuge der vollen therapeutischen Kraft eines Antidepressivums.

Im September 1957 präsentierte Kuhn seine Ergebnisse auf einem internationalen psychiatrischen Kongress in Zürich. Nur ein Dutzend Teilnehmer besuchten den Vortrag, und die Rückmeldungen waren gemischt. Rückblickend zog ein Teilnehmer einen Vergleich zur Gettysburg-Rede von Abraham Lincoln, zum Ende des Amerikanischen Bürgerkriegs. Er meinte damit vor allem die Klarheit und Qualität der Präsentation sowie die Tatsache, dass die Bedeutung der Botschaft erst mit Verzögerung richtig erkannt und geschätzt wurde.

Denn erst nachdem ein wichtiger Geigy-Aktionär die Pillen an seiner Frau mit gutem Erfolg ausprobiert hatte, begann das Unternehmen die Einführung von Imipramin zu fördern.

Kuhn war es, der erkannte, dass Imipramin eine neue Kategorie von Medikamenten repräsentierte. Seine Entdeckung half, das Krankheitsbild Depression neu zu definieren und einen Zweig der Psychiatrie, die Psychopharmakologie, neu zu beleben. Robert Domenjoz, der die gesamte pharmakologische Forschung bei Geigy leitete, betonte später die Einzigartigkeit von Kuhns Beitrag: »Eines ist sicher, Roland Kuhn war die Person, die die antidepressive Wirkung entdeckt hat, ohne jeden Zweifel. Niemand sonst«.

2
Intermezzo: Eine Anekdote

Wenn Kuhns Geschichte eine wichtige Rolle in meiner Fantasie spielt, dann deshalb, weil alle Psychiater meiner Generation Entdecker waren. Jeder von uns begegnete Antidepressiva zum ersten Mal – zumindest in unserer eigenen Karriere. Die Wirkung von Imipramin sah ich selbst erstmals während meines ersten Studienjahres. Als ich 1972 ankam, war die medizinische Fakultät von Harvard eine abgeschottete Welt, gefangen in der Psychiatrie von fünfzehn oder sogar fünfzig Jahren zuvor. Andere Universitäten hatten sich weiterentwickelt. Harvard blieb eine Bastion des Freudianismus.

Mir gefiel diese überholte Orthodoxie. Nach dem College, während ich in London Literatur und Philosophie studierte, hatte ich eine Psychoanalyse durchlaufen und beschlossen, Psychiater zu werden. Ich begann das Medizinstudium, ohne zu wissen, wo sich die Leber im Körper befindet, oder die Ursache für Masern zu kennen. Um in der Anfangszeit meinen Verstand zu bewahren, verpflichtete ich mich, in den freien Stunden psychiatrische Patienten im Beth Israel Hospital in Boston zu interviewen, nur wenige Schritte vom akademischen Campus entfernt.

Die Klinik war mein Zufluchtsort vor Anatomie und Biochemie. Eine leitende Assistenzärztin, eine hochgewachsene Frau, nannte mich das Maskottchen der Abteilung, was vielleicht daran lag, dass ich zu ihr mit einem Hundeblick aufsah. Mit 23 war ich tatsächlich noch völlig grün hinter den Ohren. Dennoch durfte ich bereits nach dem zweiten Semester psychotherapeutisch behandeln.

Eine meiner ersten Patientinnen war eine 26-jährige Grundschullehrerin, Adele. Seit ihrer Teenagerzeit hatte Adele Phasen von Niedergeschlagenheit und stark verminderter Leistungsfähigkeit. In den Monaten vor dem Beginn der Psychotherapie hatte sich eine depressive Phase vertieft. Sie war verzweifelt. Sie dachte an Suizid.

Adele hatte ihre Gründe. Ihr Verlobter hatte sie nach zwei Jahren Beziehung verlassen. Sie war nach Hause zu ihrer unorganisierten Mutter zurückgekehrt.

2 Intermezzo: Eine Anekdote

Adeles jüngere Schwester war in einer missbräuchlichen Beziehung zu einem älteren Mann, und Adele hatte einen vergeblichen Rettungsversuch unternommen. Gleichzeitig stand sie beruflich unter Druck von einem starren Schulleiter, der anscheinend neidisch auf Adeles Jugend und Idealismus war.

Ich tat, was ich während meiner Psychoanalyse auf der Couch gelernt hatte. Ich hörte zu. Ich fragte nach: Suizid?

Adele war halb irisch, halb italienisch, ein Boston-Typ, das nüchterne Mitglied einer lauten, impulsiven Familie. Ihre einzige dramatische Handlung war gewesen, sich in der Highschool zu ritzen. Damals fühlte sie starke Niedergeschlagenheit. Jetzt sagte sie mir, sie wolle aus ihrer Haut fahren.

Diese letzte Bemerkung machte mich neugierig. Als Studienberaterin im ersten Studienjahr hatte Harvard mir eine Endokrinologin zugewiesen. Auch ein Boston-Typ, die einzige Akademikerin in einer Arbeiterfamilie, mit linken politischen Ansichten. Psychiatrie stand auf der Liste der Dinge, die sie verachtete. Wenn ich Stimmungserkrankungen wie die Depression verstehen wollte, sollte ich mich mit der Funktion von endokrinen Drüsen wie der Schilddrüse befassen. Mir war schon bekannt, dass Funktionsstörungen der Schilddrüse die psychischen und körperlichen Beschwerden verursachen können, die Adele beschrieb.

Weil meiner Beraterin die eine Hälfte meiner Loyalität galt (der Psychotherapie galt der Rest) und weil Adele überzeugend war, als sie ihre Unruhe als ungewohnt beschrieb, testete ich ihre Schilddrüse. Als die ersten Blutuntersuchungen normale Ergebnisse brachten, ließ ich eine zweite Form des Schilddrüsenhormons untersuchen, das erst vor kurzem mit Krankheiten in Verbindung gebracht worden war.

Adele hatte tatsächlich eine überaktive Schilddrüse. Nachrichten von meiner »erfolgreichen« Untersuchung verbreiteten sich schnell in der Abteilung für Psychiatrie. Der Einzige, der sich dem Kreis der Bewunderer nicht anschloss, war mein Betreuer für das verlängerte Wahlpraktikum, Theodore Nadelson. Ted, ein erfahrener Therapeut, wurde später bekannt für seine Arbeit in der Psychosomatik und der Überschneidung von Psychiatrie und Allgemeinmedizin. Er warnte mich, Adele im Auge zu behalten, als sie zur endokrinologischen und später (nachdem eine Therapie mit radioaktivem Jod nicht geholfen hatte) zur chirurgischen Abteilung wechselte. Er prophezeite, dass Adele auch nach ihrer Schilddrüsenbehandlung immer noch psychotherapeutische Hilfe benötigen würde. So war es auch. Adele erhielt nach der Operation ein Schilddrüsen-Ersatzhormon in Form von Tabletten und wir gaben dieser Therapie Zeit, die erwünschte Besserung zu bewirken. Wenn es überhaupt eine Veränderung gab, dann vertiefte sich Adeles Verzweiflung weiter. Ted erklärte mir nie, warum er Antidepressiva für Adele in Betracht gezogen hat. In Harvard galt damals die Verwendung psychiatrischer Medikamente als Zeichen mangelnder Vorstellungskraft und fehlender geistiger Beweglichkeit seitens des Arztes. Das Ziel des Therapeuten war es nicht, Symptome zu dämpfen, sondern sie zu verstehen und sie als Ansporn zur Selbsterkenntnis des Patienten wirken zu lassen. Eine Patientin, der Antidepressiva verschrieben wurden, würde sich zurücklehnen und darauf warten, dass die Medikamente wirkten. Sie würde die Angst ihres Arztes spüren, während dieser die Dosierung anpasste. Weil die Patientin medikamentös behandelt wurde, würde die eigentliche Behandlung, die Psychoanalyse, basierend auf der neutralen Spiegelung des Selbst durch den Arzt und daraus resultierend eine bessere Toleranz für die eigenen Gefühle, blockiert werden.

Freud hatte den Rahmen für die Psychoanalyse mit dem sterilen Operationssaal eines Chirurgen verglichen. In diesem sauberen Arbeitsbereich, unbeeinflusst von den Eingriffen des Therapeuten, könnten Einsichten in die psychische Struktur des Patienten entstehen. Doch für Adele war unsere Behandlungsbeziehung bereits vorbelastet. Zusammen mit anderen Ärzten hatte ich ihr eine Heilung durch wirksame Eingriffe versprochen: Strahlentherapie und Chirurgie, danach eine dauernde Einnahme eines Schilddrüsenhormons in Pillenform. Wie viel Verwirrung würde durch die zusätzliche Verabreichung eines Antidepressivums entstehen?

Wahrscheinlich war der wichtigste Faktor in Teds Entscheidung, Antidepressiva in Betracht zu ziehen, die psychische Veränderung bei Adele. Obwohl die Schilddrüse unter Kontrolle war, wurde sie immer verzweifelter. Es gab so viel, das sie nicht retten konnte: ihren Job, ihre Beziehung, das Leben ihrer Schwester. Adele beschrieb nun, dass sie das Leben schon immer als düster empfunden und immer ihren Tod in jungen Jahren herbeigesehnt habe.

Zweifellos war Ted auch unwohl bei dem Gedanken, dass ein unerfahrener Assistenzarzt im ersten Ausbildungsjahr im Unbewussten einer schwer kranken jungen Frau herumwühlte. Ted veranlasste, dass der leitende Assistenzarzt Adele auf eine Behandlung mit Medikamenten hin untersuchte. Der leitende Assistenzarzt verschrieb Imipramin. Die Dosis wurde erhöht, bis Adele über Verstopfung klagte. Ihr wurde ein Abführmittel und eine Dosisreduzierung angeboten.

Ich wollte, dass Adele von ihren seelischen Schmerzen frei und nicht mehr suizidgefährdet war. Aber mehr noch wollte ich, dass es ihr im ganzen Leben besser ging. Dies war eine andere Angelegenheit, für die eine Änderung des Selbstbildes notwendig war.

Imipramin wirkte, ohne sich aufzudrängen, auf eine Art und Weise, die ich später als »diskret« bezeichnet habe. Imipramin führte zu einer moderaten, jedoch subjektiv unschätzbar wertvollen Erleichterung. Es beruhigte die ständigen Grübeleien, verminderte die Impulsivität und stellte die Konzentrationsfähigkeit wieder her. Die sehr rasche Verbesserung, wenn auch nur Teilbereiche ihres Zustandes betreffend, war verblüffend.

In unseren zweimal wöchentlichen Treffen hatte Adele ihre emotionalen Reaktionen auf die Vernachlässigung durch ihre Mutter, die Übergriffigkeit ihres Stiefvaters und die Erfahrung von Männern zurückgewiesen oder verletzt zu werden, beschrieben. Sie hatte sich gedanklich im Kreis gedreht, wechselnd zwischen Vorwürfen und Selbstvorwürfen. Unter der Wirkung von Imipramin wurde Adele nachdenklicher und kam zu einer stabilen Einschätzung ihrer familiären und biografischen Prägungen. Ihr Leid schien ihren praktischen Frustrationen angemessen. Sie fand Verbündete in der Schule. Wenn sie auch weiterhin unzuverlässige Männer kennenlernte, ging sie vorsichtiger mit ihnen um.

Antidepressiva waren – damals – Behandlungen für kurze Zeit. Nach vier Monaten schlich der leitende Assistenzarzt das Imipramin aus. Adele und ich arbeiteten weiter daran, ihre selbstschädigenden Verhaltensmuster zu verändern, als ein Jobangebot sie in eine andere Stadt zog und ich den Kontakt verlor.

Später, als ich vielen anderen Patienten Antidepressiva verschrieb, erlebte ich dramatische Remissionen, so wie die, die Kuhn auf seinem Weg bestärkt hatten. Adeles subtilere erste Verbesserung hatte ihre eigene besondere Wirkung auch auf mich: Imipramin hat mich zu einem besseren Therapeuten gemacht.

Nur einmal hatte ich ein ähnliches Erlebnis, und das war auf der Skipiste. Im Jahr 1996 bat mich eine Zeitschrift, einen persönlichen Erfahrungsbericht darüber zu schreiben, ob ein unsportlicher und ungeübter Skiläufer durch den Unterricht durch professionell geschulte und geprüfte Skilehrer ein besseres als durchschnittliches Niveau erreichen könne. Ich besuchte einen Skikurs. Etwa in der Mitte des Kurses gab mir der Skilehrer – die damals neuen – stärker taillierten Carvingskier. Die Technologie übertraf die Wirkung des Unterrichts bei Weitem. Ohne weiteres Lernen hatte ich viel mehr Kontrolle und mehr Mut auf den steilen Hängen.

In der Arbeit mit Adele hatte Imipramin bewirkt, dass meine – geringen – damaligen Fähigkeiten gerade ausreichten.

In der Arbeit mit Adele reichte mein Können – dank Imipramin – aus. Als Schüler meiner Lehrer hatte ich deren Vorbehalte gegenüber medikamentöser Behandlung übernommen. Selbst wenn die Medikation die Therapie effektiver machte, blieb der Verdacht, Adele könnte einen notwendigen Schritt übersprungen haben. Woran ich allerdings keinen Zweifel hatte, war die Fähigkeit von Imipramin, die Symptome rasch zu lindern.

Ich dachte in dieser Zeit wenig über Placeboeffekte nach. Wenn Adele auf Placebo reagiert hätte, wäre ihre Depression als Folge der Strahlentherapie, der Chirurgie oder der Hormonmedikamente verschwunden.

Da meine Lehrer in Harvard die Pharmakotherapie nur in medizinisch komplexen Fällen in Betracht zogen, machte ich laufend die Erfahrung, dass Antidepressiva bei Patienten wirkten, die auf eine Vielzahl früherer Behandlungen nicht angesprochen hatten.

Adele war die erste einer großen Zahl von Patienten, mit denen ich psychotherapeutisch zu arbeiten begann und deren Entwicklung ich dann verfolgen konnte, als sie zusätzlich mit Antidepressiva behandelt wurden. Solche Entwicklungen haben wir im Sinn, wenn wir von ärztlicher Erfahrung sprechen. Wir vertrauen darauf, dass Ärzte aus eigenem Lernen mit den Behandlungen vertraut sind, die sie anbieten.

Allerdings entsteht Erfahrung nicht nur isoliert und aus eigenem Tun. Ted las laufend die aktuellen psychiatrischen und medizinischen Fachzeitschriften. Weil Ted aus der Fachliteratur wusste, dass Imipramin in wissenschaftlichen Studien gute Wirkung gezeigt hatte, durfte ich Adeles neue Offenheit für Veränderungen erleben.

3
Streiflichter

Weil randomisierte Studien heute ein unverzichtbarer Bestandteil der medizinischen Praxis sind, vergessen wir leicht, dass sie eine vergleichsweise junge Erfindung sind. Ursprünglich in der Landwirtschaft entwickelt – dort testete man Anbaumethoden, indem man sie auf zufällig ausgewählten Feldabschnitten anwendete –, hielt dieser Ansatz erst in den späten 1940er Jahren Einzug in die Medizin, erst nach der Entdeckung der ersten Antibiotika. Die medizinische Pionierarbeit zu randomisierten Studien fand in der Behandlung der Tuberkulose statt.

Tuberkulose, die das zentrale Nervensystem erreicht, die tuberkulöse Meningitis, war fast immer tödlich. Als die Meningitis auf das Antibiotikum Streptomycin ansprach, war klar – ohne auf ausgefeilte Evaluationsmethoden zurückzugreifen –, dass das Medikament wirkte.

Jedoch verhielt sich die Tuberkulose in ihrer häufigeren Form, der Lungen-Tuberkulose, anders. Einige infizierte Patienten erholten sich von selbst, andere jedoch nicht. Die Frage, wen man behandeln sollte, war entscheidend, da Lungen-Tuberkulose sehr häufig und Streptomycin nicht in ausreichender Menge für alle Erkrankten verfügbar war. Im Jahr 1946 plante das British Medical Research Council, unter der Leitung eines Vordenkers der modernen Statistik, Sir Austin Bradford Hill, eine Studie mit einem neuen Design. Teilnehmer wurden zufällig ausgewählt, um die übliche Behandlung, strikte Bettruhe, oder die experimentelle Behandlung, Bettruhe ergänzt durch Injektionen des Antibiotikums, zu erhalten.

Das Entscheidungskriterium in der Bewertung der Studienergebnisse war der Krankheitsfortschritt, wie er aus Röntgenbildern der Lunge ablesbar war. Streptomycin schnitt gut ab. In den ersten Wochen der Erkrankung war es viel wahrscheinlicher, dass sich bei Patienten unter Streptomycin eine deutliche radiologische Verbesserung zeigte – und weniger starben. Bei doppelt so vielen Patienten unter Streptomycin (69 Prozent, im Vergleich zu 33 Prozent derjenigen, die nur

Bettruhe hatten) wurde eine gewisse Aufhellung auf ihren Röntgenbildern festgestellt. Aber – die Streptomycin-Behandlung konnte die Infektion nicht vollständig heilen. Bis zum vierten Krankheitsmonat kamen weitere Bakterienstämme dazu. In den folgenden zwei Behandlungsmonaten zeigte das Antibiotikum keine bessere Wirkung als die alleinige Bettruhe. Bereits vor dieser Studie hatten Ärzte, allein durch unsystematische Beobachtung, die richtige Schlussfolgerung gezogen: Streptomycin hilft in der Anfangsphase. Auch wenn diese Studie nur die bereits bestehende klinische Erfahrung bestätigte, wurde das Forschungsdesign als grundlegendes wissenschaftliches Paradigma der Zukunft angesehen. Diese Studie etablierte die randomisierte Studie als Standard in der Medizin, insbesondere zur Bewertung von Behandlungen für Erkrankungen, die von selbst kommen und gehen, und mit Therapiemethoden wie Streptomycin, die nur in bestimmten Konstellationen wirken.

Da die aktuelle Kontroverse um die Wirksamkeit von Antidepressiva auf der Interpretation randomisierter Studien beruht, müssen wir uns mit ihnen vertraut machen. Das Design randomisierter Studien hat drei Elemente, die darauf abzielen, Bewertungen möglichst objektiv zu halten: eine *Kontrollbedingung*, die *Randomisierung* und die *Verblindung*.

In einer Ergebnisstudie wird eine vielversprechende neue Behandlungsmethode mit einer Vergleichs-Intervention – der sogenannten Kontrollbehandlung – verglichen. Die Patienten der Kontrollgruppe erhalten alle Bestandteile der üblichen Patientenversorgung, mit Ausnahme der aktiven Behandlung, deren Wirksamkeit untersucht wird - in diesem Fall war dies Streptomycin. Die beiden unterschiedlichen Behandlungsgruppen werden als »Studien-Arme« bezeichnet. Die Streptomycin-Studie hatte einen Medikament-plus-Bettruhe-Arm und als Kontrolle einen Nur-Bettruhe-Arm. Eine weitere, oft angewandte Methode besteht darin, als Kontrollbehandlung ein *Placebo* zu verabreichen oder eine Scheinbehandlung durchzuführen.

Bei der Behandlung von Patienten geschehen viele Dinge gleichzeitig. Ärzte verschreiben Medikamente, bieten aber auch Unterstützung und Aufmerksamkeit. Die Zeit vergeht und ermöglicht das, was Kommentatoren der Streptomycin-Studie lateinisch als »*vis medicatrix naturae*« bezeichneten, die Heilkraft der Mutter Natur.

Das Einbeziehen eines Kontrollarms hilft Forschern, die der untersuchten neuen Therapie selbst *innewohnenden Wirkungen*, unabhängig von Kontextfaktoren, abzuschätzen; den Beitrag, den das Medikament durch seine speziellen Eigenschaften leistet – bei Streptomycin die Fähigkeit, das Wachstum von Bakterien zu hemmen. Wenn wir fragen, ob ein Medikament tatsächlich eine eigene Wirksamkeit besitzt, fragen wir, ob es zu Verbesserungen des Gesundheitszustands führt, die über die unspezifischen Effekte von Zeitverlauf, situativen Faktoren und dem Arzt-Patienten-Kontakt hinausgehen. Eine grundlegende Annahme besteht darin, dass, wenn wir den Fortschritt der Patienten im Kontrollarm von dem größeren Fortschritt der Patienten im Behandlungsarm abziehen, der verbleibende Teil der Beitrag des aktiven Inhaltsstoffs, also die inhärente Wirksamkeit der Behandlung ist. Diese Annahme ist ein guter Ausgangspunkt – aber sie ist nicht immer richtig oder gerechtfertigt.

Ein Placebo ist eine Behandlung, die dieselbe Form wie die untersuchte Intervention hat, aber die Intervention, die als wirksam vermutet wird, nicht enthält. In einer Studie zur Wirksamkeit von Akupunktur etwa würden bei der Kontrollgruppe als Placebo die Nadeln an den falschen Stellen gesteckt werden, dort, wo angenommen wird, dass sie nicht heilend wirken sollten. In Tests von Antidepressiva werden Pillen, die keine wirksame Substanz enthalten, sondern beispielsweise Zucker, als Placebos verwendet.

Bei der Wirkung von *Placebos* denken manche vielleicht an die magische Feder, die Dumbo, dem kleinen Elefanten aus dem Disney-Film, Selbstvertrauen gibt und es ihm so ermöglicht zu fliegen. Talismane, die durch das Inspirieren hoffnungsvoller Erwartungen wirken. Wie wir später noch sehen werden, sind sich Wissenschaftler uneinig darüber, wie häufig dieses spezifische Phänomen – der *klassische Placeboeffekt* – in der klinischen Medizin auftritt. In der Praxis wirken im Placebo-Arm einer Studie zahlreiche Einflussfaktoren – sowohl günstige als auch problematische. Einige Patienten werden sich im Laufe der Zeit von allein auf natürlichem Weg erholen. Andere werden vielleicht bei Eintritt in die Studie nicht richtig diagnostiziert; später, wenn sie korrekt diagnostiziert werden, zeigen sie die Symptome der untersuchten Krankheit nicht mehr. Diese Heilungen, real oder scheinbar, sind nicht auf die inhärente Wirksamkeit der Behandlung zurückzuführen.

Die Kontrollbedingung bündelt all jene *Einflüsse*, die Statistiker als »Rauschen« bezeichnen – also Schwankungen und Nebeneffekte, die nicht auf die eigentliche Behandlung zurückgehen. Dieses sogenannte statistische Rauschen entsteht zum Beispiel durch Zufall, durch individuelle Unterschiede zwischen den Teilnehmenden oder durch äußere Umstände wie Tagesform oder Erwartungen. Forscher versuchen, dieses Rauschen herauszufiltern – ähnlich wie Kopfhörer mit Geräuschunterdrückung im Flugzeug Umgebungsgeräusche ausblenden. Ziel ist es, die »reine Musik« der aktiven Behandlung zu hören: den tatsächlichen Effekt des Medikaments oder der Therapie, ganz ohne Verzerrung.

Die Statistiker, die die Streptomycin-Studie entwarfen, kümmerten sich nicht um klassische Placebo-Effekte. Das Antibiotikum wurde viermal täglich in einen Muskel injiziert; Teilnehmer im Kontrollarm wurden diesem Schmerz nicht ausgesetzt. Der Kontrollarm berücksichtigte die Verbesserungen durch Bettruhe, Pflege und natürliches Abklingen der Infektion.

Alles gut und schön – Bettruhe plus Medizin wird mit reiner Bettruhe verglichen. Aber der Vergleich wird nur dann gültig sein, wenn zu Beginn der Studie alle Patienten, egal ob im Behandlungs- oder im Kontrollarm, ähnlich, d. h. vergleichbar sind: gleich krank, gleich widerstandsfähig und so weiter.

In einigen frühen kontrollierten Studien wechselten die Forscher die Gruppenzuteilung der Probanden ab und gaben jedem zweiten das zu testende Medikament. Praktizierende Ärzte konnten das System manipulieren, indem sie die Zuweisung vielversprechender Patienten zeitlich so abstimmten, dass diese die aktive Behandlung erhielten. Wenn dann die Probanden, die das Medikament erhalten hatten, besser abschnitten, könnte der Unterschied darin begründet liegen, dass sie von Anfang an gesünder waren.

Diese und andere nicht leicht erkennbare Fehlerquellen werden als *Störfaktoren* bezeichnet. Oft resultieren Störfaktoren aus *Voreingenommenheit* oder spezifischen Wünschen beteiligter Ärzte. Wie z. B. dem Muster, Patienten mit guten Voraussetzungen für die Medikamenten-Gruppe auszuwählen. Dieses spezielle Problem wird als Selektionsverzerrung (auch *Anfälligkeitsbias*) bezeichnet; Teilnehmer in einer Gruppe sind anfälliger für weitere Krankheiten und haben ein erhöhtes Sterberisiko als die in der anderen Gruppe. Solche Störfaktoren können zu falschen Studienergebnissen führen – in diesem Fall zu einer zu hohen Einschätzung der Wirksamkeit eines Medikaments.

Um dies zu verhindern, wird in randomisierten Studien etwas wie ein Münzwurf eingesetzt – typischerweise wird eine Tabelle mit Zufallszahlen verwendet –, um Versuchspersonen und Interventionen zu paaren. In der Streptomycin-Studie wurde, nachdem ein Patient aufgenommen worden war, ein nummerierter Umschlag zufällig ausgewählt und dann geöffnet. Auf der darin enthaltenen Karte fand sich entweder der Buchstabe C, die diesen Patienten der Kontrollbedingung zuwies, oder S, für Streptomycin.

Die Streptomycin-Studie zeigt, wie Randomisierung funktioniert: Ein Studienmitarbeiter sitzt an einem Schreibtisch. Studienteilnehmende bekommen ohne Berücksichtigung irgendwelcher Merkmale einen zufällig aus einer Box genommenen versiegelten Umschlag, der an den Apotheker der Studie weitergeleitet wird. So erhält dieser die Information, die den Patienten dem aktiven Behandlungsarm oder Kontrollarm der Studie zuweisen.

Ich habe diese schematische Beschreibung des Vorgangs mit dem Umschlag eingefügt, weil wir in unserer weiteren Untersuchung der Antidepressiva-Kontroverse auf Studien stoßen werden, bei denen die Randomisierung falsch umgesetzt wurde. Dabei war es beispielsweise möglich, dass jungen Patienten und älteren Patienten unterschiedliche Umschläge gegeben werden konnten. Auf Fehler in der Randomisierung werden wir zu achten haben.

Der Zweck der Randomisierung besteht darin, den Einfluss von Störfaktoren zu vermeiden, insbesondere solche, die aus Selektionsverzerrungen resultieren. Wie der Leitartikel des *British Medical Journal* im Kommentar zur Streptomycin-Studie anmerkte: »Durch die zufällige Zuteilung entfällt nicht nur die persönliche Entscheidung des Arztes bei der Gruppeneinteilung, auch eine Verzerrung durch Auswahlprozesse wird vermieden. Zugleich entstehen Vergleichsgruppen, die sich in wesentlichen Merkmalen wie Alter, Geschlecht und Schweregrad der Erkrankung sehr ähnlich sind – eine entscheidende Voraussetzung dafür, dass sich die Ergebnisse auf andere Patientengruppen übertragen lassen«.

Der große Vorteil der randomisierten Studie besteht darin, dass die Forscher nicht alle Faktoren kennen oder verstehen müssen, die die Ergebnisse beeinflussen. Angenommen, eine unentdeckte genetische Variation macht bestimmte Personen unempfänglich für ein Medikament: Die Randomisierung wird sicherstellen – oder es zumindest sehr wahrscheinlich machen –, dass die beiden Gruppen der Studie die gleiche Anzahl von Probanden mit dieser Variation enthalten. Das Ergebnis wird ein fairer Test sein.

Eine weitere Sicherheitsmaßnahme gegen Verzerrungen der Ergebnisse stellt die *doppelblinde* Studie dar: Weder die untersuchten Patienten noch die Beobachter, die die Ergebnisse messen, wissen, welcher Proband welche Intervention erhalten hat. Diese Ungewissheit schützt davor, dass Patienten oder Ärzte die vielversprechende Behandlung bevorzugen und übermäßig ermutigende Ergebnisse im aktiven Arm des Versuchs melden.

Die Studie Streptomycin versus Bettruhe hatte diesen Schutz teilweise. Die Radiologen, die die Röntgenbilder der Lungen beurteilten, wussten nicht, ob sie von einem Patienten mit oder ohne Medikation stammten. Aber die Kliniker und Patienten wussten natürlich, wer Injektionen bekam.

Ärzte hatten lange geglaubt, dass die Einstellung der Patienten die Genesung von Lungentuberkulose beeinflusste. Gruppenpsychotherapie hat ihren Ursprung in aufklärenden und inspirierenden Treffen für Tuberkulose-Patienten, die mit Unterstützung einer Kirche in Boston in den frühen 1900er Jahren durchgeführt wurden. Das *Boston Medical and Surgical Journal*, der Vorläufer des *New England Journal of Medicine*, berichtete, dass die Methode der Gruppenpsychotherapie die Wirkungen einer Sanatoriumsbehandlung übertraf. In den 1940er Jahren hatte sich das Verständnis von Tuberkulose gewandelt. Wenn eine Injektion Optimismus hervorrief und wenn Optimismus das Immunsystem anregte, machte sich niemand Sorgen, dass dieser potenzielle Störfaktor die Ergebnisse ungültig machen könnte.

Annahmen über die Natur einer Krankheit beeinflussen Design und Interpretation von Studien. Bei Streptomycin akzeptierten Ärzte, dass es die antibiotische Wirkung war, die die Ergebnisse brachte und nicht durch Injektionen hervorgerufene Hoffnung. Wäre eine andere Annahme vorgelegen, wäre die Studie anders durchgeführt worden.

Heute bevorzugen Wissenschaftler doppelblinde, randomisierte, placebokontrollierte Studien, aber es besteht kein Zweifel daran, welches dieser Elemente am wichtigsten ist. Das wesentlichste Element, auf das Statistiker am wenigsten verzichten möchten, ist die Randomisierung. Randomisierung ist ein großer medizinischer Fortschritt des 20. Jahrhunderts, laut Historikern vergleichbar mit der Erfindung des Penicillins. Randomisierung minimiert Störfaktoren. Archie Cochrane, einer der einflussreichsten Epidemiologen der Mitte des 20. Jahrhunderts, ein früher Befürworter der evidenzbasierten Medizin, ist zum Vorbild der Bewegung geworden. Cochrane hatte wenig Respekt für den Wunsch der Ärzte, ihre Patienten »vor Placebos zu schützen« und ihnen vielleicht wirksame, aber nicht erprobte Therapien anzubieten. Auf die Frage eines Kollegen, der wissen wollte, wie weit Cochrane das Prinzip der Randomisierung treiben würde, entgegnete er: »Sie sollten randomisieren, bis es den Klinikern wehtut«.

4
Wie Max es sah

Roland Kuhns Bericht über Imipramin erschien ein Jahrzehnt nach der Studie über Streptomycin. Wissenschaftler bei Geigy erkannten, dass Imipramin mit der neuen Technologie bewertet werden musste. Aber was würde bei einer Studie mit Antidepressiva die Rolle des Röntgenbilds in der Antibiotika-Studie – die Grundlage zur Messung der Wirksamkeit des Medikaments – übernehmen?

Alan Broadhurst, der Chemiker, der selbst als Versuchskaninchen bei den ersten Tests von Imipramin gedient hatte, kontaktierte Max Hamilton, einen in Deutschland geborenen britischen Psychiater, der auf Statistik spezialisiert war. Hamilton hatte gerade eine auf einem Fragebogen basierende Skala zur Beurteilung der Schwere der Depression entwickelt. Broadhurst überzeugte die Forscher, die Skala in klinischen Studien einzusetzen.

Wie Kuhn begann auch Hamilton mit Patienten. Er fragte sie nach den Belastungen und Symptomen der Depression – Traurigkeit, gestörter Schlaf, suizidale Gedanken etc. – und ordnete den unterschiedlichen Intensitätsstufen der Beschwerden Zahlen zu. Er konzentrierte sich zuerst auf schwer kranke Patienten in Krankenhäusern, befragte aber auch ambulante Patienten. Aus der Summe seiner Befragungen schuf er eine Bewertungsskala, deren Ziel es war, ein spezifisches Krankheitsbild zu charakterisieren, die »affektive Störung des depressiven Typs«.

Dass die neue Skala gezielt auf das Krankheitsbild der Depression zugeschnitten war, überzeugte Broadhurst. Hamiltons Skala vertrat den Standpunkt – wie jede andere medizinische Störung – auch Depression als Erkrankung zu betrachten, die durch typische Symptome charakterisiert ist, welche in einem Patienteninterview bewertet werden können.

In den 1950er Jahren funktionierte die Psychiatrie anders. Freudianer klassifizierten Patienten grob in zwei Gruppen: entweder als »psychotisch« oder als »neurotisch«. Erstere benötigten eine vereinfachte Psychotherapie, während die neurotischen Patienten wahrscheinlich gute Kandidaten für eine Psychoanalyse waren. In jedem Fall war der Kern jeder psychischen Erkrankung ein unbewusster emotionaler Konflikt. Ein Aufruhr, der in seiner Ausdrucksform vielgestaltig und wandelbar sein konnte. Symptome waren veränderlich – interessant vorwiegend als Hinweise auf die Ursprünge der verzerrten Wahrnehmung und des Verhaltens der Patienten. Die Ursachen lagen etwa in Kindheitserfahrungen, sexueller Repression etc.

Kuhn war kein Anhänger der orthodoxen Psychoanalyse von Sigmund Freud. Seine Version der Psychoanalyse war geprägt durch die phänomenologische Psychiatrie von Karl Jaspers und Ludwig Binswanger und hatte mehr gemeinsam mit der konventionellen Medizin. Kuhn erkannte Diagnosen. Doch blieb er ein Analytiker in dem Sinne, dass er die anfänglichen Berichte der Patienten nicht für bare Münze nahm. Kuhn sagte: »Man muss sich bewusst sein, dass die Symptome der vitalen Depression oft nicht spontan erwähnt werden... Sie werden oft von anderen Symptomen verdeckt, die schwerwiegender erscheinen mögen. Sie kommen dem Patienten vielleicht nicht einmal in den Sinn, auch nicht, wenn danach gefragt wird. Patienten geben diese Symptome nur zu, als die Teile eines Gesamtzusammenhangs in einem freien und verständlichen Dialog.«

Wie genau Kuhn zu einer Diagnose kam, weiß niemand genau. Wenn auch weniger tiefgehend als Kuhn, wurde ich mit Betonung auf die phänomenologisch-existentielle Deutung psychischer Erkrankungen ausgebildet. Mein Mentor, Leston Havens, glaubte, dass ein Arzt, bildlich gesprochen, psychologisch »neben« den Patienten sitzen sollte, um die Welt mit ihnen zu betrachten. Wenn der Ausblick düster war und keine Zuversicht bot, waren sie vielleicht depressiv. Leston sprach vom »Abdruck« der Depression. Er erzählte, dass nachdem eine Gruppe von Zuhörern ein klinisches Interview eines depressiven Menschen verfolgt hatten, ein zu spät gekommener Zuhörer die Diagnose des Patienten vielleicht an der Körperhaltung der Beobachter erkennen könnte. Depression war tiefe Hoffnungslosigkeit, am besten durch Empathie zu verstehen. Die Anzahl der Symptome war unwichtig. Auch bei Patienten, die nach außen einen positiven Eindruck machen wollten und fröhliche Dinge sagten, könnte Depression dennoch erkannt werden – von Psychiatern, durch Selbstbeobachtung.

Im Gegensatz dazu konzentrierte sich Hamilton auf die deutlich fassbaren Symptome der Krankheit. Er baute seine Skala auf 17 Bewertungsfaktoren (Items genannt) auf – depressive Stimmung, Verminderung der Aktivität und der Arbeitsleistung, Einschlafstörungen, Durchschlafstörungen, Schuldgefühle usw. –, wobei jedem Schweregrad zwischen 0 und 4 Punkten zugeordnet sind. Die Untersucher sollten die Bewertung vornehmen, konnten sich aber auf die Berichte der Patienten beziehen. Beispielsweise werden beim Item »Suizid« für die Antworten »hat den Eindruck, dass das Leben nicht lebenswert ist, hat den Wunsch tot zu sein«, »Selbstverletzungen oder Suizidgedanken, aber keine konkreten Suizidpläne«, »aktive Suizidgedanken mit konkreten Suizidplänen« und »explizite Suizidvorbereitungen oder kürzlich durchgeführten Suizidversuch« 1, 2, 3 bzw. 4 Punkte gezählt.

Viele Hamilton-Items decken sich mit dem, was man sich landläufig unter Depression vorstellt: Antriebslosigkeit, Unentschlossenheit, Selbstvorwürfe und die Verlangsamung von Sprache und Bewegung, was von Psychiatern als psychomotorische Verlangsamung bezeichnet wird. Aber die Skala hat auch ihre Eigenheiten. Körperliche Symptome wie Verdauungsstörungen, Verstopfung, Menstruationsstörungen und Rückenschmerzen können zusammen 10 Punkte zum Gesamtscore beitragen. Hypochondrie kann 4 Punkte hinzufügen. In den 1950er Jahren waren körperliche Beschwerden auf den psychiatrischen Stationen, wo Patienten oft lange untergebracht waren, sehr häufig. Schlafstörungen hatten für Hamilton einen ungewöhnlich hohen Stellenwert. Er vergab jeweils separate Bewertungen für Probleme beim Einschlafen, Durchschlafen und rechtzeitigem Aufwachen. Ebenso geht er mehrfach auf die Symptome der Angst ein. Die Skala repräsentiert die Einschätzung eines Arztes zur Depression zu einem bestimmten Zeitpunkt.

Trotz dieser Besonderheiten wurde die Hamilton-Skala unter der Kurzbezeichnung HDRS-17 als Mittel zur Dokumentation des Verlaufs depressiver Erkrankungen akzeptiert. Psychiater konnten die Skala wie eine Checkliste durchgehen und Symptomen Zahlen zuordnen. Die Summe war der Hamilton-Wert. Veränderungen konnten mit dem Ausgangswert verglichen werden, wodurch die Wirkung einer Behandlung verfolgt werden konnte.

Die maximale Punktzahl der HDRS-17 beträgt 50 Punkte. Aber auch bei schweren Depressionen sind Werte über den niedrigen 30ern selten. Die Fachwelt debattiert ständig über Definitionen der Schwere der Depression. Aber vereinfacht ausgedrückt kann man feststellen, dass ein Hamilton-Punktewert von 30 für eine schwere Depression, 20 für eine mittelschwere und 10 für eine leichte

Depression stehen. Die meisten Patienten, die in Antidepressiva-Studien aufgenommen werden, haben Werte in den 20ern.

In der ambulanten Therapie, bei niedergelassenen Psychiatern, liegen die Hamilton-Werte typischerweise durchschnittlich bei 19 oder 20.

Das Kriterium für ein positives Ansprechen auf die Therapie in Studien wurde von Anfang an mit einer Halbierung des anfänglichen Hamilton-Wertes festgelegt. Dies stellt eine Verbesserung dar, die die meisten schwer depressiven Patienten in die Kategorie leicht verschieben und leicht depressive Patienten gesund machen würde. Gesundheit – in der Fachsprache: *Remission* –, das Ende der Krankheitsepisode, erforderte, den Gesamtwert unter 8 zu senken. In der Streptomycin-Studie hatten Forscher informelle Kategorien verwendet – »erhebliche« oder »moderate oder geringe« Veränderungen des Röntgenbilds – und Kuhn hatte von »vollständiger oder teilweiser Linderung« der Depression geschrieben. Ob die von Hamilton eingeführte Zahlenskala tatsächlich zu mehr Präzision und zu genaueren Ergebnissen führte, war damals eine in der wissenschaftlichen Diskussion offene Frage. Aber die Skala sah wissenschaftlich aus.

Zwischen 1959 und 1965 wurden mehr als tausend Patienten in kurzen randomisierten Studien, die Imipramin als Behandlung für Depression testeten, untersucht. Etwa zwei Drittel der Probanden unter Medikamenten sprachen auf die Behandlung an, verglichen mit nahezu einem Drittel in der Kontrollgruppe. Dies war sehr ähnlich zu den Ergebnissen der Veränderungen in den Röntgenbildern in der Streptomycin-Studie.

Imipramin, randomisierte Studien und die Hamilton-Skala entwickelten fast magische Synergien. Die Eignung der Skala zur Erfassung klinischer Veränderungen validierte die Skala. Gleichzeitig validierten die Forschungsergebnisse die Wirksamkeit von Antidepressiva. Die neuen Methoden zeigten auch eine wissenschaftspolitische Wirkung, sie führten die Psychiatrie in Richtung Mainstream-Medizin, mit ihrem Schwerpunkt auf Diagnose.

Im Laufe der Zeit erlangte die Depressions-Skala außerordentlichen Einfluss. Immer mehr Ärzte achteten auf Symptome, ihre Muster, ihre Häufigkeit und den Schweregrad, um mentale Krankheiten zu definieren und zu behandeln. Ebenso wie Kuhn das Antidepressivum erfunden hat, hat Hamilton ein neues Verständnis von Depression erfunden.

5
Intermezzo: Das Gegenteil von Wissenschaft

Trotz der beschriebenen neuen Forschungsmethoden wurden Antidepressiva nur langsam akzeptiert. Um ein Gefühl für das Tempo dieses Wandels zu vermitteln, möchte ich eine persönliche Geschichte erzählen, die ein Kollege, Robert Liberman, freundlicherweise öffentlich gemacht hat.

Ich habe erwähnt, dass Imipramin bis 1965 an 1.000 Patienten getestet wurde und eine erhebliche Wirksamkeit zeigte. Die Analyse erschien in einer Übersichtsarbeit, die von zwei Männern zusammengestellt wurde, die ich später in ihrer Karriere kennenlernen sollte. Jonathan Cole leitete die ersten großen psychopharmakologischen Versuche in den USA. Er war ein charmanter Geschichtenerzähler, zugleich ein herausragender Wissenschaftler und ein zurückhaltender, aber überzeugender Botschafter der Pharmakologie. Sein jüngerer Kollege Gerald Klerman, auch keineswegs humorlos, besaß eine nüchternere, schärfer konturierte Brillanz. Er wurde später gewissermaßen zu einem Hüter der evidenzbasierten Psychiatrie.

Unter Einbezug aller relevanten Faktoren, von der chemischen Struktur bis zu den aufgetretenen Nebenwirkungen, stellten Cole und Klerman Imipramin als ein Medikament vor, das die Wissenschaft genau analysieren konnte, und als eine ausgereifte Therapie, die sich etabliert hatte. Gleichzeitig begegneten sie Einwänden mit Respekt – etwa dem Argument, dass »die klinische Wirksamkeit dieser Medikamente durch sozio-psychologische Mechanismen vermittelt werde, insbesondere durch die Suggestibilität und den Glauben des Patienten, durch den Enthusiasmus oder sogar Eifer des Arztes – oder beides«. Cole und Klerman verfolgten diesen Hinweis auf das angenommene Wirken klassischer Placeboeffekte zurück bis zu einem Aufsatz aus dem Jahr 1961 mit dem Titel »A Criticism of Drug Therapy in Psychiatry«, der in einer Publikation der American Medical Association erschienen war. Der Autor war Robert Liberman, damals Medizinstudent im zweiten Jahr an der Dartmouth-Universität.

In Bezug auf Imipramin schrieb Liberman, es sei »mit viel unverdientem Lob als antidepressives Medikament begrüßt worden«. Sein Umgang mit den Belegen war alles andere als ausgewogen. Er hob erfolglose Behandlungen hervor, die von einem niedergelassenen Arzt berichtet worden waren, während er gleichzeitig eine systematische Studie mit positiven Ergebnissen, die im selben Fachjournal veröffentlicht wurde, herunterspielte. Zur Untermauerung der Idee, das Medikament wirke über Placeboeffekte, verwies Liberman auf einen Artikel, der Depression gar nicht thematisierte.

Libermans Aufsatz spiegelt das wissenschaftliche Denken seiner Zeit wider, dient heute jedoch vor allem als Beleg dafür, wie lange es das Argument des Antidepressivums als Placebo bereits gibt – und wie wenig es damals brauchte, um dieses Argument aufrechtzuerhalten. Indem er in seinem Fazit das Verschreiben solcher Medikamente als »schlechte medizinische Praxis« bezeichnete, vertrat Liberman eine in Psychotherapeutenkreisen weit verbreitete Meinung, die auch in führenden Publikationen gern gesehen war.

Als ich bei meinen Recherchen den Aufsatz fand, fiel mir ein, dass ich einen Robert Liberman kannte – der ein klarer Befürworter des Einsatzes von Antidepressiva war. Ich rief ihn an, es war derselbe. Er bestätigte seine Autorenschaft und fügte hinzu, dass die Publikation eine bittersüße Fortsetzung hatte, über die er schon in veröffentlichten Interviews berichtet hatte.

Nachdem er Dartmouth verlassen hatte, wechselte Liberman zur Johns-Hopkins-Universität nach Baltimore, wo er selbst an Depression erkrankte. Rückblickend erkannte er, dass er seit seinem 16. Lebensjahr mehrere depressive Episoden erlebt hatte. Nur kurze Zeit, nachdem sein kritischer Artikel erschienen war, wurde ihm bei der Behandlung an der Universität ein Antidepressivum angeboten – und er erholte sich schnell. Später, während er am National Institute of Mental Health arbeitete, wurde er erneut depressiv. Als die Psychotherapie ihm nicht half, nahm er wiederum ein Antidepressivum ein, wiederum mit gutem Effekt. Dennoch war er noch nicht überzeugt.

Bei einer weiteren depressiven Episode in Kalifornien in den 1970er Jahren wählte Liberman erneut die Psychotherapie. Sie brachte – wiederum – keine Erleichterung. Jahre später, als er diesen Behandlungsverlauf kommentierte, sagte er: »Trotz der Tatsache, dass ich nicht von ihrer Psychotherapie profitierte und es sogar schlechter wurde, kamen diese Psychiater nie auf die Idee, mir eine antidepressive Medikation vorzuschlagen«.

Liberman Zweifel bestanden trotzdem weiter. Erst nach weiteren 20 Jahren, wiederkehrenden Krankheitsphasen, die Krankenhausaufenthalte und schließlich eine Elektrokrampftherapie notwendig machten, akzeptierte er den Gebrauch von Antidepressiva. Bis dahin, in der Mitte der 1990er Jahre, hatte sich in der Psychiatrie die Annahme eines speziellen Krankheitsbildes durchgesetzt, eines Zwischenzustands – zwischen wiederkehrender schwerer Depression und bipolarer Störung (früher: Manisch-Depressive Erkrankung). Bei dieser – Bipolar II genannten Variante – treten bei den Patienten nie voll ausgeprägte manische Phasen auf, sondern nur noch kontrollierbare Antriebssteigerungen, während die depressiven Phasen sich jedoch mit der Zeit verschlimmern. Angesichts des Wechsels zwischen Libermans depressiven Phasen und seinen produktiven Intervallen stellte ein Psychopharmakologe diese Diagnose, wenngleich die Möglichkeit einer einfachen rezidivierenden Depression weiterhin im Raum stand.

Dieses Krankheitsbild spricht teilweise schlecht auf Antidepressiva an – aber Robert Libermans Arzt konnte auf die früheren positiven Erfahrungen zurückgreifen. Seitdem nimmt Liberman dauerhaft ein Antidepressivum ein. Trotz des chronischen Verlaufes seiner Erkrankung hat Liberman 15 Jahre lang keine erhebliche depressive Episode mehr erlebt. Er war gesünder – weniger belastet durch Depressionen – als in seinen früheren Jahren.

Liberman hat seine Erfahrungen in seine klinische Praxis integriert. Wenn er Offenheit für angebracht hält, sagt er den Patienten, dass er täglich Medikamente nimmt, eine Selbstenthüllung, die andere ermutigt, ihre eigenen Medikamentenpläne zu befolgen.

Sollen wir jene Psychiater in Kalifornien tadeln, die keine Medikation verordneten und ihren Patienten dem Abwärtstrend überließen? Wir müssen vorsichtig sein und dürfen sie nicht vom Standpunkt unseres heutigen Wissens beurteilen. Wahrscheinlich glaubten Libermans Behandler damals – und diese Position hat auch heute immer noch ihre Befürworter –, dass ohne Selbsterkenntnis Heilung mehr Schaden als Nutzen bringe.

Dennoch scheint es schwer mit dem ärztlichen Ethos in Einklang zu bringen, einem leidenden Patienten, der wiederholt darauf angesprochen hat, Medikamente vorzuenthalten. Nicht Anekdote, sondern Ideologie ist das Gegenteil von Wissenschaft. Anekdotisch haben Antidepressiva für Liberman funktioniert. Selbst ein Skeptiker, der auf Placeboeffekte fokussiert ist, hätte einem Patienten in Libermans Umständen vielleicht Antidepressiva verschrieben. Nirgendwo in der Medizin wirken Placebos auf die Weise, wie es Antidepressiva für Liberman taten, indem sie komplexe Krankheitsmanifestationen konsequent unterbrachen und eine solide Stabilisierung bewirkten. Psychiater meiner Generation sahen diese Sequenz regelmäßig: Psychotherapie scheiterte bei Patienten, die hartnäckig daran glaubten, und dann hatten Antidepressiva Erfolg. Diese Fälle waren überzeugend.

Um auf die schon angesprochene Übersichtsarbeit zur Wirkung von Imipramin durch Cole und Klerman zurückzukommen: Der Artikel war auch in seiner Behandlung der Placebofrage, die Liberman 1961 aufgeworfen hatte, absolut ausgewogen. Imipramin hat offensichtliche Nebenwirkungen. Es kann Patienten so mundtrocken machen, dass ein Untersucher – beim Hören des Geräusches, wenn sich die Zunge vom Gaumen löst – erkennen könnte, dass sie medikamentös behandelt werden. Der Versuch wäre dann nicht mehr blind.

Kritiker argumentierten, dass Antidepressiva weniger wirksam erscheinen könnten, wenn sie gegen »aktive« Placebos getestet würden – Medikamente, die ausschließlich Nebenwirkungen wie Mundtrockenheit und Verstopfung verursachten und daher eine höhere Erwartung wecken. Zu diesem Thema fanden Cole und Klerman nur wenige relevante Studien. In einer davon schnitten Studienteilnehmer mit einem Nebenwirkungen verursachenden Placebo besonders schlecht ab. Hatte die Verstopfung verursachende Pille Schaden angerichtet? Es ist bis heute nicht entschieden, ob aktive Placebos eine Rolle bei doppelblinden Studien spielen sollten und es gab insgesamt nur wenige solche Studien. Wir werden auf dieses Thema später zurückkommen.

Cole und Klerman waren auch offen über die Grenzen wissenschaftlicher Erkenntnisse. Bei der Entwicklung von Antidepressiva testeten Arzneimittelunternehmen chemische Verbindungen, die die Art und Weise ändern, wie in Nervenzellen bestimmte chemische Botenstoffe im Gehirn (wie z. B. Noradrenalin und Serotonin), die sogenannten Monoamine, gebildet werden oder wirken. Die Idee, dass sie bei Depressionen eine Rolle spielen, war die *Monoamin-Hypothese*. Cole und Klerman warnten: »Die Beweise für diese Hypothese sind fast ausschließlich indirekt«. Selbst die am besten erforschten Bereiche waren »zugegebenermaßen spekulativ«. Medikamente, die Noradrenalin und andere Botenstoffe beeinflussten, wirkten antidepressiv – aber es war nie klar, ob Veränderungen im Monoamin-Haushalt Depressionen verursachten oder diese überhaupt ausmachten.

Ich erwähne Cole und Klermans Vorsicht wegen der Rolle, die die Monoamin-Hypothese in der aktuellen Antidepressiva-Kontroverse spielt. Kritiker beanstanden, dass der Glaube an die Wirkung von Medikamenten durch die unbelegte Annahme aufrechterhalten werde, sie würden Depressionen heilen, indem sie Botenstoffe verstärken, deren Mangel die Erkrankung angeblich ausmacht (Marcia Angell schreibt, dass diese Theorie »von der medizinischen Profession [...] weitgehend akzeptiert« sei.). Bestimmte Aspekte der Monoamin-Hypothese haben in letzter Zeit an Plausibilität gewonnen – die Serotonin-Regulation hat tatsächlich etwas mit Depressionen zu tun –, aber während der gesamten Zeit, in der Antidepressiva verfügbar waren, haben führende Figuren in der Psychiatrie, einschließlich der Pioniere der Psychopharmakologie, die Theorie skeptisch betrachtet.

In meiner Ausbildung wurde sie als »vielleicht falsch und mindestens unvollständig« dargestellt, um die Sprache zu verwenden, die ich in »*Listening to Prozac*« verwendet habe.

Das vorherrschende Verständnis ist nicht, dass Antidepressiva einen grundlegenden Mangel (an Serotonin oder einer verwandten Chemikalie) umkehren, sondern dass die Medikamente die Widerstandsfähigkeit in Geist und Gehirn wiederherstellen, was das Wachstum neuer Nervenzellen und die Ausarbeitung neuer Verbindungen zwischen Zellen ermöglicht. Die Medikamente »erlauben« es, dass die Depression nachlässt, indem sie Reparaturen und neues Lernen in Gehirnen und Personen, die zuvor »festgefahren« waren, ermöglichen. Diese Theorie der Genesung hat die Forschung seit der Zeit vor Prozac angetrieben.

In der Kontroverse um Antidepressiva ist die Monoamin-Hypothese zu einem Ablenkungsmanöver geworden. In jeder Generation wurde die Akzeptanz von Antidepressiva durch komplexe Darstellungen der Wissenschaft wie die von Cole und Klerman aufrechterhalten.

Eine weitere Konstante, von Anfang an, war die empirische Unterstützung durch randomisierte kontrollierte Studien. Cole und Klerman führten zahlreiche

Vorbehalte an, doch letztlich bestätigte ihre Übersichtsarbeit die Wirksamkeit von Imipramin: ein Zwei-zu-eins-Vorteil des Medikaments gegenüber Scheinpräparaten bei der Behandlung von Depression – und die zusammengefassten Zahlen waren eher zurückhaltend berechnet. Einige Studien hatten Imipramin nur in niedrigen Dosen verwendet. Wenn Patienten mindestens 200 Milligramm täglich erhielten, war die Wirkung besser.

Als ich über Randomisierung sprach, verwies ich auf Archie Cochrane, die prägende Figur hinter der heutigen evidenzbasierten Medizin und Namensgeber der Cochrane Collaboration. Die Cochrane Collaboration gilt heute als weltweiter Maßstab für wissenschaftlich fundierte Bewertung medizinischer Evidenz. Cochrane war ein schottischer Arzt, der in Kriegsgefangenenlagern im Zweiten Weltkrieg praktizierte, später Lungenkrankheiten studierte und sich einen Namen als früher Befürworter randomisierter Studien machte.

Cochrane, der große Zweifel an der Psychotherapie äußerte, war kritisch gegenüber der psychiatrischen Forschung im Allgemeinen. Doch im Jahr 1972, in seinem einflussreichen Buch über effektive Gesundheitsversorgung, als er Behandlungen auflistete, die die Ergebnisse für den Britischen National Health Service verbessern könnten, setzte Cochrane Antidepressiva auf die Liste der wirksamsten Behandlungen, gemeinsam mit Blutdruckmedikamenten, dem Polio-Impfstoff, Kortison und Antibiotika gegen Tuberkulose.

Cochranes Befürwortung und Libermans verstörende Geschichte verkörpern die gegensätzlichen Haltungen zur Depressionsbehandlung in den 1970er Jahren. Fachkundige Forscher hielten Antidepressiva für hochwirksam, doch praktizierende Psychiater zögerten, sie zu verschreiben und blieben skeptisch.

6
Alles geklärt?

Es könnte den Anschein haben, dass mit dem neuen Antidepressivum, der Bewertungsskala, der randomisierten Studie und der systematischen Literaturauswertung die Psychiatrie endgültig im Zeitalter der wissenschaftsbasierten Medizin angekommen sei. Doch es regte sich Widerstand – und zwar aus unerwarteten Richtungen.

Mitte der 1960er Jahre begann Sir Austin Bradford Hill, der Hauptverantwortliche für die britische Streptomycin-Studie, sich unwohl mit dem zunehmenden Fokus auf jene Art von Forschung zu fühlen, die er selbst mitbegründet hatte. Das Pendel war zu weit ausgeschlagen. Bestimmte entscheidende Fragen würden sich nie durch randomisierte Studien klären lassen. Hill interessierte sich besonders für den Zusammenhang zwischen Rauchen und Lungenkrebs. Niemand würde Menschen per Zufallsprinzip zum Rauchen auffordern und sie jahrzehntelang diesem Risiko auszusetzen. Um Ursachen und Wirkungen zu beurteilen, müssten Ärzte auch andere Faktoren einbeziehen – etwa die biologische Plausibilität und die Gesamtkohärenz der verfügbaren Evidenz.

In einem Vortrag, der auch auf die Forschung zur psychischen Gesundheit einging, ging Hill noch weiter:
»Der Glaube, dass die kontrollierte Studie der einzig gangbare Weg sei, zeigt nicht etwa nur, dass das Pendel zu weit ausgeschlagen hat, sondern dass es sich ganz aus der Halterung gelöst hat.« Hill zweifelte daran, dass Verblindung überhaupt sinnvoll sei, wenn es um die Beurteilung von Behandlungen für Erkrankungen mit subjektiven Symptomen – wie etwa Angststörungen – gehe. Um bestmögliche Ergebnisse zu erzielen, müssten Ärzte Dosierungen anpassen und Reaktionen beobachten können – in dem Wissen, wer was bekommt. Die Einschätzung des behandelnden Arztes, so Hill, könne dabei durchaus der präziseste Indikator für den Behandlungserfolg sein. Als Seitenhieb auf die Hamilton-Skala zitierte Hill einen Kollegen mit den Worten: »Es ist lächerlich, subjektive Einschätzungen bei

subjektiven Symptomen zu verachten – und es ist unrealistisch, künstlich objektivierte Bewertungen zu verlangen«. Als Beispiel für ein Feld, das eine flexible Kombination aus experimentellen und klinischen Zugängen erfordere, nannte Hill die Bewertung von Antidepressiva.

Auch Roland Kuhn äußerte Misstrauen gegenüber Ratingskalen und kontrollierten Studien. Er sagte: »In der klinischen Forschung sind die meisten Statistiken nutzlos ...«.

In den 1990er Jahren, im Rückblick auf das Scheitern der Psychiatrie – niemand hatte bis dahin ein Antidepressivum gefunden, das Imipramin überlegen war –, erklärte Kuhn:

> Meine Methoden unterschieden sich völlig von jenen, die heutzutage in der klinischen Forschung Anwendung finden. Ich habe nie ›kontrollierte Doppelblindstudien‹ mit ›Placebos‹, ›standardisierte Bewertungsskalen‹ oder statistische Auswertungen von großen Mengen von Patientendaten verwendet.
> Stattdessen habe ich jeden Patienten einzeln untersucht – oft mehrmals täglich – und ihn immer wieder befragt.«

Kuhn hatte sich ebenso sehr für die soziale Funktionsfähigkeit seiner Patienten interessiert wie für die Linderung ihrer Symptome. Was ihn an Imipramin beeindruckte, war dessen Fähigkeit, den Patienten ihr Leben zurückzugeben.

Mehr noch: Kuhn argumentierte, dass klinische Studien mit depressiven Patienten mittlerweile unmöglich geworden seien – weil potenzielle Studienteilnehmer bereits (etwa durch den Hausarzt) mit Imipramin behandelt worden seien.

Wie wir gesehen haben, glaubten nicht alle Ärzte oder Patienten an den Nutzen von Antidepressiva. Aber für diejenigen, die einer medikamentösen Behandlung gegenüber offen waren, standen Imipramin und ähnliche Medikamente leicht zur Verfügung. Hausärzte, die zur Diagnose von Depression in der Lage waren, verschrieben diese Mittel zunehmend selbst. Zunehmend waren es nur noch jene Patienten, die auf frühere Medikamente nicht angesprochen hatten, die überhaupt in Studien aufgenommen wurden. Dadurch wurde die Forschung an einer Patientengruppe durchgeführt, die nicht mehr das gesamte Spektrum depressiver Erkrankungen repräsentierte.

Patienten, die als »therapieresistent« gelten, sprechen erfahrungsgemäß auch auf weitere Behandlungsversuche seltener an. Das Ergebnis: Nützliche Medikamente könnten verkannt oder als unwirksam eingestuft werden. Die psychiatrische Forschung wurde so zum Opfer ihrer eigenen Erfolge.

Kuhn beklagte, dass die Situation in den 1950er Jahren eine andere gewesen sei: »Damals eigneten sich die Fälle viel besser für Studien, denn heute kommen diejenigen, die für Studien in Frage kämen, nicht mehr zum Psychiater – und noch seltener in die Klinik. Das klinische Bild hat sich durch die Behandlung vollkommen verändert«. Ich nenne dieses Problem – die Unfähigkeit, eine repräsentative Patientengruppe für Studien zu rekrutieren – den »Fluch von Roland Kuhn«. Wir werden ihm noch öfter begegnen.

Sowohl Hill als auch Kuhn stellten infrage, ob die Psychiatrie überhaupt das richtige Fachgebiet für Ratingskalen sei. Dieser Einwand mag heute altmodisch klingen. Seit über einem halben Jahrhundert arbeiten Forscher mit der Hamilton-Skala. Vieles, was wir über Depression wissen – wie häufig sie ist, welchen Schaden sie anrichtet, in welchen Hirnregionen sie sich zeigt und, ja, welche Behandlungen sie lindern – verdanken wir der Hamilton-Skala. Doch womöglich ist die Depression so spezifisch und so schwerwiegend, dass ihre Auswirkungen selbst bei unvollkommener Messung deutlich hervortreten.

Weil der überwiegende Teil der Antidepressiva-Forschung auf der Hamilton-Skala beruht, stellt sich die Frage, ob diese tatsächlich genauer ist als Kuhns Methode: den Patienten über lange Zeiträume hinweg in Gesprächen kennenzulernen. Viele Forscher beklagen, dass die Skala mittlerweile ein Ballast sei – dass sie unsere Fähigkeit verzerrt, die Wirksamkeit von Antidepressiva realistisch zu beurteilen. Die Einwände von Statistikern gegen die Hamilton-Skala sind meist technischer Natur – aber einige ihrer Schwächen sind auch für Laien gut nachvollziehbar.

Die Skala kann zwei unterschiedliche Krankheitsbilder zu einem komprimieren – mit verwirrenden Folgen. Ein Beispiel ist Max Hamiltons Betonung körperlicher Beschwerden, etwa Verstopfung. Wenn ein Patient hypochondrisch ist und nur leicht depressiv, werden die Punkte sämtlicher Symptome summiert. Das Ergebnis auf der Skala stellt dann eine schwere Depression dar. Schlägt eine Behandlung bei diesem Patienten an, könnte man fälschlicherweise daraus schließen, dass sie bei schwerer Depression wirkt – obwohl tatsächlich nur eine milde Form vorlag. Umgekehrt: Ein Medikament, das zwar die depressive Verstimmung beseitigt, aber nicht die Hypochondrie, erscheint nur halb wirksam – obwohl die eigentliche Depression verschwunden ist.

Zudem behandelt die Skala ungleiche Krankheitsaspekte gleichwertig. Vier Punkte für ausgeprägte Suizidalität entsprechen auf der Skala vier Punkten, die aus vier verstreuten, milden Symptomen resultieren. So kann ein Patient mit mittlerem Hamilton-Wert wesentlich schwerer krank sein als ein anderer mit demselben Wert. Bereits 1975 hatten Forscher festgestellt, dass die Hamilton-Skala bei hospitalisierten Patienten nicht mehr zwischen mittelgradiger und schwerer Depression unterscheiden konnte, wie sie von den behandelnden Ärzten eingeschätzt wurden.

Die Hamilton-Skala ist ein Gefangener ihrer eigenen Geschichte. Sie bildet jene Form der Depression ab, die Max Hamilton damals in seiner klinischen Arbeit zu behandeln hatte – häufig ein agitiert-unruhiges Zustandsbild, begleitet von Schlaflosigkeit. Jahre später räumte Alan Broadhurst ein, dass man damals eine Skala gewählt habe, die besonders gut geeignet war, die Wirkung von Imipramin sichtbar zu machen – ein Antidepressivum, das typischerweise beruhigt und sediert. Neuere, eher aktivierende Antidepressiva haben unter dieser Skala Nachteile. Auch das ist ein Bereich, in dem die Hamilton-Skala zu Verzerrungen führt: beim Vergleich von verschiedenen Antidepressiva.

Diese Mängel wiegen schwer. Wir erwarten von einer Bewertungsskala, dass sie Unterschiede zwischen verschiedenen Behandlungen aufzeigt. Wir wollen, dass sie den Grad der Depression misst und die Veränderung im Behandlungsverlauf abbildet. Wir wollen nicht, dass Patienten mit leichten Verstimmungen in Studien über schwere Depression aufgenommen werden.

Dass sich die Skala verbreitete und durchsetzte, lag vor allem daran, dass sie die erste Skala für Depression war, die entwickelt wurde. Um Ergebnisse mit früheren Studien vergleichen zu können, verwendeten neue Studien weiterhin die Hamilton-Skala. Auch die amerikanische Gesundheitsbehörde FDA spielte eine Rolle: Um zu verhindern, dass Pharmafirmen sich jeweils Skalen heraussuchen, die

6 Alles geklärt?

besonders gut zu einem bestimmten Wirkstoff passen, bevorzugte die Behörde die Verwendung der Hamilton-Skala. Doch es war ein offenes Geheimnis, dass das Fachgebiet Psychiatrie dafür einen Preis zahlte – die zunehmende Abkopplung der in Studien erhobenen Daten vom tatsächlichen Verlauf der Erkrankung.

In den 1970er Jahren beschloss eine dänische Gruppe unter Leitung des jungen Psychiaters Per Bech, die Hamilton-Skala so umzugestalten, dass sie wieder ihrer ursprünglich zugedachten Rolle gerecht würde – nämlich Depression so abzubilden, wie Ärzte sie wahrnehmen. Das Team bat erfahrene Kliniker, Patienten zu beurteilen, die sie gut kannten. Diese Einschätzungen wurden mit den Ergebnissen der Hamilton-Skala verglichen. Bech und seine Kollegen fanden heraus, dass das Wesen der Depression sich in sechs Faktoren konzentrierte: depressive Stimmung, Schuldgefühle, Leistungsfähigkeit bei der Arbeit und anderen Tätigkeiten, psychomotorische Verlangsamung (also eine Verlangsamung von Geist und Körper), psychische Angst sowie ein Bündel negativer Empfindungen, zu der Müdigkeit und Schmerz gehörten. Die Skala funktionierte noch besser, wenn man »Schuldgefühle« um »niedriges Selbstwertgefühl« erweiterte.

Die Patienten, die in diesen sechs Faktoren hohe Werte erzielten, waren diejenigen, die von Ärzten als am stärksten depressiv eingeschätzt worden waren. Wenn die Depression schwerer wurde, stiegen die Werte dieser Items; nahm die Depression ab, sanken sie. Die Faktoren traten gebündelt auf, stiegen und fielen häufig synchron – und bildeten so eine Einheit, die Bech als Kern-Depression bezeichnete. Diese sechs Items entsprachen dem Bild der Depression, wie es die Ärzte in der Praxis sahen, und die Zusammenstellung erwies sich auch statistisch als stimmig. Diese statistische Verlässlichkeit hat sich über mehr als 35 Jahre hinweg bewährt.

Die Faktoren der Hamilton-Skala, die zur Beurteilung des Behandlungsverlaufs, und damit zur Beurteilung von Medikamentenwirkungen weniger geeignet waren, umfassten Suizidalität, Agitiertheit, Gewichtsverlust, Schlaflosigkeit, vermindertes sexuelles Interesse, mangelnde Krankheitseinsicht sowie eine Vielzahl körperlicher Symptome und Beschwerden. Manche Items waren schwer zu bewerten, sodass Beobachter über ihren Schweregrad uneins waren. Einige zeigten einen Anstieg, während die Kernsymptome zurückgingen (bekanntlich kann das Suizidrisiko gerade dann steigen, wenn sich depressive Patienten zu erholen beginnen). Andere Symptome blieben bestehen – scheinbar unabhängig vom Verlauf der Depression.

Das heißt nicht, dass diese Fragen nichts mit Depression zu tun haben – Suizidalität kann sehr wohl ein Anzeichen einer affektiven Störung sein. Doch ihre Veränderungen im Zeitverlauf erfüllten nicht die Funktion, die Hamilton ursprünglich beabsichtigt hatte: nämlich den Verlauf der Krankheitslast abzubilden.

Max Hamilton reiste 1977 nach Kopenhagen und akzeptierte in einem respektvollen Vortrag weitgehend das Urteil der Dänen. Von den Faktoren seiner Skala sagte er: »Sechs davon haben die ganze Arbeit gemacht und die anderen elf waren sozusagen Passagiere, die die Arbeit behinderten«.

Bech nannte seine reduzierte Skala HAM-D6, während die ursprüngliche Hamilton-Skala zur HAM-D17 wurde. Die Sechs-Faktoren-Skala verzeichnete zahlreiche Erfolge: Bei trizyklischen Antidepressiva (wie Imipramin) lieferte sie eine klarere Darstellung der Beziehung zwischen Dosis und Wirkung – mehr Medikation bedeutete größere Wirksamkeit, bis zu einem gewissen Punkt –, wohingegen die vollständige Skala diesen Zusammenhang nicht so deutlich zeigte. Die Kurzskala erwies sich als sensitiv: Sie erfasste Verbesserungen der depressiven Symptomatik bereits früh im Studienverlauf, noch bevor die Gesamtskala Veränderungen registrierte. Zudem schloss sie Faktoren wie Schlaflosigkeit und Agitiertheit aus – Symptome, die möglicherweise zufällig auf Imipramin ansprechen könnten. In der HAM-D6 blieben trizyklische Antidepressiva weiterhin wirksam, wenn auch – statistisch nicht eindeutig belegt – möglicherweise in etwas geringerem Ausmaß, als es die vollständige Hamilton-Skala hatte vermuten lassen.

Ich habe mich oft gefragt, warum Bechs vereinfachte Skala die ursprüngliche Hamilton-Skala nicht abgelöst hat. Vielleicht liegt das Problem gerade in ihrer Stärke: ihrer Schlichtheit. Die Bech-Skala spiegelt zu sehr den raschen ärztlichen Eindruck wider – krank oder nicht krank. Wenn die sechs Items die Störung auch messen, so definieren sie sie nicht – sie heben nicht die zentrale Bedeutung von Symptomen wie Schlaflosigkeit und Suizidalität hervor, die entscheidend zur Belastung durch Depression beitragen. Hamiltons längere Skala wirkt mechanischer – und dadurch wissenschaftlicher. Regulierungsbehörden könnten glauben, dass Forscher bei der mühsamen Abarbeitung von 17 Items ihre persönliche Einschätzung ausblenden und etwas erzeugen, das frei von subjektiver Meinung ist – präzise und verlässlich.

Und doch sollten wir Per Bechs Beitrag nicht vergessen. Seine Kurzskala wurde Jahre vor dem Aufkommen serotonerger Antidepressiva wie Fluoxetin (Prozac) entwickelt – und vermochte später genau deren Stärken zu erfassen: Sie lindern die Kernsymptome der Depression. Wir greifen hier ein wenig vor, aber: Die heutige Kontroverse um Antidepressiva rührt in erheblichem Maß von den Eigenheiten der Hamilton-Skala her – insbesondere von ihrem Fokus auf Symptome wie Kopfschmerzen, die spontan schwanken oder unter jeder Behandlung konstant bleiben. Indem Max Hamilton seine Skala so zusammenstellte, bestätigte er die Wirksamkeit der Trizyklika – und legte gleichzeitig ungewollt den Grundstein für Zweifel an später entwickelten Medikamenten.

Trotz der Tendenz zur Komplexität sollte man die Bedeutung der ärztlichen Gesamteinschätzung des Schweregrades einer Depression nicht unterschätzen. Wenn Statistiker ihre Aufmerksamkeit auf eine Symptomgruppe richten, die dieser fundierten Intuition entspricht, ergibt sich ein stimmiges Bild – mit Daten, die das bestätigen, was Ärzte tatsächlich wahrnehmen. Dieses Ergebnis ist kein Zufall: Bechs Ziel war es, die klinische Perspektive in der Skala abzubilden.

So war die Lage, als ich meine Ausbildung Ende der 1970er begann. Antidepressiva hatten ihre Wirksamkeit in frühen Studien gezeigt – doch die Glanzzeit war vorbei. Forschung wurde zunehmend schwieriger. Solange die vollständige Hamilton-Skala dominierte, würden Outcome-Daten zunehmend an Aussagekraft verlieren. Und wie Hill es vorausgesagt hatte, würden Studien trotz methodischer Strenge Tatsachen nicht darstellen können, die sich im ärztlichen Alltag deutlich zeigen.

7
Intermezzo: Meine Sünden

Es war während meines Medizinstudiums, im Praktikum auf der Inneren Medizin, dass ich zum ersten Mal mit Männern und Frauen zusammensaß, die an einer tiefgreifenden Depression litten – jener Depression, wie sie von Albrecht Dürer in Kupferstichen, von Pablo Picasso in Gemälden und von Max Hamilton in seiner Bewertungsskala dokumentiert wurde. Auf diesen Stationen waren solche Patienten keine Seltenheit. Dünne, reglose, leidende Gestalten, vorzeitig gealtert – sie trugen den klassischen depressiven Habitus, die Haltung oder Physiognomie der Krankheit.

Die Ärzte taten sich bei der Stationsvisite schwer damit, melancholische Patienten zu befragen. Sie sprachen langsam und wiederholten sich. Wir Studierenden legten ihnen das Stethoskop auf die Brust, überprüften die Infusionsleitungen – und verließen den Raum. Als eine Patientin – Irma – nicht auf die Fragen des zuständigen Arztes antwortete, bat er mich, zu sehen, ob ich mehr aus ihr herausbekommen könnte.

Andere Medizinstudenten glänzten darin, EKGs zu interpretieren. Ich konnte mit Patienten sitzen und ihr Schweigen aushalten. Bei Irma wagte ich gelegentlich einen Kommentar: »*Der Schmerz ist zu groß. Sie denken vielleicht, es hat doch keinen Sinn, es überhaupt zu versuchen*«. Bei meinen vorherigen Praktika auf der psychiatrischen Abteilung hatte ich erlebt, dass dieser Ansatz verwendet worden war – also versuchte ich es auch.

Irma reagierte – wenn auch nur sehr zaghaft. Ihr Ehemann war vor langer Zeit gestorben, später ihre Tochter. Für sie hatte das Leben damals aufgehört. Jetzt litt sie an einer Herzerkrankung. Sie war bereit zu sterben.

Was mich beeindruckte, war Irmas Klarheit. Sie war nicht paranoid. Sie halluzinierte nicht. Sie war depressiv – obwohl dieses Wort ihre Trostlosigkeit kaum einzufangen vermag. Um überhaupt zu sprechen, musste sie den Widerstand eines Gehirns überwinden, das nur eine einzige Botschaft sendete: Verzweiflung.

Irma lebte zusammen mit ihrer Schwester, die sie an besseren Tagen in Gruppensitzungen des psychosozialen Zentrums brachte. Irma hatte nie Medikamente eingenommen.

Ich stand damals ganz am Anfang – ein Geschichts- und Literaturstudent, kaum dem Hörsaal entkommen. Und doch: Manche Eindrücke prägen sich für immer ein.

Ich berichtete meinem Vorgesetzten, was ich herausgefunden hatte: Irma war resigniert, aber nicht suizidal. Sie hatte einer Behandlung ihrer Herzinsuffizienz zugestimmt.

Ich bezweifle, dass das ärztliche Team der Internisten an Antidepressiva dachte. Psychische Erkrankungen standen nicht im Vordergrund – und außerdem beeinflussten Trizyklika den Herzrhythmus.

Später, während meiner Psychiatrie-Facharztausbildung, sah ich dann sehr viele erschöpfte, depressive Patienten. Ich absolvierte meine Ausbildung im Massachusetts Mental Health Center – einem öffentlichen Gemeindekrankenhaus unter der Leitung renommierter Psychotherapeuten. Die Station beherbergte viele Irmas. Im Aktivitätsraum saßen sie still, kaum vom Bild katatonischer Erstarrung zu unterscheiden – allein das Händeringen verriet, dass sie noch kämpften.

Fast zwei Jahrzehnte nach Kuhns Entdeckung von Imipramin behandelten die Ärzte in Boston diese Patienten ausschließlich psychotherapeutisch. Ansonsten ließ man der Depression freien Lauf.

Die graue Eminenz der psychiatrischen Abteilung war der Psychoanalytiker Elvin Semrad, ein Mann aus dem Mittleren Westen mit dem Talent, Sinn selbst aus psychotischen Patienten hervorzulocken. Ein Mitstudent berichtete mir, dass Semrad Medikamente als »chemische Zwangsjacken« bezeichnete und sie als Eingriff in die Autonomie des Patienten ansah. Menschen müssten ihre Krankheit bewohnen, bis sie sich sicher genug fühlten, sie aufzugeben.

Gleichzeitig gab es damals in Boston aber bereits auch eine Gruppe von Ärzten mit – irrationaler – Zuversicht in die entgegengesetzte Richtung. Führende Psychopharmakologen hatten einen modellhaften medizinischen Dienst eingerichtet. Dort herrschte der Glaube, die wenigen damals verfügbaren Psychopharmaka – die Erben von Chlorpromazin – könnten alles heilen. Und oft besserte sich der psychische Zustand der Patienten auch ein wenig und sie wurden entlassen. Doch diese Medikamente haben Nebenwirkungen. Sie können starke Bewegungsstörungen hervorrufen, die der Parkinson-Krankheit ähneln: Muskelsteifigkeit (Rigor), Zittern (Tremor) und Bewegungsverlangsamung, manchmal bis zur Erstarrung (Akinese). In der Fachwelt hat sich dafür der Ausdruck des Medikamenten-verursachten Parkinsonoids eingebürgert. Der Anblick der durch diese – Neuroleptika genannten – Medikamente erstarrten Patienten konnte den Skeptizismus der Psychotherapeuten durchaus rechtfertigen.

Angetrieben durch die in Ausbildung Stehenden meiner Generation kamen sich die beiden Kulturen langsam näher. Nachdem die Wirksamkeit pharmakologischer Ansätze bewiesen war, konnten die jungen Ärzte nicht mehr hinnehmen, dass schwer kranke Patienten in ausschließlich psychotherapeutischer Behandlung weiter litten. Während zu Beginn meiner Ausbildung das Verschreiben von Medikamenten verpönt war, gingen am Ende meiner Ausbildung Menschen vor Gericht, wenn Patienten nicht mit Medikamenten behandelt wurden. Die abgeschirmte, idealisierte Parallelwelt des psychoanalytischen Psychiatrie-Modells war verschwunden.

Im Rahmen meiner Facharztausbildung verließ ich Harvard und arbeitete zuerst an der University of Wisconsin und danach an der Yale University in Connecticut. Beide Universitäten boten bereits eine ausgewogene Kombination psychotherapeutischer Ausbildung mit biologischer Forschung. Das Verschreiben von Medikamenten galt als Kunst. Nirgendwo sonst bin ich je wieder jenem Ausmaß an ausweisloser Depression begegnet, das mir in Boston entgegenschlug – und bis heute blieb es einzigartig. In über drei Jahrzehnten ambulanter Praxis in Providence hatte kein einziger meiner Patienten zu Beginn der Behandlung einer solchen vollständig entfesselten Form der Niedergeschlagenheit, noch – soweit ich weiß – hat sich ein Patient dorthin entwickelt: in jenes klassische Bild der Melancholie, das Denken und Bewegung gleichermaßen erstarren lässt. Vielleicht mit einer Ausnahme: ein älterer, dementer, alkoholkranker Mann, der eine Elektrokrampftherapie benötigte.

Wo sind sie hin, Irma und ihre Leidensgenossen?

Dieses Kapitel ist ein weiteres Bekenntnis. Ich habe betont, dass klinisches Verstehen und Handeln – wo immer möglich – auf formellen Belegen fußen muss. Doch wenn ich ehrlich bin, gibt es auch Gründe jenseits der Zahlen, die es mir unmöglich machen zu glauben, dass Antidepressiva nicht wirken. Einer davon ist der offensichtliche Rückgang jener ausgeprägten Endstadiums-Depression, die mir in meiner Ausbildungszeit so vertraut war – jener lähmenden Melancholie, die einst als Endpunkt der therapeutischen Möglichkeiten galt.

Mir sind keine verlässlichen Daten bekannt, die diesen Rückgang belegen würden. Der öffentliche Gesundheitsdienst erhebt zwar regelmäßig Zahlen zu psychischen Erkrankungen, doch die Fragen sind zu allgemein, als dass sich daraus Entwicklungen im Bereich schwerer Depressionen ablesen ließen. In Ermangelung besserer Evidenz habe ich im Lauf der Jahre Medizinstudierende, erfahrene Kolleginnen und Kollegen sowie ausgewiesene Spezialisten für affektive Störungen gefragt, was sie in ihrer Praxis beobachten. Ihre Antworten fallen erstaunlich einhellig aus: Es gibt weniger Fälle von Depression im Endstadium. Deutlich weniger, so sagen es insbesondere die dienstälteren Ärzte, als noch vor vier oder fünf Jahrzehnten.

Fragt man Medizinstudierende nach ihren schwersten Fällen, berichten sie beispielsweise von einem Patienten, der zunächst gut auf die Behandlung angesprochen hatte, dann jedoch seine Arbeit verlor, sich die Medikamente nicht mehr leisten konnte, erneut zu trinken begann, seine Termine versäumte – und nach vier Monaten von der Polizei in die Notaufnahme gebracht wurde. Lähmende Melancholie erscheint heute nicht mehr als Ausgangspunkt, sondern als Episode in einer Geschichte unterbrochener Behandlungen.

Eine Kollegin, spezialisiert auf Neuromodulation – also Elektrokonvulsionstherapie (abgekürzt EKT), transkranielle Magnetstimulation und tiefe Hirnstimulation – berichtete, dass diese Verfahren für die schwersten Fälle reserviert seien. In einer Serie von 60 aufeinanderfolgenden Zuweisungen zur Neuromodulationstherapie fand sie nur einen Patienten mit der lähmenden, schwersten Form der Depression, die ich meine. Seine Depression war durch mehrere kleine Schlaganfälle, die sich im Hirnscan zeigten, mitbedingt.

Vermutlich hätte ich dieses Kapitel nicht veröffentlicht, wäre da nicht ein letzter eindrücklicher Befund gewesen. 2014 hörte ich einen Vortrag von Anthony Rothschild von der University of Massachusetts, zweifellos einer der führenden Forscher über die psychotische Depression. Es ist von entscheidender Bedeutung, diese Sonderform zu erkennen: eine Depression – die zusätzlich von Wahnvorstellungen oder Halluzinationen begleitet wird. Denn sie spricht häufig nur dann auf Antidepressiva an, wenn zusätzlich ein Antipsychotikum (auch als Neuroleptikum bezeichnet) verabreicht wird.

Tony untersucht regelmäßig schwer depressive Patienten. Ich fragte ihn nach Fällen ohne psychotische Symptomatik: Ob er noch häufig jene klassische, lähmende Schwermut sehen würde?

Nein, sagte er. Davon gebe es heute deutlich weniger. Seine Vermutung: Viele Hausärzte greifen heute bereits frühzeitig ein und fangen die Depression früh genug ab, um den Verlauf spürbar zu beeinflussen. Er versteht die Depression als eine fortschreitende Erkrankung. Früher, so meinte er, sei der Weg häufig vom leichten zum schweren Verlauf bis hin zur Erstarrung verlaufen. Seit den 1980er Jahren, mit dem Aufkommen moderner Antidepressiva mit deutlich besserem Sicherheits- und Verträglichkeitsprofil, werde diese Abwärtsspirale oft rechtzeitig gestoppt.

Psychotische Depressionen sehen wir weiterhin. Doch sie werden oft noch immer nicht richtig erkannt und daher oft nicht entsprechend differenziert behandelt. Dann kann es zu schweren Krankheitsverläufen kommen. Was sich verändert hat, ist die Häufigkeit jener ausgeprägten nicht-psychotischen Depression, einer schwereren Stufe jener »einfachen« Depression, die oft gut auf eine Standardbehandlung anspricht.

Dazu kommt natürlich: Im Laufe der Zeit hat sich unser Blick auf psychische Erkrankungen verändert. Demenz, Drogenabhängigkeit und posttraumatische Zustände nehmen wir heute zunehmend als eigenständige Störungen wahr – getrennt von affektiven Erkrankungen. Möglicherweise haben wir dadurch die Diagnose »Depression« enger gefasst – und sie auf eine vergleichsweise gesündere Patientengruppe zugeschnitten.

Verlässliche Daten fehlen – und wenn es sie gäbe, wären historische Vergleiche wohl trotzdem mit Vorsicht zu genießen. Und doch bin ich überzeugt: Der Wandel ist real. Es gibt heute weniger Patienten wie Irma. Mit der Entlassung chronisch psychisch Kranker aus stationären Einrichtungen müssten wir eigentlich alle solche Menschen kennen: erschöpfte, abgemagerte Gestalten, mit gequältem Blick und gesenktem Haupt. Über Jahrhunderte gehörten sie zum vertrauten Bild – in

Kirchenbänken, in Familien, im öffentlichen Leben. Heute sind sie selten geworden.

Ich gestehe es ein weiteres Mal. Meine Beobachtung bleibt – im Unterschied zur randomisierten Studie – anfällig für alles, was den Blick trüben kann. Vielleicht sagen meine Gesprächspartner auch nur, was ich hören will. Und doch: Was sich verändert hat, ist aus meiner Sicht zu grundlegend, zu allumfassend, als dass es Zufall sein könnte.

Trotzdem ist mir bewusst, dass mein Erklärungsmodell keinen Anspruch auf endgültige Richtigkeit erheben kann. Krankheiten kommen und gehen – oft, ohne dass wir verstehen, weshalb. Auch die Gruppe der Essstörungen zeigt über die Jahrzehnte hinweg deutliche Schwankungen in ihrer Häufigkeit: hohe Zahlen in den 1930er Jahren, ein Rückgang in den 1950ern, seither ein stetiger Anstieg – auch hier, ohne dass sich die Ursachen klar benennen ließen.

Wenn Therapien einen Anteil an diesen Veränderungen haben, dann geht es nicht nur um Antidepressiva. Unsere Bereitschaft, Depression einfach hinzunehmen, ist gesunken. Psychotherapeutische Verfahren wie die Verhaltenstherapie zielen heute direkt auf das depressive Syndrom, um Episoden aktiv zu unterbrechen. Die Einführung von Lithium zur Stabilisierung bipolarer Störungen (früher als Manisch-Depressives Kranksein bezeichnet) gilt nicht umsonst als eine der großen Erfolgsgeschichten der Psychiatrie im 20. Jahrhundert. Es steht außer Zweifel, dass Fortschritte in der Behandlung der bipolaren Störung auch Auswirkungen auf die Häufigkeit von schwersten Krankheitsverläufen der Depression haben.

Wenn schwer depressive Patienten heute in die Klinik kommen, werden sie intensiv behandelt. Dass ein schwer kranker Patient wochenlang in seinem Elend verharren muss, ist seltener geworden.

Und dennoch: Ich bin überzeugt, dass jene schwerste Endform der Depression seltener geworden ist, weil wir heute – wenngleich mit immer noch zu vielen übersehenen Fällen –, früher und in aller Regel mit Antidepressiva behandeln. Selbst wenn die Symptomatik dadurch nicht vollständig zurückgeht, scheint das frühe Verschreiben eine gewisse Schutzwirkung zu entfalten. Bestimmte Studien bestätigen wiederkehrend das folgende Muster: Der kognitive Abbau – ein Nachlassen des Gedächtnisses – korreliert mit der Dauer einer Depression. Doch dieser

Zusammenhang wird schwächer, wenn man die Wochen, in denen die Betroffenen medikamentös behandelt wurden, herausrechnet. Und das unabhängig davon, ob die Patienten auf die Behandlungen angesprochen hatten. Allein die Zeit unter Antidepressiva-Therapie scheint zu wirken.

Verändern wir mitunter bloß die Gestalt der Krankheit – mildern sie, ohne sie wirklich heilen zu können? Gewiss. Und manchmal ist das schon ein großer Fortschritt. Ich sehe Patienten, deren Stimmung weiter schwankt, die aber ihre Kinder großziehen und zur Arbeit gehen. Wie beim Krebs ist es uns auch bei der Depression gelungen, aus ehemals terminalen Fällen chronische Verläufe zu machen. Im ungünstigsten Fall ziehen sich Antidepressiva verschreibende Ärzte – ganz wie der römische Feldherr Fabius, der Zögerer – in einem kontrollierten Rückzug zurück und verlangsamen so das Vorrücken des Feindes.

Wenn schon dieses Hinauszögern zählt, dann war das, was ich in Harvard beobachten konnte – der bewusste Verzicht auf Medikation und das passive Geschehenlassen des depressiven Verlaufs –, bei allem Idealismus letztlich barbarisch. Irma und ihre Leidensgefährten galten damals als Stolz der Psychiatrie – und sind heute ihr schlechtes Gewissen.

Ich selbst war kein Held in dieser Geschichte. Obwohl ich erlebt hatte, wie Adele auf Imipramin ansprach, hielt ich an der (falschen) Überzeugung meiner Lehrer fest – an der Hoffnung, dass Psychotherapie allein genügen könnte. Die Genesung durch Medikamente erschien mir lange als zweitbeste Lösung. Als Erstes veränderte sich mein Gefühl dafür, wie rasch eine Besserung brauchen dürfe. Ich konnte es nicht mehr ertragen, die Menschen leiden zu sehen.

Wenn ich heute sage, dass die Angriffe auf Antidepressiva gefährlich sind, beginnt meine Sorge bei jenen, die von klassischer, schwerer Depression betroffen sind. Mitunter wirken unsere Debatten über Wirksamkeit akademisch, fast blutleer. Doch das dürfen wir nicht zulassen. Wir müssen stets die Menschen im Blick behalten – Menschen in Schmerz.

Stellen wir uns Irma vor: nach ihrer ersten Schwangerschaft, nach dem Tod ihres Mannes, nach dem Verlust ihrer Tochter. Stellen wir uns Irma an diesen Wendepunkten ihres Lebens vor, kämpfend mit immer schwereren Episoden ihrer Krankheit. Hätte man den Verlauf aufhalten können? Hätte man sie, solange die

Depression noch leicht oder mittelschwer war, auf Antidepressiva einstellen sollen? Ja, ohne jeden Zweifel – es sei denn, diese Mittel wirkten tatsächlich nicht.

Ja, und weil ich heute so schwer kranke Menschen kaum mehr sehe, bin ich davon überzeugt, dass Antidepressiva wirken.

Die Gedankenkette, die zu diesem Schluss führt, hat viele schwache Glieder – das gestehe ich ein. Doch jeder Arzt begegnet der Evidenz aus einer Perspektive, die von seiner Erfahrung und Geschichte mitgeformt ist. Meine Perspektive stammt aus jener Zeit, als das Verschreiben von Antidepressiva noch verpönt war – und oftmals das Leiden der Betroffenen in Kauf genommen wurde.

8
Ermutigung

Unter den Psychopharmakologen, denen ich während meines Medizinstudiums begegnete, hinterließ nur einer einen bleibenden Eindruck. In meinem letzten Studienjahr traf ich Jonathan Cole. Coles Karriere umspannte die gesamte Ära der modernen Arzneimittelentwicklung in der Psychiatrie. Bereits 1953, vor der Entdeckung von Imipramin, organisierte er eine nationale Konferenz zur Psychopharmakologie. Später leitete er die neu eingerichtete Abteilung für Pharmakologie am National Institute of Mental Health (NIMH). Am NIMH überwachte er die ersten großangelegten Studien zu Antidepressiva. Cole glaubte an jene Psychiater mit dem sprichwörtlichen »grünen Daumen«, die – wie einst Kuhn – vielversprechende Medikamente durch bloße klinische Beobachtung zu erkennen vermochten. Deshalb hielt er – auch an informellen – Studien fest. In den 1970er Jahren war Cole am McLean Hospital tätig, das zum Harvard-System gehört. Ich besuchte seine Vorträge. Er lud mich in sein Büro ein.

Cole war ein von Natur aus offener, heiterer Mensch. In seinen späteren Jahren nannten ihn die Assistenzärzte nur noch »Jolly Old Cole«. Er machte keinerlei Zugeständnisse an die psychoanalytische Konvention, der zufolge Würde und schweigende Ernsthaftigkeit als Inbegriff von Weisheit galten.

Cole liebte es, über unerwartete Anwendungsmöglichkeiten von Medikamenten zu sprechen. Zum Beispiel hatte er eine Theorie über Nikotin. Es meinte, es könnte dazu dienen, Wut zu unterdrücken; seine Fähigkeit, Reizbarkeit zu mildern, war teilweise das, was es für Raucher attraktiv machte.

In unseren Gesprächen sprachen wir auch über Alternativen zu Antidepressiva. Als man früher Patienten im Krankenhaus zur Aktivierung Amphetamine verabreicht hatte, kam es bei manchen Depressiven schlicht zur Genesung. Cole sagte, wenn Medikamente wie Imipramin versagten, verordne er gelegentlich Amphetamin – vor allem bei Patienten mit starker Apathie. Stimulanzien galten als verrufen: Sie waren lange zur Gewichtsreduktion verschrieben und missbraucht worden. Wenn Ihnen ein depressiver Patient mit einer Amphetaminverordnung überwiesen wird, sagte Cole, dann ist der zuständige Arzt entweder inkompetent – oder ein erfahrener, besonders subtiler Kliniker.

Cole interessierte sich für die antidepressive Wirkung von Medikamenten wie Valium®. Sie werden deswegen als Anxiolytika bezeichnet, weil sie Ängste mildern oder aufheben.

Allgemeinmediziner wurden dafür kritisiert, erschöpften oder psychosozial belasteten Frauen – oft abwertend als »nervöse Hausfrauen« bezeichnet – »Mutters kleine Helfer« zu verschreiben (ein Hinweis auf den Rolling-Stones-Song »Mother's Little Helper« von 1966). Vielleicht aber waren die Ärzte findig. Cole hatte Fälle erlebt – insbesondere bei gemischter Symptomatik aus Angst und Depression –, in denen Anxiolytika tatsächlich halfen, Energie wiederherzustellen, statt sie zu erschöpfen. In einer Studie zeigte Valium® (Diazepam) in dieser Hinsicht bessere Ergebnisse als Librium (Chlordiazepoxid, unter Handelsnamen wie Librium® oder Limbitrol®) und Miltown (Meprobamat mit den Handelsnamen wie Miltaun®, Microbamat®, Meprodil®).

Cole fragte mich, ob ich beunruhigende Tatsachen über Valium® wüsste. Studien hatten gezeigt, dass Patienten, denen Valium® verschrieben wurde, ihren Arzt sympathischer fanden – eine bedenkliche Rückkopplungsschleife? Aber vielleicht hatten sie damit gar nicht Unrecht.

Verschreiben war eine Kunst. Was ein Mensch braucht, kann außerhalb des Gewohnten liegen – weil keiner dem anderen gleicht.

Obwohl wir über Medikamente aus anderen Klassen sprachen, lernte ich, was Pharmakologen von Antidepressiva erwarteten. Viele Medikamente ließen sich grob nach ihrer Wirkung einteilen – sie wirkten entweder anregend oder dämpfend. Doch mitunter leisteten sie mehr: Sie kehrten weite Teile des depressiven Syndroms um und griffen gleichzeitig mehrere miteinander verknüpfte Symptome an. Oder sie trafen den Kern der Störung – bei Depressionen etwa das Gefühl, keine Zukunft mehr zu haben. Was bei Stimulanzien oder Anxiolytika nur gelegentlich und überraschend gelang, gelingt Antidepressiva regelmäßig: Sie wirken auf das Zentrum der Erkrankung. Ich greife hier auf Coles Sprachduktus zurück, um zu zeigen, was Antidepressiva leisten können, wenn sie wirklich wirken.

Ich habe auch in späteren Jahren noch mit Cole gesprochen – aber am lebendigsten erinnere ich mich an unsere ersten Gespräche. Für mich war Pharmakologie lange Zeit bloß eine Frage des Auswendiglernens von Dosierungsbereichen – und dann des Versuchs, die Medikamente möglichst zu meiden. Cole zeigte mir, dass ein wacher Geist sich durchaus an der Kunst des Verschreibens entzünden kann.

Seit jenen frühen Begegnungen – damals, als ich gerade die medizinische Ausbildung beendete – habe ich mit depressiven Patienten ganz unterschiedliche Substanzklassen verwendet: Stimulanzien, Anxiolytika, Antiepileptika, Antipsychotika, Phasenprophylaktika, Sedativa und andere. Mitunter sprechen Patienten am besten auf ein »falsches« Medikament an – oder auf das richtige, aber in einer »falschen« Dosis. Wie Cole habe ich eigentlich immer ein oder zwei depressive Patienten in Behandlung, die allein mit einem Stimulans wie Amphetamin oder Ritalin® versorgt sind – und mit denen es ihnen insgesamt erstaunlich gut geht.

Ich erwähne Coles Zugang zur Depressionsbehandlung – dass es nicht nur einen Weg zur Behandlung gibt – wegen einer der Argumentationslinien gegen klassische Antidepressiva, die ich nicht nachvollziehen kann. Kritiker wenden ein, dass ganz unterschiedliche Medikamente bei Depressionen helfen können – und dass damit die klassische Gruppe der Antidepressiva, etwa Imipramin oder Fluoxetin, als spezifische Behandlung infrage gestellt werde.

Ich denke, diese Kritiker deuten die Befunde falsch. In Studien, in denen angstlösende Medikamente (Anxiolytika) wie Valium® zur Depressionsbehandlung getestet werden, zeigen sie Wirkung bei Schlaflosigkeit, Unruhe und Angst – nicht aber bei den Kernelementen der Depression. Die Unterscheidung zwischen Valium® und Imipramin ist durchaus berechtigt.

Aber selbst, wenn die Daten anders aussähen – wenn sich etwa herausstellte, dass Valium® ein hervorragendes Antidepressivum ist – was dann? Blutdruck wird mit sehr unterschiedlichen Medikamenten gesenkt, die auf ganz verschiedenen Ebenen angreifen: am Gehirn, an der Niere, an den Blutgefäßen oder direkt am Herzen. Niemand käme auf die Idee, die Vielfalt dieser Ansätze als Argument gegen blutdrucksenkende Medikamente ins Feld zu führen.

Gerade bei der Depression wirkt die Erwartung, eine Behandlung müsse exklusiv wirksam sein, eigentümlich. Wenn wir davon ausgehen, dass affektive Störungen auf Veränderungen im Selbstverständnis, im sozialen Erleben und in der

Bewertung äußerer Umstände reagieren, liegt es nahe, dass gelegentlich auch ein Medikament hilfreich sein kann, das den Geist beruhigt oder fokussiert.

Für mich war Coles Herangehensweise ein Modell dafür, wie psychiatrisches Arbeiten gelingen kann: Wir beginnen mit Mitteln, die gut untersucht sind. Wenn diese versagen, bleibt Raum für Verfahren, die sich eher auf Erfahrung als auf Systematik stützen. Diese Haltung ähnelte der, mit der ich auch in der Psychotherapie vorging: Ich verfolgte eine Spur, dann eine andere – aber immer mit dem Anspruch, dass sich etwas bewegen müsse. Cole gab mir die Ermutigung, die ich brauchte: mit Nachdruck zu behandeln – in einer Zeit, in der endlose Geduld als Maßstab galt.

9
Intermezzo: Was er suchte und was er fand

Wenn ich in einem Vortrag oder Gespräch sage, dass es fast zwei Jahrzehnte nach der Entdeckung von Imipramin durchaus nicht ungewöhnlich war, schwer depressiven, hospitalisierten Patienten zu begegnen, denen nie ein Medikament angeboten worden war, widersprechen mir Zuhörer oft – ich müsse mich irren. Doch die Einführung der Antidepressiva verlief keineswegs einheitlich. Wer Belege dafür sucht, findet sie in den Dokumenten zu einem berühmten Rechtsstreit in den USA: *Osheroff gegen Chestnut Lodge*. Der Fall betrifft eine Behandlung aus dem Jahr 1979.

Raphael Osheroff war Nierenfacharzt und Unternehmer – er besaß Dialysezentren – und litt unter Angstzuständen und Depression. Kurz vor seinem 40. Geburtstag verschlechterte sich sein Zustand; zunächst wurde er mit Psychotherapie und trizyklischen Antidepressiva wie Imipramin behandelt. Es kam zu einer leichten Besserung, doch sie reichte nicht aus. Osheroff setzte die Dosis ohne Rücksprache mit den Ärzten herab, sein Zustand verschlechterte sich, und er ließ sich in die psychiatrische Klinik Chestnut Lodge in Rockville, Maryland, einweisen.

Diese Einrichtung hatte Größen der amerikanischen Psychoanalyse beherbergt, etwa Frieda Fromm-Reichmann und Harry Stack Sullivan. Auch Osheroffs Behandlung folgte einem psychoanalytischen Ansatz. Sein Zustand verschlechterte sich zunehmend; er verlor fast 20 Kilogramm Körpergewicht und wurde so unruhig – er lief pausenlos umher –, dass seine Füße medizinisch versorgt werden mussten. Trotz kritischer Rückfragen eines von der Familie für eine Zweitmeinung zugezogenen externen Facharztes wurde ihm weiterhin jede medikamentöse Behandlung vorenthalten.

Im Jahr 2012 schickte mir Ray Osheroff eine Abschrift einer Besprechung zur Planung seiner Behandlung aus den ersten Wochen seines Aufenthalts. Das Protokoll zeigt, dass das Personal auf der Station über Suizidgefahr sprach. Eine psychiatrische Pflegekraft sagte: »Wir machen uns große Sorgen um ihn, denn wenn er so aussieht, als sei er depressiv, dann ist er es wahrscheinlich wirklich – und das Pflegepersonal ist der Meinung, dass wir sehr genau auf ihn achten müssen«. Ganz anders äußerte sich die Stationsleitung. Sie formulierte Osheroffs Problem in psychologischen Begriffen:

>> Er hat darum gebeten, Medikamente zu bekommen, aber ich habe ihm gesagt, das würde dem im Weg stehen, weswegen er hier sei! Ich sagte ihm, dass er jeden einzelnen Nerv brauche, um aufnehmen zu können, was wir ihm hier vermitteln – und dass Medikamente das stören würden. Ich sagte ihm, wenn sein Umherlaufen außer Kontrolle gerate, müssten wir ihn eben in kalte, nasse Tücher einwickeln! Die Sozialarbeiterin meinte, sein aufgeregtes Verhalten erinnere an das verstörende Auftreten seines Vaters.«

Osheroff erklärte, dass er einen Vertrag im Wert von mehreren 100.000 Dollar jährlich hatte – der erlöschen werde, wenn er nicht innerhalb von sechs Monaten wieder zur Arbeit zurückkehre. Ein Arzt der Chestnut Lodge spottete über diese Frist: »Das Unternehmen, das er aufgebaut hat, war ein überdimensionaler Busen – als Ersatz für die verlorene frühkindliche Anbetung durch die Mutter!« Das Personal rechnete mit einem Klinikaufenthalt von mindestens drei Jahren, um Osheroffs Persönlichkeit grundlegend zu bearbeiten.

Osheroff verlor sein Unternehmen. Seine Ehe scheiterte. Nach sieben Monaten veranlasste ein Freund seine Verlegung in eine andere Klinik – Silver Hill in Connecticut. Dort erhielt er Antidepressiva und Antipsychotika. Innerhalb von drei Wochen besserte sich sein Zustand, nach drei Monaten wurde er entlassen.

Die Diagnose war ein Streitpunkt. Sein Psychotherapeut sprach von einer Persönlichkeitsstörung mit narzisstischer Komponente. Ein anderer Arzt hatte eine andere Meinung und betonte die depressive Symptomatik – wie dies auch in den Rechnungen der Chestnut Lodge an die Krankenversicherung angegeben war. Osheroff und die medizinischen Gutachter im Gerichtsverfahren bezeichneten das Krankheitsbild später als psychotische Depression. Eine Erkrankungsform – wie oben bereits erwähnt – die heute meist mit einer Kombination aus Antidepressivum und Antipsychotikum behandelt wird.

Osheroff verklagte Chestnut Lodge auf Schadenersatz wegen fehlerhafter Behandlung. Er argumentierte, dass Medikamente ihm den Verdienstausfall erspart hätten.

Für die Psychiatrie war *Osheroff gegen Chestnut Lodge* der Fall des Jahrzehnts – vielleicht des halben Jahrhunderts. Man hätte ihn ebenso gut *Pharmakotherapie gegen Psychotherapie* nennen können. Auf beiden Seiten traten prominente Sachverständige auf. Die Zeugen von *Osheroff* sagten aus, es gebe keinen objektiven Beleg dafür, dass Psychotherapie bei schweren Persönlichkeitsstörungen oder schweren Depressionen wirke – während die Wirksamkeit von Medikamenten bei affektiven Störungen vielfach belegt sei. Gerald Klerman formulierte es so: Es gehe nicht um Psychotherapie versus biologische Behandlung, sondern um Glaubenssätze versus Evidenz. Man könnte auch sagen, dass die Klage eine doppelte Funktion hatte – sie war sowohl ein juristisches Verfahren als auch ein Grundsatzurteil zugunsten der Pharmakotherapie.

Nach Klermans Einschätzung lagen alle Fakten auf einer Seite. Und sie waren schwer von der Hand zu weisen: Osheroffs Leidensweg, sein ruinierter Beruf – und dann die rasche Besserung durch Medikamente. Im Vergleich dazu klangen die Begründungen der Therapeuten defensiv oder gar grausam. Die Schlussfolgerung, die Klerman daraus zog, lag nahe: Depression müsse als Krankheit behandelt werden – und zwar rasch. Medikamente seien dafür wirksam. Wo Ärzte Forschungsergebnisse ignorierten, litten Patienten unnötig.

Ein medizinisches Schiedsgericht des Bundesstaates Maryland entschied zugunsten des Klägers. Die Gegenseite ging in Berufung. 1987 kam es zu einem Vergleich – weitgehend im Sinne von *Osheroff*, noch vor Prozessbeginn. Auch ohne richterliches Urteil war die Signalwirkung enorm: Klinikleitungen begriffen, dass ihre Einrichtungen juristisch angreifbar waren, wenn sie Medikamente vorenthielten, deren Wirksamkeit in klinischen Studien belegt war.

In ihrer politischen Wirkung glich die *Osheroff*-Entscheidung dem Urteil *Roe v. Wade*, das in den USA die Abtreibung legalisierte. Ein juristisches Verfahren führte zu einem Sieg in einem Konflikt, der von tief verankerten Überzeugungen geprägt war. Das Ergebnis: Groll und organisierter Widerstand auf Seiten der Unterlegenen.

9 Intermezzo: Was er suchte und was er fand

Klerman, der als Gutachter fungiert hatte, blieb im Kontakt mit Raphael Osheroff. In einem Text aus dem Jahr 1990 berichtete er, dass Osheroff – nun gestützt durch Psychotherapie und Medikation – zehn Jahre nach dem Vorfall stabil geblieben sei: ohne Rückfälle, die seine Arbeit oder sein soziales Leben beeinträchtigt hätten.

Ich sprach mit Ray Osheroff im Februar 2012. Er war 73 Jahre alt, lebte mit einer langjährigen Partnerin in New Jersey und praktizierte wieder als Arzt. Er sagte, er habe »schwere Zeiten durchlebt«, aber nie wieder eine Phase erlebt wie damals – eine Episode, für die, wie er meinte, »*Depression* ein viel zu schwaches Wort« sei. Seine Karriere habe sich nie ganz erholt, und auch privat habe er dauerhaften Schaden erlitten.

Ich bezweifle nicht, dass Osheroff ein starker Charakter war. Am Telefon zeigte er sich temperamentvoll – eine jener Persönlichkeiten, die Widerspruch ebenso anziehen wie Aufmerksamkeit (auch das Team der Chestnut Lodge erkannte, dass die Eigenschaften, die man zu mildern hoffte, eng mit seinem beruflichen Erfolg verbunden waren). Osheroff war belesen, witzig, klarsichtig und hatte ein bemerkenswertes Gedächtnis. Mitunter konnte er durchaus anrühren. Er schilderte den Verlauf seiner Depression Ende der 1970er: Sie begann mit Weinkrämpfen und Panikattacken. Dann fiel er in einen »tiefen, dunklen Tunnel«. Er war nicht mehr nur traurig: »Das Schlimmste war das völlige Fehlen von Gefühl«.

Die Medikation rettete ihn. Er konnte wieder weinen. »Man ist froh, traurig zu sein ... Man freut sich über Vögel, blauen Himmel, den Duft von Gras«. Das Medikament Amitriptylin (Handelsnamen Saroten® oder Amineurin), ein naher Verwandter von Imipramin, hatte ihn im weiteren Verlauf seines Lebens stabil gehalten.

Über seine Zeit in der Chestnut Lodge sagte Osheroff: »Dort wurde man nicht behandelt – man wurde gefoltert. Wer das begreifen will, sollte eher zur Literatur über Folter greifen als zu medizinischen Lehrbüchern«.

Drei Wochen nach unserem Gespräch – und eine Woche nach seiner letzten E-Mail an mich – starb Ray Osheroff im Schlaf.

In einem Plädoyer aus dem Jahr 1990 mit dem Titel »The Psychiatric Patient's Right to Effective Treatment: Implications of *Osheroff v. Chestnut Lodge*« (Das Recht auf wirksame psychiatrische Behandlung: Lehren aus dem Fall Osheroff) argumentierte Klerman, dass die Signalwirkung des Falls weiter gefasst werden sollte. Im amerikanischen Arztrecht galt lange die sogenannte »respectable minority doctrine«: Wenn eine ärztliche Entscheidung von einer respektierten Minderheit gestützt wurde – und die Psychoanalytiker, die eine Medikation ablehnten, gehörten zu einer solchen –, galt sie juristisch nicht als fehlerhaft. Klerman forderte, diese Schutzregel dort fallen zu lassen, wo eindeutige wissenschaftliche Evidenz vorliegt.

In Gesprächen mit Patienten, so Klerman, sollten Ärzte künftig systematisch auf Behandlungsalternativen hinweisen und dabei die Forschungslage darstellen – dies in einer Zeit, in der manche Psychoanalytiker nahezu schweigend praktizierten. Nach dem von Klerman vorgeschlagenen Standard könnten Aussagen wie »Medikamente sind doch bloß eine Krücke« – so das von ihm gewählte Beispiel – vor Gericht gegen Behandler verwendet werden.

Für viele Psychotherapeuten kam Klermans Position einem Frontalangriff gleich. Sein Text löste Widerstand aus – doch dieser Widerstand kam aus einem Lager, das zunehmend an Einfluss verlor. 1980 hatte die American Psychiatric Association eine überarbeitete Fassung ihres Diagnostischen und Statistischen Manuals (*DSM-III*) verabschiedet. Sie strich die Kategorie der »Neurose« und verlangte Diagnosen anhand standardisierter Symptombeschreibungen. De facto hatte sich damit Hamiltons Sicht auf Depression – gegen jene Kuhns – durchgesetzt. Wenn auch wohl eher in der öffentlichen Wahrnehmung (und auf Versicherungsformularen) als im persönlichen Kontakt zwischen Arzt und Patienten.

Weiterhin hielten viele Ärzte standardisierte Bewertungsskalen nur für grobe Annäherungen an das, was ein aufmerksames ärztliches Gespräch zu leisten vermochte. Und doch: *Osheroff* war ein Wendepunkt. Die Hauptwirkung des Vergleichs lag zwar in seiner finanziellen Konsequenz – durch das Risiko künftiger Klagen –, aber der Fall wirkte auch moralisch. Die Fakten waren so gravierend, dass sie die öffentliche Meinung in Richtung dreier miteinander verknüpfter Grundhaltungen verschoben: sorgfältige Diagnostik, Vertrauen in objektive Forschung – und der Einsatz psychopharmakologischer Behandlungsmethoden.

Dazu noch eine Anmerkung: Ich habe bereits beschrieben, dass die psychotische Depression – wie die von Osheroff – meist nur auf eine Kombinationstherapie anspricht, also auf Antidepressivum plus Antipsychotikum. Zur Zeit von Osheroffs Hospitalisierung war diese Praxis nur durch klinische Erfahrung gestützt – nicht durch kontrollierte Studien.

Ich absolvierte meine Facharztausbildung in Yale in den späten 1970er Jahren. Zwei meiner Lehrer, Malcolm Bowers und J. Craig Nelson, beschäftigten sich mit psychotischer Depression. 1979, kurz bevor Osheroff in die Chestnut Lodge kam, veröffentlichten sie eine Fallserie. Darin zeigte sich die Kombination aus Antidepressivum und Antipsychotikum als vielversprechend. Wenig später berichteten sie von Fällen, in denen Antidepressiva allein die Wahnvorstellungen psychotisch depressiver Patienten verschlimmert hatten.

Wenn sich Osheroffs Ärzte also streng an das gehalten hätten, was kontrollierte Studien damals belegten – dass Antidepressiva bei Depression helfen –, hätten sie möglicherweise Schaden angerichtet. Im Silver Hill Hospital, in der er schließlich gesund wurde, arbeiteten Dozenten aus Yale. Deshalb erhielt Osheroff dort eine wirksame Behandlung: Die Ärzte kannten die experimentelle Arbeit von Bowers und Nelson.

Zu guter Letzt war es die systematische Forschung, die zur Anerkennung der Antidepressiva als wissenschaftlich fundierte wirksame Behandlung führte. Doch im Fall von Raphael Osheroff waren es Fallberichte, die klinische Erfahrung und deren Weitergabe, die ihn retteten.

10
Anti-Depressiv

Weil die im letzten Kapitel kurz dargestellten Dokumente der Behandlung im Fall *Osheroff* so extrem sind – durchzogen von Dogma und Überheblichkeit –, vermitteln sie ein verzerrtes Bild der Psychotherapie insgesamt und ihres vermeintlichen Widerstands gegen medikamentöse Behandlung. Um die Balance wiederherzustellen, möchte ich einem viel eleganteren Dokument des Widerspruchs Raum geben – einem Text, der die Sicht vieler psychologisch-psychotherapeutisch orientierter Ärzte auf Antidepressiva entscheidend geprägt hat.

Im Jahr 1975 veröffentlichte das *British Journal of Medical Psychology* einen scharfsinnigen Kommentar von Doris Y. Mayer, einer psychoanalytisch geschulten Kinderpsychiaterin mit amerikanischer Ausbildung, die damals in England praktizierte. Mayers Interessen waren von einer bemerkenswerten Spannweite: Sie schrieb ein antikapitalistisches Theaterstück und betrieb ethnografische Feldforschung in Ghana. In der Psychiatrie wurde sie vor allem für diesen einen Aufsatz bekannt: »Psychotropic Drugs and the ›Anti-Depressed‹ Personality« (Psychopharmaka und das Bild der »anti-depressiven« Persönlichkeit). Schon das Adjektiv im Titel – »anti-depressiv« – trägt die ganze Kraft ihres Arguments in sich.

In ihrem Essay hinterfragte Mayer zunächst, ob Antidepressiva überhaupt wirken. Sie postulierte dann ihre Wirksamkeit mit der Aussage: »Nehmen wir der Einfachheit halber an, dass Medikamente in bestimmten Fällen zumindest mäßig erfolgreich sind« und stellte dann die entscheidende Frage: Was genau leisten diese Medikamente?

Mayer sorgte sich, dass mit Antidepressiva behandelte Patienten ihre »emotionale Erfahrung« und dadurch auch die »Schutzfunktion unangenehmer Gefühle« verlieren könnten. Zwar könnten Medikamente seelische Krisen abfangen, doch liefen Patienten Gefahr, daraus mit verminderter, statt gestärkter seelischer Widerstandskraft hervorzugehen. Mit spitzer Ironie widersprach sie einem Argument, das ich selbst später vertreten sollte: »Es heißt gelegentlich, Medikamente machten Menschen empfänglicher für Psychotherapie. Meiner Erfahrung nach machen sie sie lediglich gefügiger«. Medikamente, so ihr Fazit, sollten nur in wirklich unerträglichen Zuständen eingesetzt werden.

Ihr prägnantes Verdikt lautete:

>> Nicht ängstlich, aber auch nicht gelassen; nicht arbeitsunfähig, aber auch nicht fähig, gut zu arbeiten; nicht von den Kindern gequält, aber auch nicht in der Lage, sich an ihnen zu erfreuen; bereit, sich lieben zu lassen, aber nicht selbst liebend; weder angespannt noch entspannt, weder heiter noch weinerlich, weder krank noch gesund – eher niedergeschlagen als depressiv: die fade, gedämpfte, ›anti-depressive‹ Persönlichkeit unserer Zeit.«

Was für ein bemerkenswerter Text! Mayer formuliert einen Standpunkt, der bis heute immer wieder in der Debatte um Antidepressiva vertreten wird – ebenso wie in vielen Diskussionen über das Verhältnis unserer Kultur zum Glücklichsein: Das Verschreiben von Antidepressiva, so ihr implizites Argument, sei ein Versagen, eine Verweigerung, dem Unangenehmen einen Sinn zu lassen.

Trotz ihres prägnanten Titels richtete sich Mayers Kritik nicht ausschließlich gegen Antidepressiva. Zur Untermauerung ihrer Argumente zog sie Fallbeispiele heran. Nur eine Patientin – eine trauernde Witwe – erhielt ein Antidepressivum ohne andere zusätzliche Medikamente. Bei ihr beschrieb Mayer keine emotionale Abflachung; die Sorge war vielmehr, dass das Medikament der Frau die Möglichkeit zur Trauer genommen habe. Eine andere Patientin bekam Imipramin zusammen mit einem beruhigenden und angstlösenden Mittel (Anxiolytikum, oft auch als Tranquilizer bezeichnet), was die aufgetretene Dämpfung erklären würde. Die übrigen Fallberichte beziehen sich auf Personen, die zusätzlich Beruhigungsmittel (Anxiolytika), Antipsychotika oder Ritalin® (ein Amphetamin mit stark stimulierender Wirkung) eingenommen hatten.

Berücksichtigt man die Verschreibungspraxis der damaligen Zeit, ist es wahrscheinlich, dass die Effekte, die Mayer kritisierte, durch Medikamente verursacht worden waren, die wir heute nicht mehr als Antidepressiva bezeichnen würden. Im Hinblick auf medikamentös behandelte Patienten verwies Mayer auf eine Umfrage zur Arzneimittelnutzung in Großbritannien. Sie zeigte, dass im Jahr 1970 mehr als 14 Prozent aller Erwachsenen zumindest ein angstlösendes Medikament eingenommen hatten. In den USA waren die Verordnungszahlen gleich hoch oder noch darüber. Im Jahr 1973, als sie ihren Höhepunkt erreichten, hatten mehr als ein Viertel der amerikanischen Erwachsenen ein psychotropes Medikament eingenommen. Veränderte Erhebungsmethoden erschweren genaue Vergleiche – doch diese Schätzungen liegen über den Zahlen, die uns heute beunruhigen. In den frühen 1970er Jahren wurden die meisten Rezepte für Anxiolytika ausgestellt.

Weniger als 2 Prozent der Erwachsenen nahmen innerhalb eines Jahres ein Antidepressivum ein – und bis zur Hälfte von ihnen zusätzlich einen »Mother's Little Helper«, also einen Tranquilizer. Die Wahrscheinlichkeit, dass Mayer größere Gruppen von Patienten gesehen hatte, die ausschließlich Antidepressiva nahmen, war also gering. Die fade, abgeflachte Persönlichkeit dieser Zeit war wohl eher eine Folge von Tranquilizer wie Librium® oder Valium® – nicht der Antidepressiva.

Es ist interessant, Mayers Beschreibung Raphael Osheroffs Bericht gegenüberzustellen – dass er froh war, endlich wieder traurig sein zu dürfen. Nach meiner eigenen Erfahrung konnten die frühen Antidepressiva heilend wirken – sie machten Patienten emotional wieder verfügbar, auch als Eltern und Berufstätige. Diese Wirkung ließ sich selbst bei denjenigen beobachten, die durch die teils deutlich spürbaren Nebenwirkungen der Trizyklika ständig daran erinnert wurden, dass sie ein Medikament einnahmen.

Wenn Mayers Bedenken heute noch so eindringlich wirken, dann vielleicht, weil sie später, bei Erfahrungen mit moderneren Medikamenten wie Fluoxetin wieder relevant wurden. Diese modernen Antidepressiva werden als Gruppe unter der Bezeichnung Serotonin-Wiederaufnahme-Hemmmer (SSRIs) zusammengefasst. Sie wirken auf den Stoffwechsel des Botenstoffes Serotonin im Gehirn und können das sexuelle Verlangen – die Libido – vermindern. Es scheint, als habe Mayer auf Valium® geschaut, Imipramin gemeint – und dabei bereits Fluoxetin gesehen.

Was Mayers Zweifel an der Wirksamkeit von Antidepressiva angeht – sie wurden zu einer Zeit formuliert, als Antidepressiva zu den am besten belegten Behandlungen der gesamten Medizin zählten. (1974 überprüfte Jonathan Cole gemeinsam mit dem jungen Kollegen John Davis die inzwischen umfangreiche

Studienlage – und fand im Wesentlichen denselben Wirkungsgrad wie bereits in den Daten der 1960er Jahre.) Mayer formulierte also zunächst eine kaum haltbare Hauptkritik – und bot zugleich ein Rückzugsargument an: Falls die Leser ihrer zentralen These nicht folgen mochten, nämlich dass die medikamentöse Linderung von Depression letztlich schädlich sei, stand ein schwächerer, innerlich widersprüchlicher Einwand bereit. Im Rückblick erscheint mir dieses Muster nicht selten: Die Behauptung, Antidepressiva seien wirkungslos, dient oft weniger der objektiven Prüfung ihrer Effekte als der grundsätzlichen Infragestellung ihres Einsatzes.

11
Intermezzo: Übergänge

Während des Medizinstudiums und später während meiner Facharztausbildung in Yale verfolgte ich zwei Schwerpunkte: Psychotherapie und Gemeindepsychiatrie. Ich arbeitete mit Jugendlichen auf Abwegen, mit Menschen auf Bewährung und mit Angeklagten, die sich keinen Anwalt leisten konnten. Ich leitete Gesprächsgruppen mit schwer psychisch Kranken, machte Hausbesuche in innerstädtischen Vierteln und arbeitete in öffentlichen Ambulanzen.

Vermutlich wäre ich auf diesem Weg weitergegangen, wäre da nicht Rachel gewesen – Alans Freundin, in die ich mich verliebte und die ich schließlich heiraten sollte. Sie lebte in Maryland. Um ihr näher sein zu können, vereinbarte ich mit meiner Ausbildungsstätte in New Haven eine Art Tauschgeschäft: Ich übernahm zunächst mehr Dienste, um dann meine letzten sechs Monate in einem Bundesamt in Rockville, Maryland, absolvieren zu dürfen. Dort leitete ein Yale-Professor ein Büro, das psychiatrische Modellprojekte entwickelte, um diese dann im ganzen Land einzuführen. Als dieses Projekt aufgrund von Sparmaßnahmen eingestellt wurde, wurde ich in jene Behörde versetzt, die das National Institute of Mental Health (NIMH) und damit verbundene Einrichtungen kontrollierte.

Mein Vorgesetzter war Gerry Klerman.

In den ersten Monaten arbeitete ich mit Charles Krauthammer zusammen, der gerade erst seine Facharztausbildung in Psychiatrie abgeschlossen hatte. Wer später Krauthammers scharfzüngige konservative Kommentare in der Washington Post oder auf Fox News kennt, dürfte überrascht sein zu erfahren, dass er damals diesen Posten verließ, um Reden für den Erz-Liberalen Walter Mondale zu schreiben – im letztlich erfolglosen zweiten Wahlkampf von Präsident Jimmy Carter.

Kurz darauf war ich Leiter der Abteilung für wissenschaftliche Belange von Alkoholismus, Drogen und psychische Gesundheit – vor allem deshalb, weil ich der einzige verbliebene wissenschaftliche Mitarbeiter war.

Ich hatte einen umfangreichen Tätigkeitsbereich, der auch Forschungen mit Bezug zu meiner früheren Arbeit umfasste – zu Krankheit und sozialer Benachteiligung. Meine Hauptaufgabe bestand darin, mich mit Experten zu beraten und anschließend Gerry Klerman für seine Auftritte vor dem US-Kongress und dem Weißen Haus vorzubereiten. Er war ein großer, schneller Mann, und vieles lief bei uns im Gehen ab – ganz wie in einer dieser Serien, wo Assistenten ständig ihren Chefs hinterherhetzen. Hatte ich Gerry vorbereitet, füllte er seine Reden mit Beispielen, die ich nicht geliefert hatte, und kam zu Einsichten, die über meine eigenen weit hinausgingen.

Unter seiner Anleitung vertiefte ich mich in die Outcome-Forschung – die Untersuchung von Behandlungsergebnissen. Im Mittelpunkt stand ein aktueller Gesetzesvorschlag aus dem Senat, der kontrollierte Studien in der psychiatrischen Versorgung vorschreiben sollte – mit besonderem Augenmerk auf Psychotherapie. Wenn eine Therapie scheiterte, sollten staatliche Programme nicht mehr für sie bezahlen. Bestand die Therapie den wissenschaftlichen Test, sollten Psychologen neue Zugangsrechte im Medicare-System erhalten – also die Befugnis, ihre Leistungen direkt über die staatliche Krankenversicherung für ältere Menschen abzurechnen. Gerry setzte die Psychotherapie unter Druck: Randomisiere, bis es weh tut.

Er hatte die notwendige fachliche Autorität, um das zu tun – denn gemeinsam mit seiner späteren Frau Myrna Weissman hatte er die erste größere kontrollierte Studie zur Psychotherapie bei Depression durchgeführt. Die Untersuchung basierte auf einer vereinfachten Form der Psychoanalyse: der interpersonellen Psychotherapie (IPT). Die Elemente der Behandlung waren in Manualen festgelegt, und die Methode konnte in kurzen Schulungen vermittelt werden.

Gerry und Myrna untersuchten, wie gut IPT – allein oder in Kombination mit dem trizyklischen Antidepressivum Amitriptylin (in Deutschland, der Schweiz und Österreich Saroten®) – Rückfälle bei Patienten verhindern konnte, die sich von einer depressiven Episode erholt hatten. Für sich allein genommen war Amitriptylin wirksamer als IPT. (In einer anderen Studie zur akuten Behandlung schnitten beide gleich gut ab.) Überraschenderweise schützte die Kombinationstherapie – also Psychotherapie plus Amitriptylin – nicht besser als Amitriptylin allein. Das war ein früher Hinweis darauf, dass psychische Behandlungsansätze nicht immer

»additiv« wirken: Wenn zwei Interventionen für sich genommen helfen, ergibt die Kombination nicht zwangsläufig einen zusätzlichen Nutzen.

Die wichtigste Erkenntnis aus diesen Studien war: Psychotherapie kann wissenschaftlich geprüft werden – wie jede andere medizinische Maßnahme. Diese Schlussfolgerung stieß jedoch auf Widerstand. Das Konzept der IPT – Manuale, Kurzschulungen – empörte viele Therapeuten.

Mich eingeschlossen. Wie viele Stunden hatte ich in Seminaren und unter Supervision verbracht, um bestimmte Psychotherapien zu erlernen? Und das ist, wohlgemerkt, ohne die Lektüre, meine eigene Analyse und die Zeit mit Patienten dazu zu zählen – stets gefolgt von Selbstkritik. War ich präsent, einfühlsam, fantasievoll, freundlich, klar? Psychotherapie war für mich ein Ziel, eine Haltung. Und nun sollte ihr Wert an Kurzzeitbehandlungen gemessen werden – durchgeführt nach schematischen Vorgaben.

Die Studien zeigten immer wieder Wirksamkeit – und doch dachte ich jedes Mal: Es hätte auch anders ausgehen können.

Gerry hielt solche Zweifel für naiv. Der Staat und andere Kostenträger würden zu Recht verlangen, dass Behandlungen ihre Wirksamkeit belegten.

1980, auf Gerrys Anregung hin, gründete das NIMH eine neue Abteilung: die Psychosocial Treatments Research Branch (Abteilung für Forschung zu psychosozialen Behandlungsverfahren) unter der Leitung von Morris Parloff, einem Experten für Evaluationsstudien. (Wie mein Vater gehörte auch er zu den »Ritchie Boys« – deutschsprachige Intellektuelle, die im Zweiten Weltkrieg für die US-Militäraufklärung gearbeitet hatten.) Morrie war weltgewandt, mit trockenem Humor. In Gesprächsrunden hielt er sich meist zurück. Wenn die Diskussion in eine für ihn unergiebige Richtung abdriftete, sagte er – wenn er zu Wort kam – nur: »Ich habe schon viel zu wenig gesagt«. Ich arbeitete mit ihm an forschungspolitischen Fragen.

Morrie schätzte, dass es rund 250 Schulen der Psychotherapie gab. Jede dieser Schulen beanspruchte, ein Dutzend psychischer Erkrankungen behandeln zu können – darunter Schizophrenie, Sucht und viele mehr. Diese Behandlungsansätze ließen sich auf unterschiedliche Patientengruppen anwenden – etwa Jugendliche, körperlich Erkrankte oder andere. Wollte man jede Kombination aus Therapie, Erkrankung und Patientengruppe auch nur einmal testen, wären 18.000 Studien erforderlich. Die Regierung hatte jedoch Mühe, überhaupt eine einzige solide Untersuchung zu finanzieren.

Aber Gerry ließ nicht locker. Er wollte Outcome-Forschung – insbesondere zur Behandlung von Depression, seinem eigenen Spezialgebiet. Die zentrale Arbeit während meiner zweieinhalb Jahre in der Behörde galt der Vorbereitung einer groß angelegten Studie zur Psychotherapie. Nicht mehr unter Gerrys Ägide, aber kurz danach wurde seine Vorstellung Wirklichkeit. Die Studie setzte Maßstäbe, Maßstäbe auch für künftige Medikamentenstudien – und sie spielte Jahre später eine Rolle in der Antidepressiva-Kontroverse.

Währenddessen sammelte ich praktische Erfahrung in der Behandlung von Depressionen. Ärzte im Bundesdienst hatten Anspruch auf eine gewisse Zeit für Lehre und klinische Tätigkeit. Ich trat der Fakultät der George Washington University (GWU) bei – doch woher sollten die Patienten kommen?

Ein betagter Psychoanalytiker war durch eine schwere Erkrankung geschwächt. Er suchte junge Kollegen, die seine verbliebenen Patienten übernehmen und eine medikamentöse Behandlung versuchen würden. Ein Professor an der GWU empfahl mich. Ich besuchte den Analytiker in seinem großen Backsteinhaus nahe dem Rock Creek Park, dem weitläufigen Stadtwald im Nordwesten von Washington, D. C.

Der Besuch war eine Prüfung: War ich der Aufgabe gewachsen? Doch es gab noch einen anderen Grund. Einer der Patienten war Stephan. Schon in seiner Jugend war er verletzlich gewesen und unter Bedingungen aufgewachsen, die man heute als emotionalen Missbrauch bezeichnen würde. Der Analytiker – nennen wir ihn Dominic – und dessen Frau hatten Stephan gerettet: Sie nahmen ihn bei sich auf und übernahmen die Rolle von Ersatzeltern. Vielleicht gerade weil diese Konstellation Diskretion verlangte, war Stephan nie zu einem anderen Therapeuten überwiesen worden.

Stephan war scheu und zurückgezogen – ein Verwaltungsbeamter in einer Bundesbehörde. Sein ganzes Erwachsenenleben war geprägt von Pessimismus, Gewissenhaftigkeit, Vorsicht und einer gedrückten Grundstimmung. Als Dominic schwächer wurde, glitt Stephan in eine sogenannte »Doppel-Depression« – eine akute depressive Episode, die sich über einen chronisch-depressiven Grundzu-

11 Intermezzo: Übergänge

stand legte. Der Begriff war damals gerade erst im Entstehen, und es hieß, Antidepressiva könnten helfen. Ich zögerte nicht, ein Trizyklikum zu verschreiben. Die depressive Episode klang rasch ab – eine Besserung, die Stephan noch nie erlebt hatte. Er bemerkte, dass Stimmungstiefs seltener wurden. Diese Stabilisierung erwies sich als bedeutsam. Dominic starb. Unter Präsident Reagans Sparmaßnahmen standen viele Bundesangestellte vor der Gefahr betriebsbedingter Kündigungen. Stephan übernahm neue, vielfältigere Aufgaben und bekam einen anderen Vorgesetzten. Normalerweise lösten Umbrüche dieser Art bei ihm eine leichte paranoide Reaktion aus – als ob organisatorische Veränderungen versteckte Bedrohungen enthielten, die gezielt gegen ihn gerichtet waren.

Das Medikament half ihm, die Dinge in einem milderen Licht zu sehen. Stephan verstand nun, was man ihm immer wieder gesagt hatte: dass Krisen auch Gelegenheiten sein können, Menschen in Bewegung zu bringen, sie zu fordern – nicht zu bedrohen. Er formulierte, wie er sagte, einen neuen Gedanken: »Ich verdiene ein gutes Leben«.

Für Stephan, der so stark an Dominic gebunden war, stand ich für einen Bruch: das allmähliche Verschwinden vertrauter Erfahrungen und stiller Übereinkünfte. Ich war nüchterner im Umgang als Dominic und eher geneigt, ihn – abgesehen von der Medikation – mehr auf seine eigene Verantwortung hinzulenken. Nicht ich, sondern das Medikament wurde zu Dominics Ersatz. Es schien, als könnten Antidepressiva genau das leisten: eine Form von Übergangsbegleitung – in diesem Fall auf einem Niveau, das es Stephan ermöglichte, vorsichtig erste Kontakte zu Kollegen am Arbeitsplatz zu knüpfen.

In meiner klinischen Arbeit kehrte diese Erfahrung – der Moment, in dem ich mich wie Roland Kuhn fühlte – immer wieder zurück. Immer wieder begegneten mir Patienten, die auf Medikamente ansprachen wie nie zuvor auf Verfahren, denen sie weit mehr vertraut hatten.

Mit Gerry las ich unzählige Studien zur Outcome-Forschung auf Basis von Ratingskalen. Doch – wie Jonathan Cole es gelehrt hatte – zeigte erst die klinische Arbeit, was Medikamente wirklich bewirken konnten. Ein Antidepressivum konnte einen Menschen überhaupt erst bereit machen für Veränderung. Ich speicherte diesen Effekt in meiner inneren Bibliothek möglicher Medikamentenwirkungen.

11 Intermezzo: Übergänge

Was meine eigene Entwicklung betrifft: Ich war inzwischen aus der Phase des Lernens, der ständigen Supervision, herausgewachsen – und hatte eine eigene Praxis. Abends ging ich in ein leeres Büro, und Menschen kamen zu mir. Ich war süchtig – nach der Autonomie, der Verantwortung und der besonderen Qualität dieser Arbeit.

12
Ein Wendepunkt

Noch bevor Ronald Reagan sein Amt antrat, verließ Gerry Klerman den Staatsdienst – und der Gesetzentwurf des Senats, der kontrollierte Studien zur Psychotherapie forderte, verlor an Schwung. Warum hatten Psychologen diesen Vorstoß überhaupt unterstützt? Die Aussicht auf Vergütung durch staatliche Programme war sicher ein Anreiz – aber es gab noch einen anderen Grund, auf randomisierte Studien zu vertrauen: ein Ass im Ärmel. In den 1970er Jahren hatte ein Psychologe ein neues statistisches Verfahren entwickelt: die Metaanalyse. Und sie zeigte, dass Psychotherapie wirkte.

Mit dem wachsenden Interesse an kontrollierten Studien geriet die Psychotherapie zunehmend unter Beschuss – als bloßer Placeboeffekt oder noch schlimmer. Zu den lautstärksten Kritikern gehörte ein deutschstämmiger britischer Psychologe: Hans Eysenck. Schon seit den 1950er Jahren schrieb Eysenck, die Forschung könne den zentralen Anspruch der Psychotherapie nicht stützen – nämlich, dass sie Neurosen lindere.

In einer Zeit, in der Krankenhausaufenthalte auch bei leichteren psychischen Erkrankungen üblich waren, sichtete Eysenck Daten zu Entlassungen psychiatrischer Patienten. Viele von ihnen hatten nie eine formelle Psychotherapie erhalten. Eysenck schätzte, dass über 70 Prozent der sogenannten Neurotiker sich allein durch allgemeine medizinische Versorgung besserten. Betrachtete man Stationen, auf denen verschiedene Formen von Psychotherapie praktiziert wurde, fand Eysenck eine Besserungsrate von 64 Prozent – und bei psychoanalytischer Behandlung lediglich 44 Prozent.

Psychotherapie schien also Neurosen nur zu lindern – bis man genauer hinsah und eine Kontrollbedingung einbezog. Bei herkömmlicher medizinischer Behandlung gingen die Symptome ebenfalls zurück – und sogar zuverlässiger. Eysenck zog daraus den Schluss, dass Psychotherapie womöglich schädlich sei: »Je mehr Psychotherapie, desto geringer die Heilungsrate«.

Dieser Angriff war völlig überzogen. Wenn ein Patient wieder arbeiten ging, galt er für den Hausarzt womöglich als geheilt – während ein Psychoanalytiker bezweifelt hätte, dass sich an der inneren Dynamik etwas verändert hatte. Ein zeitgenössischer Kommentator formulierte es so: Eysencks Befund – dass analytisch behandelte Patienten weniger Linderung erfuhren – »spiegelt wohl eher die Tatsache, dass mit der Intensität der Behandlung auch die Anforderungen an das, was als Genesung gilt, steigen«.

So unhaltbar Eysencks Angriff auch war – für viele Psychotherapeuten blieb er ein Dorn im Auge. Ein junger Psychologe und Statistiker, Gene Glass, war zunehmend frustriert über das, was er »Eysencks häufige und tendenziöse Übersichtsarbeiten zur Psychotherapieforschung« nannte – Arbeiten, die Psychotherapie kurzerhand für wertlos erklärten. Glass kündigte an, er wolle, so wörtlich, »Eysenck vernichten und beweisen, dass Psychotherapie wirklich funktioniert« – und dabei »für ordentlich Aufsehen sorgen«.

Anlass war ein Vortrag, den Glass 1976 vor einer Fachgesellschaft halten sollte. Später erinnerte er sich: »Ich machte mich daran, mit Dr. Eysenck abzurechnen und zu zeigen, dass Psychotherapie – meine Psychotherapie – eine wirksame Behandlung ist«.

Das Problem bestand darin, dass es keinen allgemein anerkannten Weg gab, um einen ganzen Forschungszweig sinnvoll zusammenzufassen. Fachleute versuchten das zwar regelmäßig, doch das klassische Übersichtsreferat war auch ein idealer Ort, um eigene Vorurteile unterzubringen. Glass beklagte: »Eine gängige Methode, um mehrere Studien mit widersprüchlichen Ergebnissen zu integrieren, besteht darin, die methodischen Schwächen aller Arbeiten zu beklagen – außer bei den wenigen, die man selbst verfasst hat oder die von Kollegen, Schülern oder Freunden stammen«.

Glass war überzeugt, dass Eysenck unbequeme Daten systematisch ausgeblendet hatte.

Er war fest entschlossen, es anders zu machen. Er sammelte jede Studie, die er finden konnte – solange darin eine Form von Psychotherapie entweder gegen eine andere Intervention oder gegen eine Art Placebo-Bedingung wie »übliche medizinische Versorgung« getestet worden war. Wo Eysenck auf 11 geeignete Studien kam, fand Glass 475 – mit insgesamt über 25.000 Patienten. Er machte sich daran, diese Ergebnisse auf intelligente Weise zusammenzuführen. Er wollte zeigen: Auch wenn man einen Korb voller Äpfel und Birnen hat, lässt sich damit etwas über Obst lernen.

Aber wie? Der eine Forscher hatte vielleicht Psychoanalyse bei Alkoholismus getestet, der andere Kognitive Verhaltenstherapie bei Studentinnen mit Angst vor Mathe. Um diese unterschiedlichen Studien zusammenzuführen – um gewissermaßen eine Klasse von »Obst« zu bilden –, griff Glass auf ein statistisches Konzept zurück: die sogenannte *Effektstärke* – ein Maß dafür, wie stark sich die Ergebnisse der Behandlungsgruppe im Durchschnitt von denen der Kontrollgruppe unterscheiden.

Der Dichter W. H. Auden mahnte in seiner Neuformulierung der Zehn Gebote sinngemäß: »Du sollst dich nicht mit Statistikern einlassen, noch der Sozialwissenschaft verfallen.« Da sich die Antidepressiva-Kontroverse zu weiten Teilen um Effektstärken dreht, werden wir uns trotzdem – wenn auch nur behutsam – mit Statistik beschäftigen müssen.

Die Effektstärke sagt aus, wie stark eine Behandlung die Menschen verändert, die sie erhalten. Die Rechnung beginnt mit einem logischen Schritt: Man subtrahiert die Veränderung der Kontrollgruppe von der (idealerweise größeren) Veränderung der Behandlungsgruppe. Um die Ergebnisse unterschiedlicher Studien vergleichbar zu machen, greift die Berechnungsformel auf ein grundlegendes Maß der Statistik zurück: die Standardabweichung. Wir steigen an dieser Stelle nicht in die Mathematik ein – nur so viel: Für unsere Zwecke gilt eine Standardabweichung als »viel«. Wenn eine medizinische Behandlung den Gesundheitszustand um eine Standardabweichung verbessert, dann liegt der Durchschnitt der Behandelten danach auf dem Niveau der gesündesten 16 Prozent – also besser als 84 Prozent der ursprünglichen Patientengruppe. Eine Therapie mit diesem Effekt hat eine Effektstärke von 1. Sie hat den Mittelwert um eine Standardabweichung verschoben – das entspricht einer deutlichen und klinisch relevanten Verbesserung.

Nur wenige medizinische Behandlungen wirken so stark. Eine Intervention, die Patienten um eine halbe Standardabweichung voranbringt, hat eine Effektstärke von 0,5. Das bedeutet: Im Durchschnitt geht es den Behandelten besser als 69 Prozent der unbehandelten Vergleichsgruppe.

12 Ein Wendepunkt

Glass hatte das Konzept der Effektstärke von einem einflussreichen Statistiker übernommen: Jacob Cohen. Der hatte bereits in den 1960er Jahren ein neues Teilgebiet entwickelt – die sogenannte Power-Analyse. Bis dahin war Statistik weitgehend ein Schwarz-Weiß-Geschäft: Hatte eine Studie etwa gezeigt, dass Psychotherapie die Angst von Patienten stärker mindert als die übliche medizinische Versorgung, dann wurde statistisch nur entschieden, ob dieser Unterschied »signifikant« war – also nicht durch bloßen Zufall erklärbar.

Seit den 1930er Jahren galt unter Statistikern ein pragmatischer Konsens: Nur wenn ein Ergebnis mit einer Wahrscheinlichkeit von mindestens 95 Prozent nicht zufällig war, galt es als signifikant – und damit glaubwürdig.

Statistische Signifikanz beantwortet die Frage: »Ist das Ergebnis echt?« Oder genauer: »Wie wahrscheinlich ist es, dass es sich nicht nur um Zufall handelt?«

Aber: Nicht jede echte Veränderung ist auch eine bedeutsame. Eine Therapie kann zuverlässig wirken – aber nur minimal. Und genau hier setzte Cohen an: Er wollte mehr als ein bloßes Ja oder Nein. Seine Effektstärke gab an, *wie viel* sich tatsächlich verändert hatte. Sie misst nicht nur, ob eine Behandlung wirkt, sondern wie sehr.

Da die Effektstärke kein intuitives Konzept ist, formulierte Cohen eine Faustregel: Eine Effektstärke von 0,2 gilt als klein, 0,5 als mittel, 0,8 als groß. (Später warnte er allerdings davor, diese Etiketten zu wörtlich zu nehmen – sie seien, so schrieb er, »durchweg mit großer Zurückhaltung, zahlreichen Einschränkungen und der ausdrücklichen Einladung versehen, sie nach Möglichkeit nicht zu verwenden«.)

Standardtherapien in der Medizin erreichen typischerweise mittlere Effektstärken – meist knapp unter 0,5. So haben etwa die weltweit verbreiteten Blutdrucksenker Effektstärken zwischen 0,3 und 0,5 (je nach Alter und Risikogruppe).

Gene Glass erkannte, dass sich mit Effektstärken tatsächlich Äpfel und Birnen vergleichen ließen. Wenn etwa Psychoanalyse bei Alkoholabhängigkeit die Betroffenen genauso weit brachte wie eine Verhaltenstherapie gegen Prüfungsangst – beide mit einer Verbesserung um eine Standardabweichung –, dann konnte man sagen: Psychotherapie wirkt im Allgemeinen auf diesem Niveau, mit einer Effektstärke von 1.

12 Ein Wendepunkt

Glass hatte alle möglichen Studien zur Wirksamkeit von Psychotherapie zusammengetragen: solche, die das Nachlassen von Wahnideen bei schizophrenen Patienten maßen, ebenso wie Studien zum Rückgang von Schlangenphobien bei gesunden College-Studierenden. In jedem Fall fragte er: Wie weit brachte die Behandlung die Patienten im Vergleich zum Ausgangsniveau ihrer jeweiligen Gruppe?

Glass verwandelte seine 475 Einzelstudien in eine einzige große Gesamtauswertung – und kam auf eine durchschnittliche Effektstärke von 0,85. Das ist hoch. Kaum eine andere Maßnahme im sozialen oder psychologischen Bereich wirkt so zuverlässig. Dieses zusammengefasste Ergebnis – die hohe Wirksamkeit von Psychotherapie – war eine gründliche Widerlegung von Eysencks Kritik. Glass glaubte, sein Ziel erreicht zu haben: den vollständigen Sieg in der Psychotherapie-Debatte. Psychotherapie – effektiv, wissenschaftlich bewiesen und unwiderlegbar. Doch ganz so einfach war es nicht.

13
Alchemie

Von einem *vollständigen Sieg* kann nicht die Rede sein. Dogmatische Auseinandersetzungen haben die Eigenschaft, hartnäckig weiterzuleben. Und Metaanalysen? Sie wirken objektiv, sind aber im Grunde nichts anderes als Experimente – und Experimente beruhen auf Entscheidungen.

Der Ansatz, jede jemals veröffentlichte Studie in eine Metaanalyse einzubeziehen, wie Glass es tat, klingt überzeugend. Das Ideal der Forschung ist es, den Beitrag jedes einzelnen Studienteilnehmers zu würdigen. Alle zählen.

Aber auch Glass kam nicht darum herum, zu gewichten – trotz seines Anspruchs, alles zu berücksichtigen. So fand er beispielsweise so überproportional viele Studien zur Behandlung von Schlangenphobie, dass diese Spezialtherapie drohte, die Ergebnisse für die Gesamtheit der psychotherapeutischen Behandlungsmethoden zu verzerren. Er ließ einige dieser Datensätze weg.

Andere Verzerrungen ließ Glass jedoch unberücksichtigt. Da Psychologie-Fakultäten an Universitäten angesiedelt sind – und Studierende neugierig sind und häufig Kleingeld brauchen –, werden viele der einfachsten Studien mit Versuchspersonen aus dem Studentenpool durchgeführt. Diese jungen Erwachsenen werden gezielt in vorübergehende Verstimmung oder Unruhe versetzt – Symptome, die weit von einer behandlungsbedürftigen psychischen Störung entfernt sind. Wenn man nun jede einzelne dieser Studien einbezieht, lautet das Fazit: *Psychotherapie wirkt* – vielleicht aber nur bei gesunden, experimentell verunsicherten Studenten. Was aber hat diese Erkenntnis mit der Behandlung von Depressionen, Anorexie und anderen schwerwiegenden Erkrankungen zu tun? Der Ansatz »alle zählen« macht die Metaanalyse abhängig von dem, was eben zufällig publiziert wurde. So wie eine selektive Auswahl von Studien eine Metaanalyse verzerren kann, kann auch der Einschluss aller verfügbaren Studien zu Fehlschlüssen führen.

1983 veröffentlichten Bewunderer von Hans Eysenck eine eigene Metaanalyse. Psychologen an der Wesleyan University fanden heraus, dass in Glass' Sammlung nur 32 Studien eine herkömmliche Psychotherapie mit einer Placebo-Bedingung verglichen hatten. Sie analysierten diese Studien mit leicht abweichenden Methoden und kamen auf eine Effektstärke von 0,15 – ein geringer Effekt – und dieser stammte überwiegend aus Studien mit gezielt rekrutierten Versuchspersonen. Bei echten psychiatrischen Patienten war der Effekt praktisch null.

Wenn sie Analysemethoden anwandten, die jenen von Glass ähnlicher waren, dann kamen die Forscher der Wesleyan Uni auf eine Effektstärke von 0,42. Diese so unterschiedlichen Ergebnisse – Effektstärken von 0,85, 0,42 und 0,15 (oder 0) – decken das gesamte Spektrum ab. Entweder ist Psychotherapie erstaunlich wirksam oder so gut wie viele andere medizinische Behandlungen oder aber vollkommen unwirksam.

Hans Eysenck selbst zeigte sich von Metaanalysen unbeeindruckt. Er schrieb: »Eine gute Übersicht basiert auf intimer persönlicher Kenntnis des Feldes, der beteiligten Personen, der auftretenden Probleme, des Rufs einzelner Labors und der vermutlichen Vertrauenswürdigkeit bestimmter Forscher – also auf teils subjektiven, aber äußerst relevanten Faktoren«.

Die meisten Übersichtsarbeiten seien, so Eysenck, ein Missbrauch von Daten.

Glass hatte eine Analyse durchgeführt, die derjenigen der Gruppe aus Wesleyan ähnelte. Er untersuchte Studien mit drei Armen, in denen Psychotherapie, Medikation und Placebo miteinander verglichen wurden. Solche Studien schließen in der Regel Patienten mit echten Erkrankungen ein – keine Imipramin-Gabe an gesunde Psychologie-Studenten. Forschung kann darüber hinaus auch unter einer sogenannten Ergebnisverzerrung durch Voreingenommenheit (engl. allegiance bias) leiden: Wenn Psychotherapiestudien von Personen durchgeführt werden, die der untersuchten Methode besonders zugetan sind, fallen die Ergebnisse oft überhöht aus. In solchen Fällen fand Glass eine Effektstärke nahe 1 – ein außergewöhnlich hoher Wert, der ohne methodische Verzerrung kaum plausibel erscheint. In dreiarmigen Studien gleichen sich die Präferenzen von Pharmakologen und Therapeuten tendenziell aus.

In methodisch weniger voreingenommenen Studien mit schwerer erkrankten Patienten zeigte die Psychotherapie eine Effektstärke von 0,3 – ein niedriger bis mittlerer Wert. Medikamente erzielten eine Effektstärke von etwas über 0,5, also einen mittleren Effekt; Glass plädierte allerdings dafür, diesen Wert eher auf 0,4 zu korrigieren. Für Antidepressiva wie Imipramin lagen die Effektstärken typischerweise zwischen 0,4 und 0,5 – ein Bereich, der für viele klinisch-medizinische Behandlungen als üblich gilt. Wie schlecht ist also eine Effektstärke von 0,3 für Psychotherapie? Glass hielt die Psychotherapie für »*kaum weniger wirksam als eine medikamentöse Behandlung schwerer psychischer Störungen*«. Für ihn deuteten Effektstärken zwischen 0,3 und 0,5 – selbst in methodisch nicht perfekten Studien – auf eine sinnvolle therapeutische Wirksamkeit hin.

Wie wir später noch sehen werden, liegt genau in diesem Bereich (zwischen 0,3 und 0,5) auch die Mehrzahl der neueren Schätzungen zur Wirksamkeit von Antidepressiva – wobei Psychotherapie meist etwas darunter liegt. Kritiker des medizinischen Modells der Psychiatrie bemängeln, dass Antidepressiva am Anfang überschätzt worden seien. Doch Glass' frühe Metaanalysen – die gleichsam zur Geburtsstunde dieser Methode entstanden – wirken im Rückblick erstaunlich treffsicher.

Es bleibt die Frage: Wie zuverlässig ist also die Methode der Metaanalyse? Die Kontroverse um Glass' Ergebnisse macht deutlich, dass selbst identische Datensätze zu stark abweichenden Schlussfolgerungen führen können: zu hoher, mittlerer oder niedriger Wirksamkeit.

Man sollte sich vergegenwärtigen, was eine Metaanalyse eigentlich zu leisten versucht. Das Ideal in der Versorgungsforschung ist eine randomisierte Studie, die groß genug ist, um eine Fragestellung endgültig zu klären – eine sogenannte Goldstandard-Studie. Als Untergrenze für diesen Status hat sich die Größe von mindestens 1.000 Studien-Patienten etabliert. Viele Studien übertreffen das deutlich. Als etwa die Risiken einer Hormontherapie in den Wechseljahren untersucht wurden, führte man kontrollierte Studien mit jeweils 10.000 bis 16.000 Frauen durch.

Solche Großstudien gelten als überzeugend – sind aber teuer. In der Psychiatrie gibt es keine Goldstandard-Studien. Und auch in anderen medizinischen Bereichen sind sie selten. Die Metaanalyse beansprucht, vergleichbare Sicherheit zu schaffen, indem sie viele kleinere Studien zusammenführt.

Anfang der 1990er Jahre war die Metaanalyse in der medizinischen Forschung etabliert. Eine einflussreiche Arbeit aus dem Jahr 1992 untersuchte den Einsatz von Streptokinase – einem Medikament, das Blutgerinnsel auflöst – nach Herzinfarkten. Die Forscher zeigten: Hätten Statistiker nach jeder neu erschienenen kleinen Studie eine kumulative Metaanalyse durchgeführt, hätte sich die Wirksamkeit von Streptokinase schon früh nachweisen lassen – lange vor den großen Goldstandard-Studien. Und man hätte Leben retten können, weil sich das Medikament deutlich früher in der klinischen Praxis durchgesetzt hätte.

Bei dieser Untersuchung ging es weniger darum, wie stark eine Behandlung wirkt – also um ihr *Ausmaß an Wirksamkeit* –, als vielmehr um die Frage, ob sie überhaupt wirkt. In der Statistik spricht man hier von Signifikanz: Ein Effekt gilt dann als statistisch signifikant, wenn er mit hoher Wahrscheinlichkeit nicht zufällig entstanden ist – unabhängig davon, wie groß oder klinisch bedeutsam dieser Effekt tatsächlich ist.

Die zusammengeführten Daten zeigten frühzeitig, dass Streptokinase die Überlebensrate nach einem Herzinfarkt verbessert. Die analysierten Studien fielen dabei in zwei Kategorien: größere Studien mit 500 bis 700 Patienten und kleinere Studien, in denen der Behandlungseffekt wiederholt nachgewiesen wurde. Solche konsistenten Ergebnisse – ob aus großen oder kleinen Studien – liefern in Metaanalysen klare Signale. Tatsächlich braucht es oft gar keine ausgeklügelten Verfahren: Schon die bloße Häufung ähnlicher Resultate kann für viele Ärzte überzeugend sein.

Doch stellt sich die Frage: Was bringt es, wenn man widersprüchliche Ergebnisse kleiner Studien zusammenrechnet? Und: Kann eine Metaanalyse tatsächlich Auskunft darüber geben, wie stark eine Behandlung wirkt – also nicht nur, ob, sondern *wie viel* sie nützt?

1997 ging eine kanadische Arbeitsgruppe von der Universität Montreal dieser Frage auf den Grund. In einem vielbeachteten Beitrag im *New England Journal of Medicine* verglichen die Autoren Metaanalysen mit den sogenannten Goldstandard-Studien. Sie identifizierten ein Dutzend großer, randomisierter Studien mit jeweils über 1.000 Patienten, in denen jeweils eine konkrete therapeutische Entscheidung untersucht worden war: Soll diese Behandlung eingesetzt werden? Zu all diesen Fragen lagen bereits frühere Metaanalysen vor – insgesamt 40 an der Zahl.

Die untersuchten Therapien waren vielfältig: Streptokinase gehörte dazu, ebenso Magnesium zur Behandlung von Herzinfarkten, bestimmte Chemotherapien bei Brustkrebs und andere Interventionen. Die untersuchten Endpunkte waren eindeutig – meist ging es um nicht weniger als das Überleben der Patienten.

Die Ergebnisse aus Montreal waren ernüchternd: Immer dann, wenn eine große Studie eine klare Wirksamkeit zeigte, hatten vorherige Metaanalysen in etwa einem Drittel der Fälle keine Wirksamkeit festgestellt. Umgekehrt fanden sich in einem weiteren Drittel der Fälle positive Metaanalyse-Ergebnisse, obwohl die spätere Großstudie keinen Nutzen oder sogar Schaden belegte.

Kurz gesagt: Metaanalysen führten in vier von sechs Fällen zur richtigen Schlussfolgerung. Ein Münzwurf hätte in drei von sechs Fällen richtig gelegen. Das klingt nicht gerade vertrauenswürdig – doch in der Realität orientieren sich Ärzte nicht blind an Statistik. Sie achten sehr wohl auf Übereinstimmungen: Wenn viele kleinere Studien und eine große in dieselbe Richtung weisen, erkennen sie, dass die Metaanalyse nur das bestätigt, was sich ohnehin bereits abzeichnet.

In der Studie aus Montreal zeigte sich ausgerechnet dort die größte Schwäche der Metaanalyse, wo ihre eigentliche Stärke liegen sollte: bei der Einschätzung der Stärke eines Effekts. Die kanadischen Forscher kamen zu einem ähnlichen Schluss wie einst Hans Eysenck: Sie hielten es für plausibel, dass Ärzte einzelne Studien selbst lesen und ihr eigenes Urteil fällen sollten.

Warum also gelingt der Metaanalyse nicht der versprochene Zaubertrick – aus einem uneinheitlichen Datenmix verlässliche Fakten zu destillieren? Dafür gibt es viele Gründe, teils hochkomplex. Doch ein zentraler, gut verständlicher Punkt betrifft den faktischen Verlust der Randomisierung.

Metaanalysen beruhen zwar auf randomisierten Studien – aber sie selbst sind keine. Jede einzelne Studie durchläuft zunächst einen Begutachtungsprozess: Sie wird geprüft, angenommen oder ausgeschlossen. Meist geschieht das nachträglich – also nachdem alle Studien bereits veröffentlicht wurden. Experten, die mit dem Forschungsstand vertraut sind, legen dann die Einschlusskriterien fest: Diese Studienart ja, jene nicht. Erst danach werden die Zahlen berechnet. Und wie bei Psychotherapiestudien kommen auch bei Metaanalysen Voreingenommenheiten der Autoren vor: Die Ergebnisse fallen oft zugunsten jener Annahmen aus, die die Autoren ohnehin vertreten – sei es aus fachlicher Überzeugung oder aus beruflichem oder finanziellem Eigeninteresse. Zum Beispiel wurden solche Verzerrungen bei konkurrierenden Metaanalysen zu der scheinbar einfachen Frage nachgewiesen, ob Formaldehyd krebserregend wirkt.

Doch selbst dort, wo alle Karten offen auf dem Tisch liegen, bleibt die Metaanalyse ein heikles Instrument. Ein gutes Beispiel betrifft die sogenannten chirurgischen Sicherheitschecklisten. Mediziner hofften, dass es Patienten zugutekommt, wenn das Operationsteam – vor, während und nach dem Eingriff – durch Pflegekräfte systematisch an Dinge wie die korrekte Markierung der Schnittstelle erinnert wird. Eine vielzitierte Metaanalyse von 22 kleineren Studien lieferte zunächst beeindruckende Ergebnisse: Komplikationen und Todesfälle seien durch Checklisten um 40 Prozent zurückgegangen. Diese Studie trug erheblich zur weltweiten Einführung solcher Checklisten bei. Doch eine spätere, deutlich größere Untersuchung mit rund 200.000 chirurgischen Eingriffen in der kanadischen Provinz Ontario – je zur Hälfte vor und nach Einführung der Checklisten – zeigte keinen Nutzen: keine geringere Sterblichkeit, keine Abnahme von Komplikationen, keine Verminderung der Notaufnahmen nach der Operation.

Wahrscheinlich lag das Problem hier in der sogenannten Publikationsverzerrung: Wenn neue Verfahren oder Innovationen keine positiven Effekte zeigten, wurden die Ergebnisse oft gar nicht veröffentlicht. Studien mit erfolgreichen Resultaten hingegen fanden fast immer den Weg in Fachzeitschriften. Metaanalysen waren damit dem ausgeliefert, was es in die wissenschaftliche Literatur geschafft hatte – nicht unbedingt dem, was tatsächlich stimmte.

Experten für öffentliche Gesundheit hatten die erste Metaanalyse gefeiert – und die enttäuschenden Ergebnisse der groß angelegten Nachfolgestudie stellten ihre Loyalität zur *evidenzbasierten* Medizin auf die Probe. Ihre Reaktion bestand meist darin, die Checklisten zu verteidigen – gestützt auf eine genaue Betrachtung der Vorzüge einzelner Programme. Wieder also: das sorgfältige Lesen kleiner Studien.

Tatsächlich aber beruht Medizin auf Urteilskraft. Ärzte haben ein gutes Gespür dafür, was wirkt. Sie finden Bestätigung in gut gemachter Forschung – und sehen sich auch berechtigt, selbst große Studien infrage zu stellen, wenn sich Schwächen vermuten lassen. Wurde in Ontario ausreichend geschult? Noch immer befürworten viele Public-Health-Experten den Einsatz von Checklisten – allerdings inzwischen mit der Einschränkung, dass die ursprünglich berichteten beeindruckenden

Effekte eher nicht zu erwarten sind. In Bezug auf die Frage, *wie stark* eine Veränderung sei, hatte sich die Metaanalyse als irreführend erwiesen.

Kaum eine Diskussion über die Antidepressiva-Kontroverse benennt diese Wahrheit offen: In der Psychiatrie fehlen groß angelegte Studien – und Metaanalysen sind kein vollwertiger Ersatz. Die spezifischen Schwächen sind nicht zu übersehen. Denn genau darum geht es auch in der Debatte um Antidepressiva – um die Frage: *Wie stark?*

In der einfachen Frage, ob Antidepressiva besser wirken als Placebos, herrscht unter den Metaanalysen Einigkeit: Die Medikamente wirken. Der Streit dreht sich um das Ausmaß des Effekts.

Diese Auseinandersetzung hat etwas Irreales. Metaanalysen liefern keine endgültige Wahrheit. Selbst unter neutralen Bedingungen bieten sie nur Hinweise – sie liefern oft eher Munition für Debatten als klare Antworten.

Weil Metaanalysen nun einmal das sind, was wir haben, werde ich mich in diesem Buch wiederholt auf sie beziehen. Aber ich werde ihre Ergebnisse so oft wie möglich ergänzen – durch einen genaueren Blick auf die zugrunde liegenden Einzelstudien. Denn genau dort liegt das Vergnügen – und vielleicht auch die Chance auf Erkenntnis: in den Eigenheiten sorgfältig durchgeführter kleiner Studien.

Trotz aller Schwächen lässt sich der Einfluss von Glass' Erfindung kaum überschätzen. Wenn es im Bereich der psychischen Gesundheit heute zu Streit über den Wert therapeutischer Verfahren kommt, ist es fast immer die Metaanalyse, die die Diskussion bestimmt.

14
Intermezzo: Providence, Rhode Island

Als Ronald Reagan ins Amt kam, ließ er durch seinen Budgetchef David Stockman ein Verbot sozialwissenschaftlicher Forschung verkünden. Diese Anordnung betraf große Teile meines Arbeitsbereichs – etwa die Untersuchung der Auswirkungen von Armut auf die Gesundheit. Ich verließ den Staatsdienst.

Mit unserem Baby im Arm landeten meine Frau und ich in Providence, Rhode Island. Ich war eingeladen worden, die ambulanten psychiatrischen Abteilungen von drei Krankenhäusern zu leiten, darunter auch die des größten Allgemeinkrankenhauses der Region. Auch hier spielte Reagan eine indirekte Rolle: Mein Auftrag bestand darin, Angebote für jene Patienten zu schaffen, die – infolge von Budgetkürzungen – aus den unterfinanzierten gemeindenahen Versorgungseinrichtungen in die Kliniken drängen würden. Ich betrieb also die öffentliche Psychiatrie im privat-gemeinnützigen Sektor.

Da kaum Mittel für eine eigenständige ambulante Versorgung zur Verfügung standen, bat ich mein Team, vor allem die internistischen und chirurgischen Abteilungen zu unterstützen. Die Ärzte hatten nichts dagegen, dass wir Psychotherapie anboten – aber was sie vor allem wollten, war, dass ich Medikamente verschrieb. Psychopharmaka galten als wirksam, aber schwer anzuwenden.

Meine engste Zusammenarbeit entwickelte sich mit den Gastroenterologen. Ich hielt Vorträge über Magengeschwüre und beteiligte mich an Studien zur Akzeptanz von Hepatitis-Impfungen. Dadurch wurde mir eine Reihe von Patienten überwiesen, wie sie schon Kuhn behandelt hatte – Menschen mit schwer zu klassifizierenden Magen-Darm-Beschwerden. Diese Männer und Frauen arbeiteten meist in monotonen Dienstleistungs- oder einfachen Industrieberufen. Ihre Geschichten handelten von belasteten Kindheiten, konflikthaften Ehen, schlechter Behandlung sowie Geringschätzung am Arbeitsplatz und Geldsorgen. Sie erlebten ihre Probleme als körperlich und begegneten dem Reden mit Misstrauen.

14 Intermezzo: Providence, Rhode Island

Diese Patienten hatten auf eine Reihe von Medikamenten zur Beeinflussung der Darmtätigkeit – mitunter auch zur Behandlung von Angst – nicht angesprochen. Ich spreche hier von Fällen, die als schwierig galten: Patienten mit chronischen körperlichen Beschwerden, für die sich keine ausreichende medizinische Ursache finden ließ – sogenannte »Somatisierer«. Gemeint sind Menschen, die seelische Belastungen nicht als solche erleben oder ausdrücken, sondern in Form körperlicher Symptome wahrnehmen. Schmerzen, Magen-Darm-Probleme, Erschöpfung oder Atembeschwerden werden dann nicht als Ausdruck innerer Not erkannt, sondern als rein körperliche Erkrankung erlebt. Psychologische Erklärungen stoßen bei diesen Patienten oft auf Skepsis – verständlich, weil sie sich nicht als psychisch krank empfinden. Obwohl trizyklische Antidepressiva wie Imipramin und Amitriptylin dafür bekannt sind, Magen und Darm zu reizen, sprachen diese Patienten gut auf sie an. Die Medikamente halfen ihnen, sich schwierigen Lebensumständen zu stellen, ohne dabei in Verzweiflung zu stürzen. Nicht jeder Fall war ein Erfolg, aber manche Verläufe waren geradezu spektakulär. Sie bestätigten, was ich bereits bei Adele und Stephan gelernt hatte: Antidepressiva konnten Patienten helfen, die auf alle anderen ihnen vertrauten Behandlungen nicht angesprochen hatten – und die Wirkung reichte oft weit über das hinaus, was man erwartet hätte.

Ich beschrieb meine Erfahrungen aus diesen Jahren in einer monatlichen Kolumne für ein psychiatrisches Fachblatt und in meinem ersten Buch »Moments of Engagement«. Die Psychotherapie blieb mein zentrales Anliegen – doch ich kam nicht umhin, mich mit der Frage auseinanderzusetzen, wie sehr das Verschreiben von Antidepressiva mein therapeutisches Arbeiten prägte. Ich schilderte etwa den Fall einer Frau mit psychosomatischen Beschwerden, die ihre Probleme ihrer Familie anlastete. Unter Medikation überraschte sie mich plötzlich mit dem Satz: »Es lag nicht nur an meinem Mann – es lag auch an mir«. Wie viele Therapiesitzungen – und wie viel behutsame Arbeit – hätte es wohl gebraucht, um zu dieser Einsicht zu kommen?

Ich bemerkte ein Muster bei den Sozialarbeitern, die ich ins Team holte: Sie kamen mit großem Misstrauen gegenüber Medikamenten – und gegenüber den jungen Ärzten, die sie verordneten. Doch nach kurzer Zeit begannen sie, von mir Verschreibungen einzufordern. Manche Medikamente bewirkten in wenigen Wochen, was Psychotherapie über Jahre hinweg nicht zu leisten vermochte. Diese Erfahrungen drohten, das Selbstverständnis einer ganzen Berufsgruppe zu erschüttern. Die Verbesserungen, die wir beobachteten, hatten oft wenig mit den Items der Hamilton-Skala zu tun. Ein Patient wurde von einem schwer fassbaren inneren Hemmnis befreit, gestaltete sein soziales Umfeld neu – und blühte auf.

Ich habe eine gewisse Nostalgie für diese Zeit. Ich hatte noch die Werte aus dem Medizinstudium im Kopf – den Vorrang der Psychotherapie, die Empfehlung an Kollegen und Patienten, ihr eine echte Chance zu geben. Und dennoch war da auch ein seltsames Vergnügen am Verordnen – fast wider Willen. Es war, als hätte ich jedes Mal innerlich die Schwelle überschritten – gegen meinen eigenen Widerstand –, wenn ich ein Antidepressivum verschrieb. Und dann war da dieser Moment der Erleichterung, wenn das Mittel tatsächlich das richtige war.

Auch wenn ich Fragen nach Evidenz und Wirksamkeit damals mitunter einfach beiseiteschob – der Rest der Fachwelt tat es nicht. Ab 1982 begannen die Universitäten von Pittsburgh, Washington D. C. und Oklahoma insgesamt 250 Patienten in eine von Gerry Klerman konzipierte Studie zur Depressionsbehandlung einzuschließen. Das Design umfasste vier Gruppen: Interpersonelle Psychotherapie, Kognitive Verhaltenstherapie, Imipramin und Placebo.

1986 wurden erste Ergebnisse vorgestellt. Die *New York Times* berichtete unter der Überschrift: »Psychotherapie wirkt genauso gut wie Medikamente gegen Depressionen«. Der zentrale Absatz lautete:

> Die Studie ergab, dass zwei vergleichsweise neue Psychotherapieformen – die Kognitive Verhaltenstherapie und die Interpersonelle Psychotherapie – im Hinblick auf die Linderung depressiver Symptome und die Verbesserung der Funktionsfähigkeit Ergebnisse erzielten, die mit einem bewährten Antidepressivum (Imipramin) vergleichbar waren. Alle drei Verfahren führten bei 50 bis 60 Prozent der Patienten, die über 16 Wochen behandelt wurden, zur vollständigen Rückbildung schwerer Symptome.«

Und weiter hieß es: »Während 50 bis 60 Prozent der Patienten, die entweder Psychotherapie oder das Medikament erhielten, eine vollständige Besserung ohne ernsthafte Symptome erreichten, waren es in der Placebogruppe weniger als 30 Prozent«.

Die bislang größte Studie auf diesem Gebiet – das Treatment of Depression Collaborative Research Program (TDCRP) – hatte also die Wirksamkeit mehrerer unterschiedlicher Behandlungsmethoden der Depression bestätigt. Man stelle sich das vor: *vollständige Besserung bei der Mehrzahl der Patienten.* Als ich das las, empfand ich Erleichterung. Und wie so oft dachte ich: Es hätte auch anders ausgehen können.

15
Beste Referenzen?

Tatsächlich war es anders gekommen. Mit dem Erscheinen des Zeitungsartikels brach ein Sturm los. Wissenschaftler, die als Berater an der Studie mitgewirkt hatten, beklagten, der vorläufige Bericht habe die Forschungsergebnisse verzerrt dargestellt. Wegen anhaltender Streitigkeiten über die statistische Auswertung erschien die Studie erst 1989 in einer Fachzeitschrift.

Das TDCRP verfolgte ein klares Ziel, wie es die Organisatoren formuliert hatten: »den wissenschaftlichen Vergleich der Wirksamkeit verschiedener Formen von Psychotherapie voranzubringen«. Man suchte nach Verfahren, die sich als kurzzeitige, manualisierte Therapien standardisieren ließen. Zwei standen zur Verfügung: die Interpersonelle Psychotherapie (IPT) und die Kognitive Verhaltenstherapie (CBT).

IPT stand in der Tradition der Psychoanalyse – Therapieformen, die auf emotionales Selbstverständnis abzielten. CBT hingegen, mit Wurzeln, die sich bis zu Pawlow zurückverfolgen lassen, setzte auf erzieherische Verfahren, um dysfunktionale Denkmuster zu korrigieren. Die Studie über IPT und CBT bei Depression war als methodisch strenger Prüfstein gedacht – für eine Frage, die hinter Tausenden kleinerer Versuche stand: Wirkt Psychotherapie?

Die Planer der Studie stritten über die Wahl einer geeigneten Kontrollbedingung. Idealerweise hätten IPT und CBT mit 50-minütigen Gesprächen verglichen werden sollen – geführt von Therapeuten, die eigens darin geschult waren, das zwischenmenschliche Funktionieren oder die Denkprozesse der Patienten nicht zu fördern. Doch eine solche »Placebo-Psychotherapie« war nie entwickelt worden. Zugleich – nachdem man Psychotherapeuten gedrängt hatte, ihre Verfahren wissenschaftlich überprüfen zu lassen – begannen Pharmakologen zu befürchten, dass die Studie ein abgekartetes Spiel sei, bei dem eine zu gesunde Population untersucht werde – keine echten Patienten. Die Pharmakologen forderten, was man später als Vergleichsarm (*comparator arm*) bezeichnen würde – also eine Gruppe, in der kein Placebo, sondern ein etabliertes Medikament zum Einsatz kam.

Ein Vergleichsarm ist eine etablierte Behandlung, die dazu dient, »die Stichprobe zu validieren«. In einer Studie mit korrekt diagnostizierten Patienten sollte ein solcher Vergleichsarm eine erwartbare Besserung erzielen. Bleibt diese aus, spricht das dafür, dass die untersuchte Gruppe nicht repräsentativ war – und das Studienergebnis wäre entsprechend fragwürdig.

Das naheliegende Medikament des Vergleichsarmes war Imipramin. In den Worten der Studienorganisatoren: »Das beste Referenzmedikament wäre jenes mit der längsten Anwendungsdauer und der größten Datenbasis zur Wirksamkeit bei dieser Patientengruppe«. Die Kontrollbedingung bestand in der Gabe von Placebos. Allerdings bedeutete »Kurzzeitpsychotherapie« in den 1980er Jahren immer noch eine Behandlung von mindestens 16 Wochen – eine Ewigkeit für depressive Patienten. Um unnötiges Leiden und mögliche Suizide zu vermeiden, entschieden sich die Forscher dafür, die Placebogabe durch emotionale Unterstützung zu ergänzen. Die Patienten in den beiden medikamentösen Gruppen – ob mit Imipramin oder mit Placebo – erhielten 16 oder mehr Sitzungen à 20 bis 30 Minuten, in denen erfahrene Psychiater Beratung und Ermutigung anboten.

Die beteiligten Forscher betonten ausdrücklich, dass es sich dabei nicht um eine Nichtbehandlung oder eine »inaktive« Placebobedingung handelte. Sie sprachen von einer »minimalen unterstützenden Therapie«. Die zentrale Frage der Studie lautete, ob IPT und CBT dieser unspezifischen, begrenzten Form von Begleitung überlegen waren.

Die Antwort lautete: ja und nein. Als die Studie abgeschlossen und die Daten ausgewertet waren, berichteten die Forscher, dass sich eine »konsistente Reihung der Behandlungen zum Zeitpunkt des Studienabschlusses« abzeichne – mit Imipramin plus klinisches Management in der Regel an erster Stelle, Placebo plus klinisches Management am schwächsten, und die beiden Psychotherapien dazwischen – allerdings tendenziell näher bei der Imipramin-Gruppe als beim Placebo.

Hinter der scheinbar klaren Rangfolge verbarg sich bei näherer Betrachtung eine wesentlich differenziertere Realität. Die IPT schnitt besser ab als das Placebo und fast so gut wie Imipramin. Die CBT hingegen hatte versagt. Sie war in 20 bis 30 statistischen Vergleichen dem Placebo plus unterstützender Betreuung gegenübergestellt worden – und in keinem dieser Tests zeigte sich ein signifikanter Vorteil für die CBT.

Einer der wissenschaftlichen Berater der Studie war Donald Klein, ein Pionier der Psychopharmakologie, den ich noch aus meiner Zeit bei Gerry Klerman kannte – und auf dessen Theorien ich später in »*Listening to Prozac*« zurückgreifen würde. Klein fasste die Ergebnisse der NIMH-Studie provokant zusammen: »Es ist nicht nur so, dass Imipramin besser, schneller und kostengünstiger ist als CBT – vielmehr steht die gesamte Annahme, kognitive Psychotherapie bewirke etwas Spezifisches, nun infrage«.

Das TDCRP war mit dem Anspruch durchgeführt worden, die bestmögliche Wirksamkeitsstudie zu sein, die der damalige Forschungsstand zuließ. Die Ergebnisse hätten – folgt man der Logik des methodischen Anspruchs – Anlass zu kritischer Selbstreflexion geben müssen.

Aber konnte man sich ernsthaft vorstellen, dass Verhaltenstherapeuten nun – ganz im Sinne Gerry Klermans, der immer für wissenschaftliche Redlichkeit und Transparenz plädiert hatte – ihre Patienten warnten, die CBT sei womöglich nicht wirksamer als einfache unterstützende Gespräche? Natürlich nicht.

Psychologen wandten ein, dass die Studie Psychotherapie nicht mit einer »Behandlung wie üblich« verglichen habe, sondern mit einer unterstützenden Therapie, die letztlich gar nicht so minimal ausgefallen sei. Vieles von dem, was die CBT vermittelte – professionelle Zuwendung, Beruhigung, Orientierung –, sei auch in der Placebogruppe enthalten gewesen. Wenn man diesen Anteil der Wirkung abziehe, bleibe von CBT nicht viel übrig.

Dann war da noch die Frage der Rekrutierung. Interviews bei der Anmeldung zeigten: Viele Freiwillige wollten in erster Linie kostenlose Psychotherapie. Um an der Studie teilnehmen zu können, mussten sie auf der Hamilton-Skala einen Wert von mindestens 14 erreichen. Vielleicht hatten manche, die eigentlich gar nicht depressiv waren, falsche Symptome angegeben – und dann, sobald das Experiment begonnen hatte, ehrlich geantwortet. Auf diese Weise konnte der Eindruck entstehen, sie würden gut auf das Placebo oder irgendeine andere Maßnahme »ansprechen«. Fachleute, die Zugang zu den Rohdaten hatten, fanden Hinweise auf das, was man als künstlich überhöhte Ausgangswerte bezeichnet (im Englischen »baseline inflation«) – also auffällig hohe Hamilton-Scores zu Beginn, die schon nach wenigen Tagen drastisch sanken. Eine derart aufgeblähte Besserungsrate in der Placebogruppe war kaum zu übertreffen. Verteidiger von CBT wiederum stellten die Qualität der Umsetzung der Therapie infrage. An zwei Studienstandorten sei die Verhaltenstherapie offenbar sehr mechanisch durchgeführt worden. Vielleicht hatten die frühen Kritiker des Projekts recht gehabt: Standardisierte Therapien nach Handbuch – sogenannte manualisierte Verfahren – könnten das echte therapeutische Gespräch nicht ersetzen, das sich im kreativen, spontanen Kontakt mit dem Patienten entfaltet.

Am Ende aber setzten die Verhaltenstherapeuten die Ergebnisse in einen größeren Zusammenhang – und machten weiter wie bisher. Auch wenn 60 Patienten pro Gruppe für damalige Verhältnisse viel waren, so erreichte das TDCRP doch nicht das Format einer sogenannten Goldstandard-Studie – also einer besonders groß angelegten, aussagekräftigen Untersuchung mit hoher methodischer Qualität. Frühere kleinere Studien hatten CBT außerdem gute Resultate bescheinigt. CBT-Anhänger befürworteten zwar kontrollierte Studien, doch in der Verteidigung einer Methode, die sie im klinischen Alltag als wirksam erlebt hatten, fanden sie unzählige Gründe, daran festzuhalten – und vermutlich zu Recht. Spätere Untersuchungen zeigten, dass CBT ähnlich gut wirkt wie andere Psychotherapien.

Diese Studie brachte mehrfach paradoxe Ergebnisse hervor. Sie war konzipiert worden, um Psychotherapien zu überprüfen – und CBT fiel durch. Bis dahin hatte die CBT eher ein Schattendasein geführt, war eine Spezialität für hyperrationale Gemüter, denen die Psychoanalyse zu mystisch erschien. Nun aber, da ein Expertenteam sie ernst genommen hatte, tat es das ganze Fachgebiet. CBT konnte sich gegenüber dem Placebo nicht behaupten – und gewann dennoch an Legitimität.

Das Schicksal von Imipramin war nicht minder paradox. Imipramin tat, was es sollte – es wirkte, wie erwartet, gut und machte damit deutlich: Hier war nicht eine gesunde Vergleichsgruppe untersucht worden, sondern echte Patienten. Und doch wurden die Ergebnisse dieser Studie später dazu genutzt, um Zweifel an der Wirksamkeit von Antidepressiva zu säen.

16
Besser, Schneller, Billiger

Imipramin beendete depressive Episoden. Die Forscher am NIMH definierten »Genesung« als einen Wert unter 6 auf der Hamilton-Skala – was einem Zustand stabiler psychischer Gesundheit entspricht. Nach diesem Maßstab erholten sich über 40 Prozent der Patienten, die der Imipramin-Gruppe zugeteilt worden waren. In der Placebogruppe waren es nur halb so viele – etwa 20 Prozent. Welche Verzerrungen das Einschlussverfahren auch immer produziert haben mag – es scheint, als hätten manche Teilnehmer ihre Symptome überzeichnet –, insgesamt sprechen die Genesungszahlen dafür, dass die Studie tatsächlich Patienten mit ausgeprägten affektiven Störungen erfasst hatte.

Aber was wäre, wenn man das Verhältnis umkehrte – wenn wir nicht Imipramin nutzten, um die Studie zu testen, sondern die Studie, um Imipramin zu prüfen?

Die NIMH-Studie war darauf ausgelegt, Psychotherapie zu untersuchen. Imipramin diente als Vergleichsbedingung und wurde deshalb nach dem Vorgehen früherer Studien verabreicht, in denen Antidepressiva erfolgreich gewesen waren. Die Behandler sollten die Dosis zügig auf eine als wirksam angesehene Dosis steigern und dann diese Dosierung für die gesamte Studiendauer von 16 Wochen beibehalten. Die Studien, die dabei als Vorbild dienten, dauerten allerdings nur sechs bis acht Wochen. Um der Psychotherapie genug Zeit zu geben, wurde diese Studie auf 16 Wochen angelegt.

Jan Fawcett, der Psychiater, der das Studienprotokoll zur Medikation verfasst hatte, äußerte später, dass er von Anfang an Bedenken gegenüber dem vorgesehenen Vorgehen gehegt habe. Das starre Schema konnte dazu führen, dass Studienteilnehmer zu hoch dosiert wurden, nicht ansprachen, unter Unruhe und Verdauungsbeschwerden litten – und diese Nebenwirkungen über die gesamte Studiendauer von mehreren Monaten hinweg ertragen mussten. Die Patienten waren Risiken und Belastungen ausgesetzt, und die Bilanz von Imipramin wurde durch ungünstige Verläufe getrübt, wie man sie unter klinischen Bedingungen, in denen Ärzte die Dosierung individuell anpassen können, kaum beobachten würde. Als die Studie voranschritt, erinnerte sich Fawcett, seien die beteiligten Pharmakologen zunehmend unzufrieden mit der Vorgangsweise gewesen.

Soweit bekannt, gibt es bis heute keine veröffentlichten Angaben darüber, wie viel Imipramin die Patienten in der TDCRP-Studie tatsächlich erhielten – doch Jan Fawcett registrierte beunruhigende Hinweise.

Damals begannen Psychiater gerade damit, die Dosierung von Imipramin anhand von Blutspiegeln zu steuern – eine Praxis, die später zum Standard wurde. Ziel war es, die Konzentration im sogenannten »therapeutischen Fenster« zu halten, jenem Bereich, in dem das Medikament am wirksamsten ist. Eine klassische Studie hatte gezeigt, dass Patienten mit Spiegeln innerhalb dieses Fensters eine um 70 Prozent höhere Wahrscheinlichkeit hatten, anzusprechen – verglichen mit jenen, deren Werte darunter oder darüber lagen. Nach Abschluss der NIMH-Studie erfuhr Fawcett, dass bei zehn Teilnehmern extrem hohe, toxische Spiegel erreicht worden waren – genug Imipramin, um Störungen der elektrischen Erregungsleitung im Herzen zu verursachen. Es war ein Glück, dass niemand starb. Die gemessenen Blutspiegel lagen fast beim Dreifachen des angestrebten Werts. Angesichts dieser Überdosierung bei zehn Personen liegt nahe, dass viele weitere Studienteilnehmer Werte erreicht haben, die zwar weniger dramatisch, aber dennoch über dem therapeutischen Bereich lagen.

Donald Klein wiederum äußerte Bedenken, dass das Studiendesign auch am anderen Ende des Spektrums Probleme verursacht haben könnte – nämlich unterhalb des therapeutischen Fensters. Da die Dosis, einmal erhöht, nicht mehr angepasst werden durfte, hätten vorsichtige Behandler bei vergleichsweise weniger schwer erkrankten Patienten womöglich zu niedrig dosiert. Klein schrieb: »Es ist gut möglich, dass die milderen Fälle unwirksame Kleinstmengen erhalten haben«.

Die Methode der Studie – Blutabnahmen erst spät im Verlauf, Zurückhalten der Laborwerte gegenüber den Behandlern, Verbot von Dosisreduktionen – hatte den Vorzug der methodischen Schlichtheit. Denn hätte man die Blutspiegel an die Behandler weitergegeben – hätte man dann auch Scheinwerte für die Placebogruppe erfinden müssen? Die TDCRP verzichtete bewusst auf solche Komplexität – und konnte dennoch zumindest eines belegen: dass es sich um echte, behandlungsbedürftige Patienten handelte. Doch wenn bei der Hälfte der Teilnehmenden die Blutspiegel außerhalb des therapeutischen Fensters lagen, könnten die Studienergebnisse den Nutzen von Imipramin um ein Drittel unterschätzen. Das ist eine erhebliche Menge an Wirksamkeit, die verloren geht – und ein deutlicher Unterschied zwischen dem, was die Studie berichtet, und dem, was Imipramin in der ärztlichen Praxis tatsächlich leistet.

Sir Austin Bradford Hill hatte dieses Dilemma vorausgesehen – die Notwendigkeit, sich zwischen Einfachheit und voller Wirksamkeit zu entscheiden. Er schrieb: »Man kann sich bei der Planung einer Studie mit Recht fragen, was wichtiger ist – dass der Arzt nichts über die Behandlung weiß und daher unbeeinflusst urteilt, oder dass er weiß, was er tut, seine Maßnahmen gezielt anpassen kann, die Wirkung aufmerksam beobachtet – und dann nach bestem Wissen und Gewissen ein unvoreingenommenes Urteil fällt ...«

Die NIMH-Studie war verblindet – eine Maßnahme, die Verzerrungen eigentlich minimieren sollte. Doch sie führte mit hoher Wahrscheinlichkeit selbst zu einer Verzerrung – und zwar zum Nachteil der medikamentösen Behandlung.

Wenn die Studie den Nutzen von Imipramin unterschätzt hat, dann hat sie möglicherweise zugleich die Wirkung von Placebotabletten überschätzt. Ich hatte bereits auf Probleme hingewiesen, die am Beginn einer Studie auftreten können – etwa, wenn Patienten ihre Symptome überzeichnen. Später werden wir uns mit der Frage beschäftigen, wie stark überhöhte Ausgangswerte unser Verständnis von Antidepressiva verzerrt haben. Für den Moment aber betrachten wir die Verzerrungen, die am anderen Ende entstehen – wenn Teilnehmer aus einer Studie ausscheiden.

Was bringt Menschen dazu, abzubrechen? Wenn man sie fragt, geben sie ziemlich einheitliche Antworten. In der Placebogruppe verlassen fast alle die Studien, weil die Behandlung nicht wirkt. In der Medikamentengruppe hingegen dominieren Nebenwirkungen als Abbruchgrund.

Die Placebogruppen verlieren also kränkere Teilnehmer und behalten die gesünderen: Menschen, die sich spontan bessern; solche, die vermutlich nie wirklich depressiv waren; und solche, die auf minimale, supportive Gespräche ansprechen.

Was sich in der Medikamentengruppe abspielt, ist schwerer zu beschreiben. Wenn Teilnehmer aus eigener Erfahrung wissen, dass sich ihre Depression zum Beispiel mit Psychotherapie bessert, kann schon eine leichte Nebenwirkung des

Medikaments ausreichen, um sie dazu zu bringen, sich anderweitig Hilfe zu suchen. Unter diesen Abbrechern könnten gerade jene sein, die von Natur aus besonders gut auf eine Behandlung ansprechen würden. Bei manchen Patienten entfaltet das Antidepressivum eine Art Teilwirkung – es lindert einen Teil der Symptome und gibt Hoffnung auf weitere Besserung – genug, um auch sehr fragile und verletzliche Patienten von der Aussicht auf zusätzliche Besserung in der Studie zu halten.

Wenn Teilnehmer die verschiedenen Studienarme aus unterschiedlichen Gründen verlassen, spricht man von einem selektiven Studienabbruch (engl.: *differential dropout*) Ein solcher selektiver Abbruch untergräbt die Randomisierung. Die Placebogruppe enthält dann vor allem Patienten, die von Anfang an eher robust waren. In der Medikamentengruppe dagegen bleiben die schwerer Erkrankten zurück. Dadurch entsteht eine Verzerrung, als wären beim Einschluss in die Studie gezielt die stabileren Patienten dem Placebo zugeteilt worden – und die schwerer Belasteten der medikamentösen Behandlung. Diese Verzerrung – der sogenannte Dropout-Bias – kann zu Ergebnissen führen, die den Nutzen von Antidepressiva unterschätzen.

Schon im Vorfeld dieser Studie hatten sich die Forscher Sorgen im Hinblick auf selektive Abbrüche gemacht. Tatsächlich stiegen ein Drittel aller Patienten vorzeitig aus der Studie aus – in der Placebogruppe waren es sogar 45 Prozent. Und gerade in der Placebogruppe waren es vor allem jene Patienten, die zu Beginn stark depressiv gewesen waren, die die Studie verließen.

Die Verzerrung der Studienergebnisse durch vorzeitig ausgestiegene Patienten (der Dropout-Bias) wirkt sich am stärksten aus, wenn die Endauswertung nur auf den Daten jenen Patienten basiert, die die Studie bis zum Ende durchlaufen haben – eine sogenannte »Completer-Analyse«. Wenn in der Placebogruppe nur die stabileren Patienten bis zum Schluss dabeibleiben, stellt eine solche Analyse die Wirklichkeit auf den Kopf: Sie schreibt dem Placebo einen Erfolg zu, der in Wahrheit darin besteht, dass es die noch leidenden Patienten aus der Studie gedrängt hat.

Ein alternatives Vorgehen ist eine Auswertung, bei der alle ursprünglich eingeschlossenen Patienten berücksichtigt werden – hier hat sich auch in der deutschsprachigen Fachwelt der Begriff der *Intention-to-treat-Analyse* eingebürgert. Wer vorzeitig aussteigt, erhält als Endwert den letzten dokumentierten Hamilton-Score vor dem Abbruch. Bricht ein Patient schon früh in der Studie ab, entspricht sein letzter Wert dem Ausgangswert – also ohne jede Verbesserung. Die Intention-to-treat-Analyse wertet Studienabbrüche nicht als Behandlungserfolg.

Eine andere Möglichkeit der Auswertung ist die sogenannte Completer-Analyse: Hier werden nur jene schwer depressiven Patienten berücksichtigt, die die Studie bis zum Ende durchliefen. In dieser Analyse zeigte sich, dass Imipramin im Vergleich zu Placebo viermal so häufig zu einer Genesung führte – eine gute Wirksamkeit. In der Intention-to-treat-Analyse, bei der hingegen alle ursprünglich eingeschlossenen schwer depressiven Patienten einbezogen wurden – also auch jene, die vorzeitig ausschieden –, ergab sich ein noch deutlicheres Bild: Imipramin bewirkte sechs- bis siebenmal so häufig eine Genesung – ein eindrucksvoller Behandlungseffekt. Man kann also gut belegt sagen: Imipramin war deutlich wirksamer, als es die Completer-Analyse hatte erkennen lassen.

Gut. Forscher müssen entscheiden, wessen Ergebnisse sie in ihre Auswertung einbeziehen – die aller Teilnehmenden oder nur jener, die bis zum Schluss dabei geblieben sind. Aber welche Art von Ergebnissen sollen sie dann berücksichtigen?

Man kann Hamilton-Punkte zählen: Haben Patienten unter Imipramin im Durchschnitt eine stärkere Besserung ihrer Symptome gezeigt als jene unter Placebo?

Eine andere Möglichkeit besteht darin, nicht Punktwerte, sondern Patientenschicksale zu erfassen – also zu fragen: Wie viele Patienten haben angesprochen? Das bedeutet: Ihre Symptome haben sich mindestens um die Hälfte verringert. Und wie viele haben sich vollständig erholt – also die Depression ganz überwunden?

Ansprechen (engl. response) und Genesung (engl. recovery) sind sogenannte kategoriale Größen – sie klassifizieren den Behandlungserfolg in klar abgegrenzte Gruppen, etwa »genesen« oder »nicht genesen«. Wenn Forscher also nicht den Durchschnittswert aller Teilnehmer betrachten, sondern zählen, wie viele in eine bestimmte Kategorie fallen, spricht man von einer *kategorialen Analyse*. Weil Antidepressiva manchen Patienten sehr gut helfen oder sie heilen, bei anderen jedoch keine oder sogar negative Effekte zeigen, schneiden sie in kategorialen Analysen am besten ab. Placebos hingegen wirken in Durchschnittsanalysen vorteilhaft – denn im Verlauf einer Studie bessern sich bei vielen Teilnehmern zumindest einige Symptome ein wenig.

Die NIMH-Studie folgte genau diesem Muster: Auch bei der Analyse des durchschnittlichen Rückgangs der Symptome schnitt Imipramin zwar immer besser ab als Placebo, doch nur in wenigen Auswertungen waren die Unterschiede statistisch signifikant. Erst in den kategorialen Auswertungen – also bei der Frage »Wie vielen Patienten ging es wirklich besser?« – fanden die Forscher die deutlichsten Hinweise auf die Überlegenheit von Imipramin.

Die Studie arbeitete mit einem Instrument namens Global Assessment Scale (auf Deutsch etwa: »Skala zur globalen Beurteilung des Allgemeinzustands«). Dabei wird das allgemeine Befinden eines Patienten in einer einzigen Kennziffer zusammengefasst – unter Berücksichtigung seiner sozialen, psychischen und beruflichen Funktionsfähigkeit. Auf dieser globalen Skala zeigte sich die Wirksamkeit von Imipramin selbst bei der Betrachtung von Durchschnittswerten. Das ist ein häufiges Muster: Wenn in einer Studie eine Skala verwendet wird, die auf dem Gesamteindruck beruht – bei der also geschulte Beobachter einschätzen, wie es dem jeweiligen Patienten insgesamt geht –, dann ist genau diese Messgröße besonders geeignet, um den Vorteil von Antidepressiva gegenüber Placebo sichtbar zu machen.

Lässt sich aus den Daten der NIMH-Studie ein Gesamtbild von Imipramin ableiten? Wir wissen: Das Medikament wurde unter ungünstigen Bedingungen verabreicht – an wenig motivierte Patienten, die auf kostenlose Psychotherapie gehofft hatten. Selbst die überzeugendsten Resultate dieser Studie erfassen nicht die eigentliche Wirksamkeit von Imipramin. Doch die Daten erlauben ein skizzenhaftes Bild. Imipramin wird selten »im Durchschnitt« glänzen. Seine Stärke liegt in der deutlichen Besserung bei jenem großen Teil der Patienten, bei denen es tatsächlich wirkt.

Und diese Verbesserungen beschränken sich nicht auf jenes Störungsspektrum, das die Hamilton-Skala erfasst – sie reichen weiter, bis in das allgemeine psychische Befinden.

Später, wenn wir uns eingehender mit Metaanalysen beschäftigen, werden wir die hier beschriebenen Analysewerkzeuge gezielt einsetzen können. Bezieht eine Metaanalyse etwa die NIMH-Studie mit ein – und wenn ja, behandelt sie deren

Ergebnisse so, als stellten sie eine faire Einschätzung des Potenzials von Imipramin dar? Und stützen sich die Forscher dabei auf eine Completer-Analyse? Die Antworten auf solche Fragen sagen uns, mit welcher Art von Text wir es zu tun haben – und welcher Erzähler hier seine Geschichte erzählt.

Was zusammengefasst das Ergebnis dieser Studie betrifft: Die Bilanz fiel vielleicht nicht ganz so überzeugend aus, wie es manche Berichte nahegelegt hatten – aber sie war auch keineswegs enttäuschend. Ein Vertreter der psychodynamischen Schule, die Interpersonelle Psychotherapie, hatte ihre Wirksamkeit unter Beweis gestellt, und der alte Bekannte der Fachwelt, Imipramin, hatte solide Arbeit geleistet. Diese beiden Erfolge deckten einen Großteil dessen ab, worauf sich Fachleute im Bereich der Depressionsbehandlung stützten.

Dann trat noch eine letzte Ironie zutage: Dieses gewissenhaft konzipierte Projekt, entworfen von führenden Wissenschaftlern, hatte zu hitzigen Debatten und Forderungen nach Neubewertung geführt. Die kontroversen Reaktionen zeigten, wie schwierig es ist, Outcome-Forschung so zu betreiben, dass am Ende eindeutige oder auch nur überzeugende Ergebnisse stehen. Und doch war der generelle Effekt der NIMH-TDCRP-Studie ein anderer: Sie hatte gezeigt, dass randomisierte Studien zur Behandlung der Depression machbar waren. Ganz wie es Gerry Klerman erhofft hatte, wurde sie zum methodischen Goldstandard für den Wirksamkeitsnachweis in der Psychotherapieforschung.

17
Intermezzo: Erträglich gut – Depression und Lebensqualität

Wir treten nun ein in das moderne Zeitalter der Antidepressiva. Ende 1987, während die Daten der NIMH-Studie noch ausgewertet wurden, wurde Fluoxetin unter dem Handelsnamen Prozac in den USA zur Anwendung bei Depression zugelassen. Die Zulassungen in Deutschland, Österreich und der Schweiz erfolgten 1990 bzw. 1991.

Weil wir heute wissen, welchen Siegeszug es antrat, könnten wir annehmen, dass Fluoxetin/Prozac begleitet von großer Euphorie eingeführt wurde. In Wirklichkeit berichteten Fachzeitschriften über ein breites Spektrum von Ergebnissen – darunter auch zurückhaltende und ernüchternde. Eine typische Übersicht lautete:

»[Prozac] sollte zwar in die Medikamentenlisten aufgenommen werden, sein Einsatz sollte jedoch auf jene Patienten beschränkt bleiben, die nicht auf trizyklische Antidepressiva (wie Imipramin) ansprechen oder diese nicht vertragen.«

Das Versprechen des neuen Medikaments lag im Bereich der Nebenwirkungen. Fluoxetin gehört zur damals neuen Klasse von Arzneimitteln, die aufgrund ihrer Wirkung auf die Verarbeitung von Neurotransmittern im Gehirn als selektive Serotonin-Wiederaufnahmehemmer – oder kurz: SSRIs – bezeichnet werden. Diese Substanzen führen in der Regel nicht zu Verstopfung, Mundtrockenheit und anderen typischen Begleiterscheinungen – auch wenn manche Patienten über Übelkeit klagen.

In meiner Zeitungs-Kolumne für Psychiater und später in meinem Buch »Listening to Prozac« berichtete ich über die Reaktionen meiner Patienten auf das neue Medikament. Während sie sich von den Symptomen der Erkrankungen, die wir behandelten, erholten, bemerkten einige auch eine Zunahme an Selbstvertrauen und sozialer Unbefangenheit. Mich interessierte der Schnittpunkt von Technik, Kultur und Ethik: Wenn ein Medikament tatsächlich dauerhaft Einfluss auf die Persönlichkeit eines Menschen hätte – würden Ärzte dieses Potenzial begrüßen? Würden wir alle dieses Potenzial nutzen wollen?

Zur Wirksamkeit von Fluoxetin als Behandlung von affektiven Störungen hatte ich weniger zu sagen. Mein zusammenfassendes Urteil entsprach dem damaligen fachlichen Konsens: »eine vertretbare Hauptwirkung, weniger Nebenwirkungen«. Ich vermutete, dass das besondere Einsatzgebiet von Fluoxetin eher bei milden und chronischen Depressionen liegen würde. Ich nahm an, SSRIs könnten die Depression nicht direkt, sondern eher indirekt beeinflussen – indem sie ein biologisches und psychologisches Umfeld schaffen, in dem Erholung möglich wird. Die sinnvollste Anwendung des Medikaments, so dachte ich, bestünde in der Kombination mit Psychotherapie.

Später, als weitere Studienergebnisse vorlagen, zeigten sich ermutigende Wirksamkeitsdaten. Anfang 1993 – »*Listening to Prozac*« war gerade im Druck – veröffentlichte das *British Medical Journal* eine Übersicht über 63 Studien, in denen SSRIs direkt mit trizyklischen Antidepressiva verglichen wurden. Beide Substanzklassen erwiesen sich als gleich wirksam – ein bemerkenswertes Ergebnis, zumal die meisten dieser Studien die Hamilton-Skala verwendeten, die (wie wir zuvor besprochen haben) sedierende Antidepressiva wie Imipramin eher bevorzugt. Da man bereits auf 30 Jahre Erfahrung mit Imipramin zurückblicken konnte, stand die Einschätzung von Fluoxetin durch klinisch tätige Psychiater auf fester Grundlage.

Als Fluoxetin auf den Markt kam, betreute ich gerade eine Reihe von Patienten mit depressiven Symptomen, die trotz verschiedener Versuche mit Psychotherapie und trizyklischen Antidepressiva nicht abgeklungen waren. Häufig wirkte Fluoxetin so wie es sollte. Eine in den 1990er Jahren durchgeführte Studie zeigte: Wenn chronisch depressive Patienten, die auf Imipramin nicht angesprochen hatten, auf Sertralin – ein weiteres frühes SSRI – umgestellt wurden, sprachen 60 Prozent an, bei 32 Prozent kam es sogar zu einer Remission. (Mit wachsender Sensibilität für den chronischen Verlauf von Depressionen setzte sich der Begriff *Remission* – also das nahezu vollständige Verschwinden der Symptome – allmählich anstelle von *Genesung* durch.)

Stellen Sie sich vor, Sie sind Psychiater Anfang der 1990er Jahre. Unter Ihren Patienten befinden sich zehn besonders schwierige Fälle mit ausgeprägten, bis dahin therapieresistenten Depressionen. Trizyklika haben nichts bewirkt – weder bei den Symptomen noch bei den Betroffenen selbst. Sie verordnen Sertralin. Nun bleiben nur noch vier Patienten übrig, die auf die Behandlung nicht ansprechen – sogenannte Non-Responder. Schon dieser Nutzen allein hätte gereicht, um SSRIs zum wertvollsten neuen Behandlungsansatz Ihrer Laufbahn zu machen.

Im Lauf der Zeit stellte ich viele meiner Patienten von einem trizyklischen Antidepressivum auf ein SSRI um – nicht zuletzt, weil sie selbst den Wunsch nach einem Wechsel äußerten. Es kam zu vielen Remissionen, aber was mich fast noch mehr beeindruckte, war ein anderes Ergebnis: die deutlich bessere Verträglichkeit. Ich fürchte, ich habe bislang nicht ausreichend deutlich gemacht, wie beschwerlich das Leben mit Trizyklika sein kann – wie unangenehm chronische Verstopfung und ständige Benommenheit tatsächlich waren. In einer Studie, in der Patienten, die auf Imipramin nicht angesprochen hatten, auf Sertralin umgestellt wurden – und umgekehrt –, funktionierte der Wechsel nur in eine Richtung: Patienten, bei denen die Trizyklika versagt hatten, gaben den SSRIs die nötige Zeit, um zu wirken. Wurden dagegen Patienten, die zuvor Sertralin erhalten hatten, auf Imipramin umgestellt, brachen sie die Studie ab.

Die Verträglichkeit erwies sich als weitaus entscheidender für den Therapieerfolg als man bis dahin angenommen hatte. Wie einst Valium®, war auch Fluoxetin ein Medikament, das bei Ärzten wie Patienten gut ankam. Im Vergleich zu den Trizyklika ließen sich die SSRIs einfacher handhaben – und sie waren bei Überdosierung sicherer.

In meinem Buch hatte ich es vorhergesehen – und zugleich gefürchtet: dass Fluoxetin zur Pille des Zeitgeists avancieren könnte – ein Molekül, das Menschen hilft, die Zumutungen der Postmoderne auszuhalten. Was ich damals nicht vorausgesehen hatte, war, dass Fluoxetin die Behandlung der schweren Depression grundlegend verändern würde.

Wenn ein Medikament gut verträglich ist, wird es von Ärzten früher verordnet – noch bevor sich eine depressive Episode verfestigt hat – und für längere Zeiträume, um ein ruhiges Intervall zu schaffen, in dem Patienten Veränderungen festigen können. Fluoxetin veränderte die Anwendungsweise von antidepressiven Medikamenten und im weiteren Sinne die gesamte ärztliche Haltung gegenüber der Depression.

Ein Beispiel aus meiner Praxis soll für viele stehen: Caroline kam wegen ihrer Sorgen um ihre Ehe zu mir. Ängstlich und angespannt war es ihr unangenehm, sich in einer psychiatrischen Praxis wiederzufinden. Caroline hatte sich einen Namen als Texterin in einer Werbeagentur gemacht – doch ihre Ideen versiegten, sie verzweifelte und erlebte sich als nutzlos. Zugleich schienen ihr die Anforderungen des Mutterseins kaum noch zu bewältigen. Caroline gab ihre Berufstätigkeit auf, um sich ganz der Erziehung ihrer beiden kleinen Töchter zu widmen.

Doch auch die Zeit zu Hause löste Carolines Probleme nicht. Wenn die Kinder in der Schule waren, fühlte sie sich wie gelähmt vor Angst. Sie begann tagsüber zu schlafen – und nachts wurden die Ängste noch schlimmer. Wenn ihr Mann seine Besorgnis äußerte, verstärkte Caroline sie noch. Sie fürchtete, er habe die falsche Frau geheiratet.

Caroline befand sich in einer unerkannten, voll ausgeprägten depressiven Episode – rückblickend wohl bereits ihrer dritten oder vierten. Hätte sie mich mit denselben Symptomen zehn Jahre früher aufgesucht, hätte ich – wenn monatelange Gesprächstherapie erfolglos geblieben wäre – vermutlich einen Therapieversuch mit Imipramin vorgeschlagen. Wir hätten mit Dosierungen und Nebenwirkungen gerungen und uns dabei ständig gefragt, ob wir überhaupt auf dem richtigen Weg waren.

Die neuen Antidepressiva waren nicht deshalb vorzuziehen, weil ihre Erfolgsaussichten deutlich höher gewesen wären, sondern weil sie einfach anzuwenden und mittlerweile gesellschaftlich akzeptiert waren. Mit der zunehmenden Verbreitung von Fluoxetin setzte sich die Vorstellung durch, dass Antidepressiva dabei helfen könnten, sich zu stabilisieren – während man »an seiner Ehe arbeitet«.

Bei Caroline ging es mir nicht um Nebeneffekte wie mehr Selbstvertrauen. Mein Ziel war es, eine depressive Episode zu unterbrechen. Schon nach einer Woche mit Sertralin fühlte sich Caroline weniger verzweifelt. Nach einem Monat hatte sie wieder die Kraft und den Willen, sich um ihre Töchter zu kümmern. Die Besserung hatte auch eine kognitive Komponente: Carolines geistige Klarheit kehrte zurück.

Caroline war nicht jene Art von durchgängig gut ansprechender Patientin, wie ich sie in »*Listening to Prozac*« beschrieben hatte. Sie blieb vorsichtig und neigte zu Selbstzweifeln. Wann immer etwas nicht perfekt lief – in der Ehe, in der Erziehung –, machte sie sich selbst dafür verantwortlich.

Ihr Mann Greg nahm gelegentlich an den Sitzungen teil. Er war freundlich, aber ausweichend. Carolines Sorgen um die Kinderbetreuung teilte er nicht. Caroline fand nicht zur nötigen Entschiedenheit, um ihre Vorstellungen durchzusetzen. Greg bewegte sich in ihre Richtung – zwar zaghaft, aber nicht ganz ohne Wirkung. Weil Caroline jetzt weniger dazu neigte, alles zu dramatisieren, genügte ihr schon diese kleine Bewegung auf Gregs Seite. Obwohl ihr Mann nur zögerlich mitgezogen war, reichte seine – wenn auch bescheidene – Unterstützung aus, damit Caroline wieder arbeiten ging. Sie hatte das Büro vermisst – die Deadlines, das kreative Intrigenspiel, das kameradschaftliche Miteinander. Sie hatte ein ausgeprägtes Sprachgefühl und verstand es, menschliche Bedürfnisse und Schwächen in prägnanten kleinen Szenen auf den Punkt zu bringen. Eine der schwerwiegendsten Folgen der Depression bestand darin, dass sie Caroline von der Ausübung ihres Talents abgehalten hatte.

Über Jahre hinweg kam Caroline immer wieder zu mir – zu Gesprächen, in denen sich Psychotherapie, medizinische Betreuung und gelegentliche Beratung verbanden. Leston Havens pflegte zu sagen: »Wir brauchen unsere Ärzte«. Menschen mit Depression, so meinte er, ebenso sehr wie Menschen mit Diabetes.

In den 1990er Jahren galt in der Psychiatrie der Langzeiteinsatz von Antidepressiva bei chronischen Verläufen als therapeutischer Standard. Hatte eine Patientin bereits drei schwere depressive Episoden durchlebt, ging man davon aus, dass ein wirksames Antidepressivum dauerhaft – in voller Dosierung – weitergegeben werden sollte. Diese Empfehlung beruhte auf der Beobachtung, dass nach einer dritten Episode weitere Rückfälle nahezu unausweichlich sind – und dazu neigen, immer belastender und in immer kürzeren Abständen aufzutreten.

Studien legten nahe, dass die Erhaltungstherapie mit Antidepressiva Rückfälle verhindern kann. Therapieunterbrechungen hingegen könnten Patienten dem Risiko einer erneuten Verschlechterung aussetzen. Ich hatte kaum depressive Patienten, bei denen nicht mindestens zwei frühere Krankheitsphasen zu erheben waren – fast alle befanden sich bereits in ihrer dritten oder einer späteren Episode. Trotz dieser Studienergebnisse versuchte ich oft, die SSRIs schrittweise auszu-

17 Intermezzo: Erträglich gut – Depression und Lebensqualität

schleichen. Manche Patienten konnten nach einer medikamentösen Stabilisierung oft lange Phasen ohne Antidepressiva und ohne depressive Symptome erleben. Ein solches intermittierendes Vorgehen war mit Imipramin heikel. Selbst beim zweiten Einsatz bei einem Patienten musste die Dosis erst langsam gesteigert werden – es vergingen Wochen, bis die volle Wirkung eintrat. Die SSRIs machten die Behandlung einfacher: Man konnte die Medikation von Beginn an wieder in voller Dosis ansetzen. Häufig bemerkten die Patienten schon nach wenigen Tagen einen leichten Aufwärtstrend. Sertralin erwies sich als flexibel und schnell wirksam.

Caroline hatte Phasen von neun oder zehn Monaten, in denen sie Sertralin einnahm – und längere Abschnitte, in denen sie ohne Medikation auskam. Wenn sich eine erneute Verschlechterung ankündigte, verschaffte ihr das Antidepressivum rasch genug Erleichterung, um weiterhin dem nachzugehen, was ihr wichtig war.

Was hilft Menschen wie Caroline? Psychotherapie? Arbeit? Familie? Die Medikation wirkt wie ein Katalysator – sie ermöglicht es, unter den gewöhnlichen Bedingungen unserer Kultur wieder aufzublühen. Kuhn hatte gesagt, ihn interessiere weniger die Symptomatik der Patienten als ihr Leben. Auch mir ging es um das allgemeine Wohlergehen. Und es schien mir, dass Fluoxetin, Sertralin und die anderen Mittel genau dazu beitrugen: dass meine depressiven Patienten ihr Leben zurückbekamen.

Im Laufe der Zeit wurden nun Studien durchgeführt, die genau diesen Punkt untersuchten: die Wirkung von Medikamenten auf das gelebte Leben. Um die Qualität medizinischer Versorgung insgesamt zu erfassen, entwickelten Forscher Skalen zur Messung gesundheitsbezogener Lebensqualität. Diese Erhebungsinstrumente fragen nach Vitalität, Lebensfreude, Arbeitsfähigkeit, Aufgabenerledigung, sozialer Teilhabe und vielem mehr. Zusammengenommen – psychisch, sozial und körperlich – wie geht es kranken Menschen tatsächlich? Zwei Blutdruckmittel können den Blutdruck gleichermaßen senken – aber wenn eines davon weniger Nebenwirkungen verursacht, ermöglicht es vielleicht ein besseres Leben.

Auch wenn diese Instrumente ursprünglich nicht für die Erfassung von Depression entwickelt wurden, sind sie von großer Relevanz – einfach, weil affektive Störungen mit enormen und sehr unterschiedlichen Belastungen einhergehen. Untersucht man den Krankheitsverlauf der Depression mithilfe von Interviews zur Lebensqualität, zeigt sich bei Patienten unter SSRI-Therapie eine bemerkenswerte Entwicklung. Schon früh übertreffen die Medikamente das Placebo. Nach etwa drei Monaten erreichen Patienten, die mit schwerer Depression in die Behandlung gestartet waren, Werte im Bereich des regionalen Durchschnitts. Und selbst wenn einige von ihnen noch Restsymptome aufweisen, geht es diesen Patienten unter Medikation insgesamt ebenso gut wie ihren nie depressiv gewesenen Mitmenschen – und dieser Effekt bleibt bestehen.

In einer Studie untersuchten Forscher chronisch depressive Patienten, die auf Sertralin angesprochen hatten. Ein Teil von ihnen wurde weiterhin mit dem Medikament behandelt, der andere auf ein Placebo umgestellt. Die Patienten wurden über einen Zeitraum von 18 Monaten begleitet. Selbst wenn sich bei manchen die emotionale Befindlichkeit verschlechterte, blieb ihre soziale Funktionsfähigkeit stabil. Und bei jenen, die weiterhin Sertralin erhielten, zeigte sich ein erstaunliches Bild: Diese Patienten – viele mit mehrjährigen Krankheitsverläufen und ursprünglich sehr niedrigen Werten bei der Lebensqualität – berichteten bei jeder Erhebung, dass sie funktional besser dastanden als gesunde Durchschnittspersonen in ihrer Umgebung.

Ein wichtiger Punkt verdient besondere Beachtung: In Fällen, in denen das Placebo in Bezug auf die Symptombesserung mit dem Medikament gleich starke Veränderung zeigte, schnitt es in der sozialen Funktionsfähigkeit deutlich schlechter ab. Die Lebensqualitäts-Skalen erfassten Vorteile der Antidepressiva, die durch reine Depressions-Symptomskalen verborgen blieben.

Die wissenschaftliche Forschung zur Lebensqualität – meist von akademisch renommierten Zentren durchgeführt – spiegelt die tagtägliche klinische Erfahrung wider. Antidepressiva entfalten eine breite Wirkung. Wenn ein SSRI es einer Patientin ermöglicht, ihre erfüllende Arbeit wieder aufzunehmen, verbessert sich ihre Lebensqualität – auch wenn einzelne depressive Symptome fortbestehen. Selbst eine partielle Besserung kann in eine positive Richtung führen.

Was also bedeutet Lebensqualität, wenn eine Depression nicht vollständig abklingt?

Ein Patient, Luke, teilte mit mir einen bewegenden Moment. Nach Jahren beruflicher Lähmung in Phasen ohne Medikamente und ebenso langen Jahren beharrlicher Anstrengung unter Medikation veröffentlichte er eine Reihe von Fachartikeln – und erhielt schließlich eine feste Anstellung an seiner Universität. Zur nächsten Therapiesitzung brachte Luke eine Flasche Champagner mit und lud mich ein, mit ihm zu feiern. Ein kleines Wunder – mit einer Einschränkung: Luke sagte, er könne keine tiefe Freude über das Ereignis empfinden. Diese Fähigkeit sei nicht zurückgekehrt.

So sehr die Depression auch ein zäher Gegner blieb – Lukes Leben hatte sich grundlegend gewandelt. Die feste Stelle verschaffte ihm eine dauerhafte Zugehörigkeit zu seiner akademischen Gemeinschaft, dazu die Freiheit, zu unterrichten und sich mit dem zu beschäftigen, was ihm wirklich am Herzen lag.

Es ist nicht allein die Medizin, die Wohlbefinden stiftet. Wenn wir wieder handlungsfähig sind, kommt uns manchmal auch die Welt entgegen.

18
»Better than well« –
Die »Mehr-als-gesund«-Frage

Als ich über Fluoxetin und Persönlichkeit zu schreiben begann, prägte ich zwei Begriffe: »*Mehr-als-gesund*« und »*Kosmetische Psychopharmakologie*«.

Das erste Konzept entsprang der Schilderung eines Patienten, der auf seinen – in der Depression vorhandenen – Zynismus und seine Reizbarkeit stolz gewesen war. Er berichtete, dass er sich unter Fluoxetin »Mehr-als-gesund« fühlte – gelassener und umgänglicher als je zuvor, auch vor der depressiven Episode. Diese neu gewonnene Ausgeglichenheit war ihm zwar unheimlich, doch aus konventioneller Sicht (und der seiner Frau) handelte es sich um eine positive Veränderung. Auch andere Patienten erzählten mir Ähnliches - vor allem in Hinblick auf ihre gesteigerte Durchsetzungskraft. Unabhängig von der Linderung depressiver Symptome fühlten sie sich unter dem Medikament selbstbewusster und kontaktfreudiger.

Das zweite Konzept ergab sich aus einer ethischen und praktischen Herausforderung: Eine Patientin sprach ebenfalls in dieser Weise auf Fluoxetin an – sie fühlte sich »Mehr-als-gesund« – und setzte das Medikament später ab. Monate danach, noch immer weitgehend frei von depressiven Symptomen, kam sie erneut in meine Praxis. Sie berichtete, dass sie während der Behandlung mit Fluoxetin deutlich leistungsfähiger gewesen sei. Sollte ich ihr das Medikament erneut verschreiben?

Solche Verläufe ließen mich über eine neue Möglichkeit nachdenken: Dürfte ein Arzt einem Menschen, der gar nicht krank ist, ein Medikament verschreiben, um dessen soziale Gewandtheit zu steigern? Ich nannte diesen potenziellen Einsatzbereich kosmetische Psychopharmakologie – in Anlehnung an die kosmetische Chirurgie. Beide setzen medizinische Mittel ein, um Menschen nicht etwa von einem kranken in einen gesunden Zustand zu überführen, sondern von einem gewöhnlichen in einen kulturell und gesellschaftlich vorteilhaften Normalzustand.

18 »Better than well« – Die »Mehr-als-gesund«-Frage

Die Diskussion, die ich in »*Listening to Prozac*« anstieß, verlieh der ethischen Debatte über sogenannte Enhancement-Verfahren neuen Schwung – also medizinischen Interventionen, die nicht der Behandlung oder Vorbeugung von Krankheit dienen.

»*Mehr-als-gesund*« – »*Better than well*« – bezog sich dabei auf Patienten mit psychischen Erkrankungen, bei denen durch Medikamente eine Veränderung eintritt, die über die bloße Genesung hinausgeht. »*Kosmetische Psychopharmakologie*« bezog sich auf dieselbe Wirkung – allerdings bei gesunden Menschen, ohne jede psychiatrische Diagnose.

Ich stellte diese Konzepte zunächst in zwei Fachaufsätzen vor (»Metamorphosis« und »The New You«), die sich an Fachkollegen richteten. Ich nahm an, dass auch sie Ähnliches beobachtet hatten wie ich.

Später erinnerte sich Jonathan Cole in einem Interview an seine Erfahrungen mit Fluoxetin, das er Patienten verabreicht hatte, noch bevor es offiziell zugelassen war. Er berichtete von einigen Fällen, in denen es Menschen »offensichtlich besser ging als jemals zuvor in ihrem Leben«, und ergänzte: »Es gab gerade genug von diesen Fällen, dass es einen Unterschied machte«. Cole nannte mich damals »den *Listening-to-Prozac*-Mann«, und später fiel ihm auch mein Name wieder ein: »Peter Kramer kann manchmal etwas verschwommen sein, aber er trifft gültige Punkte«. Nun ja. Immerhin bestätigte Cole das Phänomen des »Better than well«.

Coles Gesprächspartner war David Healy, ein bekannter Kritiker der Pharmaindustrie und wohl einer der bedeutendsten Historiker der Psychopharmakologie. Healy stellte dieselbe Frage dem schwedischen Neurowissenschaftler Arvid Carlsson – der später den Nobelpreis für Physiologie oder Medizin erhalten sollte. Carlssons Antwort auf die Frage nach der kosmetischen Psychopharmakologie lautete: »Ich denke, das trifft heute auf [Fluoxetin] und all diese Medikamente zu. Es gibt Menschen, die sich deutlich besser fühlen, obwohl sie eigentlich nie eine Diagnose hatten«.

Solche Expertenerfahrungen sprachen für die Plausibilität dieser Konzepte.

Auch frühere Forschungsansätze lieferten Hinweise in diese Richtung. Einer der Beweggründe für die Entwicklung serotonin-spezifischer Antidepressiva war die Hoffnung, sie könnten über die klassische Depression hinaus auf andere Störungen wirken – etwa auf Zwangserkrankungen, impulsive Aggressionen oder atypische Depressionen, bei der Betroffene zu viel schlafen und essen und oft unter sozialer Ängstlichkeit und geringem Selbstwert leiden. Bei all diesen Störungsbildern galt die Serotonin-Regulation als mitbeteiligt. Als ich daher bei Fluoxetin Veränderungen der Persönlichkeit bemerkte, hatte ich einen guten Grund zur Annahme, einem bedeutsamen Effekt auf der Spur zu sein.

War ich das wirklich? Nach dem Erscheinen von »Listening to Prozac« begannen Forschende, sich gezielt mit kosmetischer Psychopharmakologie und dem »Better than well«-Phänomen zu beschäftigen.

Die frühesten Studien zu diesem Thema stellten die Frage, ob sich bei gesunden Menschen unter Medikation Persönlichkeitsveränderungen zeigen. Eine kleine Untersuchung von David Healy an der Universität von Wales ist hier beispielhaft: 20 gesunde Probanden – darunter auch Mitglieder seines eigenen Forschungsteams – nahmen zuerst entweder Sertralin oder Reboxetin ein, ein Medikament, das den Noradrenalin-Stoffwechsel beeinflusst und in den USA und Europa verwendet wird. Später erhielten die Teilnehmer jeweils auch das andere Medikament – man nennt das ein Crossover-Design, bei dem alle Probanden beide Wirkstoffe nacheinander testen.

Einige der gesunden Versuchspersonen reagierten auf Sertralin positiv, andere sprachen besser auf Reboxetin an. Beide Medikamente konnten auch unerwünschte Wirkungen hervorrufen. Wer für Sertralin empfänglich war, berichtete unterdessen Einfluss über eine geringere emotionale Reizbarkeit. Im Gegensatz dazu empfanden Personen, die mit Reboxetin positive Erfahrungen gemacht hatten, die Einnahme von Sertralin mitunter als unangenehm aktivierend.

Wenn die Teilnehmer positiv auf Sertralin reagierten, zeigten sie sich insgesamt kontaktfreudiger. Die Autoren fassten zusammen: »Unter dem jeweils bevorzugten Medikament zeigten die Probanden niedrigere Werte bei Aggression, Unruhe, Feindseligkeit, Psychasthenie [niederschwellige zwanghafte Tendenzen] und somatischer Angst – und höhere Werte bei sozialer Anpassungsfähigkeit«.

Healy hob einen Punkt hervor, den wir bereits im Zusammenhang mit dem Fokus auf Durchschnittswerte diskutiert haben: Durchschnittswerte unterschätzen den tatsächlichen Nutzen von Antidepressiva – denn bei einem bestimmten Medikament sprechen manche Patienten sehr gut an, andere dagegen ausgesprochen schlecht.

In jüngerer Zeit testeten Ethiker, die sich für Fragen der Hirnforschung interessieren, ob das SSRI Citalopram (verschiedene Handelsnamen, z. B. Seropram, Pram) 30 gesunde Freiwillige »prosozialer« machen könne. Die Versuchspersonen wurden paarweise einem Spiel ausgesetzt, in dem es um Geld ging. Sie konnten Entscheidungen treffen, die anderen schadeten – oder aber solche, die anderen halfen, selbst wenn sie selbst dadurch benachteiligt wurden. Unter Einfluss des SSRI – stärker als unter Placebo oder einem Antidepressivum, das auf Noradrenalin wirkt – wählten die Probanden häufiger die kooperative Variante und vermieden Entscheidungen, die anderen schadeten.

Da es sich nicht um ein klinisches Thema handelt – denn kaum ein Arzt würde gesunde Menschen ohne jeden Anhaltspunkt für eine depressive Störung medikamentös behandeln – war das Konzept der »psychopharmakologischen Kosmetik« vor allem für Philosophen von Interesse. Ob SSRIs gesunden Menschen tatsächlich zu mehr Selbstsicherheit verhelfen, lässt sich bislang nicht eindeutig sagen. Doch die verfügbaren Studien deuten darauf hin, dass Persönlichkeitseffekte häufig auftreten – und dass Menschen unter SSRI-Behandlung sozialen Umgang als leichter empfinden.

Für Studien zu tatsächlichen Erkrankungen stehen mehr Mittel zur Verfügung. Einige größere Untersuchungen widmeten sich daher dem »Better-than-well«-Phänomen – also möglichen Persönlichkeitsveränderungen bei Patienten mit Depression.

Im Jahr 1999 untersuchte Lisa Ekselius gemeinsam mit einem schwedischen Forschungsteam mehr als 300 Patienten mit mittelgradiger Depression, die über Hausarztpraxen rekrutiert wurden. Alle erhielten ein SSRI – entweder Citalopram oder Sertralin – eine Placebo-Gruppe gab es nicht. Dieses Design hatte einige Vorteile: Die Teilnahmebereitschaft war hoch, da niemand mit einem Scheinmedikament rechnen musste. Und die Behandelnden kannten ihre Patienten gut. Diese Zahlen erinnerten an die Befunde, die Roland Kuhn vier Jahrzehnte zuvor mit Imipramin erzielt hatte. Diese Zahlen sollte man sich merken – wir werden darauf zurückkommen, wenn wir später über die Placebowirkung sprechen: Glauben wir wirklich, dass nahezu jede depressive Erkrankung, wie sie typischerweise in der hausärztlichen Versorgung auftritt, auch auf ein Scheinmedikament ansprechen würde?

Die Ergebnisse waren eindrucksvoll: Innerhalb von sechs Monaten verbesserten sich 75 bis 80 Prozent der Eingeschlossenen deutlich – bei jenen, die die Behandlung bis zum Ende durchliefen, lag die Rate der substanziellen Besserung sogar bei über 90 Prozent. Damit lagen die Werte nicht weit entfernt von den Ergebnissen, die Kuhn 40 Jahre zuvor für Imipramin berichtet hatte.

In Bezug auf an Depression erkrankten Menschen lautet die »Mehr-als-gesund«-Frage so: Wenn sich der Zustand von depressiven Patienten unter einem SSRI bessert – verändert sich auch ihre Persönlichkeit? Tatsächlich zeigten sich unter der Medikation Rückgänge bei Ängstlichkeit und Aggressivität. Gleichzeitig stiegen die Werte bei Merkmalen wie Kontaktfreude und sozialer Anpassungsfähigkeit. Die Studie erfasste zahlreiche Persönlichkeitsdimensionen – etwa Misstrauen, emotionale Distanziertheit, Zwanghaftigkeit. Das Fazit der Autoren: »Nach der Behandlung zeigten sich auf allen Skalen signifikante Veränderungen in Richtung Normalisierung«. Und – diese Persönlichkeitsveränderungen traten sogar bei jenen wenigen Teilnehmern auf, deren depressive Symptome sich kaum gebessert hatten.

Statistisch gesehen bestand fast kein Zusammenhang zwischen der Stimmungsaufhellung und dem Anstieg an Geselligkeit – es handelte sich um zwei weitgehend unabhängige Effekte. Genau diese Kombination – verlässliche Besserung der Depression und die Normalisierung belastender Persönlichkeitszüge – könnte erklären, warum SSRIs sowohl bei den behandelnden Ärzten wie bei den Patienten auf so große Resonanz stießen.

Auch andere Arbeitsgruppen konnten die Ergebnisse der schwedischen Studie bestätigen. Forschende an der UCLA beobachteten bei Patienten mit Zwangsstörungen, die auf Paroxetin (Handelsname z. B. Seroxat®) ansprachen, eine Abnahme von »Harm Avoidance« – also eine Zunahme an Mut und Risikobereitschaft. Offenbar bedurfte es keiner klassischen Depression, damit ein Medikament Persönlichkeitsveränderungen auslöste.

Kontrollierte Studien kamen zu ähnlichen Ergebnissen. Im Jahr 2000 untersuchte ein Team am Beth Israel Hospital in New York über 400 Patienten mit Dysthymie – einer chronisch verlaufenden, abgeschwächten Form der Depression. Jene, die unter Sertralin eine Besserung erfuhren, zeigten die deutlichste Abnahme von »Harm Avoidance« – stärker als Patienten unter Imipramin oder Placebo.

Doch was ist Ursache, was Wirkung? Werden Menschen einfach von selbst mutiger und geselliger, wenn sie sich aus einer Depression herausarbeiten? Eine finnische Studie legt das nahe – allerdings war sie nicht kontrolliert, und ihr Design könnte gerade jene Medikamenteneffekte übersehen haben, um die es ging. Umgekehrt könnte auch gelten: Antidepressiva verändern die Persönlichkeit und erleichtern so die Erholung von der depressiven Verstimmung. Um dieser Frage nachzugehen, konzentrierten sich Forschende auf ein Persönlichkeitsmerkmal namens Neurotizismus. Der Begriff, geprägt von Hans Eysenck, bezeichnet ein Bündel aus negativen Denkstilen, selbstkritischer Überaufmerksamkeit, emotionaler Verletzlichkeit und innerer Instabilität. Eine kanadische Studie aus dem Jahr 2008 kam zu folgendem Ergebnis: SSRIs wirken, weil sie den Neurotizismus dämpfen. Wenn dieser Wert sinkt, bessern sich auch die depressiven Symptome.

Glücklicherweise liegt zu diesem Thema eine sorgfältig durchgeführte randomisierte Studie vor – von einem Team der University of Pennsylvania und der Vanderbilt University, das sich hauptsächlich aus Psychotherapeuten zusammensetzte. Im Jahr 2009 berichtete das Penn-Vanderbilt-Team über eine Untersuchung an 240 depressiven Patienten, die entweder mit Paroxetin, Kognitiver Verhaltenstherapie oder Placebo behandelt wurden.

Was die depressive Symptomatik betraf, waren sowohl Psychotherapie als auch Paroxetin dem Placebo überlegen. Doch besonders die medikamentöse Behandlung hatte einen starken Einfluss auf die Persönlichkeit: Unter Paroxetin berichteten die Patienten über Veränderungen in Neurotizismus und Extraversion, die vier- bis achtmal so groß waren wie bei jenen unter Placebo. Die Betroffenen fühlten sich selbstbewusster, sozial entspannter und emotional stabiler.

Placebo verminderte den Neurotizismus nicht – Paroxetin hingegen schon, und dieser Effekt erwies sich als ausschlaggebend. Nach einer viermonatigen Behandlung wurden die Patienten ein weiteres Jahr lang beobachtet und untersucht. Jene, bei denen die Neurotizismus-Werte gesunken waren, erlitten seltener erneute depressive Episoden. Selbst Patienten, die die Medikation abgesetzt hatten, blieben geschützt – vorausgesetzt, sie hatten zuvor unter Paxil eine Besserung erfahren. Patienten, deren Neurotizismus sich im Verlauf der Kognitiven Verhaltenstherapie verringert hatte, blieben dagegen anfällig für Rückfälle. In den Worten der Forscher: »Das vielleicht überraschendste Muster, das wir beobachteten, war der

Zusammenhang zwischen der Reduktion von Neurotizismus während der akuten SSRI-Behandlung und der nachfolgenden Widerstandskraft gegen Rückfälle«.

Die hervorstechendste Wirkung von Paroxetin bestand darin, Menschen weniger verletzlich zu machen – genau jener Effekt, den viele meiner Patienten beschrieben hatten. Diese Veränderung erwies sich als stabilisierender als alles, was Psychotherapie oder Placebo zu leisten vermochten.

Das Penn-Vanderbilt-Team schrieb: »Paroxetin scheint eine spezifische pharmakologische Wirkung auf die Persönlichkeit zu haben, die sich von seiner Wirkung auf die Depression unterscheidet.« Die Ergebnisse, so das Fazit, »unterstützen die Annahme, dass die Wirkung von SSRIs auf die Persönlichkeit über ihre antidepressive Wirkung hinausgeht – und womöglich zu ihr beiträgt«.

Die Studien zu SSRIs legen nahe, dass mein größter Irrtum in meinen früheren Veröffentlichungen wohl in übertriebener Zurückhaltung lag – etwa, wenn ich geschrieben hatte, dass Medikamente gelegentlich Persönlichkeitsveränderungen bewirkten. Tatsächlich fühlen sich Patienten unter Antidepressiva häufig emotional gefestigter – und werden es auch. In der Penn-Vanderbilt-Studie etwa zeigte sich, dass Paroxetin – verglichen mit Placebo – Neurotizismus deutlich verminderte. Die Effektstärke lag bei 0,6, was im oberen mittleren Bereich der Wirksamkeit liegt – also ein klinisch relevanter Unterschied. Bemerkenswert ist, dass die Vorstellung eines »Mehr-als-gesund-Effekts« durch SSRIs heute weniger umstritten – und in der Literatur weniger widersprochen – ist als die Annahme, dass SSRIs verlässlich gegen Depression helfen. Dass eine so provokante These inzwischen als weniger kontrovers gilt als der therapeutische Nutzen an sich, ist in der Tat erstaunlich. Sie verweist zugleich auf ein grundlegendes Problem: Die üblicherweise eingesetzten Bewertungsskalen erfassen nicht, wie stark diese Medikamente Lebensqualität und Persönlichkeitsmerkmale wie Neurotizismus tatsächlich beeinflussen.

Aufgrund dieser Studienergebnisse – und mehr noch: aufgrund ärztlicher Beobachtungen im klinischen Alltag – hat sich die psychiatrische Praxis verändert. Noch vor 20 Jahren galt eine depressive Episode als erfolgreich behandelt, wenn sie beendet war. Doch nachdem man den Wandel der gesamten inneren Gestimmtheit beobachten konnte, der die Einnahme von Antidepressiva begleiten kann, begannen Ärzte sich auch mit den Problemen von Patienten auseinanderzusetzen, die zwar formal nicht mehr depressiv waren, aber weiterhin unsicher, sozial zurückgezogen, empfindlich und verletzlich blieben. Ob man in solchen Fällen weiter behandeln sollte, ist keine leicht zu beantwortende Frage.

In »*Listening to Prozac*« hatte ich vor einer schleichenden Ausweitung diagnostischer Kriterien gewarnt (engl. diagnostic bracket creep) – der Tendenz, Krankheitsbegriffe auszuweiten, um das Wirkspektrum eines Medikaments zu erfassen. Die Ergebnisse aus Penn und Vanderbilt lassen diese Grenze verschwimmen. Vielleicht ist die Aufmerksamkeit für Persönlichkeitsmerkmale schlicht Teil der Basisversorgung – ein Versuch, Rückfällen vorzubeugen, ohne dabei die Krankheitsdefinition selbst zu verändern. Für depressive Patienten erscheinen neurotische Wesenszüge heute nicht mehr harmlos. In den Augen mancher Ärzte ist der Zustand, den ich als »Mehr-als-gesund« bezeichnet habe, ein Aspekt des gewöhnlichen, gesunden Lebens.

In Debatten über Wirksamkeit von Antidepressiva werde ich häufig mit der »*Mehr-als-gesund*«-Frage konfrontiert: »*Wie läuft das denn für dich?*« Die implizite Kritik lautet: Wenn schon unklar ist, ob Medikamente ihre eigentliche Aufgabe – die Behandlung der Depression – erfüllen, sei es absurd, ihnen noch größere Wirkungen zuzuschreiben. Doch die beiden Aspekte – das Unterbrechen depressiver Episoden und das Verändern von Persönlichkeitszügen – sind voneinander zu unterscheiden. Während der öffentliche Zweifel an Antidepressiva immer lauter geworden ist, hat sich die »Mehr-als-gesund«-Hypothese zunehmend bestätigt – und für die klinische Praxis als zunehmend relevant erwiesen.

Wenn diese Aufmerksamkeit für meine Überlegungen mich erfreut hat – was sie hat –, dann deshalb, weil sie zugleich einem typischen Ablauf in der medizinischen Praxis entspricht: Die Arbeit mit Patienten bringt bestimmte Gedanken hervor. Ein Arzt formuliert erste Hypothesen, Kolleginnen und Kollegen bestätigen die Beobachtungen, die Behandlungsroutine verändert sich – und mit der Zeit liefern auch wissenschaftliche Studien entsprechende Belege.

Heute richten wir unseren Blick so sehr auf Irrtümer, dass leicht der Eindruck entsteht, medizinisches Handeln sei im Wesentlichen von Fehlentscheidungen geprägt. Mein Eindruck ist ein anderer: Klinische Erfahrung bewährt sich – zumindest im Großen und Ganzen. Systematische Studien liefern oft feine Justierungen, die Erfahrung bringt zusätzliche Hinweise, und so entsteht ein lebendiger Austausch. Dieser Wechsel zwischen informeller und formalisierter Beobachtung findet stets im Rahmen des aktuellen wissenschaftlichen Verständnisses statt – im Horizont biologischer Plausibilität. Der Fortschritt in der Medizin vollzieht sich in einer Art dialektischem Prozess: ein fruchtbares Hin und Her zwischen Intuition und überprüfter Erkenntnis. Große Enthüllungen von Irrtum – so wichtig sie auch sind – bleiben dabei die Ausnahme.

19
Intermezzo: Ein alter Traum

Als »*Listening to Prozac*« in den Bestsellerlisten stand, erreichten mich Anfragen von Männern und Frauen, die sich in den Fallvignetten meines Buches wiedererkannten. Meist verwies ich die Anrufer an Fachkollegen in ihrer Heimatstadt, doch einige dieser Leser fanden tatsächlich den Weg in meine Praxis.

Moira war eine davon. Ihre Geschichte erzähle ich, um einen Wandel zu illustrieren, den Fluoxetin ermöglichte.

Moira arbeitete als Beraterin für Studierende mit besonderen Bedürfnissen an einem College für freie Künste. Sie war kompetent, aber im Kollegium nicht besonders angesehen. Sie galt als zu zögerlich, zu vorsichtig und nicht heiter genug im Umgang mit den Studierenden. Ursprünglich hatte sie sich aus idealistischen Gründen für diesen Beruf entschieden – zwei ihrer Brüder waren lernbehindert, sie wusste, wie dringend solche Unterstützung gebraucht wurde. Doch nun erschien ihr die Arbeit sinnlos. Häufig meldete sie sich krank.

Ich vermutete, dass Moira an Dysthymie litt, einer chronischen Form der niederschwelligen Depression. Sie selbst sah sich als »negativen Menschen«. Zynisch und düster neigte sie dazu, vieles abzuwerten und nichts Positives zu erwarten. Die Fallgeschichten in meinem Buch hatten sie ins Grübeln gebracht, ob es vielleicht doch eine andere Art zu leben gäbe.

Moiras Passivität und Pessimismus hatten ihren Mann zermürbt. Die Ehe war in eine Krise geraten, und Moira zog sich mehr denn je zurück. Sie hatte schon früher Psychotherapie gemacht und wollte keine weitere. Zudem wohnte sie nördlich von Boston, regelmäßige Fahrten zu meiner Praxis in Providence wären umständlich gewesen. Und schließlich, so sagte Moira, sei ihr Problem biologisch bedingt. Ihre ganze Familie sei davon betroffen. Väterlicherseits stammten sie aus Irland. »Black Irish«, sagte sie zuerst – was mich erstaunte, denn Moira hatte rötlichblondes Haar, sehr helle Haut und Sommersprossen. Sie korrigierte sich: »Blackmood Irish«. Die Männer tranken und wurden griesgrämig. Die Frauen waren wie sie: bitter, wortkarg, zur Einsamkeit neigend.

Moira wollte, dass ich ihr ein Medikament verschrieb. Warum ich mich darauf einließ, weiß ich nicht genau. Normalerweise verschreibe ich medikamentöse Behandlungen nicht ohne begleitende Psychotherapie. Ausnahmen mache ich nur für Patienten, die von Psychologen oder Sozialarbeitern aus Providence betreut werden, mit deren Arbeit ich seit Jahren vertraut bin. Vielleicht erinnerte mich Moira an frühere Patienten, denen SSRIs geholfen hatten. Vielleicht war es auch ihre bemerkenswerte Fähigkeit der Selbstbeobachtung.

Vielleicht hatte ich auch das Bild aus einem alten soziologischen Text vor Augen, in dem das Leben eines irischen Dorfes beschrieben wurde: Eine sonst gesellige Frau sitzt den ganzen Winter über wie betäubt am Torffeuer und wirkt im Frühling wie ausgezehrt. Im Dorf gilt dieses Verhalten – dieser Grad an Depression – als nichts Ungewöhnliches.

Wir einigten uns auf einen Kompromiss: ein paar Sitzungen, dann würde Moira sich einen Arzt in ihrer Nähe suchen.

Unter dem Einfluss eines Antidepressivums wurde Moira lebendiger, energischer und klarer im Denken. Ein Teil dessen, was sie bislang gebremst hatte, war tatsächlich eine chronische, niedriggradige Depression gewesen. Der Behandlungserfolg war nicht vollständig – jeder Monat brachte auch schlechte Tage. Aber insgesamt fiel ihr vieles leichter.

Wir sprachen darüber, ob wir die verbliebenen Symptome noch weiter behandeln sollten. Moira meinte, sie bekomme genau das von der Medikation, was sie erwartet hatte. Sie empfand mehr Möglichkeiten, traf Entscheidungen.

Sie nutzte die guten Phasen, um Beziehungen im Beruf und privat zu reparieren. Ich wusste nicht, wie ich ihren Fortschritt objektiv beurteilen sollte, aber ihr Mann war zufrieden. Auch die erweiterte Familie bemerkte die Veränderung. Moira sprach offen darüber, dass sie sich Hilfe geholt hatte – und ermutigte andere, es ebenfalls zu tun.

Moira wechselte nie den Arzt. Sie kam weiterhin vier- bis sechsmal pro Jahr zu mir. Bei jedem Termin berichtete sie von einem weiteren Familienmitglied – einer Schwester, später einer Tante, dann Cousins –, dessen depressive Verstimmung sich durch ein Antidepressivum gebessert hatte. Die Berichte waren detailliert und reichten bis in Fragen zu Kindern, Ehen und Karrieren.

Nicht bei allen halfen die Medikamente. Einige Verwandte verachteten diejenigen, die zu Psychopharmaka griffen. Aber im Großen und Ganzen befreite sich die Familie aus einem langjährigen Stimmungstief. Moira blieb mir über Jahre als Patientin erhalten, und über die ganze Zeit hinweg brachte sie mir Nachrichten über Fortschritte im Leben dieses Netzwerks von Verwandten.

Moira gab ihre Arbeit in der Hochschulwelt auf und wechselte in den Personalbereich einer Bank. Diesen Schritt konnte sie nach eigener Aussage nur deshalb wagen, weil sie nun Stress besser ertrug und Kontinuität in ihrem eigenen Handeln voraussah – eine Voraussetzung für jedes ambitionierte Projekt. Sie wurde in ein Führungskräfte-Programm aufgenommen und von erfahrenem Personal betreut. Das Ergebnis war erfreulich, auch wenn ich sentimentale Vorbehalte gegenüber einem Wechsel vom Bildungsbereich in die Finanzwelt hegte.

Vielleicht war das, was sich in Moiras Familie abspielte, eine Art »*Folie à plusieurs*« oder, genauer gesagt, ihr Gegenteil: eine kollektive Genesung. Doch im Gegensatz zur Massenhysterie ist eine ansteckende Gesundheit selten. Symptome lassen sich leicht übertragen – Resilienz kaum. Mein Eindruck war: Ich wurde Zeuge eines tiefgreifenden Wandels durch eine neue medizinische Technik.

In einer Gruppe ohne Vorerfahrung mit Psychopharmaka, wie Moiras Familie es offenbar war, kann die breite Wirkung von Antidepressiva geradezu einen Wendepunkt darstellen. Menschen, die über Jahre hinweg beinahe jeden Tag von quälendem Trübsinn gequält werden, erleben plötzlich einen Umschwung. Ich habe schon beschrieben, dass das Dämpfen emotionaler Verletzlichkeit die vielleicht wichtigste Wirkung von Antidepressiva ist. Diese Liste muss noch erweitert werden: die Milderung neurotischer Tendenzen, die Stabilisierung nach der Genesung und die Linderung chronischer, milder Depression. All das zählt zu den stärksten Effekten dieser Medikamente.

Durchaus zu Recht ist es sinnvoll auch auf Fehlanwendung von Antidepressiva hinzuweisen und sich über ihre Begrenzungen im Klaren zu sein. Doch vor Fluoxetin gab es selbst in Gruppen mit Krankenversicherung und Zugang zu Ärzten einen großen Anteil unbehandelter Depression. Das Profil der neuen Medikamente – einfache Verschreibung, relative Sicherheit bei Überdosierung, gesellschaftliche

19 Intermezzo: Ein alter Traum

Akzeptanz und günstige Auswirkungen auf die soziale Funktionsfähigkeit – ermöglichte eine Verbreitung psychiatrischer Versorgung in bisher kaum erreichtem Ausmaß.

In meiner eigenen Praxis in den 1990er Jahren beeindruckte mich besonders die unterstützende Rolle der SSRIs in der Psychotherapie. Sie konnten einem Patienten helfen, die Welt als weniger bedrohlich zu empfinden. Ich konnte ihn dann ermutigen, Neues zu wagen – sowohl in der Therapie als auch im Alltag – in der Hoffnung, dass wir die Medikation bald reduzieren könnten.

Auch außerhalb der Psychotherapie wollten viele Patienten einfach nur ein Rezept. Und doch entstand selbst in diesen Fällen etwas, das im weiteren Sinne als psychotherapeutische Wirkung einzuschätzen ist. Wer sich aus schädigenden Beziehungen lösen will, muss Trennung und Verlust ertragen können. Auch im Berufsleben gilt: Emotionale Sicherheit schafft die Voraussetzung für Verhandlungen – und vielleicht auch für Selbsterkenntnis, etwa das Eingeständnis, andere Menschen oft vor den Kopf zu stoßen.

Unter Medikation, selbst wenn die Symptome nicht vollständig verschwanden, lernten viele Patienten nach und nach, besser mit den praktischen Herausforderungen des Alltags umzugehen. Standardisierte Outcome-Maßnahmen erfassen diesen Effekt womöglich nicht. Aber praktizierende Ärzte erlebten ihn täglich. Nicht perfekt, nicht ohne Lücken oder Risiken, aber in einem Ausmaß wie nie zuvor wurde Fluoxetin zur partiellen Erfüllung eines alten Traums: Psychotherapie für alle.

20
Forellen in der Milch finden – Fragwürdige Statistik als Beginn der Antidepressiva-Diskussion

Wir kommen nun zum Auftakt der aktuellen Antidepressiva-Kontroverse. Im Juni 1998 veröffentlichten der Psychologe Irving Kirsch, damals an der University of Connecticut, und sein früherer Doktorand Guy Sapirstein eine Arbeit, die wie ein Kreuzzug gegen die gesamte Antidepressiva-Forschung anmutete – getragen von persönlicher Überzeugung statt wissenschaftlicher Sorgfalt. Ziel war es, die Nützlichkeit sämtlicher Antidepressiva infrage zu stellen – einschließlich der trizyklischen.

Allein wegen seines Titels – »*Listening to Prozac but Hearing Placebo: A Meta-Analysis of Antidepressant Medication*« – erfuhr ich unmittelbar von seiner Veröffentlichung.

Ich war in gewisser Weise beeindruckt von der Dreistigkeit des Textes. Für mich war »Hearing Placebo« in den 1990er Jahren das, was Doris Mayers Aufsatz »Anti-Depressed Personality« in den 1970er Jahren gewesen war – ein ideologisch motivierter Appell gegen das Vordringen der Medikation in das angestammte Terrain der Psychotherapie.

Der Erstautor Kirsch, ein führender Theoretiker auf dem Gebiet der Placeboforschung, schien es darauf anzulegen, die Autoritäten zu reizen. Der Aufsatz war gespickt mit Rechenoperationen, die Pharmakologen in Rage versetzen mussten.

»Hearing Placebo« wurde ganz ausdrücklich als unkonventionell präsentiert. Der Text erschien in einem Online-Journal, lange bevor solche Publikationsformen zum Mainstream gehörten, und die Herausgeber leiteten ihn mit einer Einleitung ein, in der sie auf die »offenkundig methodisch angreifbaren statistischen Verfahren« der Studie hinwiesen. Ihr Vorwort begann mit den Worten:

» Der folgende Artikel ist kontrovers. Er gelangt zu einer kontroversen Schlussfolgerung – nämlich, dass ein großer Teil der therapeutischen Wirkung von Antidepressiva in Wahrheit auf Placeboeffekte zurückgeht. Der Artikel kommt zu diesem Schluss, indem er eine kontroverse statistische Methode anwendet – die Metaanalyse. Und auch diese setzt er auf kontroverse Weise ein – indem er Studien zusammenfasst, die sich stark in ihren Auswahlkriterien, Behandlungsformen und verwendeten statistischen Verfahren unterscheiden.«

Um den Schwächen der Studie Rechnung zu tragen, gingen die Herausgeber noch einen ungewöhnlichen Schritt weiter: Sie veröffentlichten gleichzeitig eine Reihe fachlicher Stellungnahmen – darunter auch ablehnende Kommentare.

Zwei Kritiker – Donald Klein, Forscher an der Columbia University, und der inzwischen verstorbene Psychologe und Statistik-Experte Robyn Dawes – legten detaillierte Gegenargumente vor. Doch trotz fundierter Kritik war der Gedanke gesät, die Diskussion eröffnet, und sie wird weiterhin geführt.

Wie im Untertitel angeführt, basiert die Publikation auf einer Meta-Analyse. Auf der Suche nach randomisierten Studien zur medikamentösen Behandlung von Depressionen identifizierte Kirsch 19 Studien, deren Daten er als angemessen ansah. In diesen Studien wurden 16 Medikamente angewendet – nicht alle waren Antidepressiva.

Kirsch fand Effektstärken in der Größenordnung von 0,4, bei den SSRIs etwas höher – Werte, die er selbst als »bemerkenswert ähnlich« bezeichnete, im Vergleich zu den 0,5, die in anderen Metaanalysen gefunden worden waren. In seinem Antwort-Essay argumentierte Donald Klein, dass das statistische Vorgehen, das Kirsch gewählt hatte, die Medikamente im direkten Vergleich mit Placebo benachteiligte. Jede methodische Korrektur, insbesondere bei der Auswahl oder Gewichtung der Studien, hätte die Ergebnisse deutlich in den Bereich evidenzbasierter Wirksamkeit verschoben. An den Zahlen selbst war nichts Überraschendes.

Klein kritisierte die Studienauswahl in Kirschs Meta-Analyse als tendenziös. Tatsächlich war sie selektiv. Ein Cochrane-Bericht zum Trizyklikum Amitriptylin/Saroten® etwa fand 37 Studien mit auswertbaren Wirksamkeitsdaten, die vor 1998 veröffentlicht worden waren. Kirsch hingegen, der sich nicht auf ein einzelnes

Medikament beschränkte, sondern 16 verschiedene Substanzen einbezog, stützte seine gesamte Analyse letztlich auf nur 19 Studien.

Kirschs Auswahlverfahren schien gezielt solche Studien herauszugreifen, in denen Antidepressiva unterdurchschnittlich abschnitten. Aus einer Reihe von mehreren Studien mit dem Antidepressivum Bupropion (Handelsname Wellbutrin®) verwendete er nur eine mit schwachen Ergebnissen – während er vergleichbare Studien mit besseren Ergebnissen, die in derselben Publikation referiert wurden, nicht berücksichtigte.

Kirsch nahm auch die bereits in ▶ Kap. 18 besprochene Gemeinschaftsstudie des NIMH (die sogenannte TDCRP) in seine Analyse auf – obwohl bekannt ist, dass dieses Studiendesign nicht darauf ausgelegt war, Imipramin optimal zur Geltung zu bringen. In seiner Auswertung verwendete Kirsch Durchschnittswerte der Hamilton-Skala und die ebenfalls schon besprochene sogenannte Completer-Analyse. Seine Auswahl zielte erkennbar nicht darauf ab, die Wirksamkeit von Medikamenten überzeugend darzustellen.

Wenn ein erklärter Kritiker der Pharmakotherapie eine gezielt ungünstige Auswahl von Studien zusammenstellt – und dabei dennoch zum Ergebnis kommt, dass SSRIs mittlere Effektstärken aufweisen: Sollte die psychopharmakologische Fachwelt das nicht eigentlich als Erfolg feiern?

Doch Kirsch argumentierte anders. Der für seine Haltung gegenüber Psychopharmaka bekannte Forscher behauptete, drei Viertel der beobachteten Wirkung von Antidepressiva ließen sich durch Placebos erklären. Zu guter Letzt stellte er auch noch die verbleibenden 25 Prozent – also jenen Effekt, der nach Abzug des Placeboanteils der Substanz selbst zugeschrieben wird – infrage. Kirschs These lautete, dass die normalerweise verwendeten Placebos nicht genügend hoffnungsvolle Erwartungen hervorrufen, da sie – anders als Antidepressiva – keine Nebenwirkungen verursachten. Damit sind wir zurück beim Argument des »aktiven Placebos« – jenem offenen Punkt, den Cole und Klerman einst unbeantwortet gelassen hatten.

Kirsch war überzeugt, dass seine Metaanalyse hierfür stichhaltige Belege lieferte. Er hatte 16 Medikamente ausgewertet, die in Studien zur Behandlung von Depressionen untersucht worden waren – vier davon galten nicht als Antidepressiva, und sie schnitten genauso gut ab wie die übrigen zwölf.

Vereinfacht lautete Kirschs Argument: Da diese »Nicht-Antidepressiva« eigentlich keine Wirkung zeigen dürften, könne man sie als aktive Placebos betrachten – Scheinmedikamente mit Nebenwirkungen, die den Patienten signalisierten: »Du bekommst ein echtes Medikament«. Doch in den analysierten Studien wirkten diese Nicht-Antidepressiva genauso gut wie die Antidepressiva. Wenn also wirkstofflose Präparate mit Nebenwirkungen die gleiche Wirkung zeigen wie die »echten« Medikamente, dann beruhe womöglich auch der hartnäckig behauptete Wirksamkeitsrest – das berühmte Viertel über Placebo hinaus – nur auf Einbildung.

Ich habe bereits erwähnt: Beim Lesen einer Metaanalyse erkennt man oft erst dann, worum es eigentlich geht, wenn man sich die zugrunde liegenden Einzelstudien ansieht. Werfen wir also einen Blick auf die Studien zu jenen Präparaten, die Kirsch als »Nicht-Antidepressiva« bezeichnete.

Es handelte es sich um vier Substanzen: ein Schilddrüsenhormon (Liothyronin), ein Benzodiazepin (Adinazolam – ein dem bekannten angstlösenden Alprazolam/Xanor® ähnliches Mittel), ein Barbiturat (Amylobarbiton) und Lithium. Kirsch betrachtete diese Medikamente als aktive Placebos – Wirkstoffe ohne inhärente antidepressive Wirksamkeit, die depressive Symptome lediglich durch unspezifische körperliche Effekte beeinflussten und dadurch eine intensive Erwartung auf Heilung auslösen sollten.

Der abwegigste Beitrag in Kirschs Auswahl war die Studie zu Schilddrüsenhormon und Lithium. Russell Joffe, ein in Toronto tätiger Forscher, hatte sich mit der Frage befasst, wie man bei therapieresistenter Depression klinisch vorgeht – also, wenn eine Behandlung mit Antidepressiva allein keine ausreichende Wirkung zeigt. In der psychiatrischen Praxis wird in solchen Fällen oft die medikamentöse Behandlung fortgesetzt und durch eine geringe tägliche Dosis Lithium oder Schilddrüsenhormon ergänzt – nicht, weil diese Substanzen für sich genommen wirksam wären, sondern weil sie die Wirkung des Antidepressivums verstärken können. Diese Strategie wird als Augmentation, also therapeutische Verstärkung, bezeichnet.

Um diese Augmentationsstrategie zu überprüfen, begann Joffe mit 50 Patienten, denen volle Dosen eines trizyklischen Antidepressivums – Imipramin oder ein verwandter Wirkstoff wie Desipramin – verschrieben worden waren, ohne dass sie darauf angesprochen hatten. Ein Teil der Gruppe erhielt in einer zweiwöchigen Studie (Anfang der 1990er Jahre) das Antidepressivum in Kombination mit einem zweiten Mittel – einem Placebo. Die anderen blieben ebenfalls auf dem Antidepressivum, erhielten zusätzlich jedoch eine geringe Dosis Lithium oder Schilddrüsenhormon.

Nur wenige Patienten in der Gruppe mit Imipramin und Placebo zeigten eine Besserung. Die Gruppen mit zusätzlichem Lithium bzw. Schilddrüsenhormon erzielten hingegen deutlich bessere Ergebnisse – die Ansprechrate war etwa dreimal so hoch.

Augmentation erwies sich als vielversprechender Ansatz.

Eine gute Nachricht also: Viele Patienten sprechen auf Antidepressiva an. Und von jenen, bei denen das nicht der Fall ist, spricht ein Großteil an, wenn die Behandlung durch eine geringe Dosis Schilddrüsenhormon oder Lithium ergänzt wird. Mit anderen Worten: Ja, niedrig dosiertes Schilddrüsenhormon und Lithium wirken gegen Depression – aber nur, wenn sie zusammen mit einer vollen Dosis eines Antidepressivums verabreicht werden. Zudem handelt es sich bei Schilddrüsenhormonen und Lithium um klar psychoaktive Substanzen. Joffes Studie zeigte keineswegs, dass beliebige Mittel gegen Depression wirken. Vielmehr bestätigte sie, was praktizierende Psychiater ohnehin glaubten: Dass bestimmte Substanzen mit bekannter Wirkung auf das zentrale Nervensystem die Wirkung von Antidepressiva katalytisch unterstützen können.

Kirschs Einbeziehung der Joffe-Studie entlockte Donald Klein einen Anflug von Ironie: In seiner Replik mit dem Titel »Listening to Meta-analysis but Hearing Bias« (»Man hört Metaanalyse – und vernimmt Voreingenommenheit«) kommentierte er: Die Joffe-Daten in Kirschs Aufsatz zu finden, sei »wie eine Forelle in der Milch zu entdecken.« Die Anspielung geht auf einen Tagebucheintrag des amerikanischen Philosophen und Sozialkritikers Henry David Thoreau aus dem Jahr 1850 zurück. Im Jahr zuvor hatte es einen Streik in der Milchbranche gegeben; Lieferanten wurden beschuldigt, die Milch mit Flusswasser zu strecken. Als Gegenargument zur Behauptung, Indizien könnten nicht beweiskräftig sein, schrieb Thoreau: »Manche Indizien sind sehr stark – etwa, wenn man eine Forelle in der Milch findet«.

Klein wollte damit sagen, dass »Hearing Placebo« selbst erkennen ließ, dass Kirsch gar nicht die Absicht hatte, ergebnisoffen zu arbeiten – die Analyse diente weniger der Prüfung als der Bestätigung einer vorgefassten These. Auch die beiden anderen Studien mit »Nicht-Antidepressiva", die Kirsch in seine tendenzielle Metaanalyse aufnahm, lassen sich kaum als aktive Placebos bezeichnen. Alprazolam/Xanor® war als Angstlöser kommerziell sehr erfolgreich. Während der Entwicklung hatte man aufgrund seiner chemischen Struktur gehofft, es könne möglicherweise auch antidepressive Effekte zeigen. Der Pharmakonzern Upjohn entwickelte daraufhin eine Alprazolam-Variante namens Adinazolam, die gezielter auf Serotonin vermittelte Hirnprozesse wirken und damit über stärkere antidepressive Eigenschaften verfügen sollte.

In Studien zur Vorbereitung einer eventuellen Zulassung durch die Gesundheitsbehörden konnte die Substanz Adinazolam in der Anfangsphase mitunter depressive Symptome lindern, doch seine antidepressive Wirkung blieb insgesamt enttäuschend. Zudem zeigten sich Hinweise auf ein sogenanntes Rebound-Phänomen – also einen plötzlicher Wiederanstieg der Symptome nach anfänglicher Besserung. Das Präparat kam deshalb nie auf den Markt. Dennoch war diese Substanz ausdrücklich zur Behandlung von Depression nach klassischem pharmakologischem Prinzip erprobt worden. Indem Kirsch sich auf eine Studie berief, in der Adinazolam über einige Wochen hinweg erfolgreich war, zeigte er also keineswegs, dass irgendeine x-beliebige Pille die Wirkung von Antidepressiva nachahmen könne.

Kirschs Kategorie der »Nicht-Antidepressiva« umfasste schließlich noch einen letzten Kandidaten: Amylobarbiton, ein Barbiturat. Medikamente dieser Substanzklasse – darunter das früher verbreitete Secobarbital (in den USA unter dem Handelsnamen Seconal, auch in Deutschland zeitweise erhältlich) – wurden traditionell zur Behandlung von Angstzuständen und Schlaflosigkeit eingesetzt. Diese Studie, die Kirsch in seine Auswahl einbezog, diente der Untersuchung eines praxisnahen Problems: Hausärzte zeigten sich angesichts der Nebenwirkungen älterer Antidepressiva oft zurückhaltend, diese in voller – wirksamer – Dosierung zu verordnen. So wurde daher oft getestet, ob auch niedrigere Dosen wirksam sein könnten. Und da Allgemeinmediziner damals mit der Verschreibung von Barbituraten vertrauter waren, war die Frage naheliegend, ob diese möglicherweise als Ersatz dienen könnten. In der Studie erhielten die Teilnehmenden jeweils eines von vier Präparaten: ein Placebo, das Barbiturat, 75 Milligramm Amitriptylin (eine niedrige Dosis) oder 150 Milligramm Amitriptylin (eine Standarddosis, die ebenfalls am unteren Ende des therapeutischen Bereichs lag). Nach vier Wochen – also zum Studienende – hatte die niedrige Standarddosis von 150 mg Amitriptylin das Placebo auf drei Skalen signifikant übertroffen, darunter auch auf der Hamilton-Skala. Das Barbiturat und die niedrigere Amitriptylin-Dosis zeigten hingegen keine bessere Wirkung als das Placebo. Auf zwei Skalen schnitt die volle Dosis Amitriptylin zudem besser ab als das Barbiturat.

Das war keine besonders starke Basis für weitreichende Schlussfolgerungen. Die Zusammenfassung der Autoren dieser Studie lautete: »Nach 28 Tagen war Amitriptylin mit 150 mg/Tag signifikant wirksamer als die anderen Behandlungen«. Positive Wirkungen des Barbiturats, so die Autoren, ließen sich wahrscheinlich auf Items der Ratingskalen zurückführen, die Beruhigung und Entspannung erfassen. Eine wirksame Behandlung erfordere, dass Hausärzte auch bereit sein müssten, ausreichend hohe Dosierungen von Antidepressiva zu verschreiben.

In seiner Analyse fasste Kirsch – im Gegensatz zu den Autoren der Studie – die Ergebnisse beider Amitriptylin-Dosierungen zusammen. Eine rational nicht begründbare Entscheidung, die das Antidepressivum als weniger wirksam erscheinen ließ. Doch zur Klarstellung: Die Studienautoren kamen zu dem Schluss, dass das Barbiturat nicht so wirksam war wie eine ausreichende, wenn auch zurückhaltend dosierte Gabe von Amitriptylin.

Meine Analyse war: Kirsch war es trotz eingehender Literatursichtung nicht gelungen, auch nur ein einziges Medikament zu finden, das sicher keine eigene antidepressive Wirkung hatte und dennoch – allein durch Einnahme und Nebenwirkungen – depressive Symptome linderte. Gerade dieser Befund sprach gegen die Hypothese des aktiven Placebos.

Ich behaupte keineswegs, dass Antidepressiva die einzigen Medikamente sind, die depressiven Menschen helfen können. Wie Jonathan Cole lehrte, zeigen viele Patienten auch unter dem »falschen« Medikament deutliche Besserung. Was ich allerdings sehr wohl behaupte, ist Folgendes: Kirsch ist es aus meiner Sicht nicht gelungen nachzuweisen, dass der verbleibende Nutzen – also der Vorsprung von Antidepressiva gegenüber dem Placebo – auf etwas anderes zurückgeht als auf ihre Wirkung in den relevanten neuronalen Bahnen: ihre pharmakologische Potenz.

Selbst nachdem Donald Klein auf genau diese Probleme hingewiesen hatte, behauptete Kirsch weiterhin, seine Studie aus dem Jahr 1998 habe gezeigt, dass Nicht-Antidepressiva genauso wirksam seien wie Antidepressiva. Im Jahr 2000 schrieb er: »Einige aktive Medikamente, die nicht als Antidepressiva gelten (Amylobarbiton, Lithium, Liothyronin und Adinazolam), zeigen dieselbe Wirkung auf Depression wie Antidepressiva«. Ähnliche Aussagen finden sich auch in späteren Publikationen aus den Jahren 2005 und 2009 – stets unter Bezugnahme auf »Hearing Placebo«.

Noch im Jahr 2012 sagte Kirsch in einem Interview mit der Journalistin Lesley Stahl in der amerikanischen Fernsehsendung »*60 Minuten*«, einem bekannten Nachrichtenmagazin: »Wir haben uns sogar Medikamente angesehen, die nicht als Antidepressiva gelten – Beruhigungsmittel, Barbiturate. Und wissen Sie was? Sie hatten dieselbe Wirkung wie die Antidepressiva«. Bezog er sich da immer noch auf Adinazolam und Amylobarbiton – also auf genau dieselben zwei Studien?

»Hearing Placebo« war als eine entlarvende Schrift über die vermeintliche Unwirksamkeit von Antidepressiva gedacht – und dennoch fand sie nur durchaus akzeptable Effektstärken. Trotz aller Bemühungen konnte sie keine stichhaltigen Gründe vorlegen, die grundsätzliche Wirksamkeit der Medikamente infrage zu stellen.

Ich hatte angenommen, diese Arbeit würde in der evidenzbasierten Medizin kaum Gewicht erlangen. Ich habe mich geirrt – und zwar grundsätzlich, was die historische Rolle dieser Publikation betrifft. Ich hielt sie für den Abgesang einer unterlegenen Position. Tatsächlich stand sie am Anfang – als Auftakt einer neuen Welle des Zweifels an Antidepressiva.

21
Placebo – Was es ist und was nicht

Mit seiner Bemerkung über die Forelle in der Milch stellte Donald Klein die Unparteilichkeit von Irving Kirschs Analyse infrage. Robyn Dawes äußerte noch grundlegendere Bedenken. Er widersprach Kirschs Darstellung dessen, was ein Placebo ist und bewirkt.

Dawes' Einwand war im Kern, dass Kirsch das Placebo als eine eigenständige Behandlung betrachtete. Wenn Ärzte ein Antidepressivum verschreiben, hilft es den Menschen unmittelbar durch seine pharmakologische Wirkung. Kirsch dachte bei Placebos genauso: Wenn Forscher eine Scheinpille anbieten, verbessern sich die Gesundheit der Patienten eben deshalb.

Die Auseinandersetzung zwischen Kirsch und Dawes drehte sich um technische Fragen zur Berechnung von Effektgrößen. Diese Diskussion führt zu weit in statistische Details. Doch ihr Kern berührt eine grundsätzliche Frage, die wir ohnehin bedenken sollten: Welche Faktoren – jenseits der unmittelbaren Wirksamkeit eines Medikaments – tragen in Studien dazu bei, dass sich der Zustand von Teilnehmenden bessert (oder zu bessern scheint)?

Kirsch schrieb dem Placebo-Arm zwei heilende Komponenten zu: den Ablauf der Zeit, den er als »natürliche Verlaufsgeschichte« (natural history) bezeichnete, und einen mächtigeren Faktor, den sogenannten Kern-Placeboeffekt. Auch wenn Kirsch diesen Effekt nicht näher bestimmte, lag die Deutung nahe, dass er das meinte, was man gemeinhin mit Placebo verbindet: eine Pille, die über das Wecken hoffnungsvoller Erwartung wirkt.

Für Dawes hingegen hatte der Placebo-Arm nur eine einzige Funktion: Er sollte den hypothetischen Verlauf ohne Behandlung abbilden – also jene Entwicklung, die die Patienten in der aktiven Behandlungsgruppe durchgemacht hätten, wenn sie den wirksamen Bestandteil der Tablette nicht erhalten hätten. In dieser Sichtweise liefern kontrollierte Studien ausschließlich Aussagen über die geprüfte Behandlung – in diesem Fall über Antidepressiva. Über die Vergleichsintervention

– das Placebo – sagen sie nichts aus. (Der Vergleich hinkt, aber: Wenn man sich beim Joggen stoppt, erfährt man auch nichts über die Stoppuhr.) Der Placebo-Arm bildet ab, was ohne Antidepressiva geschieht – ein Verlauf, der sich von Studie zu Studie unterscheiden kann.

Dawes hat die einzelnen Einflussfaktoren nicht aufgelistet, aber es ist offensichtlich, dass viele mitspielen. Der Frühling beginnt, die Tage werden länger. Die Wirtschaft erholt sich. In dem Maß, in dem sich Depression als empfänglich für äußere Bedingungen erweist, wird eine Studie, die unter günstigen Umständen durchgeführt wird, zu ungewöhnlich guten Ergebnissen im Placebo-Arm führen. Der Einfluss der »natürlichen Verlaufsgeschichte« – also der Zeit – wird deshalb von Studie zu Studie variieren.

Auch das Studiendesign und seine Umsetzung spielen eine Rolle. Man denke an eine Untersuchung, bei der die Patienten häufig in der Klinik erscheinen und dort auf einfühlsame, aber auch strukturierende Behandler treffen. Unter solchen Bedingungen ist mit stärkeren Placebo-Effekten zu rechnen – durch die intensivere »minimal unterstützende Psychotherapie«.

Weitere Faktoren spielen eine Rolle. Patienten neigen mitunter dazu, ihre Symptome so zu schildern, dass sie den Erwartungen der Therapeuten entsprechen. Der Fachausdruck dafür lautet »Erwartungseffekt« (*demand characteristics*). Oft sagen Patienten das, was der Arzt ihrer Ansicht nach hören möchte. Gleich zu Beginn einer Behandlung schildern manche ihre Beschwerden besonders eindrücklich – vielleicht auch in der Hoffnung, dadurch mehr Zuwendung zu bekommen. Dieser Mechanismus wird *Hello-Effekt* genannt. Gegen Ende der Behandlung wiederum berichten manche, es gehe ihnen besser – weniger aus Überzeugung als aus Höflichkeit. Das ist der sogenannte *Goodbye-Effekt*. Wie stark sich solche Effekte auswirken, hängt sowohl von der Persönlichkeit der Patienten und dem Studienpersonal als auch von der Intensität des Kontakts im Verlauf der Studie ab.

Wir sind bereits auf die künstliche Erhöhung von Eingangswerten gestoßen – die sogenannte Baseline-Inflation. Doch nicht nur Patienten übertreiben: Auch die Studienärzte, die unter Druck stehen, möglichst viele geeignete Teilnehmer zu rekrutieren, können dazu neigen, zu Studienbeginn mehr Symptome zu dokumentieren als real vorhanden sind. Dadurch erscheinen die Patienten schwerer erkrankt und erfüllen die Einschlusskriterien leichter. In der Folge sinken die Werte – unabhängig davon, ob sich der Zustand tatsächlich bessert.

Unter dieser Perspektive umfasst das, was Kirsch als Placeboeffekt bezeichnet – also alle Einflüsse jenseits des natürlichen Verlaufs –, ein ganzes Bündel verschiedener Komponenten: darunter Erwartungseffekte und die Baseline-Inflation. Und ja, auch der klassische Placeboeffekt gehört dazu – die hoffnungsvolle Erwartung einer Besserung. Soweit diese Hoffnung den Verlauf einer Depression beeinflusst, wird auch sie von Studie zu Studie verschieden sein – je nach Form und Farbe der Tablette, oder gar von der Farbe des Kittels des behandelnden Arztes.

Um dieses Gemisch an Einflüssen in der Kontrollgruppe zu beschreiben, sprach Gerald Klerman von einem »Paket an Placeboeffekten«. Ich gehe noch einen Schritt weiter und nenne es eine *Wundertüte*. In jeder Studie stecken jeweils andere Zutaten – und jedes Mal sorgt eine andere Kombination für den scheinbaren Zauber.

Da die Kontrollgruppe eine Vielzahl von Einflüssen enthält, die wir eigentlich ausblenden wollen – da er Zufallseinflüsse und Nebeneffekte in sich aufnimmt –, variiert auch der Grad der Verbesserung durch Placebo von Studie zu Studie. Wäre das nicht so, bräuchten wir keine Placebogruppen mehr. Wir könnten die Medikamentenwirkung einfach mit einem fixen Wert – dem »Placeboeffekt« – vergleichen. Genau diesen Denkfehler, so argumentierte Robyn Dawes, habe Kirsch begangen: Er habe dem Placebo, ähnlich wie Imipramin, eine feststellbare »Wirksamkeit« zugeschrieben.

Dawes hielt es für grundsätzlich unsinnig, einen bestimmten Anteil des Behandlungserfolges dem »Placebo« zuzuschreiben. In frühen Medikamentenstudien – als unbehandelte Patienten noch häufiger in Studien aufgenommen wurden und das NIMH noch nicht verlangte, dass Teilnehmer in der Placebogruppe durch begleitende Gespräche unterstützt oder zur Teilnahme ermutigt werden mussten – war der Placeboeffekt gering. Die Placebogruppe zeigte etwa halb so starke Verbesserungen wie die Imipramin-Gruppe. Später, mit tendenziell etwas erhöhten Ausgangswerten und unterstützenden Gesprächen (die auch als psychotherapeutisch wirksam zu sehen sind), stieg dieser Anteil auf drei Viertel. Aber: Imipramin war immer noch derselbe Wirkstoff – mit derselben pharmakologischen Wirkkraft.

Kirsch hingegen verglich Medikamente häufig direkt mit Placebo und drückte die Ergebnisse als Prozentsätze aus: »75 Prozent der beobachteten Wirkung der getesteten Medikamente war auf den Placeboeffekt zurückzuführen, höchstens 25 Prozent könnten eine echte Medikamentenwirkung sein«. Marcia Angell griff diese These auf und schrieb, Kirschs Forschung habe gezeigt, dass »Placebos – gemessen an den in den Studien verwendeten Depressionsskalen – zu 75 Prozent so wirksam waren wie Antidepressiva«.

Diese Formulierung jedoch führt in die Irre. Man könnte daraus schließen, dass Placebopillen ein enormes therapeutisches Potenzial *haben* – nämlich drei Viertel dessen *bewirken*, was Antidepressiva bewirken können. Doch was den Einfluss von längerem Tageslicht, steigendem Einkommen, Erwartungseffekten oder überhöhten Eingangswerten betrifft, trägt die Placebopille gar nichts bei. Der eigentliche Placeboeffekt – die hoffnungsvolle Erwartung einer Besserung – könnte in Wahrheit nur eine minimale Rolle spielen.

Im Gegensatz dazu bildet die Angabe der Effektstärke diese Zusammenhänge treffend ab. Hier dient das Placebo nur als Vergleichsgröße. Wenn man eine Effektstärke von 0,4 oder 0,5 findet (wie es in den von Kirsch zusammengefassten Studien der Fall war), bedeutet das Folgendes: Ein durchschnittlich behandelter Patient (also jemand aus der Medikamentengruppe) ist nach der Behandlung weniger depressiv als 65–70 Prozent der Patienten aus der Placebogruppe – unabhängig davon, ob die Sonne scheint oder nicht.

Wir erinnern uns: Bei der Berechnung von Effektstärken ist ein zentraler Schritt die Subtraktion – also der Abzug des Fortschritts in der Kontrollgruppe vom größeren Fortschritt in der Behandlungsgruppe. Diese Subtraktion behandelt das Placebo nicht als wirksame Therapie, sondern als Ansammlung von Störfaktoren, die aus der Rechnung entfernt werden müssen.

Wichtig ist das konzeptionelle Verständnis: Placebo ist kein Heilmittel, sondern ein Vergleichsinstrument. Es ähnelt der echten Behandlung in Form und Ablauf, enthält aber nicht deren wirksame Bestandteile. Gerade diese inhaltliche Leere – die Offenheit für Zufallseinflüsse und Kontextfaktoren – macht seinen Wert für Studien aus. Doch dabei darf man nicht vergessen: Das Placebo dient allein dem Vergleich. Es soll uns helfen, das eigentlich Wirksame zu erkennen – und dann beiseitegelegt werden.

22
Zwei plus Zwei = Zwei – Was Studien zeigen

Um klar zu erkennen, wie gut Antidepressiva wirken, möchten wir den Behandlungseffekt von jenem der Placebogruppe abziehen. Doch was, wenn selbst das nicht möglich ist? Überraschenderweise waren sich Robyn Dawes und Irving Kirsch in diesem Punkt einig: Diese Subtraktion kann in die Irre führen – und dazu, dass wir die Wirkung der Medikamente unterschätzen. Antidepressiva leisten womöglich mehr, als unsere Kennzahlen – etwa die Effektstärke – nahelegen.

Hier stoßen wir auf ein Detail in der Statistik, das selbst den meisten Ärzten unbekannt ist. Damit die Subtraktion ein genaues Bild davon gibt, wie gut eine Behandlung funktioniert, müssen die Forschungsergebnisse eine Eigenschaft aufweisen, die als Additivität bezeichnet wird. Diese *Additivität* wird in der Forschung meist stillschweigend vorausgesetzt – so selbstverständlich erscheint sie, dass man sie erst dann richtig versteht, wenn sie fehlt. Das klassische Beispiel, um das Additivitätsproblem zu veranschaulichen, stammt aus Experimenten mit Alkohol: Wodka ist dabei das wirksame Medikament, Tonic Water das Placebo.

Nehmen wir an, wir wollen untersuchen, wie sehr Wodka die Feinmotorik beeinträchtigt. Das Problem dabei ist: Wir haben keinen reinen Wodka, sondern nur vorgemischte Wodka-Tonics sowie reines Tonic. Wir geben also einer Gruppe nur Tonic und messen ihre motorische Leistungsfähigkeit. Dann verabreichen wir einer anderen Gruppe Wodka-Tonics und messen erneut. Wenn wir nun die Verschlechterung unter Tonic von der Verschlechterung unter Wodka-Tonic abziehen, erhalten wir theoretisch den reinen Effekt des Alkohols – also die eigentliche Beeinträchtigung durch den Wodka.

Wir beginnen unseren Versuch mit dem Hinweis, dass es möglich sei, betrunken zu werden. Dann geben wir unseren Teilnehmern das Placebo: Tonic. Tonic ist für die Studie gut geeignet, weil das darin enthaltene Chinin – ein bitterer Stoff – den Geschmack von Alkohol überdeckt. Unsere einleitenden Bemerkungen legen nahe, dass sie ein mit Wodka versetztes Getränk erhalten könnten. Das Tonic erzeugt Erwartung – die Erwartung, betrunken zu werden. Obwohl kein Alkohol enthalten ist, fühlen sich die Versuchspersonen leicht beschwipst, verhalten sich entsprechend und schneiden beim Geschicklichkeitstest – etwa beim schnellen Einsetzen von Stiften in kleine Öffnungen – drei Punkte schlechter ab als normal.

Im zweiten Teil des Experiments vermitteln wir erneut den Eindruck, dass ein starker Cocktail serviert werden könnte – diesmal schenken wir tatsächlich einen kräftigen Wodka-Tonic aus. Die Geschicklichkeit fällt um vier Punkte.

Also: Alkohol plus Erwartung führen zu vier Punkten Leistungsabfall. Die Erwartung allein führt zu einem Abfall von drei Punkten.

Wir ziehen das Ergebnis der Erwartung-ohne-Alkohol-Gruppe vom Ergebnis der Alkohol-plus-Erwartung-Gruppe ab. Übrig bleibt ein Punkt. Daraus würden wir schließen, dass Alkohol kaum eine eigene Wirkung hat – also kaum eine motorische Beeinträchtigung verursacht.

Die Rechnung mag stimmen, und doch beschleicht uns der Verdacht, dass wir das tatsächliche Potenzial des Alkohols nicht richtig erfasst haben. Offenbar haben wir zu viel »weg subtrahiert«.

Glücklicherweise können wir in unserem fiktiven Experiment medizinethische Bedenken ignorieren. Wir können Versuchsteilnehmer nach Belieben täuschen.

Also sagen wir den Teilnehmenden nun, dass es sich um einen Geschmackstest für Tonic handelt. In einem Versuchsarm geben wir tatsächlich nur Tonic aus. Die Teilnehmer füllen einen Fragebogen am Bildschirm aus – währenddessen messen wir heimlich ihre motorische Leistung. Die bleibt normal – keine Beeinträchtigung.

Im zweiten Versuchsarm servieren wir wieder einen kräftigen Wodka-Tonic – genauso stark wie im ersten Experiment. Und wir stellen fest: Alkohol allein beeinträchtigt stark. Selbst ohne jede Erwartung – ohne dass die Probanden glauben, Alkohol zu trinken – greifen sie daneben, weil sie betrunken sind. Die Geschicklichkeitswerte fallen nicht um einen Punkt, sondern fast um volle vier.

Das Ergebnis ist klar: Wodka plus gesteigerte Erwartung führt zu vier Punkten Einbuße. Wodka allein führt zu einer fast ebenso starken Beeinträchtigung.

Unsere erste Schlussfolgerung – dass Wodka praktisch harmlos sei – war falsch. Wir hatten zu viel »weg subtrahiert".

Das Problem liegt in der sogenannten Additivität. Die beiden Ursachen für die Leistungseinbuße – die auf eine Erwartungshaltung getriebene Wirkung des Tonics und die berauschende Wirkung des Alkohols – addieren sich nicht einfach. Die Erwartung allein bewirkte drei Punkte Abfall, Wodka allein (fast) vier. Aber zusammen ergab sich eben nicht ein Abfall um sieben Punkte. Sondern nur um vier – und fast die gesamte Beeinträchtigung konnte allein durch den Alkohol erklärt werden. Wir können also die drei Punkte des Einflusses der Erwartung nicht einfach von den vier Punkten Wodka-plus-Erwartung abziehen – denn auch wenn die Erwartung für sich genommen eine gewisse Wirkung zeigt, trägt sie kaum etwas zur Kombination bei.

Im ersten Experiment wirkte das Tonic über die erzeugte Erwartung. In beiden Experimenten wirkte Wodka direkt über das Gehirn. Wenn zwei Interventionen über verschiedene Wirkmechanismen funktionieren – besonders wenn eine davon sehr stark ist –, kann man nicht davon ausgehen, dass sich ihre Wirkungen einfach addieren.

Verabreicht man genug Wodka, lässt sich jede beliebige Beeinträchtigung hervorrufen – bis hin zum Filmriss. Bei hohen Dosen Alkohol ergibt jede Art von Subtraktion ein verzerrtes Bild seines tatsächlichen Schadpotenzials.

Auch Prozentangaben führen in die Irre. In Anlehnung an ein ähnliches Experiment schrieb Robyn Dawes: »Im Extremfall würde die Behauptung, dass beim Ohnmächtigwerden ein bestimmter Anteil des Problems auf Placeboeffekte zurückgeht, Spott hervorrufen. Und das zu Recht«. Es bleibt zwar richtig, dass man drei Viertel der Wirkung eines alkoholischen Getränks allein durch Tonic und die erzeugte Erwartung erreichen kann. Aber daraus folgt nicht, dass drei Viertel der Wirkung eines Wodka-Tonics *auf das Tonic* (oder die Erwartung) zurückzuführen wären. Alkohol ist dominant – er übernimmt nicht nur den Anteil der Erwartung, sondern leistet darüber hinaus mehr.

Übertragen wir das auf die Depressionsbehandlung: Angenommen, eine bestimmte depressive Symptomatik lässt sich durch Psychotherapie um fünf Punkte auf der Hamilton-Skala verbessern. Ein Antidepressivum bewirkt bei denselben

Symptomen ebenfalls eine Besserung um fünf Punkte. Was erwarten wir von der Kombination aus Medikament und Gesprächstherapie? Zehn Punkte Besserung? Das wäre ungewöhnlich – wenn nicht sogar ausgeschlossen. Eine vollständige Additivität zweier Behandlungen sieht man fast nie.

Als Gerry Klerman die Interpersonelle Psychotherapie erstmals erprobte, zeigte sich, dass ihre Kombination mit Amitriptylin keinen besseren Schutz vor Rückfällen bot als das Medikament allein. Eine neuere Studie, an der einige der renommiertesten Forscher beteiligt waren – unter anderem Mitglieder der Penn-Vanderbilt-Gruppe, die zuvor den Zusammenhang zwischen Paroxetin und Neurotizismus untersucht hatte –, verglich intensive Psychotherapie und konsequente Pharmakotherapie bei therapieresistenter Depression. Das Ergebnis war ähnlich: Beide Verfahren sind für sich wirksam – doch die Kombination brachte in der Regel keinen nennenswerten Zusatznutzen gegenüber der alleinigen Medikamentengabe. Für bestimmte Untergruppen war das Antidepressivum sogar hilfreicher als die Kombination mit Kognitiver Verhaltenstherapie.

Gegenbeispiele lassen sich finden. Aber das typische Ergebnis in der psychiatrischen Forschung lautet: Zwei plus zwei ergibt nicht vier.

Ähnlich wie Alkohol und Tonic scheinen auch Antidepressiva und die bunte Wundertüte Placebo- assoziierter Einflüsse über unterschiedliche Mechanismen zu wirken. Studien zur elektrischen Aktivität im Gehirn deuten darauf hin. Untersuchungen der University of California in Los Angeles (UCLA) haben gezeigt: In der präfrontalen Hirnrinde – einem Areal, das als bedeutsam für Depression gilt – zeigt sich bei Patienten, die später gut auf Antidepressiva ansprechen, frühzeitig eine verminderte Aktivität. Jene, die schließlich auf die Kontrollbedingung – also Scheinmedikamente plus niedrigschwellige Gespräche – ansprechen, zeigen dagegen eine gesteigerte Aktivität. (Bei Patienten ohne solche frühen Veränderungen der Hirnaktivität bleibt die depressive Symptomatik meist bestehen.)

Wenn diese Messungen aussagekräftig sind – also tatsächlich den Verlauf einer Besserung abbilden –, dann gilt: Placebo plus Gesprächsführung bewirkt etwas anderes als das Medikament. Es ist nicht so, dass das eine den ersten Teil des Weges abdeckt und das andere den Rest. Beide Interventionen verändern etwas – aber offenbar in unterschiedliche Richtungen. Die typische Reaktion in der Placebogruppe (gesteigerter Energieverbrauch im präfrontalen Kortex) zeigt sich bei medikamentös behandelten Patienten gar nicht – und kann daher nicht für deren Besserung verantwortlich sein. Wenn ein Medikament wirkt, dann auf seine eigene Weise – aufgrund seiner inhärenten pharmakologischen Wirkung. In ähnlicher Weise hat man unterschiedliche Muster der Hirnaktivität gefunden, die vorhersagen, ob ein Patient eher auf ein Medikament oder eher auf eine Psychotherapie ansprechen wird.

Möglicherweise – so haben verschiedene Fachleute vermutet – handelt es sich bei Depression um ein »verklemmtes Schaltsystem«. Eine starke Intervention – sei es durch Gespräche oder Medikamente – bringt bestimmte Hirnregionen aus dem Gleichgewicht und macht sie dadurch wieder empfänglich für äußere Einflüsse. Doch die Form und Richtung dieser »Störung« scheinen sich zu unterscheiden.

Unser Wissen über lokale Hirnaktivität und ihre Bedeutung für Depression ist noch begrenzt. Niemand weiß bisher genau, was diese unterschiedlichen Reaktionsmuster bedeuten. Aber auf eine vielsagende Weise stützen die Studien die Erkenntnis, die auch aus klinischen Studien hervorgeht: Die Effekte von Placebo und Antidepressiva summieren sich nicht einfach. Ein großer Teil dessen, was ein Antidepressivum bewirkt, geschieht durch seinen eigenen, eigenständigen Wirkmechanismus.

In einer Wirksamkeitsstudie testen wir letztlich ein komplexes Gemisch verschiedener spezifischer und unspezifischer Wirkfaktoren – bestehend aus Antidepressivum plus jener ganzen Wundertüte an Einflussfaktoren – um eine Messgröße für Veränderung zu erhalten. Auch die Placebogruppe liefert eine solche Messgröße, teils getragen von psychotherapeutischen Elementen, teils durch die Erwartung, gutes Wetter oder den Wunsch der Patienten, sich mit einem positiven Bild zu verabschieden.

Wie viel davon sollen wir nun abziehen?

Sicherlich nicht alles. Der Zugewinn durch minimale, supportive Psychotherapie? Der dürfte zum großen Teil auch durch das Medikament selbst abgedeckt sein.

In Studien zu Antidepressiva ist es nahezu ausgeschlossen, dass volle Additivität gegeben ist – und doch beruhen unsere Berechnungen, auch jene zur Effektstärke, auf genau dieser Annahme. Praktisch jede formale Schätzung der

Wirksamkeit von Antidepressiva geht von einem Rechen-Prinzip aus – dem der Subtraktion –, das weder wissenschaftlich belegt noch plausibel ist. Unsere Wirksamkeitsschätzungen fallen dadurch wahrscheinlich zu niedrig aus. In vielen anderen Bereichen der Medizin stellt sich das Problem der Additivität nicht. Die Kontrollbedingung – etwa Bettruhe in der Streptomycin-Studie – erfasst einfach den natürlichen Krankheitsverlauf. Doch bei affektiven Störungen, die sowohl auf psychologische als auch auf pharmakologische Einflüsse ansprechen, ist die Lage anders. Kirsch hat das ausdrücklich eingeräumt. In »Hearing Placebo« schrieb er, dass die Schlussfolgerung – Antidepressiva seien wenig wirksam – »auf der Annahme beruht, dass sich die Effekte von Medikament und Placebo addieren lassen. Diese Annahme besagt, dass sich der spezifische Effekt eines Medikaments vollständig in der Differenz zwischen Medikamenten- und Placeboeffekt widerspiegelt. Es ist jedoch auch möglich, dass sich diese Effekte nicht addieren. Vielleicht bewirkt das Medikament genau dieselbe Veränderung – selbst wenn kein Placeboeffekt vorliegt«.

Kirsch hielt es also durchaus für möglich, dass Antidepressiva so wirken wie Wodka in unserem Beispiel mit dem Wodka-Tonic: Der Medikamenteneffekt könnte andere Wirkfaktoren nicht nur ergänzen, sondern überflüssig machen – und das nicht nur im Hinblick auf emotionale Unterstützung, sondern auch auf den klassischen Placeboeffekt, also die Wirkung der Erwartung. Ein Medikament könnte vielleicht auch dann wirken, wenn der Patient gar nicht weiß, dass er es einnimmt.

Dazu schrieb Kirsch an anderer Stelle Folgendes:

>> Es ist auch möglich, dass sich die Wirkungen von Antidepressiva und die von Placebos nicht einfach addieren lassen – und dass die wahre Wirkung des Medikaments daher größer ist als der Unterschied zwischen Medikament und Placebo ... Alkohol und stimulierende Drogen beispielsweise entfalten zumindest in Teilen Effekte, die sich mit Placebowirkungen nicht additiv kombinieren lassen .... Wenn sich die pharmakologische Wirkung eines Antidepressivums nicht mit der Wirkung eines Placebos addieren lässt, könnten die lindernden Effekte des Medikaments selbst dann eintreten, wenn der Patient gar nicht weiß, dass er ein Medikament erhalten hat.«

Auch hier sagt Kirsch: Selbst, wenn Scheinpillen klassische Placebowirkungen auslösen, kann es ein Fehler sein, deren Effekt einfach von der Medikamentenwirkung abzuziehen.

Kirsch nannte zwar Gründe, warum man trotzdem von Additivität ausgehen könnte – doch sie wirken, so wie ich sie lese, entweder nicht überzeugend oder werden durch Ergebnisse seiner späteren Arbeiten selbst relativiert. Und meiner Ansicht nach schien Kirsch der Möglichkeit der Nicht-Additivität immer offen gegenüberzustehen. »Hearing Placebo« enthielt eine klare Herausforderung an die psychopharmakologische Fachwelt: Entweder wirken Antidepressiva nicht – oder, wenn sich ihre Effekte nicht mit denen des Placebos addieren lassen, liefern unsere Methoden ungenaue Resultate.

Weil in standardisierten Medikamentenstudien auch psychotherapeutische Elemente enthalten sind und weil Antidepressiva die Effekte einer Psychotherapie mitunter überlagern oder ersetzen, kann man sich nicht auf Additivität verlassen. Diese Unsicherheit stellt die evidenzbasierte Psychiatrie vor eine grundlegende Herausforderung: Unsere kontrollierten Studien, so wie sie bisher ausgewertet werden, könnten die Realität verzerren. Trotz Randomisierung ist eine systematische Verzerrung wahrscheinlich – ein methodischer Bias, der gegen Antidepressiva spricht. Wir wissen, dass Antidepressiva wirken. Wir wissen nur nicht genau, wie gut.

23
Dysthymie – Im blinden Fleck der Evidenz

Wenn Menschen das Wort *Depression* hören, denken sie meist an zwei ganz unterschiedliche Zustände. Der erste ist akut und überwältigend – eine Variante jener tiefgreifenden, lähmenden Schwermut, wie sie Irma durchlebte. Der zweite ist milder, aber anhaltend – ein düsterer Zustand, geprägt von Traurigkeit, Antriebslosigkeit, Gleichgültigkeit, emotionaler Verletzlichkeit und einem brüchigen Selbstwertgefühl. In meinen Jahren als Medizinstudent wurde diese abgeschwächte Form noch als Neurose bezeichnet (ein heute veralteter Begriff für eher leichtere, nicht-psychotische psychische Störungen). Während des Großteils meiner Zeit in der Praxis wurde sie unter dem Namen *Dysthymie* geführt.

Im aktuellen amerikanischen Diagnosemanual, dem DSM, ist die Dysthymie nun als eigenständige Störung gestrichen und in die Gruppe chronischer Depressionen eingegliedert worden. Die Weltgesundheitsorganisation hingegen klassifiziert die Dysthymie weiterhin als eigenständige Diagnose – und die meiste Forschung über chronisch-niedriggradige Depressionen der letzten 30 Jahre bezieht sich auf dieses Krankheitsbild. Ich bleibe hier deshalb bei dem Begriff.

Dysthymie bedeutet Traurigkeit oder ein emotionales Ausgebranntsein, kombiniert mit einer Reihe weiterer Symptome – an den meisten Tagen, über Jahre hinweg. Sie ist durchaus ernst zu nehmen. Wer mit einem dysthymen Menschen zusammensitzt, merkt schnell, dass man sich mitten im Terrain der Depression befindet.

Dysthyme Patienten sind vom Erleben von Freude abgeschnitten und besonders anfällig für Enttäuschungen. Schon kleine Demütigungen werfen sie aus der Bahn. Die Symptomatik kann in Wellen verlaufen, doch die schwereren Phasen sind nie weit entfernt. Für viele Betroffene scheint der Zustand tief ins Persönlichkeitsgefüge hineinzureichen. Dysthymie ist eine erhebliche Belastung. Studien zeigen, dass anhaltende, vermeintlich geringe Symptome auf Dauer genauso stark beeinträchtigen können wie schwere depressive Episoden, die zeitlich auseinanderliegen.

Oft berichten mir dysthyme Patienten von Blockaden, die alle Bereiche des Lebens betreffen können, von Schreibhemmung, Beeinträchtigung der Kreativität bis zum Verlust der Leistungsfähigkeit – im Beruf oder der Haushaltsführung. Viele klagen über Einsamkeit – auch wenn mir manchmal unklar bleibt, worin genau sie besteht. Häufig sind diese Menschen – wenn es um den Blick auf andere Menschen geht – scharfsichtig, klug und einfühlsam.

In der Psychotherapie sind dysthyme Patienten oft besonders zugänglich. Weil ihr Ringen chronisch ist, gehen sie in die Tiefe. Auch wenn die objektive Datenlage – wie wir noch sehen werden – eher dürftig ist, habe ich Psychotherapie bei Dysthymie immer als besonders hilfreich erlebt.

Allerdings gibt es auch ein häufig auftretendes Phänomen im Rahmen psychoanalytischer Behandlungen, das vielfach in der Literatur beschrieben wird: Bei neurotischen Patienten bleibt es oft bei der Einsicht – die Umsetzung in konkretes Handeln, das sogenannte Durcharbeiten, fällt schwer. An genau dieser Stelle können Antidepressiva besonders hilfreich sein – so jedenfalls meine Erfahrung, die sich, je länger ich selbst Antidepressiva verschreibe, immer mehr bestätigt. Ende der 1990er Jahre war es nicht ungewöhnlich, dass ich bei Patienten, die sich zwar selbst besser verstanden, aber dennoch nicht den Weg in ein zufriedenstellendes Leben fanden und weiterhin depressive Symptome zeigten, zu einem medikamentösen Versuch riet. Oft war es ein Antidepressivum, das das entscheidende letzte Element lieferte: Hoffnung, Antrieb, innere Ruhe – und damit den Anstoß zur Erholung.

Bei manchen genügte das Medikament allein: Sie fanden zu Energie und Zielgerichtetheit zurück. Sie fühlten sich wohl. Bei anderen war die erste Wirkung subtiler – eine Lockerung des erstarrten Gefühls der Unzulänglichkeit. Kleine Veränderungen ermöglichten große Schritte. Eine Ausstellung auf die Beine zu stellen, sich auf eine Ehe einzulassen, im Beruf nicht nur über Wasser zu bleiben, sondern auch erfolgreich zu sein – solche Erfolge schaffen neue, tragende Kontexte, die die Stimmung verbessern und dem Leben Sinn verleihen. Ich begann, SSRIs als Katalysatoren des Durcharbeitens zu sehen.

Im weiteren Sinne bestätigte auch die Forschung diese Beobachtungen. In der Frühphase evidenzbasierter Medizin stand in der Psychiatrie ausgerechnet die Dysthymie-Forschung an vorderster Front.

Ich habe den Begriff Evidenzbasierte Medizin – EBM – schon mehrfach verwendet, ohne ihn näher zu erläutern; hier nun ein Blick auf diese prinzipiell richtige Entwicklung der medizinischen Praxis. Die Bewegung trat Anfang der 1990er Jahre mit einem programmatischen Manifest im *Journal of the American Medical Association* ins Licht der Öffentlichkeit. Ziel war es – so formulierten es die Vertreter der EBM –, Ärzte dazu zu bewegen, sich weniger auf persönliche Erfahrung zu verlassen und stattdessen stärker auf Ergebnisse formaler Wirksamkeitsstudien.

Eine der gängigen Definitionen von EBM beschreibt sie als »die Integration der besten wissenschaftlichen Erkenntnisse mit klinischer Erfahrung und den Werten des Patienten«. Doch wie so oft steckt der Teufel im Detail.

Tatsächlich wurde von Anfang an in der Praxis der EBM die klinische Erfahrung häufig nur pro forma erwähnt. Im Vordergrund stand ein beinahe ausschließlicher Fokus auf randomisierte kontrollierte Studien und Metaanalysen – andere Formen von Wissen, etwa biologische Plausibilität, weniger formale Untersuchungen oder ärztliche Beobachtungen, wurden oft als zweitrangig behandelt oder vollständig ausgeblendet.

Viele Ärzte – auch ich selbst – standen diesem Konzept daher mit gemischten Gefühlen gegenüber. Schon der Begriff »evidenzbasiert« suggeriert ja, dass es auch eine »aberglaubensbasierte« Medizin gäbe – eine Vorstellung, die für jeden, der gewissenhaft arbeitet, eher beleidigend wirkt. Genau genommen sollte *jede gute Medizin immer auf Evidenz beruhen.*

Trotzdem hat EBM durchaus Fortschritte in der medizinischen Praxis bewirkt. Gerade in Bereichen, die bislang kaum systematisch erforscht worden waren, konnten Metaanalysen wichtige neue Einsichten bringen. Die erste große, auf EBM gegründete Studie in der Psychiatrie – erschienen 1999 – brachte eine solche zentrale Erkenntnis: Die Arbeitsgruppe um den Psychiater und Epidemiologen Mauricio Silva de Lima untersuchte, wie wirksam Antidepressiva bei Dysthymie sind. In dieser wegweisenden Arbeit, einer Metaanalyse kontrollierter Studien, konnte gezeigt werden, dass gängige Antidepressiva sowohl bei Dysthymie als

23 Dysthymie – Im blinden Fleck der Evidenz

auch bei weniger klar definierten chronisch leichten depressiven Störungen wirksam sind.

De Lima machte in diesem Zusammenhang eine Kennzahl bekannt, die in der evidenzbasierten Medizin eine große Rolle spielt: Der deutsche Begriff dafür lautet »Anzahl der Behandlungen, die nötig sind, um einen zusätzlichen Behandlungserfolg zu erzielen«. Im allgemeinen Sprachgebrauch hat sich jedoch die englische Bezeichnung »Number Needed to Treat« (NNT) durchgesetzt. Sie gibt an, wie viele Patienten behandelt werden müssen, um bei einem einzigen eine zusätzliche Besserung zu erzielen – also einen Effekt, der über das hinausgeht, was auch mit Placebo zu erwarten wäre.

Während sich die Effektstärke auf die durchschnittliche Veränderung der Symptome bezieht – also darauf, wie stark sich die Beschwerden beim typischen Patienten bessern –, zählt die NNT konkrete Fälle: Wie viele Patienten müssen behandelt werden, damit einer von ihnen im Vergleich zu einer Kontrollgruppe (z. B. mit Placebo) zusätzlich einen klaren Nutzen erfährt – etwa eine Remission, eine Besserung der Symptome oder eine Heilung.

Je kleiner die NNT, desto wirksamer ist die Behandlung. Eine NNT von 1 bedeutet: Jeder Behandelte profitiert. Eine NNT von 2 heißt: Einer von zwei Behandelten hat einen klaren Nutzen – sehr wirksam. Eine NNT von 10 bedeutet: Zehn Patienten müssen behandelt werden, damit ein einziger zusätzlich profitiert.

Bei der Behandlung der Dysthymie mit Antidepressiva – gemessen wurde der Erfolg daran, dass die Symptome sich um die Hälfte reduzierten, – fand de Lima eine NNT von knapp unter 4.

Die Ergebnisse der tatsächlichen Studien sprechen dabei eher für eine noch höhere Wirksamkeit der Medikation als das folgende vereinfachte Rechenbeispiel. Aber man kann sich das Resultat in etwa so vorstellen:

Wenn man vier Patienten mit einem Antidepressivum behandelt, geht es zwei von ihnen danach deutlich besser. Einer dieser beiden hätte sich allerdings vielleicht auch unter Placebo gebessert. Es braucht also vier Behandlungen, um bei einem einzigen Patienten einen zusätzlichen Nutzen durch das Medikament zu erzielen.

Angesichts der im vorherigen Kapitel schon diskutierten Additivität mag man dieser Form der Subtraktion mit Skepsis begegnen. Und in der Tat: Die NNT ist kein ganz einfacher Wert. Wenn zwei Patienten gut auf das Medikament ansprechen, kann man daraus nicht einfach schließen, dass nur einer von ihnen wirklich vom Wirkstoff profitiert hat. Es ist durchaus denkbar, dass bei beiden die antidepressive Wirkung direkt durch das Medikament ausgelöst wurde – biologisch vermittelt. Nur: Einer von beiden hätte sich vielleicht auch allein durch ärztliche Zuwendung und den natürlichen Verlauf gebessert.

Am besten versteht man die NNT als ein Vergleichsinstrument – ein Maßstab, der so weit verbreitet ist, dass sich damit Wirksamkeiten über medizinische Fachgrenzen hinweg einordnen lassen. In diesem Licht betrachtet stellt sich die Frage: Wie gut ist eine NNT von 4?

De Lima verglich seine Ergebnisse mit den Richtwerten aus einem Standardwerk der evidenzbasierten Medizin – »*Evidence-Based Medicine: How to Practice and Teach EBM*« von David L. Sackett – und kam zu dem Schluss, dass eine NNT von 4 als günstig zu bewerten ist.

Das wirkt zunächst kontraintuitiv. Wie beeindruckend kann schon eine Erfolgsquote von eins zu vier sein? Aber die NNT ist ein ernüchterndes Maß. Man ist es gewohnt, eine Schmerztablette zu nehmen – und der Kopfschmerz verschwindet. Idealerweise liegt die NNT bei 1, und solange man nicht genauer darüber nachdenkt, erwartet man oft, dass medizinische Behandlungen auf diesem Niveau wirken.

Die Zahlen, die Sackett anführt, zeigen jedoch, dass ärztliches Handeln oft nur bei einem kleinen Teil der Patienten tatsächlich einen klaren Unterschied macht: Ein häufig zitiertes Beispiel ist der Einsatz von Cholesterinsenkern (Statinen) zur Vorbeugung kardiovaskulärer Ereignisse wie Herzinfarkt.

Bei Männern über 65 Jahren ohne bekannte Herz-Kreislauf-Erkrankung und mit erhöhtem Cholesterin liegt die NNT bei etwa 80 bis 120. Für Frauen in derselben Altersgruppe ist sie in der Regel deutlich höher – meist über 200, teils bis zu 400, abhängig von der individuellen Risikokonstellation.

Bei Patienten mit bestehender Herz-Kreislauf-Erkrankung (Sekundärprävention) liegt die geschätzte NNT für Statine je nach Risikoprofil deutlich niedriger – etwa zwischen 25 und 100.

Oder ein anderes Beispiel: Man behandelt zehn verengte Halsschlagadern – also Carotiden, die das Gehirn mit Blut versorgen, – operativ mit einem sogenannten Roto-Rooter-Verfahren (gemeint ist hier die chirurgische oder kathetergestützte Aufweitung), dann verhindert man damit bei einem der zehn in den folgenden zwei Jahren einen Schlaganfall oder Todesfall.

In der Referenztabelle des Lehrbuchs war nur eine Intervention mit einer wirklich niedrigen NNT verzeichnet: die medikamentöse Behandlung von Patienten mit sehr hohem Blutdruck. Wenn das Risiko hoch genug war, ergab sich eine NNT von 3 – bezogen auf die Verhinderung von Herzinfarkt, Schlaganfall oder Tod. Behandelte man dagegen Patienten mit nur leicht erniedrigtem, aber immer noch krankhaft erhöhtem Blutdruck, sprang der Wert auf 128 – und das für fünf oder sechs Jahre täglicher Einnahme.

Bis in die späten 1990er Jahre wurde die NNT fast ausschließlich auf präventive Maßnahmen angewendet. Seither existieren auch Daten zur Behandlung bestehender Erkrankungen. Für Standardmedikamente bei Herzinsuffizienz, Schlaganfall oder chronischer obstruktiver Lungenerkrankung (COPD) liegen die NNT-Werte meist bei 20 oder höher. Nur bei Antibiotika für klar definierte Indikationen – etwa bei Harnwegsinfektionen – erreicht man ähnlich niedrige Werte wie in der Blutdruckbehandlung, zum Teil eine NNT von 3.

Und wie steht es mit den gängigen Schmerzmitteln gegen Kopfschmerzen – etwa Acetylsalicylsäure oder Paracetamol? Wenn man als Erfolgskriterium eine Schmerzreduktion um die Hälfte ansetzt, bewegt sich die NNT bei diesen Mono-Präparaten im Bereich von etwa 6 bis 10. Bei Kombinationspräparaten – zum Beispiel Acetylsalicylsäure plus Paracetamol plus Koffein – liegen die NNT-Werte günstiger, meist zwischen 4 und 5.

Berücksichtigt man also allein die Ansprechraten, schneiden SSRIs bei Dysthymie in etwa so gut ab wie die besser wirksamen Schmerzmittel-Kombinationen bei Kopfschmerz.

Bei Medikamenten, von denen ein kurzfristiger Nutzen erwartet wird, gilt eine NNT im einstelligen Bereich bereits als Hinweis auf eine hohe Wirksamkeit. Selbst Werte bis 10 können auf sinnvolle Therapien hindeuten. Bei schweren Erkrankungen, für die es kaum Alternativen gibt – etwa bösartigen, fortschreitenden Krebserkrankungen – greifen Ärzte mitunter zu Behandlungen, von denen statistisch nur ein Patient unter Hunderten profitiert.

Die NNT von 4 bei Dysthymie hat dabei einen zusätzlichen Vorteil: Wenn eine verengte Arterie behandelt wird, erfolgt der vollständige Eingriff – etwa eine Aufweitung durch Katheter oder Operation –, ohne dass man im Vorhinein weiß, bei wem er tatsächlich wirkt. Bei Antidepressiva ist das anders: Wenn bei einem Patienten mit Dysthymie die Symptome unverändert bleiben, kann das Medikament abgesetzt und eine andere Behandlungsform versucht werden. In unserem hypothetischen Beispiel mit vier Patienten bedeutet das Folgendes: Die beiden Non-Responder nehmen das Medikament schon nach kurzer Zeit nicht mehr.

Die belegte Wirksamkeit von Antidepressiva bei Dysthymie ist ein wesentlicher Grund für den kometenhaften Aufstieg von Fluoxetin. Imipramin hätte denselben Effekt wahrscheinlich auch erzielt – hatte allerdings wesentlich unangenehmere Nebenwirkungen, sodass man es nur Patienten mit besonders ausgeprägter Symptomatik verschrieb.

Gerade diese Eigenschaft der SSRIs – ihre Wirksamkeit bei Dysthymie – ist das große offene Geheimnis in der Debatte um Antidepressiva. Ich weiß, dass ich Marcia Angell hart kritisiert habe, aber ich nehme ihre Haltung dennoch als Gradmesser – als Ausdruck der Sichtweise medizinisch gebildeter, aber nicht psychiatrisch tätiger Beobachter. Offenbar kamen in den Studien, auf die sich Angell in ihrer Kritik bezog, Untersuchungen zur Dysthymie nicht vor.

Im Gespräch mit einem Kolumnisten des Boston Globe, der sich auf meinen Artikel im Sunday Review bezog, beklagte sich Angell über das – wie sie meinte – fehlende wissenschaftliche Fundament meiner Aussagen: »In seinem Artikel behauptet Kramer, es sei gut belegt, dass Antidepressiva bei chronischen und wiederkehrenden leichten Depressionen wirksam sind – aber wo ist der Beleg dafür? Das schreit nach einer Quelle. Sollen wir das einfach glauben, nur weil er es sagt?«

Dabei war die Quelle, auf die ich mich bezogen hatte, ohne Weiteres zugänglich. Ich hatte die Erfolgsraten zitiert, die man in der ersten Quelle findet, die erscheint, wenn man »Dysthymie« und »Metaanalyse« bei Google eingibt. Die Studie stammte aus dem Jahr 2011 und war eine aktualisierte Version der Arbeit von de Lima. Auch die neuere Auswertung kam im Wesentlichen zum gleichen Ergebnis. Bereits 2002 hatte die Cochrane Collaboration de Lima eingeladen, eine Version seiner Literaturübersicht beizusteuern. Er arbeitete dabei mit Joanna Moncrieff vom University College London zusammen – sie verfasste später gemeinsam mit

Irving Kirsch mehrere Publikationen und wurde zu einer prominenten Kritikerin des Einsatzes von Antidepressiva bei Depression. Doch damals fiel ihr gemeinsames Fazit auf der Cochrane-Website eindeutig aus: »Medikamente sind wirksam in der Behandlung der Dysthymie«. Diese Indikation für den Einsatz von Antidepressiva war somit einerseits offiziell anerkannt – und gleichzeitig in der öffentlichen Diskussion nahezu unsichtbar.

Die Forschung zur Dysthymie ist nicht besonders umfangreich. De Limas Studie von 1999 umfasste weniger als 2.000 Patienten, die aktualisierte Untersuchung von 2011 – die ältere Studien ausschloss – weniger als 1.500. Trotzdem ist die Evidenz überzeugend.

Da keine der großen Pharmakonzerne bei der US-Arzneimittelbehörde (FDA) eine Zulassung von Antidepressiva speziell zur Behandlung der Dysthymie beantragt hat, blieb dieses Forschungsfeld weitgehend verschont von den typischen Verzerrungen kommerzieller Studien. Die Arbeiten wurden durchweg im universitären Kontext durchgeführt – von Wissenschaftlern, die nach ihren eigenen Standards vorgingen. Häufig fanden die Studien in Ambulanzen statt, in denen die Patienten ihre übliche Versorgung erhielten.

Bei der Sichtung solcher Studiendaten machen sich Statistiker regelmäßig Gedanken über den sogenannten Schubladeneffekt (englisch: file drawer bias) – also über die Tendenz, dass enttäuschende oder negative Ergebnisse gar nicht erst veröffentlicht werden. Es gibt statistische Methoden, mit denen sich prüfen lässt, ob kleinere, ungünstig ausgefallene Studien in der Literatur fehlen. Diese Verfahren beruhen auf der Annahme, dass große Studien – weil viele Karrieren von ihnen abhängen und ihre Ergebnisse in der Regel überzeugender sind – mit hoher Wahrscheinlichkeit publiziert werden. Kleinere Studien hingegen haben es oft schwerer, veröffentlicht zu werden; zudem besteht sowohl auf Seiten der Herausgeber als auch der Geldgeber mitunter die Neigung, unvorteilhafte Daten nicht zu publizieren.

Liegt kein solcher Schubladeneffekt (auch als Publikationsbias bezeichnet) vor, dann sollten sich die durchschnittlichen Ergebnisse vieler kleiner Studien mit denen der wenigen großen decken. Genau dieses Muster zeigt sich in der Literatur zur Dysthymie – ein deutlicher Hinweis darauf, dass selektive Veröffentlichung hier offenbar keine nennenswerte Rolle gespielt hat.

Hinzu kommt: Die Ergebnisse der Studien sind nicht nur deutlich, sondern auch bemerkenswert konsistent. Eine Forschergruppe versuchte abzuschätzen, wie viele unveröffentlichte, weniger günstige Studien nötig wären, um die Befundlage zur Dysthymie ernsthaft ins Wanken zu bringen. Das Ergebnis: Es wären deutlich mehr als überhaupt veröffentlichte Studien existieren. Dieselbe Überlegung lässt sich auch auf künftige Forschung anwenden. Die Schlussfolgerung – eine deutliche Wirksamkeit von Antidepressiva – dürfte daher Bestand haben. Das überrascht wenig, denn in der klinischen Praxis erweisen sich diese Medikamente als ausgesprochen verlässlich.

Dass nahezu alle Studien zur Dysthymie veröffentlicht wurden, erscheint auch aus inhaltlichen Gründen plausibel. Über weite Strecken des 20. Jahrhunderts beanspruchten Psychotherapeuten die Behandlung sogenannter neurotischer Störungen für sich. Als Antidepressiva verfügbar wurden, hegten viele biologisch orientierte Forscher – einschließlich jener, die man damals als »Pharmakologen« verstand – Zweifel daran, ob solche Medikamente bei depressiven Zuständen helfen könnten, die eher als Teil der Persönlichkeit galten denn als klar abgrenzbare Krankheitsbilder. Vor diesem Hintergrund wären Studien, die eine mangelnde Wirksamkeit belegten, durchaus willkommen gewesen – sei es, um die therapeutische Deutungshoheit der Psychotherapie zu stützen oder um bestehende Konzepte biologischer Begrenztheit psychotroper Substanzen zu bestätigen.

Das Fachgebiet hatte sich gründlich geirrt. Im Jahr 2008 legten Bruce Wampold und andere Psychologen von der University of Wisconsin eine Übersicht zu Therapieergebnissen vor. (Ich schätze Wampolds Arbeiten zur Wirksamkeit von Psychotherapie sehr. Er zeigt, dass gemeinsame Faktoren aller Therapien – etwa die Arzt-Patient-Beziehung – einen Großteil des Behandlungserfolgs ausmachen, und dass der spezifische Nutzen der Kognitiven Verhaltenstherapie oftmals überschätzt wird.)

Wampold berichtete, dass »Medikamente in der Behandlung der Dysthymie signifikant wirksamer waren als Psychotherapie«. Er schränkte jedoch ein, dass die meisten Studien relativ kurz angelegt seien – oft nur über einen Zeitraum von vier Monaten. Die Wirkung der Psychotherapie könne sich auch erst später entfalten. Umgekehrt gelte aber ebenso: Wenn Patienten ein Medikament über längere Zeit einnehmen, wirkt es bei Dysthymie auch über ein Jahr hinaus zuverlässig weiter.

Später werden wir noch auf die sogenannte »Schweregrad-Hypothese« zu sprechen kommen – die Annahme, dass Antidepressiva am besten (oder ausschließlich) bei schweren, stark ausgeprägten Depressionen wirken. Doch selbst Vertreter dieser These machen eine Ausnahme: Wenn sie den Einsatz von Medikamenten bei leichten bis mittelgradigen depressiven Zuständen ablehnen, räumen sie doch ein, dass Antidepressiva bei Dysthymie wirksam sind. Mit anderen Worten: Medikamente helfen gerade bei jener Form der leichten Depression, für die sie in der Praxis am häufigsten verschrieben werden – bei einer milden, aber hartnäckig anhaltenden Verstimmung.

Warum die Forschung zur Dysthymie bislang so wenig Beachtung gefunden hat, lässt sich schwer erklären – doch gerade dieses Desinteresse hat die Debatte über Antidepressiva nachhaltig verzerrt. Denn das Bild vom Placeboeffekt trifft hier nicht zu: Antidepressiva haben sich wiederholt als wirksam bei einer chronisch belastenden psychischen Störung erwiesen.

Noch in den 1990er Jahren wurde die Wirksamkeit von Antidepressiva bei anhaltenden, niedrigschwelligen depressiven Zuständen bezweifelt. Entgegen dieser Erwartung zeigte eine Metaanalyse methodisch solider Studien, dass Medikamente in solchen Fällen tatsächlich helfen – und das bei einer ausgesprochen günstigen NNT.

Kurz darauf begannen Psychiater, medikamentöse und psychotherapeutische Verfahren gezielt miteinander zu kombinieren. Der Einsatz von Antidepressiva in der Behandlung von Patienten mit Dysthymie markiert eine zentrale Entwicklung der psychiatrischen Versorgung in der zweiten Hälfte des 20. Jahrhunderts – und evidenzbasierte Medizin war die treibende Kraft dahinter.

24
Verlaufskurven

Trotz aller Fortschritte im Verständnis und in der Anwendung von Antidepressiva waren die Jahre um die Jahrtausendwende für die Psychiatrie als Fachrichtung schwierig. Das Fachgebiet war zunehmend, und in wachsendem Maße fragwürdig, mit der Pharmaindustrie verflochten, während zugleich die Entwicklung neuer Medikamente ins Stocken geraten war. Im Jahr 2002 veröffentlichte *The Lancet* einen Leitartikel unter dem Titel: »Wie korrumpiert ist die Medizin inzwischen?«. Die Ausgaben für rezeptpflichtige Medikamente hatten sich zwischen 1997 und 2001 verdoppelt. Während die Pharmaindustrie florierte, schien es, als seien die medizinischen Disziplinen zu Tochterunternehmen der Industrie geworden.

Als illustratives Beispiel diente in dem Text der Fall eines Herausgebers des *British Journal of Psychiatry*, der für seine Mitarbeit an einer »Bildungsorganisation« bezahlt wurde – gesponsert von jenem Hersteller, der das Antidepressivum Venlafaxin (Handelsname: Efectin®) vertrieb. Eben dieser Herausgeber hatte kurz zuvor einen Artikel veröffentlicht, der das Medikament in einem günstigen Licht erscheinen ließ.

Die Popularität und die häufige Anwendung von Fluoxetin hatten inzwischen neben ihren positiven Seiten auch gegenteilige Entwicklungen hervorgebracht. Einerseits hatten sich die Gesundheitsbehörden jahrelang dafür eingesetzt, dass Hausärzte Depressionen früher erkannten – und nun begannen sie tatsächlich, diese regelmäßig zu behandeln. Da gut verträgliche Medikamente zur Verfügung standen, waren Patienten eher bereit, ihre Symptome als Ausdruck einer affektiven Störung zu erkennen und sich in Behandlung zu begeben. Autobiografische Berichte über Depressionen füllten die Regale der Buchhandlungen. Zweifellos hatte die gesellschaftliche Stigmatisierung nachgelassen.

Nun zeigte eine bereits in den frühen 1990er Jahren begonnene Langzeitstudie, dass sich die Verordnung von Antidepressiva innerhalb eines Jahrzehnts vervierfacht hatte. Die Klage, die Medikamente würden zu häufig verschrieben, wurde bald zum Gemeinplatz. Die Pharmakonzerne trugen mit gezielten Werbestrategien ihren Teil dazu bei.

Dieser Boom veränderte das Verhältnis zwischen der Pharmaindustrie und der Psychiatrie grundlegend.

Ein Fach, das zuvor ein Schattendasein geführt hatte, wurde plötzlich hofiert. Die Etats psychiatrischer Universitätsabteilungen vervielfachten sich, gespeist durch Zuwendungen der Industrie. Mit dem Geld kam der Einfluss. Klinische Wirksamkeitsstudien, früher akademisches Terrain, wurden nun von Industrievertretern betreut, die auch maßgeblich an der Gestaltung der späteren Fachartikel mitwirkten. Die Pharmakonzerne sahen sich dem Vorwurf ausgesetzt, negative Studienergebnisse und Nebenwirkungen ihrer Medikamente zu verschweigen – darunter Absetzphänomene und suizidale Krisen.

Die Sorge über geldwerte Zuwendungen von Pharmafirmen an Ärzte nahm zu. Wissenschaftler wurden dabei ertappt, dass sie die Meldepflichten ihrer Universitäten in Bezug auf Nebeneinkünfte umgingen. Niedergelassene Ärzte mit hohem Verordnungsvolumen erhielten Einladungen zu Konferenzen an Ferienorten.

Ich selbst fühlte mich lange relativ unbehelligt vom Einfluss der Industrie. Ich hielt keine von Firmen gesponserten Vorträge. Wenn ich – selten genug – an Konferenzen teilnahm, betrachtete ich die präsentierten Kurven und Grafiken mit Skepsis. Jeder wusste, welche Forscher besonders eng mit der Pharmaindustrie verbunden waren.

Im Jahr 2008 erstellte das *BMJ* – das heutige *British Medical Journal* – eine exklusive Liste von rund 100 sogenannten »unabhängigen medizinischen Experten«, also Persönlichkeiten, die es als unbeeinflusste Kommentatoren und Autoritäten jenseits pharmazeutischer Interessen ansah. Ich war einer von nur sechs Psychiatern auf dieser Liste.

Und doch ließ sich ein Gefühl von Scham und Frustration nicht abschütteln. Mein Berufsstand hatte seine Integrität beschädigt – wofür? Abgesehen von persönlichem Gewinn?

Seit den frühen Tagen von Fluoxetin hatte es keinen Durchbruch auf dem Medikamentensektor mehr gegeben. Gleichzeitig waren jene depressiven Patienten, die rasch und gut ansprachen, bereits behandelt worden. Was in den Praxen übrig blieb, war der harte Kern: Patienten, für die es keine offensichtliche oder verlässliche Hilfe gab.

Die Psychiatrie wurde Tag für Tag mit den Grenzen ihrer Behandlungsmöglichkeiten konfrontiert. In diesem Klima der Verunsicherung stieß Irving Kirschs nächste Veröffentlichung auf besondere Resonanz.

Mithilfe eines Auskunftsersuchens auf Basis des amerikanischen Informationsfreiheitsgesetzes hatte er Einsicht in die Studienakten jener Antidepressiva erhalten, die für die Zulassung bei der US-amerikanischen Arzneimittelbehörde FDA eingereicht worden waren. Damit konnte er nun den zentralen Einwand gegen seine Schrift »Hearing Placebo« entkräften – nämlich, dass sie auf einer willkürlichen Auswahl von Studien beruhte. Nun stand ihm die vollständige Datenbasis zur Verfügung: 100 Prozent der von der FDA gesichteten Studien.

Im Jahr 2002 veröffentlichte Kirsch seine Schlussfolgerungen unter dem Titel »The Emperor's New Drugs« (zu Deutsch etwa »Des Kaisers neue Medikamente«). Er stellte fest, dass die Wirkung von Antidepressiva noch geringer und die Kraft der Scheinbehandlung (Placebo) größer war, als er zuvor angenommen hatte.

Kirsch hatte Daten zu drei Antidepressiva analysiert: Fluoxetin, Venlafaxin und Nefazodon. Der Vorsprung der Medikamente gegenüber dem Placebo betrug auf der Hamilton-Skala lediglich zwei Punkte – das entspricht in etwa dem Rückgang eines einzelnen Symptoms. In Kirschs Formulierung leistete das Placebo 80 Prozent dessen, was die Medikamente bewirkten.

Eine erneute Analyse im Jahr 2008, bei der auch Studien zu Paroxetin berücksichtigt wurden, ergab für die vier Antidepressiva eine Effektstärke von 0,32 – ein geringer Effekt.

Kirsch muss zugutegehalten werden, dass er selbst auf eine methodische Unsicherheit seiner Schlussfolgerung hinwies: Falls das Prinzip der Additivität (siehe dazu ▶ Kap. 13) nicht zutreffe, könnten die Medikamente in Wirklichkeit besser wirken, als es seine Berechnungen vermuten ließen.

Dennoch hielt Kirsch die Wirksamkeit der Antidepressiva für begrenzt. Die britische Gesundheitsbehörde NICE – das National Institute for Clinical Excellence – hatte festgelegt, dass ein Unterschied von weniger als drei Punkten auf der Hamilton-Skala oder eine Effektstärke von unter 0,5 als klinisch nicht relevant gelten. Nach Kirschs Analyse erfüllten Antidepressiva diese Mindestanforderungen nur bei sehr schwerer Depression. Andere Psychiater, darunter Jamie Horder aus Oxford und Nassir Ghaemi von der Tufts University, kritisierten später Kirschs Umgang mit den Daten. Ihren Berechnungen zufolge zeigten die Medikamente auch bei mittelgradiger Depression eine signifikante Wirksamkeit.

Trotz der Diskussion über Aussagekraft und Methodik von Kirschs Berechnungen und seiner These der geringen Wirksamkeit von Antidepressiva entfalteten seine Interpretationen beträchtlichen Einfluss. In populärwissenschaftlichen Veröffentlichungen wurde es bald zur gängigen Behauptung, Antidepressiva wirkten überhaupt nicht – eine Schlussfolgerung, die ich für gefährlich halte.

Im Großen und Ganzen übernahm die psychiatrische Fachwelt Kirschs Zusammenfassung – nicht selten wohl auch deshalb, weil viele ihrer Vertreter eng mit der industrienahen Forschung verbunden waren und sich der Kritik schwerlich entziehen konnten.

Wenn Kirschs Gleichnis vom Kaiser ohne Kleider überhaupt so etwas wie den subversiven Witz enthielt, den ich ihm zunächst zugetraut hatte, dann lag er wohl darin, dass er Pharmakologen vor die Wahl stellte: entweder zuzugeben, dass ihre Pillen kaum mehr als veredelte Placebos seien – oder einzugestehen, dass große Teile ihrer Forschung schlicht schlecht gemacht seien.

Mit Letzterem hatte ich kein Problem. Viele Industrie finanzierte Studien sind miserabel – jedenfalls, wenn es darum geht, unsere zentrale Frage zu beantworten: *Wie stark* wirkt ein Medikament wirklich?

Denn so, wie der Zulassungsprozess der FDA aufgebaut ist, liegt der Anreiz für die Pharmaunternehmen darin, zu zeigen, dass ein neues Medikament mindestens ein wenig wirksam, vor allem aber sehr sicher ist. Eine mögliche Reaktion auf Kirschs Analyse, wonach die Daten nur eine begrenzte Wirksamkeit von Antidepressiva nahelegten, wäre schlicht zu sagen: Die Industrie hat genau das erreicht, was sie erreichen wollte.

Ich war mir jedoch sicher, dass Antidepressiva nicht in dem Maße enttäuschten, wie Kirsch es suggerierte.

Wir erinnern uns an Gene Glass und seine Metaanalysen: Vollständige Datensätze haben auch ihre Schattenseiten. Glass war das Risiko eingegangen, dass Phobiebehandlungen seine Ergebnisse dominierten. In Kirschs Analysen übernahm ein bestimmtes Antidepressivum eine besondere Rolle: Nefazodon [Anmerkung der Übersetzer: In Deutschland, Österreich und der Schweiz ist das Medikament aufgrund des Risikos von Nebenwirkungen seit 2003 nicht mehr zugelassen] war gewissermaßen das pharmakologische Pendant zur verhaltenstherapeutischen Behandlung von Schlangenangst in Glass' Metaanalysen – ein Ausreißer mit Gewicht.

Nefazodon war entwickelt worden, um auf die Serotoninverarbeitung im Gehirn in charakteristischer Weise einzuwirken. Aufgrund seiner besonderen chemischen Struktur bestand die Hoffnung, es könnte seltener als SSRIs zu sexuellen Funktionsstörungen und anderen Nebenwirkungen führen. Doch in den Studien blieb der erhoffte klinische Nutzen aus. Diese Kombination – mehrfaches Scheitern in Studien, gefolgt von einer Zulassung – ergibt sich aus den Spielregeln der FDA.

Die Behörde verlangt von den Herstellern seit Langem lediglich zwei positive randomisierte Studien. Ein Unternehmen kann beliebig viele Studien durchführen, in denen das Medikament schlecht abschneidet – solange es letztlich zwei Studien gibt, in denen es signifikant besser wirkt als Placebo.

Diese Politik basiert auf der Annahme, dass es schwer sei, Outcome-Forschung sauber durchzuführen. Wenn ein Medikament seine Wirksamkeit in einer Studie zeigt und ein zweites Mal bestätigt wird, ist die FDA geneigt, Ärzten den Zugang zu diesem Präparat zu eröffnen.

Daneben stellt die FDA weitere Anforderungen. Sie steht hohen Abbruchquoten skeptisch gegenüber und würde ein Antidepressivum, das mit Suiziden oder Suizidversuchen in Verbindung gebracht wird, schwerlich zulassen.

Um Studienteilnehmer zu halten und zu schützen, baut die Industrie unterstützende Maßnahmen in die Studien ein – das gesamte Studienumfeld wird möglichst angenehm gestaltet. Dass dadurch die Placebo-Ansprechrate in die Höhe schnellt, spielt dabei eine untergeordnete Rolle.

Das Ziel ist klar: eine möglichst hohe Therapietreue – also, dass die Probanden in der Studie bleiben, – und die Minimierung unerwünschter Ereignisse, bis schließlich zwei Studien zusammenkommen, in denen der Medikamenteneffekt statistisch klar über dem Hintergrundsignal liegt.

Da neue Medikamente bereits in einem sehr frühen Entwicklungsstadium patentiert werden, laufen die Pharmaunternehmen ständig gegen die Uhr des Ablaufs des Patentschutzes. Die Devise lautet: Mach deine Fehler schnell.

Der Fokus der Branche hat sich daher auf Patientenfluss verlagert – was bedeutete, dass man sich von Universitätskliniken als Durchführende von Studien abwandte und spezialisierten Testzentren zuwandte, die auf Studien im industriellen Maßstab konzentriert sind.

Diese kommerziellen Prüfeinrichtungen führen gleichzeitig mehrere Studien durch, rekrutieren Versuchspersonen über aggressive Werbung und bieten finanzielle oder anderweitige Anreize zur Teilnahme. Die Patienten sind oft nicht repräsentativ, mitunter auch wenig zuverlässig, aber in ausreichender Zahl verfügbar, um die Studien schnell abzuschließen.

Die an die FDA eingereichten Studien sind, mit anderen Worten, nicht darauf ausgelegt, die bestmögliche Wirksamkeit eines neuen Medikaments zu demonstrieren. Ziel ist es vielmehr, in kurzer Zeit zwei erfolgreiche Studien durchzuführen – unter Bedingungen, die die Probanden bei der Stange halten und kritische Ereignisse möglichst vermeiden.

Im Fall von Nefazodon wollte der Hersteller vermutlich besonders hervorheben, dass das Medikament wenige Nebenwirkungen hat, – und begann die Testreihen deshalb mit zu niedrigen Dosierungen. Selbst korrekt dosiert, machte Nefazodon als Antidepressivum einen schwachen Eindruck.

In diesem Fall zeigte sich die FDA ausnahmsweise ungewöhnlich großzügig: Offenbar wollte man den Ärzten eine weitere Option zur Verfügung stellen – ein Medikament mit einem alternativen Wirkmechanismus. Deshalb ließ man sich nicht von den Gesamtscores der Hamilton-Skala leiten, sondern berücksichtigte Teilskalen (wie sie etwa Per Bech vorgeschlagen hatte) sowie Faktoren wie unterschiedliche Abbruchraten.

Trotz der Zulassung konnte sich Nefazodon auf dem Markt nicht behaupten.

Nach einer Phase rascher Verbreitung rutschte es im Ranking der verschriebenen Antidepressiva bald ab. Im Jahr 2003 forderte die Verbraucherschutzorganisation Public Citizen die FDA öffentlich auf, Nefazodon zu verbieten – mit Verweis auf mögliche Leberschädigungen. Der Hersteller Bristol-Myers Squibb verzichtete darauf, sein Präparat zu verteidigen.

In Kirschs zusammenfassenden Berechnungen machten die Studien mit Nefazodon den größten Anteil aus – mehr als zu jedem anderen Antidepressivum. Da es bei den Hamilton-Werten immer wieder versagte, führte der Hersteller weitere Studien durch. Wenn man alles analysiert, dominiert jenes Medikament, das die meisten Studien brauchte, zwangsläufig den Gesamteindruck.

Eine genaue Analyse der Daten von Kirschs zweiter Arbeit zeigt: Lässt man die Nefazodon-Daten weg und betrachtet nur die verbleibenden Antidepressiva, ergibt sich – wie etwa Jamie Horder berechnet hat – ein Vorteil von etwa drei Punkten auf der Hamilton-Skala. Venlafaxin und Paroxetin würden damit die NICE-Wirksamkeitskriterien klar erfüllen, Fluoxetin läge leicht darunter.

Diese Unterscheidung – zwei oder drei Punkte – mag trivial erscheinen, doch sie wurde in Fachkreisen ausgiebig diskutiert. Ein Bericht, der besagt, dass SSRIs eines der Kriterien der britischen Behörde NICE erfüllen, aber ein anderes nicht, hätte es vermutlich kaum in die Schlagzeilen geschafft.

Das zweite Kriterium – eine Effektstärke von mindestens 0,5 – hat NICE offenbar schon kurz nach seiner Einführung wieder verworfen. Als praxisnäher gilt inzwischen ein Zielwert von 0,4, was einer NNT von etwa 4 bis 5 entspricht.

Mit dem 0,5-Kriterium setzte NICE den Anspruch an Antidepressiva höher an als an zahlreiche bewährte Präparate der Allgemeinmedizin.

Das Kriterium von drei Punkten auf der Hamilton-Skala lohnt eine genauere Betrachtung: Ein depressiver Patient kann diese drei Punkte bereits verlieren, indem er besser schläft oder in verschiedenen Einzelsymptomen – etwa Verstopfung, Agitiertheit oder gedrückter Stimmung – eine geringe Besserung zeigt. Diese Vorteile – also der Unterschied zwischen Medikament und Placebo – mögen durchaus willkommen sein. Aber warum sollte eine Gesundheitsbehörde sie als ausreichend betrachten?

Die Antwort: Durchschnittswerte verschleiern, wie deutlich einzelne Patienten profitieren, bei denen das Medikament tatsächlich wirkt. Drei Punkte Unterschied im Durchschnitt mögen gering wirken – sie bedeuten aber, dass in der Medikamentengruppe deutlich mehr Patienten eine echte, klinisch relevante Besserung erfahren haben als in der Placebogruppe.

Nach Kirschs provokanter These, Antidepressiva seien kaum wirksamer als Scheinmedikamente, gingen Forscher der Frage nach, wie sich Besserungen in Studien wirklich vollziehen – ob wenige stark profitieren oder viele nur ein wenig. Ein Team um John Davis – ich habe seine frühen Arbeiten mit Jonathan Cole bereits erwähnt – nahm sich dieser Frage an. Davis war ein angesehener Psychiater und gehörte zu den wenigen, die vom *BMJ* als unabhängiger medizinischer Experte gelistet wurden.

Im Jahr 2012 veröffentlichten Davis und seine Kollegen – federführend war Robert Gibbons von der University of Chicago – eine Auswertung des vollständigen Datensatzes aller von Eli Lilly gesponserten Studien zu Fluoxetin.

Das Ergebnis: Fluoxetin schnitt im Mittel nur 2,6 Punkte besser ab als ein Placebo auf der Hamilton-Skala. Doch wenn man über Durchschnittswerte hinaus auf individuelle Verläufe blickte, erwiesen sich die Daten als beruhigend: Ärzte mussten zwischen vier und fünf Patienten behandeln, um eine zusätzliche therapeutische Antwort zu erzielen.

Die Daten zu Venlafaxin waren ähnlich gut.

Nicht alle Ergebnisse in der Gibbons-Analyse waren so günstig – aber die grundlegende Erkenntnis war konsistent: Was Antidepressiva tatsächlich bewirken, zeigt sich erst, wenn man die individuellen Patientendaten betrachtet. Ein geringer Durchschnittsunterschied auf der Hamilton-Skala kann durchaus bedeuten, dass die Zahl der zusätzlich ansprechenden Patienten – also die NNT – im günstigen Bereich liegt. Tatsächlich berichteten viele Patienten, selbst unter den Bedingungen dieser nicht optimal konzipierten Studien, unter Antidepressiva von spürbarer Erleichterung.

Weitere Einsichten über Verlaufsmuster der Besserung kamen aus einer Untersuchung unter Leitung von John Krystal, dem damaligen Leiter der psychiatrischen Klinik in Yale.

Krystal hatte Zugriff auf den vollständigen Datensatz der Zulassungsstudien zu der neuen Substanz Duloxetin (Cymbalta®, Yentreve®), einem Imipramin-ähnlichen Antidepressivum, das sowohl auf Serotonin als auch auf Noradrenalin wirkt.

Die Cymbalta®-Studien enthielten zudem Vergleichsarme mit gängigen SSRIs wie Fluoxetin, Paroxetin oder Escitalopram (Cipralex®) – was es Krystal ermöglichte, auch deren Wirkmuster einzuschätzen.

Er fragte: Wenn ein depressiver Patient eine Pille erhält – sei es ein Medikament oder ein Placebo –, wie wahrscheinlich ist es, dass er dem einen oder dem anderen Verlauf folgt: dem Weg in Richtung Genesung oder dem in anhaltende Beeinträchtigung?

Für die Patienten unter Medikation – ob Cymbalta® oder ein SSRI – fand Krystal zwei deutlich unterscheidbare Verläufe: eine Gruppe, die auf das Medikament mit Besserung reagierte (Responder), und eine, bei der keinerlei Besserung eintrat (Non-Responder).

Etwa ein Viertel der Patienten gehörte zur Gruppe der Nicht-Ansprechenden (Non-Responder). Sie profitierten nicht einmal von jenem leichten Zugewinn, den viele Patienten in der Placebogruppe typischerweise erleben. Ihre Hamilton-Werte blieben nahezu unverändert – als hätte das Medikament sogar verhindert, dass sie vom unterstützenden Rahmen der Studie, wie die Patienten auf Placebo profitierten. Diese Patienten mit negativer Reaktion schneiden unter Placebo oft besser ab – und würden vermutlich sogar ohne jede Medikation besser fahren als unter dem getesteten Antidepressivum.

Offenbar war es nicht so, dass diese Patienten gar nicht reagierten – vielmehr reagierten sie negativ auf das Medikament. Ähnlich wie jene in David Healys Studien, bei denen bestimmte Antidepressiva zu einer Verschlechterung des Befindens führten.

Dieses ausgeprägte Nicht-Ansprechen – also ein völliges Ausbleiben jeglicher Besserung – drückt den mittleren Effekt in den Medikamentengruppen nach unten. Viele dieser Nicht-Ansprechenden (Non-Responder) brechen die Teilnahme vorzeitig ab.

Drei Viertel der medikamentös behandelten Patienten zeigten einen stabilen Genesungsverlauf.

Die Mehrheit dieser Gruppe mit einer messbaren voranschreitenden Besserung erfüllte auch die klassische Definition eines Therapieansprechens (Responder): Ihre Hamilton-Werte hatten sich mindestens halbiert. Eine kleinere Teilgruppe innerhalb dieser Patienten zeigte einen ähnlichen Verlauf, jedoch mit flacherer Kurve – ihre Symptome nahmen langsamer ab.

Die Autoren vermuteten, dass sich auch bei diesen langsamer ansprechenden Patienten mit längerer Nachbeobachtung ein stärkerer Effekt zeigen könnte – sodass sie schließlich doch die Schwelle eines konventionellen Therapieerfolgs erreichen würden.

Zur Erinnerung: In der Medikamentengruppe zeigten sich zwei klar unterscheidbare Verläufe – Nicht-Ansprechen und Ansprechen. Und die Mehrheit jener, die zur Gruppe der Ansprechenden zählten, besserte sich deutlich.

In der Placebogruppe hingegen zeigte sich nur eine einzige Kurve. Die Patienten unter Placebo erfuhren eine langsame Besserung – aber sie fielen mit der Zeit immer weiter hinter jene Patienten zurück, die unter einem wirksamen Medikament standen. Das heißt nicht, dass unter Placebo niemand genas. Manche Patienten verloren zahlreiche Symptome, andere verschlechterten sich. Aber das Gesamtbild unter Placebo war homogen: Die Verläufe sammelten sich entlang einer einzigen Linie, als ob im Kontrollarm der Studien im Wesentlichen ein einziger Mechanismus am Werk gewesen sei.

Krystals Methode offenbarte damit ein Muster, das uns bereits mehrfach begegnet ist: Placeboeffekte führen typischerweise zu kleinen Verbesserungen in verstreuten Symptomen – einem gewissen Auflockern der Gesamtlast. Antidepressiva hingegen zeigen ein anderes Bild: Etwa ein Viertel der Patienten fühlt sich so unwohl, dass sie nicht einmal vom allgemeinen sozialen Halt profitieren, den die Studienteilnahme mit sich bringt. Die übrigen drei Viertel verbessern sich kontinuierlich – die meisten sogar deutlich.

Und das Entscheidende ist: Krystal sah das, was auch Ärzte im klinischen Alltag sehen. Unter Antidepressiva bessern sich manche Patienten sichtbar und stabil. Andere hingegen kommen nicht zurecht – sie erleben Nebenwirkungen oder eine Verschlechterung – und müssen das Medikament wieder absetzen. Ärzte sehen keine Durchschnittswerte – sie sehen Menschen. Und an diesen Menschen zeigt sich: Die Medikamente wirken.

Rückblickend verleihen Krystals Ergebnisse der Debatte zwischen Dawes und Kirsch eine entscheidende neue Perspektive.

Kirsch hatte geschrieben, seine Auswertung bedeute, dass ein »typischer Patient 75 Prozent des Nutzens eines Medikaments auch durch ein wirkungsloses Placebo erhalten hätte«. Wie sich zeigt, verleitet uns diese Prozentformel zu einer anderen Art des Fehlschlusses. Wenn Antidepressiva einen Teil der Patienten auf eine durchgehend günstige Entwicklungskurve bringen, während Placebos vor allem zu kleineren, verstreuten Verbesserungen führen, dann ist es irreführend zu behaupten, 75 Prozent der unter Medikation erzielten Besserung seien in Wahrheit dem Placeboeffekt zuzuschreiben.

Erstens erleben etwa ein Viertel der Patienten unter Antidepressiva überhaupt keine Veränderung – sie gehören zur Gruppe der Nicht-Ansprechenden. Das bedeutet: Placeboeffekte können allenfalls den Anteil jener Besserung erklären, der bei den übrigen – also den tatsächlich Ansprechenden – beobachtet wird. Selbst wenn man die 75 Prozent wörtlich nähme, beträfen sie nur diese Teilgruppe – und in der Gesamtheit ergibt sich damit ein deutlich geringerer Anteil.

Zweitens aber spricht das Muster der Besserung selbst gegen diese Rechnung. Placebos bewirken typischerweise kleine, unspezifische Verbesserungen. Antidepressiva dagegen können bei einem Teil der Patienten eine ausgeprägte, systematische Genesung einleiten – mit klarer, stetiger Reduktion der depressiven Symptomatik. Diese markanten Verläufe ähneln in keiner Weise dem, was Placebos im Durchschnitt bewirken.

Das Modell typischer Krankheitsverläufe, ebenso wie neuere Befunde zur Hirnaktivität, spricht deutlich gegen das Prinzip der Additivität. Medikamente wirken für sich. Man darf annehmen, dass Patienten, die unter Medikation eine Besserung erfahren, nicht etwa eine Placebowirkung plus einen Zusatznutzen erleben, sondern eine gezielte Reaktion auf die pharmakologische Wirkung des Wirkstoffs.

Wenn das zutrifft, dann sitzen auch die behandelnden Ärzte keinem Irrtum auf. Ein Misserfolg kündigt sich deutlich an: Die Patienten sagen schlicht, dass es ihnen nicht besser geht. Und im Fall eines Erfolgs – da sie reale Antidepressiva erhalten – werden ihre Patienten eben nicht auf einer Placebokurve unterwegs sein, sondern einer der Besserungskurven folgen, die für medikamentöse Behandlung typisch sind – mit steilerem oder flacherem Anstieg, je nach Verlauf.

Kirschs »Kaiser«-Veröffentlichung gab den Anstoß zu Untersuchungen, die man in der Psychiatrie längst hätte anstellen sollen – etwa zur Frage, wie sich durchschnittliche Studienergebnisse zu den individuellen Entwicklungen einzelner Patienten verhalten.

Die Ergebnisse deuten darauf hin, dass die Effektstärke – jener Maßstab, den Gene Glass zur zentralen Kenngröße der psychischen Gesundheitsforschung gemacht hatte – mehr verbirgt als offenlegt. Doch Glass hatte recht, als er schrieb, dass Effektstärken im Bereich zwischen 0,3 und 0,5 als einigermaßen vergleichbare und faire Indikatoren für Wirksamkeit gelten könnten.

Mitunter helfen Antidepressiva mit einer Effektstärke knapp über 0,3 tatsächlich rund drei Viertel der Patienten, die sie einnehmen. In der alltäglichen Praxis mag der Behandlungserfolg mit Antidepressiva näher an dem liegen, was man unmittelbar beobachten kann, als bislang angenommen – mit nur gelegentlicher Verwirrung durch Placeboeffekte.

Diese Ergebnisse waren nicht das, wofür sich Kirsch eingesetzt hatte – aber die neue Klarheit ist durchaus als ein Verdienst seines beharrlichen Engagements zu werten. Ihm war es gelungen, die Aufmerksamkeit des gesamten Fachgebiets auf eine entscheidende Frage zu lenken.

25
Kein Mythos

Als ich über die Inspiration für dieses Buch sprach, erwähnte ich Nora – eine Frau, deren Leben durch die Einnahme von Antidepressiva wieder in Balance kam, die jedoch dennoch an deren Wirksamkeit zweifelte. Solche Begegnungen wurden in meiner Praxis häufiger, vor allem nach dem Erscheinen von Kirschs berüchtigtem »Kaiser«-Artikel. Doch die andere Entwicklung, die mich beschäftigte – die ablehnende Haltung von Ärzten gegenüber Antidepressiva – gewann erst später an Fahrt. Ich datiere diesen Umschwung auf das Jahr 2008, als im *New England Journal of Medicine* eine zu Recht vielbeachtete Studie erschien. Im Mittelpunkt stand dabei nicht die Frage, wie wirksam Antidepressiva sind, sondern wie mit den Studienergebnissen umgegangen wurde – genauer: welche Resultate den Weg in die wissenschaftliche Öffentlichkeit fanden und welche nicht.

Der Hauptautor, Eric Turner von der Oregon Health and Science University, äußerte später selbst seine Sorge, seine Arbeit werde missverstanden – nämlich als pauschale Zurückweisung antidepressiver Medikamente. Doch Turners Analyse stützte sich auf die Zulassungsdaten der FDA, und wie zuvor schon Kirsch kam auch er zu dem Ergebnis, dass die medikamentösen Effekte nur mäßig ausfielen.

Turner untersuchte das Publikationsverhalten medizinischer Fachzeitschriften. Dabei stellte er fest, dass im Wesentlichen nur solche Studien veröffentlicht worden waren, die eine positive Wirkung der Antidepressiva belegten. Studien mit enttäuschenden Resultaten blieben entweder gänzlich unveröffentlicht oder wurden in Kombination mit anderen Forschungsarbeiten präsentiert – auf eine Weise, die das wenig eindrucksvolle Abschneiden der Medikamente verschleiern konnte. Allerdings bildeten Studien zu Fluoxetin und zur CR-Variante von Paroxetin (Paroxetin Controlled Release) eine Ausnahme: Hier waren die vollständigen Daten schon länger öffentlich zugänglich, da es im Vorfeld Proteste gegen die Hersteller – Eli Lilly und GlaxoSmithKline – gegeben hatte.

Turner war klar, dass manche Studien möglicherweise so gravierende methodische Mängel aufwiesen, dass eine Veröffentlichung kaum gerechtfertigt gewesen wäre. Ebenso blieb die Frage offen, wie Herausgeber wissenschaftlicher Journale im Einzelfall hätten verfahren sollen – vorläufige Resultate eines Prüfpräparats, das womöglich nie zur Marktreife gelangt, besitzen zweifellos nur begrenzten Nachrichtenwert. Doch unbestreitbar war: Die Pharmaindustrie hatte ein starkes Interesse daran, ungünstige Ergebnisse unter Verschluss zu halten. Für jedes Medikament, das am Ende eine Zulassung erhielt, hätten Ärzte wie auch die Öffentlichkeit Anspruch auf die vollständigen Studiendaten gehabt.

Neue Regeln für die Durchführung klinischer Studien wurden bereits 2007 eingeführt – also noch vor Turners Enthüllung. Seither sind Pharmafirmen verpflichtet, ihre Studien im Voraus zu registrieren und die Ergebnisse in einer öffentlich zugänglichen Datenbank zu veröffentlichen. Turners Beitrag verlieh dieser Transparenz Bewegung jedoch zusätzlichen Nachdruck.

Für unsere Fragestellung besonders relevant war ein Wert aus Turners Analyse: eine durchschnittliche Effektstärke von 0,31 – was auf eine eher moderate Wirksamkeit hindeutet – und damit genau Kirschs Berechnungen entsprach. Turner bemühte sich nachdrücklich um Differenzierung: Jedes untersuchte Antidepressivum war seinem jeweiligen Placebo statistisch überlegen. Bei der Frage, ob sich die Behandlung mit Antidepressiva lohnt, verwies er auf Studien zur Lebensqualität – auch bei anhaltenden depressiven Symptomen berichten Patienten von einem verbesserten Wohlbefinden. Zudem wies er den von NICE gesetzten Schwellenwert von 0,5 als Kriterium für die Wirksamkeit zurück: Es sei, so Turner, »zweifelhaft, ob [Jacob] Cohen selbst die Anwendung dieses Schwellenwerts als Wirksamkeitsmaß je gutgeheißen hätte«.

Doch ungeachtet aller Vorbehalte – durch die Zahl von 0,31 erhielt die Sichtweise neuen Auftrieb, Antidepressiva hätten kaum einen Nutzen. Auch Turners Analyse war jedoch stark von Präparaten geprägt, deren Studien wiederholt enttäuschende Ergebnisse erbracht hatten – was angesichts der Zulassungskriterien der FDA kaum verwunderlich war.

Ich persönlich habe die Zulassungsdaten der FDA nie für eine verlässliche Informationsquelle zur tatsächlichen Wirksamkeit von Medikamenten gehalten. In den sogenannten »Kandidatenstudien« – jenen frühen Untersuchungen zu potenziellen neuen Wirkstoffen – ist der Kontakt zwischen Patient und Prüfer häufig intensiv und unterstützend, was die Placeboantwort deutlich steigen lässt. Die Studienteilnehmer selbst haben oft wenig gemein mit den depressiven Patienten, wie ich sie in meiner Ausbildung oder meiner Praxis erlebte. Mitunter werden die Dosierungen der Medikamente zudem auffallend niedrig angesetzt. Diese Art von Forschung beantwortet schlicht nicht die Frage, die für uns zentral ist: In welchem Maß hilft ein Antidepressivum, wenn es durchdacht und individuell angepasst bei einem typischen Depressionspatienten eingesetzt wird?

Dennoch stellte ich mir beim Erscheinen des Turner-Berichts die Frage, ob sich nicht doch ein Erkenntnisgewinn aus dem von ihm versammelten Material ziehen ließe – auch wenn die Studien nie darauf ausgelegt waren, die volle Wirksamkeit der jeweiligen Substanz zu belegen. Vielleicht, so hoffte ich, ließe sich aus dem vorhandenen Datenkorpus doch etwas über die klinische Relevanz von Antidepressiva ableiten.

Da die FDA der Auffassung ist, dass es schwierig sei, wirklich repräsentative Patientengruppen – also typische Fälle von Depression – für klinische Studien zu gewinnen, bevorzugt sie ein spezifisches Studiendesign: dreiarmige Studien, in denen ein neues Prüfpräparat nicht nur gegen Placebo, sondern auch gegen ein bewährtes Vergleichsmedikament – etwa Imipramin – antritt. Wenn in solchen Studien das etablierte Antidepressivum dem Placebo nicht überlegen ist, gilt die gesamte Untersuchung als »fehlgeschlagen«. Man geht dann davon aus, dass das Studiendesign mangelhaft war oder dass die untersuchte Patientengruppe nicht repräsentativ war. In einem solchen Fall zeigt sich die FDA gegenüber dem neuen Medikament besonders nachsichtig – selbst wenn auch dieses keine überzeugende Wirkung zeigt.

Roland Kuhns Überzeugung war, dass der wichtigste Faktor für den Erfolg einer klinischen Studie die Auswahl geeigneter Patienten sei. In diesem Punkt war sich die FDA mit ihm einig. Ich fragte mich daher, was wohl herauskäme, wenn man die Sichtweise der Behörde übernähme: Dass nämlich jene Studien am aussagekräftigsten sind, in denen ein bewährtes Antidepressivum wie Imipramin wirkt – und damit sozusagen die Tauglichkeit der Stichprobe bestätigt.

Solche vergleichsvalidierten Studien könnten aber noch aus einem zweiten Grund interessant sein. Psychologen, die den klassischen Placeboeffekt für zentral bei der Behandlung von Depressionen halten, schlagen inzwischen eine neue Art von Beweisführung vor. Ihrer Ansicht nach zeigen dreiarmige Studien – also solche mit zwei Antidepressiva und einem Scheinpräparat – besonders hohe Placeboantworten. Der Gedanke dahinter: Wenn Studienteilnehmer wissen, dass sie mit zwei Drittel Wahrscheinlichkeit ein echtes Medikament erhalten, steigt ihre Erwartung – und damit ihr Ansprechen. Sie schneiden dann besser ab als in Studien mit einem 50-50-Verhältnis. In diesen komplexeren Designs steigen allerdings auch die Wirkungsraten der Medikamente – wenn auch weniger stark. Gerade weil die Placeboantwort hier so hoch ist, stellen Studien mit Vergleichspräparaten eine besonders harte Prüfung für jedes neue Medikament dar.

Ich wusste, dass zwei Kollegen – Michael Thase von der University of Pennsylvania und Arif Khan von der Duke University – die FDA-Daten in ihren Computern gespeichert hatten. Also bat ich sie, eine Auswertung jener Studien vorzunehmen, in denen ein Vergleichspräparat zum Einsatz kam. Die Ergebnisse wurden bislang nicht veröffentlicht und sind daher noch nicht redaktionell geprüft oder von Fachkollegen begutachtet worden. Dennoch ist das statistische Verfahren klar nachvollziehbar – und basiert auf Daten, die auch vielen anderen Forschergruppen zur Verfügung stehen.

Der Datensatz der FDA umfasste 34 Kandidatenstudien mit insgesamt 8.134 Patienten, die alle dreiarmig angelegt waren – also mit Placebo, Vergleichspräparat und einem neuen Medikament, das schließlich zugelassen wurde. Am häufigsten wurden Imipramin und Amitriptylin als Referenzsubstanz verwendet. Doch als Patienten begannen, Studien mit älteren Medikamenten zu meiden, rückten zunehmend neuere Antidepressiva – oft Paroxetin – an deren Stelle.

In 19 dieser Studien schnitt das Vergleichspräparat schlechter als erwartet ab, es verfehlte die statistische Signifikanz. In genau diesen Studien betrug die Effektstärke des neuen Medikaments gegenüber Placebo im Mittel 0,29 – etwa jenem Wert entsprechend, den auch Kirsch und Turner in ihren Analysen gefunden hatten. Zusammengenommen ähneln die meisten FDA-Studien – die in der Regel ohne Vergleichspräparat durchgeführt wurden – also jenen dreiarmigen Studien, in denen das Vergleichspräparat versagte.

In 15 Studien hingegen war das Vergleichspräparat wirksam: Es zeigte einen signifikanten Vorteil gegenüber dem Placebo. In diesen Fällen – also bei validen Patientengruppen – lag die Effektstärke des neuen Medikaments bei 0,45. Diese Zahl ist vertraut. Sie entspricht jener Effektstärke, die Gene Glass in seiner Metaanalyse für Imipramin ermittelt hatte. Sie entspricht außerdem einer Number Needed to Treat (NNT) von 4.

Über alle Studien hinweg zeigte sich, dass die Ansprechrate in drei- und zweiarmigen Studien für ein und dasselbe Antidepressivum praktisch gleich war. Falls Patienten also tatsächlich ihre Chancen auf ein echtes Medikament kalkulieren – wie manche Placeboforscher annehmen –, schlägt sich das in den Daten kaum nieder. Der Anstieg der Placeboantworten in den letzten Jahrzehnten lässt sich vermutlich eher auf die unterstützenden Faktoren während der Studien zurückführen – auf die wir gleich noch zu sprechen kommen werden – sowie auf zunehmende Schwierigkeiten bei der Rekrutierung. Denn typische Depressionspatienten nehmen selten an Medikamentenstudien im Zulassungsverfahren teil. In diesem Licht erscheinen vergleichsvalidierte Studien – also solche, in denen Imipramin erwartungsgemäß wirkt – umso bedeutsamer.

Als ich die Ergebnisse dieser vergleichsvalidierten Analysen John Davis gegenüber erwähnte, zeigte er mir Auswertungen aus seiner eigenen, ebenfalls noch unveröffentlichten Übersichtsarbeit. Sie erzählten dieselbe Geschichte. Davis hatte eine umfangreiche Sammlung von Studien untersucht – teils an akademischen Einrichtungen durchgeführt, teils nie publiziert –, in denen Imipramin als Vergleichssubstanz für Fluoxetin, Sertralin oder Citalopram diente. In Studien mit mehreren tausend Patienten schnitten die neuen Medikamente im Vergleich zu den alten durchweg gleich gut ab – beide waren dem Placebo überlegen, mit durchschnittlichen Effektstärken im Bereich von 0,5, wie man sie auch von anderen medizinischen Behandlungen kennt. (Da Davis' Sammlung auch besonders hochwertige Studien enthielt, lagen die Effektstärken etwas höher als jene aus dem FDA-Datensatz.)

Ganz im Sinne von Kuhns Beobachtung zeigte sich dabei: Mit jedem Jahrzehnt sanken die gemessenen Wirksamkeitswerte aller Präparate. Doch immer hielten die neuen Antidepressiva Schritt mit Imipramin.

Davis' Analyse war von großer praktischer Bedeutung. In seinen Grafiken zeigt sich: Jedes der neuen Antidepressiva verläuft parallel zu Imipramin – es erreicht eine vergleichbare Wirksamkeit, allerdings mit einem stetigen Rückgang der in Studien darstellbaren Effektstärken über die Zeit. Das deutet darauf hin, dass nicht die Medikamente schwächer geworden sind, sondern die Studienbedingungen sich verschlechtert haben. Wie fehleranfällig auch immer die Methodik der FDA sein mag – sie hat der Ärzteschaft eine Reihe von Präparaten beschert, die in ihrer Wirksamkeit mit Imipramin mithalten können.

Unveröffentlichte Studien sind freilich immer nur begrenzt überzeugend. Umso glücklicher ist es, dass es auch veröffentlichte Analysen gibt, die als Gegengewicht dienen können. Per Bech und seine Kollegen haben einen anderen Zugang zu den FDA-Daten gewählt – über ihre kompakte Version der Hamilton-Skala. Diese Entscheidung konnte einen systematischen Schwachpunkt im Datenmaterial entschärfen: Wenn Prüfärzte Patienten in die Studien aufnahmen, deren Hauptbeschwerden etwa Kopfschmerzen oder Verstopfung waren, ignorierte die reduzierte Bech-Skala solche häufigen, aber für die Depression irrelevanten Symptome.

Bech untersuchte einen Datensatz, der dem von Turner ähnelte, einschließlich der bislang unveröffentlichten Studien. Überall dort, wo es ihm gelang, die Daten aufzuschlüsseln – und zwar gezielt nach den Kernsymptomen der Depression –, zeigte sich: Antidepressiva wirken, sofern sie in ausreichender Dosierung verabreicht werden. Bech fand Effektstärken, die von etwa 0,4 bei Fluoxetin bis zu 0,6 bei Escitalopram reichten.

Selbst wenn man alle Studien einbezieht – auch solche, die als »gescheitert« oder »nicht erfolgreich« gelten, – zeigt sich ein klares Bild: Konzentriert man sich ausschließlich auf die zentralen depressiven Symptome, so erreichen Antidepressiva ein akzeptables Wirkungsniveau. (Die Stärke dieser Werte dürfte ein Hinweis auf das Potenzial der Medikamente sein, jene Symptomdimension zu lindern, die Bech als das »depressive Syndrom« bezeichnet – also den Kern der Erkrankung, wie er sich auch bei unscharf diagnostizierten Patienten zeigt.)

Unsere Zweifel an der Wirksamkeit beruhen vielfach auf Messartefakten – auf Verzerrungen innerhalb jener Studien, die in der evidenzbasierten Medizin oft unkritisch übernommen werden. Wenn man die Hamilton-Skala auf das Wesentliche reduziert, zeigt sich, um es mit Bechs charmant formulierter Schlussfolgerung zu sagen: »Von einem Mythos bloßer Placebo-Aktivität kann bei den Antidepressiva der zweiten Generation keine Rede sein«.

In seinem Beitrag im *New England Journal of Medicine* hatte Turner für jedes Antidepressivum zwei Effektstärken gegenübergestellt: Zum einen jene hohe, scheinbare Wirksamkeit, auf die man kommen konnte, wenn man sich nur auf die publizierten Studien stützte; und zum anderen eine niedrigere Effektstärke, die sich aus dem vollständigen Datensatz ergab – also inklusive der unveröffentlichten Studien. Bech wiederum verwendete seine verkürzte Skala und fand Effektstärken für Fluoxetin, Citalopram, Escitalopram und Duloxetin, die höher lagen als jene, die Turner aus den positiv veröffentlichten Studien errechnet hatte. (Nur ein Antidepressivum, Mirtazapin, blieb knapp unter dem veröffentlichten FDA-Wert.) Dieser Befund galt für die volle Wirkstärke der Medikamente – und in den meisten Fällen auch für geringere Dosierungen. Die vermeintlich überhöhten Schätzungen zur Wirksamkeit von Antidepressiva, die auf den durchweg positiven Publikationen basierten, waren also womöglich eher zu niedrig.

Bechs Ergebnisse legen nahe: Auch wenn es in der Psychiatrie Skandale gegeben hat – auf Seiten der Industrie, der Berufsverbände, der Universitäten, der Fachzeitschriften oder der Aufsichtsbehörden –, so gab es in Bezug auf die Behandlungsergebnisse keinen klinischen Skandal. Im Gegenteil: Die möglicherweise aussagekräftigsten Effektstärken für Antidepressiva lagen höher als die veröffentlichten Werte. Ärzte rechnen ihre Verschreibungspraxis nicht wie Maschinen anhand von Metaanalysen zusammen – aber wäre je ein Automat so programmiert worden, hätte er mit Sicherheit *zu wenig verordnet*.

Dass Pharmafirmen und die FDA es versäumt haben, Ärzte und Öffentlichkeit umfassend zu informieren, bleibt inakzeptabel. Gleichzeitig glaube ich nicht, dass es bloßer Zufall ist, wenn eine Skala, die die klinische Realität abbildet, Wirksamkeitswerte hervorbringt, die genau dem entsprechen, was Ärzte aus Erfahrung für plausibel halten.

Diese verschiedenen Zugänge – die Fokussierung auf Kerndepressivität, die vergleichsvalidierten Studien, der Blick auf klinische Verläufe und Ansprechraten – kommen zu einem nüchternen, aber beruhigenden Ergebnis: Selbst in den Kandidatenstudien zeigt sich eine verlässliche Wirksamkeit der Antidepressiva.

25 Kein Mythos

Vertreter der evidenzbasierten Medizin beklagen häufig, dass Ärzte an dem festhalten, was sich in ihrer eigenen Praxis bewährt hat. Man solle sich stärker an den Ergebnissen klinischer Studien orientieren. Doch die ärztliche Erfahrung wirkt oft als notwendiges Gegengewicht – ein Ballast, der nützlich sein kann. Kirschs »Kaiser«-Artikel und Turners Kritik an den Publikationspraktiken erschienen in den frühen Jahren des neuen Jahrtausends. Ihre Berechnungen bescheinigten Antidepressiva nur eine moderate Wirksamkeit – und das könnte dazu geführt haben, dass manche Ärzte begannen, Antidepressiva seltener zu verschreiben oder ganz darauf zu verzichten. Genau diese Entwicklung befürchtete ich – und ich habe sie auch beobachtet. Doch spätere Analysen geben Entwarnung: Antidepressiva wirken heute genauso gut wie früher. Möglicherweise war der klinische Instinkt der Ärzte – ihre gleichmäßige, über Jahre hinweg gewachsene Einschätzung – letztlich treffsicherer und patientennäher als die schwankenden Signale aus der Forschung.

Was die FDA-Studien betrifft, so ziehe ich folgendes Fazit: Sie haben ihren Zweck erfüllt. Sie haben der Behörde geholfen, Medikamente zu identifizieren, die wirksam sind, gut vertragen werden – und das Bild der Depression nachhaltig verändert haben. Darüber hinaus aber taugen diese Studien wenig, wenn es darum geht, die tatsächliche Wirksamkeit von Antidepressiva zu beurteilen. Es ist geradezu erschütternd, dass eine so zentrale medizinische Frage – wie Depressionen am besten zu behandeln sind – auf der Grundlage von Studien geführt wird, die kaum etwas mit der klinischen Wirklichkeit zu tun haben.

Wie tief die Mängel des heutigen Studiensystems wirklich reichen, werden wir gleich sehen – im nächsten Kapitel, wenn wir ein Prüfzentrum besuchen und einen Blick auf kommerziell gesponserte Medikamentenstudien werfen. Was sich dort zeigt, ist beunruhigend. Wer Publikationen liest, stellt sich womöglich vor, wie Patienten in eine Praxis kommen und entweder ein Medikament oder eine äußerlich identische Placebopille erhalten. Doch mit dieser Vorstellung hat die heutige Realität nichts mehr zu tun. Die industrielle Arzneimittelprüfung ist längst eine Industrie für sich – und ihre Ergebnisse spiegeln immer weniger das wider, was in einer normalen ärztlichen Begegnung geschieht.

26
Intermezzo: Antidepressiva-Forschung in den USA – Ein Blick hinter die Kulissen

[Anmerkung der Übersetzer: Die folgenden Seiten schildern einen Besuch in einem kommerziellen US-amerikanischen Studienzentrum für die Erprobung neuer Antidepressiva. Die beschriebenen Verhältnisse – insbesondere die enge Verflechtung von Forschung und Pharmaindustrie, die Rekrutierung sozial benachteiligter Teilnehmer und der therapeutisch aufgeladene Charakter der Studienumgebung – lassen sich nicht ohne Weiteres auf den deutschsprachigen Raum übertragen. Gleichwohl erlaubt das Kapitel einen tiefen Einblick in die Strukturen der klinischen Forschung in den USA und wirft Grundsatzfragen auf, die auch hierzulande von Bedeutung sind: Wie repräsentativ sind die Probanden in Zulassungsstudien? Inwieweit beeinflussen soziale Faktoren den Studienverlauf? Und welche Rolle spielt das Setting selbst für den Behandlungserfolg?]

Das Studienzentrum liegt in einer wohlhabenden Vorstadt, gleich außerhalb einer der mittelgroßen Städte Amerikas. Jenseits der Stadtgrenze zeigen sich die vertrauten Spannungen des urbanen Lebens. Der Abzug der Mittelschicht in die Vororte und der Verlust gewerkschaftlich abgesicherter Arbeitsplätze – wir schreiben Oktober 2012 – haben eine unterversorgte Unterschicht zurückgelassen. Eine punktuelle Aufwertung der Innenstadt konnte an deren Lage kaum etwas ändern, während die entfernteren Vorstädte blühen.

Das Gebäude selbst ist ein verglaster Kubus mit Blick auf prosperierende Geschäftsviertel in der einen und gepflegte Wohngegenden in der anderen Richtung. Die Wartezone im zweiten Stock – mit Kunstfotografien und Ledersofas sparsam eingerichtet – vermittelt eine beruhigende Atmosphäre. Der Raum balanciert gekonnt zwischen behaglichem Ambiente und dem Anspruch auf Professionalität, zwischen Wärme und fachlicher Autorität.

Auch das Personal gehört zum Bild. Es wirkt wie der Querschnitt einer elitären Universität – jung, urban, multikulturell, mit schlanker Silhouette. Die meisten waren tatsächlich noch vor wenigen Jahren an eben solchen Einrichtungen. Wie die Einrichtung selbst strahlen sie Kompetenz aus, und ein wohlabgewogenes Maß an Fürsorglichkeit – professionell, aber mit Distanz.

Ganz anders die Patienten auf den Sofas: Viele sind übergewichtig, schlicht gekleidet, arbeitslos oder nur gelegentlich beschäftigt – was es ihnen erlaubt, tagsüber hierherzukommen. Sie leben weit entfernt, manche in Sozialwohnungen, andere in Obdachlosenunterkünften.

Der Grund, warum diese Männer und Frauen hier betreut werden, liegt darin, dass sie die Basis für das Einkommen des Studienzentrums sind – sie sind wertvoll. Geeignete Studienteilnehmer sind schwer zu finden. Das Personal ist entschlossen, sie zu halten.

Gewinnorientierte Studienzentren sind ein vergleichsweise neues Phänomen. Studienzentren bilden heute ein Parallelsystem zur regulären Versorgung in den USA: wissenschaftlich motiviert und sozial funktional. Pharmafirmen wie auch die FDA stellen heute hohe Anforderungen. Zulassungsstudien sind teuer: Eine placebokontrollierte Studie mit 100 Probanden kann 10 Millionen Dollar kosten – manchmal deutlich mehr, in Einzelfällen fast 100 Millionen. Niemand überlässt die Medikamentenprüfung noch den Amateuren.

Die Klinik, über die ich hier berichte, ist einflussreich. Die meisten großen Studien der Gegenwart werden an mehreren Standorten durchgeführt. Wer heute ein Antidepressivum einnimmt, das von der FDA in den letzten Jahrzehnten zugelassen wurde, kann davon ausgehen, dass ein Teil der Prüfung genau hier stattfand. Das Zentrum rekrutiert jedes Jahr über 1.000 neue Versuchspersonen, zwei Drittel davon für Studien zur Depression. Es finden hier mehr psychiatrische Kontakte statt als an der örtlichen Universität oder im Krankenhaus für Militärangehörige – also jener Institution, die in den USA speziell für ehemalige oder aktive Soldaten zuständig ist. Forschung erfordert deutlich häufigere Termine als die nach heutigen Maßstäben äußerst sparsame Regelversorgung.

Das Zentrum ist zu einer Art Nebenschauplatz im Gesundheitssystem geworden. Öffentliche Kliniken, finanziell ausgehöhlt, behandeln nur noch schwer beeinträchtigte Patienten. Wer nicht versichert und »nur« mittelschwer krank ist, erhält seine psychiatrische Versorgung hier.

Die Eingangsuntersuchung ist gründlich. Nicht selten erfahren die Teilnehmer im Rahmen des Screenings, dass sie schwanger sind. Auch Erstdiagnosen von Krebs, Herzkrankheiten, Hepatitis oder HIV kommen häufig vor. Wird ein Drogenmissbrauch festgestellt, führt das gelegentlich zu einer Weitervermittlung in eine geeignete Behandlungseinrichtung. Mitunter lohnt es sich sogar, einen Probanden »aufzubereiten« – also von der Straße weg von harten Drogen zu entwöhnen, um ihn dann in ein pharmazeutisches Studienprotokoll zu überführen.

Da im Zentrum ein Dutzend Studien parallel laufen, ergibt sich eine gewisse Arbeitsteilung. Wenn etwa für eine Angststudie rekrutiert wird, kann es vorkommen, dass bei der Aufnahme ein manisches Syndrom festgestellt wird – dann wird der Patient einfach in ein anderes Protokoll eingeschleust, etwa in eine Studie zu bipolaren Störungen.

Diese Überschneidungen sind willkommen, denn Studienteilnehmer sind kostbar. Zwischen Fernsehwerbung am Vormittag, Flugblättern in psychosozialen Tageszentren und Essenseinladungen in Suppenküchen – finanziert von kirchlichen Initiativen – kann das Zentrum jährlich bis zu eine Million Dollar für die Rekrutierung ausgeben, im Schnitt rund 1.000 Dollar pro neuen Teilnehmer. Das wäre noch teurer, gäbe es nicht den guten Ruf der Einrichtung. Sie lebt von professionellen Kontakten und vom Hörensagen – von ihrer Geschichte in der lokalen Gemeinschaft.

Die Unterstützung beginnt schon mit der Anreise. Die meisten Studienteilnehmer kommen mit einem Shuttlebus. Die Fahrtrouten reichen weit in ländliche Armutsgebiete, oft über Dutzende Meilen. Noch häufiger kommen Fahrten aus dem innerstädtischen Raum. Die Fahrer – sorgfältig ausgewählt, freundlich, mit Gespür für Menschen – kennen ihre Fahrgäste gut: Männer und Frauen, die schon mehrere Studien durchlaufen haben, oft eine nach der anderen. Die Fahrer sind Erzähler, Zuhörer, Vermittler. Sie bringen ihre Passagiere miteinander ins Gespräch. Wenn später bei der Befragung jemand nach einem erfreulichen Moment der vergangenen Woche gefragt wird, lautet die Antwort manchmal: »Die Fahrt hierher«.

Der Bus ist ein sozialer Treffpunkt. Während ich mitfahre, erzählt eine schläfrige Frau – arbeitslos, wohnhaft in einer Sozialbausiedlung – von ihrer Mädchengruppe, einem festen Kreis von Teilnehmerinnen, die gemeinsam mehrere Studien zu bipolaren Störungen durchlaufen haben. Einige sitzen mit ihr im Bus. Sie haben Sheila schon in manischen Phasen erlebt, witzig und schnell – darum akzeptieren sie auch, dass sie jetzt, gebremst durch die Depression, stiller ist. Die Fahrt gibt ihrem Tag Struktur. Sie bringt sie vom Obdachlosenheim ins Zentrum – und danach in ein Programm zur beruflichen Wiedereingliederung.

Unglück ist oft Thema. Die Teilnehmer berichten von Diebstählen, Gewalt, alltäglicher Demütigung. Die Fahrgäste stützen sich gegenseitig, fast wie eine Selbsthilfegruppe.

Doch viele Gespräche sind heiter. Eine Teilnehmerin erzählt von ihrer Schwester, die im Waisenhaus aufgewachsen ist und gerade ein Wiedersehen mit ihrer früheren Pflegemutter erlebt hat. Der Fahrer antwortet mit ähnlichen Geschichten aus seinem Umfeld. Man spricht über Sport. Über Musik. Und – vielleicht überraschend – auch über Mode, selbst Haute Couture.

Ich frage die Fahrgäste, warum sie sich für eine Studie entschieden haben. Geld spielt eine Rolle. Obwohl sie offiziell als Freiwillige gelten, erhalten die Teilnehmer zwischen 40 und 75 Dollar pro Interviewtermin. Die meisten Studien beginnen mit wöchentlichen Besuchen, später reduziert auf zweiwöchentliche Termine. Die Sozialhilfe in der Region liegt bei etwa 300 Dollar im Monat – eine Studienteilnahme kann das verfügbare Einkommen also um 50 Prozent erhöhen oder sogar verdoppeln. Für viele ist es das einzige Geld, über das sie frei verfügen können.

Die Ethikkommissionen legen Obergrenzen für finanzielle Anreize fest – damit niemand aus purer Not ein Risiko eingeht, das nicht in seinem Interesse liegt. Tatsächlich wären 50 Dollar für einen berufstätigen Angehörigen der Mittelschicht kaum ein Anreiz – schon ein Aufnahmetermin kann sechs Stunden dauern. Eine Nachuntersuchung von 90 Minuten gilt als kurzer Besuch.

Für Menschen in Armut und mit Depressionen liegt der Anreiz auf der Hand. Hier ist Geld zu verdienen – ohne mit jenen persönlichen Hürden konfrontiert zu werden, die eine reguläre Arbeit unmöglich machen. Die Fahrer des Zentrums kommen bis zur Haustür, helfen beim Aufbruch. Kein Arbeitgeber würde so viel für einen Mitarbeiter tun.

Während der Studiendauer genießen die Teilnehmenden ein höheres Einkommen, reichere Sozialkontakte, ärztliche und pflegerische Zuwendung, Zugang zu

Transportmitteln, Zeit in einer gepflegten Umgebung, strukturierte Tage – und ein Gefühl von Sinn. Im Bus ist sogar von Geldgeschenken an erwachsene Kinder die Rede. Das ist ein Luxus, den das zusätzliche Einkommen ermöglicht: die Fähigkeit, großzügig zu sein. Selbst bei der Einnahme von Placebo müsste es diesen Patienten eigentlich besser gehen.

Doch die finanziellen Anreize sind nur ein Teil des Bildes. Die Businsassen äußern Stolz, ihren Beitrag zur medizinischen Forschung zu leisten. Sie sagen auch, dass sie hier eine gute psychiatrische Versorgung erhalten – dass diese gleichsam Teil des Studienkonzepts ist.

Trotz allem verlaufen die psychischen Lebenswege dieser Menschen brüchig. Ist eine Studie zu Ende, können sie sich das Medikament, das ihnen geholfen hat, nicht leisten – oder es ist gar nicht mehr erhältlich. Diese Patienten werden Rückfälle erleiden – und sind dann erneut Kandidaten für kommende Studien. Und wenn sie keinen Rückfall erlitten haben, könnte es in ihrem Interesse liegen, einen solchen vorzutäuschen. Die Wochen in der Studie zählen womöglich zu den besten im ganzen Jahr.

Das gilt auch für jene, die nur Placebo erhalten haben – und trotzdem profitieren: von der Betreuung, der regelmäßigen Ansprache, der Möglichkeit, über Schmerz, Lebenslast und persönliche Geschichte zu sprechen.

Gerade in dieser Stärke liegt auch die Schwäche des Forschungszentrums. Es wird Personen halten, die vom sozialen Rahmen profitieren. Wenn diese das Programm loben und Gleichgesinnte anziehen, verstärkt sich das Problem durch Mundpropaganda. Die konsequente Ausrichtung auf Rekrutierung und Bindung garantiert eine hohe Placeboantwort.

Zweimal innerhalb von zwei Tagen hörte ich schwer depressive Männer – sie sprachen mit quälender Langsamkeit – sagen, dass sie außerhalb des Zentrums keinerlei soziale Kontakte hätten. Der einzige angenehme Moment ihrer Woche sei das Studieninterview.

Viele der Mitfahrenden wirkten auf mich kompetent und zugewandt. Die Depression hatte sie sozial abstürzen lassen. Ein Teil dessen, was das Zentrum ihnen bot, war Zeit in einem wohlhabenden Milieu – ein Lebensumfeld, das ihnen eigentlich hätte zustehen sollen.

Nicht alle Teilnehmenden kamen mit dem Bus, und nicht alle waren arbeitslos. Manche Patienten aus der Mittelschicht wollten tatsächlich einen Beitrag zur Wissenschaft leisten. Andere kamen, weil alle bisherigen Behandlungen gescheitert waren.

Dennoch hatten die meisten gute Gründe, zu Beginn einer Studie ihre depressive Symptomatik zu überzeichnen. Wenn man in der Literatur über »demand characteristics« liest – also über jene unausgesprochenen Erwartungen, denen sich Versuchspersonen anpassen, – stellt man sich subtile Dynamiken vor: den Wunsch, Autoritäten zu gefallen, oder den Willen, für eine Studie akzeptiert zu werden. In der Praxis aber war der Einfluss der Studiensituation auf die Antworten in Depressionsskalen überdeutlich.

Ich hörte es mit eigenen Ohren: relativ gesunde Menschen, die Symptome »bekannten«, die sie offensichtlich nicht hatten – nur um teilnehmen zu dürfen. Und umgekehrt schwer beeinträchtigte Personen, die Besserung vorgaben – ganz offenbar, um den Studienmitarbeiter zufriedenzustellen. Wahrscheinlich gab es auch das Gegenteil: Menschen, die sich an ihre Rolle als Kranke klammerten. Jede echte Medikamentenwirkung ging einher mit Bewertungen, die auch damit zu tun hatten, welchen Platz die Studie im Leben des jeweiligen Teilnehmers einnahm.

Und dann: die Härte des Alltags. Wer kaum Ressourcen hat, ist dem Alltag schutzlos ausgeliefert: Überfälle, Zwangsräumungen, existenzielle Rückschläge. Solche entmutigenden Ereignisse bringen Unruhe in den Verlauf – sie streuen Zufall in die Fortschrittskurven der Studienteilnehmer. Es ist schwer, die Wirkung einer Behandlung zu messen, wenn das Leben ein Sturm ist.

Für Patienten mit zerrissenen Lebensverhältnissen ist das Studienzentrum ein Ort der Stabilität. Es weckt Loyalität, weil es nach Exzellenz strebt. Morgens, während die Vans unterwegs sind, versammeln sich Ärzte, Pfleger, Apotheker, Techniker und Interviewer in einem hochmodernen Besprechungsraum. Eine Administratorin projiziert eine Tabelle auf die Leinwand – mit allen Interviews und Laborwerten. Auffällige Befunde und versäumte Termine sind rot markiert.

Wo ist Herr A.? – Er nimmt an einer Beerdigung teil. Die zuständige Raterin hat ihr Beileid übermittelt und will ihn am Mittwoch erneut anrufen. Die Frist zur protokollgemäßen Neubewertung endet am Freitag. – »Wir kümmern uns. Er schafft es.«

Herr B.s Leberwerte liegen knapp über dem Normbereich für diese Studie. Gibt es ein anderes Studienprotokoll, das diese Werte toleriert? Der Hausarzt wurde bereits informiert.

Frau C.s Testergebnisse zeigen Cannabiskonsum. Sie beginnt eine Beratung und hat sich verpflichtet, abstinent zu bleiben. Für die laufende Studie ist sie ausgeschlossen, soll aber nächsten Monat erneut getestet werden – für eine andere.

Vor Jahren hatte ich an Visiten eines zurecht gefeierten Programms für ambulant-aufsuchende psychiatrische Behandlung (Assertive Community Treatment, ACT) teilgenommen – einer Initiative, die chronisch psychisch Kranke durch Kontakte mit Arbeitgebern und Vermietern begleitete. Doch eine solche Konsequenz im Follow-up hatte ich nie erlebt. Auch nicht in den psychiatrischen oder allgemeinen Kliniken, in denen ich zuvor gearbeitet hatte. Keine von ihnen hatte die Effizienz dieses Zentrums erreicht.

Diese Qualität spüren auch die Studienteilnehmer – es ist verlässliche Aufmerksamkeit. Natürlich ist das Ziel des Zentrums nicht Gesundheit, sondern verwertbare Studienergebnisse. Es geht darum, einen Unterschied zwischen Wirkstoff und Placebo nachzuweisen – falls ein solcher besteht.

Pharmaunternehmen verlangen, dass möglichst viele Studienteilnehmer bis zum Ende der Untersuchung im Protokoll verbleiben – sogenannte hohe Verbleibsquoten. Bereits ein Ausfall von zehn Prozent kann problematisch sein. Denn wenn zu viele Probanden abspringen, droht ein systematischer Verzerrungseffekt: Die Ergebnisse könnten dann nicht mehr zuverlässig zeigen, ob das Medikament tatsächlich besser wirkt als ein Placebo. Diese Problematik ist eng mit der methodischen Frage verbunden, ob nur die sogenannten Completer ausgewertet werden – also jene, die die Studie tatsächlich beendet haben – oder ob man alle ursprünglich eingeschlossenen Teilnehmer berücksichtigt, im Sinn einer Intent-to-Treat-Analyse (vgl. hierzu die ausführliche Diskussion in ▶ Kap. 12).

Wirtschaft und Wissenschaft fordern also eine Atmosphäre, die einladend wirkt. Das Zentrum nimmt diesen Anspruch ernst – es neigt zur Unterstützung, weiß aber zugleich: Zu viel Nähe treibt die Placeboantworten in die Höhe.

Diese Balance verkörpern die Rater. Die besten unter ihnen verfügen über eine bemerkenswerte Fähigkeit zur fein dosierten Empathie – sie zeigen Anteilnahme, ohne therapeutische Nähe vorzutäuschen. Die Gesprächsführung wirkt persönlich, aber bleibt stets professionell. Die Gruppe ist eingespielt und wachsam: Neue Mitarbeiter, die sich nicht in diese Kultur der kontrollierten Zugewandtheit einfügen, werden nicht aktiv ausgeschlossen, aber sie bleiben nicht lange – als würde das System selbst sie aussortieren.

Sobald man ein solches Studieninterview miterlebt hat, fragt man sich nicht mehr, woher die Placeboeffekte kommen. Medikamentenstudien können sich hinziehen. Ein Patient beginnt seinen Termin mit einer Blutdruckmessung. Zwei Werte weichen voneinander ab. Das Protokoll verlangt aufeinanderfolgende Messungen innerhalb enger Grenzen. Zwischen den Messungen ist eine längere Pause vorgeschrieben. Der Rater überbrückt diese Zeit mit einem Gespräch über frühere berufliche Erfolge des Patienten. Der Mann, anfangs nervös, übernimmt zunehmend die ruhige Haltung des Raters.

Manche Begegnungen wirken steif, fast mechanisch – ganz auf das Ausfüllen der Bewertungsbögen konzentriert. Doch die meisten Gespräche gleichen einer Psychotherapie. Das zeigt sich besonders bei Allison, der am meisten geschätzten Raterin des Zentrums. Sie ist bekannt dafür, hohe Verbleibsquoten mit präzisen Bewertungen zu verbinden.

Allison arbeitet sich nie einfach durch eine Liste. Sie lässt die Studienteilnehmer erzählen. Der Anfang gleicht dem Wiedersehen mit einer alten Freundin. Was ist aus dem Sohn geworden, der Ärger mit dem Gesetz hatte? Für mich ähnelt das ideale diagnostische Interview dem Vorgehen einer Neonatologin im Kreißsaal: Während sie das Neugeborene mustert, seine Finger und Zehen betrachtet, beantwortet sie ruhig die Fragen der Mutter – und weiß doch nach wenigen Minuten, ob alles in Ordnung ist. Wenn nicht, hat sie bereits eine Diagnose im Blick oder einen Plan, um zu einer zu gelangen.

So arbeitet allison. Sie weiß, was es bedeutet, mit kleinem Budget Teenager großzuziehen oder kranke Eltern zu pflegen. Ihre Haltung vermittelt Erfahrung und Gelassenheit.

Eine Teilnehmerin, Verna, hat Schwierigkeiten am Arbeitsplatz und macht andere dafür verantwortlich. Wegen eines Konflikts mit ihrer Vorgesetzten hat sie eine Versetzung beantragt. Anders als ihre despektierliche Chefin hört Allison ruhig zu und lässt Vernas Sichtweise gelten. Während sie ihre Beschwerden ausbreitet, beginnt Verna, sich selbst zu raten, keine vorschnellen Entscheidungen zu treffen, um ihre Chancen nicht zu gefährden. Sie erkennt plötzlich auch Vorteile an ihrem bisherigen Arbeitsplatz – klarere Zuständigkeiten, geringeres Risiko des Scheiterns. Ihre Fähigkeit, die Alternativen abzuwägen, wächst. Elemente der Hamilton-Skala treten zutage. Vernas Schlaf hat sich verbessert. Sie isst wieder regelmäßiger. Ihre Bereitschaft, soziale Kontakte aufzunehmen, fehlt allerdings noch. Würde man dem Gespräch lauschen, ohne den Kontext zu kennen, käme man kaum auf die Idee, dass hier Depressionswerte erhoben werden.

Ich gratuliere Allison zu dieser meisterhaften Gesprächsführung. Ich habe das Gefühl, ziemlich genau zu erkennen, wie viel von Vernas Einschränkungen der Depression geschuldet ist – und was eher stabile Charakterzüge sind.

Allison seufzt: »Wir sind mit ihr jetzt verheiratet«. Beim Erstinterview hatte Verna sämtliche Items der Hamilton-Skala mit hoher Ausprägung bestätigt. Mit einem derart überhöhten Depressionswert ins Studiendesign eingetreten, ist bei ihr zwangsläufig eine Besserung zu verzeichnen – ob mit Medikament oder Placebo. Wenn die Gespräche mit Allison zusätzlich helfen, schwächt das den statistischen Kontrast weiter. Vernas Erholung ist erfreulich – belastet aber die Studie.

Als die Entwickler der in ▶ Kap. 12 beschriebenen NIMH-Studie von »Minimal Supportive Psychotherapy« sprachen, hatten sie ganz offensichtlich niemanden wie Allison vor Augen. Nichts an ihrer Wirkung ist minimal. Ich habe Kollegen aus Psychiatrie und Sozialarbeit supervidiert, doch nur wenige hatten Allisons Gespür für Situationen und ihre Gabe, Menschen in ihrer Gegenwart zur Ruhe kommen zu lassen. Viele Patienten stammen aus Familien, in denen Vernachlässigung oder Unverständnis die Regel waren. Wer dann einfühlsam und aufmerksam behandelt wird, fühlt sich gesehen – unabhängig davon, dass Allisons Motivation in einer möglichst präzisen Bewertung und hohen Retentionsraten liegt. Sofern ihre Depression nicht völlig festgefahren ist, werden Probanden in Allisons Interviews Fortschritte machen.

Über den Transport im Bus, den Kontakt zu anderen Studienteilnehmern, das Gespräch mit Allison und den strukturierten Ablauf des Zentrums bietet das Studieninterview eine Vielzahl von therapeutisch wirksamen Elementen: Sinn, Struktur, Gemeinschaft, Aufmerksamkeit, Bestätigung, Respekt, Vertrauen, Einsicht, medizinische Betreuung, finanzielle Unterstützung und eine sichere, ansprechende Umgebung. Das Gespräch transformiert eine diffuse persönliche Katastrophe in klar benennbare Krankheitssymptome. In heutigen Antidepressiva-Studien vergleicht man nicht Placebo gegen ein aktives Medikament, sondern Psychotherapie plus Placebo mit Psychotherapie plus Medikament.

Wie wir aus dem Kapitel zur Additivität wissen: In einer solchen Versuchsanordnung, in der große Teile des Placeboeffekts eigentlich Psychotherapieeffekte sind, versagen klassische statistische Berechnungen. Weil das Medikament manches von dem vorwegnimmt, was Psychotherapie leisten würde, zieht man beim Vergleich zwischen Placebo- und Medikamentengruppe zu viel ab.

In meiner Facharztausbildung hatte unser Gruppenpsychotherapie-Leiter ein Mantra: »*Niemand wird von einer guten Erfahrung schlechter*«. Gemeint war: Psychoanalytische Deutungen sind nicht das Einzige, was wir geben können. Das Studienzentrum bietet eine gute Erfahrung – ganz ohne klassische Placeboelemente wie Hoffnung auf ein wirksames Medikament. Wer diesen Studienbetrieb einmal miterlebt hat, wundert sich nicht mehr über hohe Ansprechraten in den Kontrollgruppen oder darüber, dass sich die Wirksamkeit von Antidepressiva so schwer belegen lässt – selbst, wenn sie ebenso gut wirken wie Imipramin.

Implizite Therapie hat ihre tückischen Seiten. Wenn ein Medikament ernsthafte Risiken birgt und die Teilnehmer im Bus darüber gut informiert wären – könnten sie sich dann wirklich frei gegen eine Studienteilnahme entscheiden? Oder ist die Rolle des Zentrums in ihrem Leben so zentral, dass sie sich faktisch verpflichtet fühlen – und damit nicht mehr in der Lage sind, sich selbst zu schützen? Es ist leicht, sich gravierende medizinische und ethische Probleme vorzustellen.

Die Kompetenz und das Geschick, mit dem die Mitarbeiter des Zentrums ihre Aufgaben erfüllen, werfen Fragen auf: Warum findet sich diese Exzellenz in einem kommerziellen Unternehmen, das der Pharmaindustrie verpflichtet ist – und nicht in unserem öffentlichen Gesundheitswesen? Warum ist erschwingliche, kompetente Versorgung ausgerechnet bei jener psychischen Erkrankung, die so gut behandelbar ist wie kaum eine andere – der Depression –, nicht flächendeckend verfügbar? Die Organisation, die ich mir erträumt hatte, als ich in gemeinnützigen Kliniken ambulante Dienste leitete, ist hier Realität geworden – ausgerechnet in einem Zentrum, das im Auftrag der Pharmaindustrie arbeitet.

Wenn man einmal Medikation und Psychotherapie beiseitelässt: Vielleicht könnten Menschen mit Depression schon davon profitieren, wenn man ihnen emotionale Unterstützung in einem Tageszentrum oder einem subventionierten Wohnprojekt anbietet. Vielleicht hilft es, sie zu ermutigen, morgens aufzustehen, sie zu Terminen zu bringen, ihnen Gelegenheiten zum Austausch zu geben – oder einfach den Kontakt zu Menschen zu ermöglichen, die sie mit Respekt behandeln. Wenn schon bescheidene finanzielle Anreize so viel bewirken: Warum setzt man sie nicht ein, um erfolgreiche Teilnahme an Ausbildungs- oder Beschäftigungsprogrammen zu belohnen? Der auf Kandidatensubstanzen ausgerichtete Forschungsbetrieb fußt letztlich auf Versäumnissen in unserer sozialen Infrastruktur.

Obwohl das Zentrum auch Obdachlose in Studien aufnahm, bemühte man sich nicht vorrangig um sie – das Risiko von Studienabbrüchen galt als zu hoch. In anderen »Contract Research Organizations« jedoch – meist kleinere Einrichtungen, die Suchtforschung betreiben oder in frühen Phasen antipsychotische Substanzen für die Behandlung der Schizophrenie testen – gelten Obdachloseneinrichtungen als vorrangige Rekrutierungsorte. Ich hatte es also mit dem weniger anrüchigen Ende des kommerziellen Studienbetriebs zu tun – und selbst das war schon beklemmend genug.

Carl Elliott, ein Kollege seit der Zeit von »*Listening to Prozac*«, hat sich intensiv und kritisch mit der Auswahl von Probanden in profitorientierten Medikamentenstudien beschäftigt. Er schrieb: »Es scheint unvermeidlich, dass diese Jobs bei Menschen landen, die keine besseren Optionen haben«. In der Krebs- oder Demenzforschung ist das anders: Dort beteiligen sich Patienten quer durch alle Schichten an Studien zu noch unbewiesenen Behandlungsformen – die Forschung lebt hier von einem anderen Unglück: Es fehlen wirksame Therapien. Bei der Depression hingegen garantiert die nachgewiesene Wirksamkeit bestehender Medikamente, dass die Ärmsten als Versuchspersonen für neue Präparate herhalten müssen.

Die Mitarbeiter des Zentrums zeigten durchaus ein Bewusstsein für die ethischen Dilemmata ihrer Arbeit. Meist jedoch äußerten sie Stolz: Das Zentrum sei eine Korrektur dessen, was im Gesundheitssystem schiefläuft. Die Rater sind überzeugt davon, dass Arzneimittelentwicklung und klinische Prüfung wesentliche Fortschritte ermöglichen, dass der Markt der richtige Ort für diesen Fortschritt sei – und dass es fair sei, den Eindruck einer einfühlsamen und kompetenten Behandlung zu vermitteln, weil die diagnostische Einschätzung genau das darstelle.

Ohne dieses Argument vollständig entwerten zu wollen – ich hatte ja selbst gesehen, welche Rolle das Zentrum im Leben vieler Probanden spielte –, verspürte ich bei meinem Besuch durchgehend ein Unbehagen. Was ich erlebte, war ein Prozess, der zugleich moralisch wie wissenschaftlich verstörend war.

Mein Eindruck war: Bei der Prüfung neuer Antidepressiva sind wir in eine Sackgasse geraten. Der Fluch von Roland Kuhn ist in voller Wirkung. Reine, unkomplizierte Depressionsverläufe sind schwer zu finden. Weil geeignete Probanden rar sind, springen die Ärmsten der Armen ein. Rater müssen besonders unterstützend auftreten. Und so weiter. Diese Schwierigkeiten ließen mich die Haltung der FDA, woran sich Wirksamkeit erkennen lässt, mit mehr Verständnis betrachten. Wenn in diesem Umfeld zwei positive Studien zustande kommen, dann liegt mit hoher Wahrscheinlichkeit ein wirksames Medikament vor.

27
»Rate What You See« – Was wir sehen und was wir übersehen

Mein Besuch im Studienzentrum ließ mich nun endgültig an der Aussagekraft von Bewertungsskalen zweifeln – dem Fundament fast aller Diskussionen über die Wirksamkeit von Antidepressiva. Schon in meinen ersten Schriften hatte ich die mechanische Einschätzung von Patienten kritisiert. Wie Roland Kuhn glaube ich, dass sich die Tiefe einer Depression oft erst allmählich zeigt. Schwerwiegende Depression kann sich im Moment in nur drei Symptomen äußern, während eine leichte ein Dutzend Beschwerden mit sich bringen kann.

Was ich damals unterschätzt hatte, war die Schwierigkeit einer scheinbar simplen Aufgabe: dem Ankreuzen von Kästchen auf einer Bewertungsübersicht. Das Zentrum erstellt Einschätzungen zum Schweregrad der Erkrankung – und das ist keine leichte Aufgabe. Wenn wir den Menschen als Ganzes falsch verstehen, werden wir auch bei den Details falsch liegen.

Ein Beispiel aus einem Interview, das ich miterlebte: Albert, ein nervöser, abgekämpfter Mann mittleren Alters, ist seit vier Wochen in einer Medikamentenstudie – entweder mit einem Antidepressivum oder einem Placebo. Die Raterin fragt: »Zittert Ihre Stimme in stressigen Situationen?«

»Unter Stress?« Alberts Stimme wird höher, bricht weg und zittert. »Ich würde sagen nein«, krächzt er.

Die junge Frau tippt auf ihrem Tablet: Ja oder nein?

Die Antwort scheint offensichtlich. Die Hamilton-Skala ist eine Fremdeinschätzungsskala – eigentlich soll der Interviewer den Grad der Angst bestimmen. Doch die Zeiten haben sich geändert. Um Vergleichbarkeit zu gewährleisten, haben Pharmafirmen jede Kategorie der Hamilton-Skala in Frageblöcke aufgeteilt. Der Interviewer stellt sie, der Patient antwortet, die Antworten werden an Auswertungszentren in Zürich oder New York übermittelt, wo Statistiker daraus einen Hamilton-Wert berechnen. In der Theorie entscheidet der Rater, in der Praxis bestimmen jedoch oft die Patientenantworten das Ergebnis.

Hinter jeder Antwort steht eine Wirklichkeit. Vielleicht nimmt Albert die Anspannung in seiner Stimme heute weniger bewusst wahr, sodass ihn das Engegefühl in den Stimmbändern nicht mehr so stört wie früher. Vielleicht aber verschlechtert sich seine Angst ganz allmählich, auf eine kaum bemerkbare Weise. Wenn es uns um eine nützliche medikamentöse Behandlung geht – oder darum, Patienten den Kontakt mit einem unwirksamen Mittel zu ersparen –, dann wollen wir wissen, wie es Albert wirklich geht.

Eine spätere Frage lautet: »Wenn Sie vor belastenden Ereignissen stehen, spüren Sie dann, dass Ihr Herz schneller schlägt?«

»Manchmal«, sagt Albert, aber er empfindet das nicht als Angst. Er fühle sich besser und wage sich jetzt öfter aus seiner Komfortzone. Außerdem vermute er, dass das Herzrasen eine Nebenwirkung der Tabletten sei.

Ja oder nein?

Ich habe Allison bereits erwähnt – sie genießt den Ruf, besonders präzise Einschätzungen zu liefern. Ihr Motto lautet: »*Bewerte, was du siehst*«.

Entgegen den Vorgaben der Pharmafirmen füllte Allison die Formulare immer erst nach einem frei geführten Gespräch aus. Sie hatte eine innere Skala für Depressionsgrade. Wenn sie wusste, dass ein Patient heute bei 24 lag, dann würde auch das Formular auf etwa 24 hinauslaufen – nicht, weil sie die Zahlen zurechtbog, sondern weil sie die Einzelfaktoren im Licht des Gesamtbilds beurteilte.

Max Hamilton hatte seine Skala ursprünglich für Ärzte entworfen, die ihre Patienten gut kennen. Allison blieb diesem Geist treu. Gleichwohl grenzte ihre Methode an die eines Global Impression Score: Sie nutzte die Einzelfaktoren, um den allgemeinen Zustand eines Patienten auszudrücken.

Das Zentrum tendierte zu Allisons Vorgehen – eher »*Bewerte, was du siehst*« als »*Notiere, was der Patient sagt*«. Trotzdem sah ich Mitarbeiter, die gewissenhaft Kästchen in Echtzeit ausfüllten.

Genau das wünschen sich die Auftraggeber. Die eine Bewertung zur Suizidalität, die die Hamilton-Skala vorsieht, ergibt sich in solchen strukturierten Interviews aus einem Dutzend gezielter Nachfragen zu suizidalen Impulsen. Doch strukturierte Gespräche können Offenheit hemmen. Man erzielt dann zwar hohe

27 »Rate What You See« – Was wir sehen und was wir übersehen

Reliabilität – also Zahlen, auf die sich alle einigen können – aber nur eine geringe Validität: Die Zahlen spiegeln den wahren Zustand der Patienten nicht zuverlässig wider.

Präzision ohne Validität erzeugt Lärm – so nennen Statistiker die Art von Datenrauschen, das entsteht, wenn sorgfältig gemessen, aber am eigentlich Relevanten vorbei gefragt wird. Wenn Patienten nach Studienbeginn zögern, Symptome zuzugeben, steigen die Placebo-Ansprechraten: Viele Teilnehmer gelten dann als gebessert, obwohl sie gar nicht gesund wirken. Der wahre Effekt des Medikaments wird zunehmend schwerer sichtbar.

Im Studienzentrum ist dieses Problem augenfällig. Ein älterer Mann, Eddie, wirkt schwer depressiv, gibt aber auf die Hamilton-Fragen betont optimistische Antworten. Meine Vermutung: Seine Depression macht Gespräche für ihn unerträglich – also versucht er, die Sitzung zu verkürzen. Die Interviewerin wirkt unerfahren. Ich ziehe sie beiseite, schildere meine Sorge: Eddie gilt in der Skala als deutlich gebessert – aber könnte er suizidgefährdet sein?

Andere Patienten sind kaum zu fassen. Doug scheint nicht zu wissen, was von ihm erwartet wird – oder er spielt nicht mit.

Wie lange brauchen Sie, um einzuschlafen?
»Darauf achte ich nicht.«
Wenn Sie aufwachen – dauert es dann lange, bis Sie wieder einschlafen?
»Ich schau fern.«
Haben Sie Konzentrationsprobleme, wenn Sie mit anderen sprechen?
»Ich spreche mit niemandem.«

Redselige Patienten können ebenso schwer einzuordnen sein. Francine, eine gewissenhafte Raterin, befragt Lois – eine kürzlich gekündigte Justizsekretärin, die ihr intellektuell ebenbürtig ist.

Wie ist Ihr Appetit?

Lois antwortet ausführlich: Sie sei antriebslos, koche selten. Wenn sie nicht koche, esse sie auch weniger. Andererseits bringe sie es fast jeden Nachmittag auf, ihrem Mann ein Abendessen zu machen – und wenn das Essen einmal auf dem Tisch steht, esse sie auch, und gleiche damit aus, was sie über den Tag verteilt versäumt habe.

27 »Rate What You See« – Was wir sehen und was wir übersehen

Lois ist ganz offensichtlich noch depressiv. Genauso offensichtlich versucht Francine, eine Frage aus der Hamilton-Skala zu beantworten: »*Somatische Symptome: Gastrointestinal: Appetitverlust*«. Doch unabsichtlich hat sie stattdessen eine andere Kategorie getroffen: die reduzierte Aktivität. Der fehlende Antrieb zum Kochen würde dort gut passen.

Vielleicht folgt der Appetit bei Lois einem Tag-Nacht-Rhythmus. Klassisch ist bei Depressionen das Tief am Morgen, mit einer Besserung gegen Abend. Es könnte also doch sein, dass sich der Appetit verändert hat – auch wenn sie das selbst verneint.

Ich habe eine recht klare Vorstellung von Lois' Depression – eher am oberen Rand der moderaten Ausprägung. Und vermutlich geht es Francine ebenso. Doch was sagt der Hamilton-Faktor dazu?

Appetit wäre einer der einfachsten Punkte auf der Liste. Zehn Minuten nach Beginn von Francines Befragung bin ich mir noch immer nicht sicher, ob Lois diesbezüglich Einschränkungen hat oder nicht. Francine tippt auf ihrem Tablet – die Bewertung geht in die Datenbank. Wird das die Aussagekraft zur Medikamentenwirkung klären – oder weiter vernebeln?

Auch scheinbar offene Antworten bringen Unschärfe in die Daten. Carlotta, eine überlastete alleinerziehende Mutter, hat sich weitgehend von einer schweren Depression erholt. Weil sie keine Kinderbetreuung hat, sitzen ihre kleinen Söhne während des Gesprächs im Raum und zanken ununterbrochen. Als die Raterin nach Reizbarkeit fragt, sagt Carlotta: »Davon hab' ich mehr als genug«. Mein Eindruck: Der Kontext ist entscheidend. In einer ruhigen Umgebung hätte Carlotta ihre Gereiztheit vielleicht verneint.

Wir haben bereits über das »Rauschen« in den Daten gesprochen – hier ist es wieder, in Form von schwer zu codierenden Bewertungen. Ob Alberts Stimme zittert, Doug schlaflos ist, Lois Appetit hat oder Carlotta reizbar ist – die Notizen der Interviewerinnen entscheiden darüber, wie sich Wirkstoff- und Placebogruppen im Mittel unterscheiden. Die Hamilton-Werte können so gut Informationen tilgen, wie sie liefern.

Der Aufenthalt im Studienzentrum hat meine Wertschätzung für Per Bechs Ansatz noch vertieft. Der Kern der Hamilton-Skala – gedrückte Stimmung, Energielosigkeit – ist umgeben von schwer zu beurteilenden Faktoren. Wenn die entscheidenden Items in einem Meer aus Beliebigem untergehen, erscheinen gute Medikamente und Placebo gleichwertig. Vielleicht ist »*Bewerte, was du siehst*« tatsächlich der am wenigsten irreführende Zugang zu schwer erfassbaren Symptomen – doch er bringt neue Probleme mit sich. Werden Rater die ihnen eingeräumte Freiheit nutzen, um nach Gutdünken zu korrigieren? Wer glaubt, dass ein Patient das Medikament bekommt, könnte Symptome als Nebenwirkungen abtun. Wer glaubt, der Patient sei in der Placebogruppe, könnte Besserung als Stimmungsschwankung abwerten. Der Leiter des Zentrums mahnt sein Team eindringlich, sich von solchen Mutmaßungen zu distanzieren. Am Ende einer Studie gibt es Überraschungen: Patienten mit klassischen Nebenwirkungsprofilen hatten in Wahrheit nur die Scheinpille erhalten. Fehlannahmen führen zu gescheiterten Studien. »*Bewerte, was du siehst*« muss heißen: Unvoreingenommen, mit echtem Bemühen um ein zutreffendes Bild des psychischen Zustands.

Was das wert ist? Ich selbst hatte nicht den leisesten Anhaltspunkt, wer ein echtes Medikament erhielt – jedenfalls nicht aufgrund von Nebenwirkungen. Es mag erlaubt sein, bei Besserung auf ein Antidepressivum zu tippen – so bleiben etwaige Placeboeffekte im Bild. Wenn jemand von typischer Wirkung unter Fluoxetin berichtet – weniger Symptome, mehr soziale Leichtigkeit – tippte ich auf ein aktives Präparat. Auch bei drastischer Verschlechterung dachte ich manchmal an eine medikamentöse Ursache. Meist jedoch waren die Leben der Teilnehmer so komplex, dass es keinerlei Anzeichen gab.

Was einigermaßen klar erkennbar war: der Gesamteindruck. Mehr als einmal hörte ich den Leiter des Zentrums zu einer Interviewerin sagen: »Was hat Wes heute? 21?« – und sie bestätigte die Zahl ohne Zögern. Es ist eine paradoxe Wahrheit: Die Patienten sind hier so gut bekannt wie in einer auf Behandlung spezialisierten Klinik. Und ebenso paradox ist, dass man diesen Gesamteindruck dann in Hamilton-Werte überführen muss. Wenn die FDA globale Bewertungen aus Sorge vor Manipulationen durch die Industrie ignoriert – warum überlässt man Studien dann nicht gemeinnützigen Trägern?

Die Hamilton-Skala hat in ihrer aktuellen Anwendung viel von ihrer Aussagekraft eingebüßt. Wenn Lois über ihr Essverhalten spricht und Doug über seinen Schlaf, wird deutlich, wie der Blick auf einzelne Symptomaspekte das eigentliche

27 »Rate What You See« – Was wir sehen und was wir übersehen

Naheliegende verschleiert – das Ausmaß ihrer Depression. Forscher blicken durch Milchglas, Kliniker sehen von Angesicht zu Angesicht.

Die Zusammensetzung der Patientengruppen in diesen Studien war für mich augenöffnend. In Zulassungsstudien wird heute geprüft, ob sich schwache Anzeichen einer Medikamentenwirkung bei Patienten zeigen, die entweder nicht angesprochen haben, bereits mehrfach vorbehandelt sind oder in extrem prekären Verhältnissen leben – Menschen also, die ein starkes Eigeninteresse an der Teilnahme mitbringen. Wie gut ein Antidepressivum durch seine eigentliche pharmakologische Wirkung bei unkomplizierter Depression hilft, bleibt unter diesen Bedingungen eine offene Frage. Ich habe den Eindruck: Wir stecken in einer Sackgasse. Und jeder darf sich nun seinen eigenen Reim auf die trüben Befunde machen.

Mein persönlicher Eindruck ist, dass die bescheidenen Effektstärken von 0,3, wie sie Irving Kirsch und Erick Turner in den FDA-Daten errechnet haben – inklusive der nicht erfolgreichen Studien –, durchaus als ermutigend gelesen werden können. Es überrascht wenig, dass dieselben Substanzen in der klinischen Praxis, in Lisa Ekselius' Sprechzimmer etwa, bei typischen depressiven Patienten zu Ansprechraten von 80 oder 90 Prozent führen.

Man stelle sich vor, Lexapro oder Venlafaxin wäre Ärzten vor 50 Jahren in die Hand gegeben worden – ohne geschöntes Studienzentrum, ohne charmante Beraterinnen, ohne Fahrdienst, ohne Aufwandsentschädigung, ohne Fixierung auf Hamilton-Faktoren und ohne die ständige Sorge um das Verbleiben der Teilnehmer. Und man stelle sich vor, die Patienten litten an Depression im Rahmen eines sonst weitgehend stabilen Lebens. Zwar fehlt uns die Zeitmaschine, um das zu prüfen, aber ich würde wetten: Das Personal der damaligen Kliniken hätte – wie einst bei Roland Kuhn – gesagt, dass man es hier mit einem Wundermittel zu tun habe. Wenn solche Medikamente heute aus Studienzentren hervorgehen – oder aus deren bescheideneren Entsprechungen –, dann bedeutet eine kleine Effektstärke womöglich gerade das: dass es sich um ein hochwirksames Mittel handelt.

28
Placebo – Hoffnung ohne Wirkung?

Könnten sich Placebos als ebenso wundersam erweisen wie Medikamente? In klinischen Studien wie im Alltag zeigen Antidepressiva Wirkung. Wenn wir dennoch an ihnen zweifeln, dann wegen der Behauptung, dass wirkstofffreie Tabletten denselben Effekt haben könnten. Die Folgen einer solchen Möglichkeit reichen weit über die Vorstellung hinaus, dass man Patienten Kosten und Nebenwirkungen ersparen könnte. Wenn eine Placebobehandlung Depression heilen kann, handelt es sich um eine besonders leicht beeinflussbare Störung. Wenn vermeintliche Antidepressiva-Wirkungen auf klassische Placeboeffekte zurückgehen, lassen sich Ärzte und Patienten leicht in die Irre führen.

Stellen wir uns einen niedergelassenen praktischen Arzt in seiner Ordination vor. Für depressive Patienten empfiehlt er routinemäßig eine Reihe von Maßnahmen: Bewegung, Tageslicht, Paarberatung und die sprichwörtliche »Tinktur der Zeit«. Wenn all das scheitert oder nur halb wirkt, wird er ein Medikament verschreiben. Dann wird er auf Grundlage seiner Erfahrung eine informelle Einschätzung treffen, wie sehr das Medikament – im Gegensatz zu mehr Zeit, mehr Bewegung und dem Rest – zur Besserung beigetragen hat. Was der Arzt nie zu Gesicht bekommt, ist die Veränderung, die allein dadurch entsteht, dass ein Rezept ausgestellt und eine Tablette eingenommen wurde. Dieser symbolische Aspekt liegt jeder Medikation gegen Depression zwangsläufig bei.

Zwar mag der Arzt eine Ahnung davon haben. Ich selbst begann, im Umgang mit Patienten wie der Lehrerin aus ▶ Kap. 22 – der Patientin, die angesichts intensiver Behandlungen ihrer Schilddrüse nicht etwa auflebte, sondern tiefer in die Depression rutschte –, daran zu zweifeln, dass klassische Placeboeffekte bei Depression besonders stark seien. Aber unter gewöhnlichen Umständen lassen sich symbolische Wirkung und pharmakologische Wirksamkeit einer Tablette durch bloße Beobachtung nicht auseinanderhalten. Deshalb ist die Placeboforschung von so entscheidender Bedeutung. Wenn jede x-beliebige Pille bei depressiven Patienten wirken würde, wäre der Maßstab des Arztes verzogen. Viel hängt davon ab, wie wir Placebobehandlungen bewerten. Was also sagt die evidenzbasierte Medizin? Für Forscher ist der klassische Placeboeffekt – also die Wirkung, die sich aus den Erwartungen an eine Tablette ergibt – ein Fabelwesen: oft beschrieben, selten beobachtet.

Das Placebo, wie wir es uns gewöhnlich vorstellen, ist ein Wunder und ein Schnäppchen zugleich. Ein Mensch in Not bekommt eine Kapsel mit nichts als Luft und Hoffnung – und das Leiden vergeht. Oder es beginnt. Placebos können Übelkeit, Schläfrigkeit und sogar Hautausschläge hervorrufen. In der Verhaltensforschung hat sich um die Frage, wie Erwartungshaltungen akute Symptome auslösen können, eine kleine Industrie entwickelt. Aber jenseits solcher Taschenspielertricks, jenseits der Tonic-Wasser-Berauschung: Welches Potenzial hat das klassische Placebo in der eigentlichen ärztlichen Praxis? Offenbar nur ein geringes – zumindest bei den Störungen, die Ärzte gewöhnlich behandeln.

Im Jahr 2001 untersuchten die dänischen Medizinforscher Asbjørn Hróbjartsson (gesprochen in etwa wie »Robertson« – der Name ist isländisch) und Peter Gøtzsche, beide mit der Cochrane Collaboration verbunden, Studien, in denen Placebopillen oder andere Schein-Interventionen – wie Scheinchirurgie oder Scheinakupunktur – mit Bedingungen ohne jegliche Behandlung verglichen wurden. Die Analyse umfasste Studien zu 40 verschiedenen Erkrankungen, darunter Anämie, bakterielle Infektionen, Epilepsie und das Karpaltunnelsyndrom. Ziel war es, den Effekt der Scheinbehandlung zu isolieren und zu untersuchen, ob sie medizinische Zustände überhaupt beeinflusst.

Hróbjartsson und Gøtzsche suchten genau das, was auch Irving Kirsch herausfinden wollte – und was Robyn Dawes zufolge in herkömmlichen Arzneimittelstudien gar nicht auffindbar ist: eine objektive Messgröße für den Placeboeffekt. Anders als bei klassischen Studien, in denen der Placeboeffekt aus der Differenz zwischen Medikament und Scheinpille berechnet wird, betrachteten sie Untersuchungen, in denen die Placebobehandlung selbst als aktive Intervention galt – während eine Wartegruppe oder eine reine Beobachtungsbedingung als Vergleich diente.

Sie fanden: In der großen Mehrheit der Studien zeigte sich keinerlei zusätzlicher Nutzen – also kein Unterschied zwischen Placebo und gar keiner Behandlung. Und dort, wo ein Vorteil des Placebos doch erkennbar war, war er sehr gering. Ihr Artikel im *New England Journal of Medicine* trug den Titel »Is the Placebo Powerless?«. Die Autoren kamen zum Schluss: »Wir fanden wenig Hinweise darauf, dass Placebos im Allgemeinen eine starke klinische Wirkung haben«.

Dabei bestritten Hróbjartsson und Gøtzsche nicht die Notwendigkeit von Kontrollgruppen in Wirksamkeitsstudien. Ihre These war vielmehr: Von all den Effekten, die man mit dem Begriff Placebo verbindet, spielt ausgerechnet jener, der an eine Tablette oder ein Verfahren geknüpft ist – also die klassische Erwartungswirkung –, nur eine sehr geringe Rolle. Vielleicht zählt der Faktor Zeit, vielleicht auch der Wunsch von Patienten, sich als kooperativ zu zeigen. Doch in kaum einem Fall machte es einen Unterschied, ob jemand eine Tablette erhielt oder nicht.

Die beiden Autoren gruppierten die Studien auf unterschiedliche Weise. Sie betrachteten unter anderem Studien mit sogenannten binären Endpunkten – also solchen, bei denen das Ergebnis nur zwei Zustände kennt: Der Patient lebt oder ist verstorben, raucht oder raucht nicht, ist depressiv oder nicht mehr depressiv. Und sie verglichen dabei sowohl objektive Maße – wie Blutzuckerwerte oder Überlebensraten – als auch subjektive Einschätzungen wie Schwindel oder Bewertungen nach der Hamilton-Skala. Das Ergebnis: Auch bei subjektiven Angaben zeigte sich kein nennenswerter Placeboeffekt. Der einzige Bereich, in dem das Placebo signifikant besser abschnitt als Nichtbehandlung, war der Schmerz – offenbar deshalb, weil körpereigene Opiate ins Spiel kommen.

Abgesehen von Schmerzstudien zeigte sich bei binären Endpunkten – also dem einfachen Unterschied zwischen krank und gesund – kein Vorteil von Placebos. Wenn Patienten in der Placebogruppe Besserung zeigten, taten das auch jene auf der Warteliste. Hróbjartsson und Gøtzsche fanden keine einzige Studie – keine –, in der die Gabe einer Placebopille verlässlich zu mehr Remissionen oder Heilungen führte als der Verzicht auf jegliche Behandlung.

Auch Studien mit kontinuierlichen objektiven Messwerten – etwa dem Blutdruck – zeigten keinen klassischen Placeboeffekt. Leichte Effekte fanden sich lediglich in Studien mit »kontinuierlichen subjektiven Messwerten«, also Bewertungen wie der Hamilton-Skala zur Erfassung depressiver Symptome. Die beobachtete Veränderung entsprach etwa dem, was bei ungünstig bewerteten Analysen auch für Psychotherapie oder Antidepressiva angegeben wurde – Effektstärken um 0,3. Doch selbst hier hielten es die Autoren für am wahrscheinlichsten, dass klassische Placeboeffekte gar keinen Beitrag leisteten.

Dort, wo überhaupt Unterschiede zwischen Placebo- und Nichtbehandlungsgruppen auftraten, handelte es sich um Studien, in denen Patienten ihre Symptome selbst beschrieben – etwa bei Reiseübelkeit oder Angstzuständen. In Studien hingegen, bei denen Ärzte objektiv beurteilten – etwa die Beweglichkeit eines Gelenks –, zeigten sich keine Unterschiede. Hróbjartsson und Gøtzsche vermuteten daher, dass der sogenannte »Goodbye-Effekt« die Ergebnisse beeinflusste. Patienten, die nur auf einer Warteliste standen, kamen nicht zur Untersuchung, berichteten nichts über vermeintliche Nebenwirkungen und entwickelten keine Bindung an das Studienpersonal. Teilnehmer in der Placebogruppe dagegen hatten Gespräche, erhielten Aufmerksamkeit – und fühlten sich vielleicht verpflichtet, optimistischer zu berichten.

Ein weiteres Argument der Autoren: Gerade in dieser letzten Bastion der Placebobehandlung waren die Effekte in kleinen Studien am größten – ein Muster, das für einen Publikationsbias spricht. Studien, in denen Placebo keinen Effekt hatte, wurden offenbar seltener veröffentlicht – vielleicht, weil viele Forscher an die Wirksamkeit des Placebos glauben.

Der Artikel von Hróbjartsson und Gøtzsche – inzwischen zweimal aktualisiert – ist von großer Bedeutung. Der renommierte Placebo-Forscher Ted Kaptchuk sagte rückblickend: »Als ich die Studie zuerst las, hatte ich Sorge, meinen Job zu verlieren ... Aber ehrlich gesagt: Hróbjartsson hatte vollkommen recht«. Die Veröffentlichung zwang viele Befürworter der Placebo-Forschung, ihre Ansprüche zu relativieren. In einem Beitrag für das *New England Journal of Medicine* schrieb Kaptchuk 2015 zu Beginn seines Überblicks ganz nüchtern: »Placebos können Linderung verschaffen, heilen aber selten«.

Der Aufsatz »Ist das Placebo machtlos?« enthielt auch einige wenige Studien zur Depression – zumeist sogenannte *Erhaltungsstudien*. Dabei geht es um Menschen, die in einer kurzen Behandlung gebessert wurden und nun als nicht depressiv gelten. Der weitere Verlauf ist binär – das heißt, es gibt nur zwei mögliche Entwicklungen: Entweder bleibt die Remission bestehen oder die Depression kehrt zurück.

Wenn Patienten, die sich in einer Studie gebessert hatten, anschließend an einer Erhaltungsstudie teilnahmen, machte es keinen Unterschied, ob sie weiter ein Placebo erhielten oder gar kein Medikament – das Rückfallrisiko war in beiden Gruppen gleich hoch.

Ein häufiger Einwand gegen Erhaltungsstudien lautet, Antidepressiva führten zu einer Gewöhnung und ihr Absetzen sei schädlich – also könne es kaum überraschen, dass weder Placebo noch »keine Behandlung« wirksam seien. Doch in der Sammlung von Hróbjartsson und Gøtzsche befand sich auch ein Experiment mit Patienten, die in einer Antidepressivastudie unter Placebo remittiert waren. Im Anschluss erhielten sie entweder weiterhin Placebo oder wurden auf »keine Behandlung« umgestellt. Da diese Patienten gar kein Antidepressivum eingenommen hatten, entfiel jede Absetzproblematik. Wenn das Scheinmedikament ihnen geholfen hatte, hätte es sie auch weiterhin stabil halten sollen. Tat es aber nicht. »Keine Behandlung« war ebenso wirkungslos wie Placebo – und beide waren katastrophal: Über die Hälfte der Patienten in beiden Gruppen erlitt innerhalb von sechs Wochen einen Rückfall.

Und was ist mit den Studien, die uns bisher beschäftigt haben – dem klassischen Vergleich zwischen Medikament und Placebo anhand durchschnittlicher Hamilton-Werte? Hróbjartsson und Gøtzsche fanden nur eine einzige Untersuchung, in der zusätzlich eine Gruppe ohne Behandlung einbezogen war.

In den frühen 1970er Jahren führte ein Team indischer Wissenschaftler unter Leitung des Public-Health-Pioniers Dhirendra Nath Nandi eine Haustürbefragung in einem Dorf im ländlichen Westbengalen durch. Dabei identifizierten sie 41 Männer und Frauen mit Depressionen. Keiner der Betroffenen war je behandelt worden. Ihre durchschnittlichen Hamilton-Werte lagen knapp unter 30 – das entspricht einer schweren bis sehr schweren Depression.

Nandi wollte wissen, ob depressive Patienten in einem Stammesdorf ebenso auf Antidepressiva ansprechen wie Stadtbewohner in psychiatrischen Ambulanzen. Er schloss alle 41 Patienten in seine Studie ein: Die Hälfte erhielt eine niedrige Dosis Imipramin (100 Milligramm täglich), ein Viertel bekam Zuckertabletten. Der Rest wurde ohne Behandlung weiter beobachtet.

Nach zwei und vier Wochen war in der Gruppe ohne Tabletten – also unter dem »natürlichen Verlauf« – keine nennenswerte Veränderung zu erkennen.

Ganz anders bei jenen, die Imipramin bekamen: Ihre durchschnittlichen Hamilton-Werte sanken nach zwei Wochen auf 19 und nach vier Wochen auf 13 – das entspricht einer milden Depression. Es ist wahrscheinlich, dass die meisten Patienten unter Imipramin bereits mit dieser geringen Dosis als »Responder« galten, also mindestens die Hälfte ihrer Symptome verloren hatten.

Die Placebogruppe hingegen zeigte zunächst einen leichten Rückgang auf 21 Punkte, stieg dann aber wieder auf 27 – erneut schwere bis sehr schwere Depression. In den Worten von Nandi: Die Patienten »fielen im Wesentlichen wieder auf das Depressionsniveau zurück, das sie vor der Gabe des Placebos hatten«. Keiner von ihnen sprach auf die Behandlung an, keiner erreichte eine Remission.

Dabei hatten die Forscher den Dorfbewohnern gesagt, sie würden »bekannte Arzneimittel« erhalten – die Versuchsanordnung war also darauf ausgelegt, den klassischen Placeboeffekt maximal zur Wirkung zu bringen. Doch nach vier Wochen erwies sich die Zuckertablette als völlig wirkungslos.

Nandi schloss daraus, dass ländliche und städtische Patienten in gleicher Weise auf eine antidepressive Behandlung ansprechen. Er machte dabei ausdrücklich auf den Verlauf in der Placebogruppe aufmerksam: eine rasche Besserung zu Beginn – und dann das Wiederabgleiten. Fragt man Ärzte, wie sich Placeboeffekte typischerweise zeigen, beschreiben viele genau dieses Muster: eine flüchtige Besserung in den ersten Tagen.

Frederic Quitkin, langjähriges Mitglied von Donald Kleins Team an der Columbia University, hat dieses Phänomen näher untersucht. Er berichtete, dass rund ein Viertel der depressiven Patienten, die Placebos erhielten, eine rasche Linderung ihrer Symptome erlebten – aber bald fast genauso depressiv waren wie zu Beginn. Der Placeboeffekt ist schnell und flüchtig.

Auch bei Patienten unter Medikation kann es vorkommen, dass eine markante frühe Besserung wieder verschwindet. Doch Patienten mit jenem Muster, das man mit dem Ansprechen auf ein Antidepressivum verbindet – einem deutlichen Umschwung etwa ab der dritten Woche – geht es meist dauerhaft gut. Eine Ausprägung ist fast ausschließlich bei der Medikamentengruppe zu beobachten: Eine Besserung nach drei Wochen, auf die bei allen späteren Messzeitpunkten anhaltendes Wohlbefinden folgt. Antidepressiva wirken stabilisierend.

28 Placebo – Hoffnung ohne Wirkung?

In meiner Praxis kommt es gelegentlich vor, dass Patienten rasch auf ein Medikament ansprechen und dabei hell und fast überdreht wirken – sie »zeigen sich von ihrer besten Seite«. Diese Haltung mag aufrechterhalten werden können, wenn auch mit Anstrengung. In einem Studienzentrum würde ein Rater die Präsentation womöglich als günstig bewerten. Ich jedoch sehe darin einen Aspekt der weiterhin bestehenden Depression – und umso mehr, wenn sich auf dieser nur scheinbaren Besserung kein Fortschritt aufbaut. Dann versagt das Antidepressivum. Wir müssen anderswo nach Hilfe suchen.

Im Weiteren hat sich Peter Gøtzsche zu einem entschiedenen Kritiker des Einsatzes von Psychopharmaka in der Behandlung psychischer Erkrankungen entwickelt. So schrieb er etwa 2015 in einem Essay für das *British Medical Journal*: »Ich schätze, dass wir fast alle Psychopharmaka absetzen könnten, ohne Schaden anzurichten«. Dennoch hält er in Bezug auf Antidepressiva an der Einschätzung fest, dass es keinen nennenswerten Placeboeffekt durch die Einnahme von Pillen gebe. In einem Kommentar zur Analyse von John Davis und Robert Gibbons über die Wirksamkeit von Fluoxetin und Venlafaxin schreibt Gøtzsche: »Was wir in der Placebogruppe sehen, ist kein Placeboeffekt, sondern im Wesentlichen der spontane Rückgang der Krankheit«.

Im Weiteren sind nur wenige Experimente unternommen worden, um den Placeboeffekt von Pillen bei Depression gezielt zu untersuchen – und sie waren meist fehlerhaft angelegt. Eine kleine, interessante Studie der UCLA zeigte zwar bei Patienten, die Scheinpillen einnahmen, gewisse Erwartungseffekte – jedoch nicht bei jenen, die Antidepressiva erhielten. Und es ging nicht nur um die Frage, ob ein Ergebnis statistisch signifikant war. In der Medikamentengruppe dieser Studie erzielten jene Patienten, die dem Präparat wenig zutrauten, dieselben Ergebnisse wie jene mit hohen Erwartungen.

Wenn diese Analyse zutrifft, dann könnte es sein, dass Medikamente umso stärkere Erwartungen wecken, je verlässlicher sie wirken – Erwartungen, die dann die Placebowirkung in Studien mit Scheinpillen verstärken. Diese zusätzliche Wirkung kommt jedoch nicht dem Medikament selbst zugute, das ja ohnehin auf pharmakologischem Weg wirkt. Klassische Placeboeffekte – so wie die Wirkungen von Psychotherapie – sind in diesem Fall nicht additiv. In der Folge unterschätzen Forscher regelmäßig das tatsächliche Potenzial von Antidepressiva.

Im Gegensatz dazu ist die klinische Erfahrung klarer: In der Praxis, wenn Ärzte ein Antidepressivum verschreiben, müssen sie sich nicht fragen, ob womöglich ein Placeboeffekt mitgewirkt hat – denn bei diesen Medikamenten gibt es keinen. Auch Patienten irren nicht, wenn sie ihre Besserung dem Medikament und der unterstützenden Beziehung zum Arzt zuschreiben. Eine spontane Besserung mag ebenfalls ihren Anteil haben – viele Patienten können aufgrund früherer Erfahrungen mit ihrer Erkrankung gut einschätzen, wie weit sie aus eigener Kraft gekommen wären. In gewissem Sinne gibt die kleine Studie der UCLA damit auch eine Antwort auf Noras Frage, ob ihre Besserung vielleicht bloß auf ihren Erwartungen beruhe: Nein, diese haben nichts beigetragen.

Ich möchte dieses beiläufige Ergebnis aus einer kleinen Pilotstudie nicht überbewerten. Entscheidend bleibt die umfassende Untersuchung von Hróbjartsson und Gøtzsche, wenn es darum geht, die Forschung zum klassischen Placeboeffekt zusammenzufassen. Im Geflecht der Einflussfaktoren – Begrüßung, Abschied, Zeitverlauf, Umstände und nicht zuletzt die vielfältige Unterstützung durch eine Studienteilnahme – spielt die Hoffnung auf die Wirkung einer Tablette allenfalls eine Nebenrolle.

29
Von der Wirkung zur Besserung

Ich hatte bereits die Theorie erwähnt, wonach Antidepressiva die Resilienz wiederherstellen und damit den Weg für eine Genesung frei machen. Viele der Belege für diese Sichtweise stammen aus Tierversuchen und paralleler Hirnforschung am Menschen. Depression scheint die Fähigkeit des Gehirns zu beeinträchtigen, neue Nervenzellen zu bilden oder bestehende synaptische Verbindungen weiter auszubauen. Antidepressiva heben diese Blockaden auf. Doch wie übersetzt sich diese wiedergewonnene Flexibilität in das psychische Erleben des Menschen? Was genau geschieht im Inneren?

Lange Zeit lautete die offizielle Linie, Antidepressiva benötigten zwei bis vier Wochen, um eine Wirkung zu entfalten. Kliniker wussten es besser. Kuhn hatte bereits in den ersten Tagen der Behandlung Besserungen beobachtet. Als ich früher Imipramin verordnete, begann ich mit winzigen Dosen und steigerte sie schrittweise auf eine wirksame Menge – häufig bemerkten die Patienten zunächst kaum eine Veränderung. Bei Medikamenten wie Sertralin hingegen, bei denen die Anfangsdosis bereits therapeutisch wirksam sein kann, berichten viele Patienten von einer unmittelbaren, wenn auch vagen Reaktion. Das drohende Unheil weicht zurück. Die bleierne Schwere, als müsste man sich durch zähen Sirup schleppen, lässt nach.

Dank der Arbeiten von Forschern wie Philip Cowen, Psychiater an der Universität Oxford, wissen wir heute, dass Medikamente rasch wirken. In einem Experiment, dessen Ergebnisse 2009 veröffentlicht wurden, verabreichte Cowen Patienten mit leichter bis mittelschwerer Depression entweder ein Placebo oder eine halbe Dosis eines Antidepressivums. Anschließend sollten die Teilnehmer emotionale Ausdrücke in Gesichtern beurteilen. Die Patienten in der Placebogruppe taten sich schwer damit, Freude zu erkennen. Auch das Erinnern positiver Lebensereignisse fiel ihnen schwer. Jene, die das Medikament erhalten hatten, erkannten Glück und erinnerten sich an positive Momente – und diese Normalisierung war bereits *drei Stunden* nach der ersten Einnahme sichtbar. Eine frühe Besserung erwies sich dabei als guter Prädiktor für ein umfassenderes Ansprechen im weiteren Verlauf.

Wenn die günstigen Wirkungen eines Medikaments unmittelbar erkennbar sind – warum dauert es dann Wochen, bis eine Depression abklingt? Cowen kommt zu dem Schluss, dass Antidepressiva sofort auf fehlerhafte emotionale Verarbeitung einwirken. Sie wirken der negativen Verzerrung in der Wahrnehmung entgegen. Lange bevor sich die Depression selbst bessert, sehen Patienten unter Antidepressiva sich und ihre Umwelt in einem milderen Licht. Was danach geschieht, könnte teilweise psychologisch und sozial vermittelt sein. Cowen schreibt:

>> Nach dieser Auffassung sind die Wirkungen von Antidepressiva auf emotionale Verzerrungen rasch sichtbar, doch die Übersetzung dieser Veränderungen in eine verbesserte subjektive Stimmung braucht Zeit – der Patient muss erst lernen, auf diese neue, positivere soziale und emotionale Sichtweise der Welt zu reagieren. Eine verstärkte Tendenz, soziale Signale als freundlich zu interpretieren, führt nicht sofort zu besserer Stimmung, kann jedoch die soziale Teilhabe und das soziale Funktionieren fördern – und über wiederholte Erfahrungen hinweg bessern sich so Stimmung und andere Symptome der Depression.«

Diese psychologische Abfolge dürfte jedoch nicht die ganze Geschichte erzählen. Mitunter wirken Antidepressiva direkt – und beenden eine depressive Episode auf überraschend unmittelbare Weise. Manche Patienten zeigen den von Fred Quitkin beschriebenen »einzigartigen« Verlauf: Nach drei Wochen geht es ihnen schlagartig besser, und sie bleiben stabil. Und wie wir sehen werden, gibt es Wirkstoffe, die derzeit zur Behandlung der Depression getestet werden und das Syndrom binnen Stunden oder Tagen umkehren können.

Doch selbst wenn unsere derzeitigen Antidepressiva in erster Linie als Katalysatoren wirken, bleibt die Veränderung, die sie auslösen, nicht auf eine veränderte Haltung beschränkt. Diese Medikamente fördern die Resilienz gegenüber Stress – sie schützen Nervenzellen vor bestimmten biologischen Schäden – und erhöhen die Lernfähigkeit. Wahrscheinlich wirken Antidepressiva auf zwei Ebenen: Sie lindern die Verzweiflung und machen das Gehirn empfänglicher. So oder so gibt es einen Verstärkungseffekt. Antidepressiva ermöglichen es, neue Überzeugungen und Verhaltensweisen anzunehmen – und dadurch wird ihre pharmakologische Wirkung ergänzt durch Verbesserungen im sozialen Funktionieren und durch das, was daraus häufig folgt: ein unterstützenderes Umfeld.

Wenn ich – mitunter entgegen den vorliegenden Daten – an die besonderen Vorzüge einer kombinierten Behandlung glaube, also an die Verbindung von Antidepressiva und Psychotherapie, dann deshalb, weil das Medikament das Eis bricht und Patienten empfänglich macht für Einsicht und produktive Aktivität.

Cowens Modell wirft eine grundlegende Frage nach der »inhärenten Wirksamkeit« von Medikamenten auf: Wenn ein Antidepressivum das Gehirn rasch befreit – hat es dann bereits gewirkt? Man ist versucht zu sagen: noch nicht. Erst wenn der Patient die frühe Veränderung im Alltag weiterentwickelt und in eine deutliche Minderung seiner Symptome überführt, sind wir geneigt, dem Medikament die Wirksamkeit zuzusprechen.

Vor einiger Zeit berichteten Forscher, dass sich Depressionen unter Umständen auch mit Botox lindern lassen – insbesondere bei Patienten, die bereits Antidepressiva einnehmen. Die Injektion des Nervengifts in die Stirn hemmt dort die Muskelaktivität. Die vermutete Wirkung beruht auf einem neurologischen Rückkopplungseffekt: Das Gehirn deutet die entspannte Stirn als Zeichen günstiger Umstände. Auch soziale Faktoren könnten eine Rolle spielen – Menschen reagieren auf ein entspanntes Gesicht freundlicher. Man würde dem Neurotoxin jedoch kaum einen therapeutischen Wert als Zusatzbehandlung zusprechen, wenn es lediglich Falten glättete. Entscheidend ist, ob nachfolgende psychologische und soziale Prozesse eintreten und zu einer tatsächlichen Stimmungsaufhellung führen. 2025 ist für diese Indikation keine Zulassung erteilt worden. Doch neuere Studien stützen diese sogenannte Facial-Feedback-Hypothese (»Rückkopplung durch Gesichtsausdruck«). Sie geht davon aus, dass bestimmte Muskelkontraktionen im Gesicht – etwa beim Lächeln oder Stirnrunzeln – Signale ans Gehirn senden, die das emotionale Erleben verstärken oder abschwächen. Wenn die Stirnmuskulatur durch Botox ruhiggestellt ist, fehlt das negative somatische Signal (etwa »Anspannung«), was die Stimmung aufhellen kann.

Es genügt also nicht, dass Antidepressiva die emotionale Wahrnehmung verändern. Paradoxerweise bedeutet »inhärente Wirksamkeit« nicht bloß »dem Medikament innewohnend«, sondern meint vielmehr: im Patienten gegenwärtig geworden, entfaltet, zur Wirkung gebracht. Die veränderte Neurobiologie ist nur der Auftakt einer Abfolge. Wenn ein Patient zum Telefon greift und einen Freund anruft, ist das ein Teil der Medikamentenwirkung – ebenso wie die wohlwollende Reaktion des Freundes. Doch gemessen wird der Fortschritt nur über den Rückgang der Werte auf der Hamilton-Skala. Ähnlich würde man einem Blutdrucksenker nur dann eine Wirkung zusprechen, wenn er einen Schlaganfall verhindert – das bloße Senken des Blutdrucks genügte nicht.

Dieser anspruchsvolle Maßstab für das, was als »inhärente Wirksamkeit« zählt, erklärt, warum die Zahl, die ein Medikament braucht, um zu wirken – die Number Needed to Treat –, nie so niedrig ist, wie wir es uns wünschen. Auf zellulärer Ebene mag die Substanz ihre Arbeit tun – und doch bleiben sichtbare Resultate aus.

In diesem Zusammenhang kann das Placebo sogar schaden. Wenn Patienten wissen oder vermuten, dass in einer Studie Scheinmedikamente verabreicht werden, kann das ihre Zuversicht untergraben und sie davon abhalten, auf erste Verbesserungen aufzubauen. Irving Kirsch hat hierzu wichtige Beiträge geliefert. Aus meiner Sicht liegt hier auch sein besonderes Verdienst: in der theoretischen Ausarbeitung des Placeboeffekts.

1993 führte Kirsch ein Experiment durch, bei dem die Versuchspersonen bewusst in die Irre geführt wurden. Er teilte 100 Studenten in drei Gruppen ein. Der ersten sagte er, alle würden koffeinhaltigen Kaffee bekommen – den echten. Der zweiten Gruppe wurde mitgeteilt, man reiche entkoffeinierten Kaffee. Die dritte Gruppe erfuhr, dass sie an einer doppelverblindeten Studie teilnehme, bei der sie entweder koffeinhaltigen oder koffeinfreien Kaffee erhalten würden. Tatsächlich bekam jeder Proband in zwei Versuchsdurchläufen entweder koffeinhaltigen oder koffeinfreien Kaffee.

Ein zentrales Ergebnismaß war das Ausmaß an gespürter Anspannung. In der Gruppe, die mit koffeinhaltigem Kaffee rechnete, rief das echte Getränk hohe Spannungswerte hervor – das entkoffeinierte blieb ohne Wirkung. Bei jenen, die glaubten, entkoffeinierten Kaffee zu erhalten, verschwand der Effekt völlig: Selbst das koffeinhaltige Getränk erzeugte keine erkennbare Unruhe.

Am aufschlussreichsten war die dritte Gruppe: Die Studenten, die wussten, dass sie sich in einer kontrollierten Studie befanden und möglicherweise Placebo bekamen, zeigten ebenfalls keine Spannungssteigerung – unabhängig davon, ob sie Koffein tranken oder nicht. In Bezug auf das Erleben von Spannung war die Mitteilung, man sei Teil einer Studie mit Placebogruppe, so wirkungsvoll wie die Aussage, man bekomme garantiert koffeinfreien Kaffee.

Kirschs Experiment zeigt eindrücklich den Einfluss sogenannter »*Instruktionseffekte*«: Was der Versuchsleiter den Teilnehmern sagte, bestimmte wesentlich, was diese wahrnahmen. Allein die Möglichkeit, ein Placebo erhalten zu haben – also entkoffeinierten Kaffee –, reichte aus, um eine eigentlich neurobiologisch zu erwartende Wirkung von Koffein vollständig zu blockieren.

Kirsch merkte an, dass dieses Ergebnis Zweifel an der Aussagekraft herkömmlicher Doppelblindverfahren aufkommen lasse. Wenn bereits die bloße *Information*, dass im Rahmen einer Studie Placebos verabreicht werden, die Wirkung eines Medikaments abschwächen kann, dann sind die in kontrollierten Studien beobachteten Effekte womöglich geringer als jene, die Patienten im klinischen Alltag durch eine ärztliche Verordnung tatsächlich erfahren.

Die Möglichkeit, dass solche Hinweise die Wirksamkeit eines Medikaments verschleiern, wurde in einem kunstvollen Neologismus eingefangen: »*Lessebo*« – eine etwas gezwungen wirkende Wortschöpfung aus germanischen und lateinischen Wurzeln, aber immerhin einprägsam. Der Begriff bezeichnet einen abgeschwächten Therapieeffekt, »weil der Patient nicht sicher ist, ob das ihm zugeteilte Präparat tatsächlich wirksam ist oder nicht«. Während die klassische Placebowirkung auf hoffnungsvoller Erwartung beruht und der Nocebo-Effekt auf Furcht und Misstrauen, speist sich der Lessebo-Effekt aus lähmender Ungewissheit. In der medizinischen Fachsprache des deutschen Sprachraums hat sich diese Trias – Placebo, Nocebo, Lessebo – bislang nicht etabliert.

Erstmals wurde dieses Phänomen bereits in den 1990er Jahren im Zusammenhang mit Studien zu Parkinsonmedikamenten beschrieben. Eine Studie aus dem Jahr 2010 bestätigte: Patienten, die an einer Untersuchung teilnahmen, in der zwei Medikamente miteinander verglichen wurden, sprachen besser auf die Behandlung an als jene, bei denen eines der Präparate gegen ein Placebo getestet wurde. Auch in Studien zur Parkinson-Krankheit wurde Folgendes beobachtet: Sobald Placebos im Spiel waren, sank die gemessene Wirksamkeit der Medikamente. Allein die Unsicherheit schien die therapeutische Antwort zu dämpfen.

Zweifel ist heute ein zentrales Thema der Psychologie. Studien aus der Verhaltensökonomie zeigen, dass Menschen Mehrdeutigkeit nicht mögen. Selbst in harmlosen Situationen führt Unsicherheit zu erhöhter Aktivität in der Amygdala – jenem Teil des Gehirns, der für Angst und Wachsamkeit zuständig ist. Wer Zweifel sät, verändert das Gehirn – und damit auch Wahrnehmung und Verhalten.

Im Fall der Depression lässt sich dieses Prinzip mit Cowens Theorie der Elaboration verbinden. Ein Patient nimmt ein Antidepressivum. Bereits drei Stunden später spürt er eine leichte Veränderung – doch weil er weiß, dass er sich in einer Studie befindet und womöglich nur ein Placebo erhalten hat, misstraut er dem Empfinden. Er greift nicht zum Telefon, ruft keinen Freund an – und erhält somit auch keine Rückmeldung, die seine Besserung stützen könnte. Ein Hinweis – ein Lessebo-Effekt – verhindert, dass sich die volle Wirkung des Medikaments entfaltet, insbesondere jene, die über die erste biologische Veränderung hinausgeht.

Das ist auch begrifflich von Bedeutung. Wenn Erholung von Depression zum Teil davon abhängt, dass erste Perspektivveränderungen weiterentwickelt und »elaboriert« werden – und wenn Zweifel genau diesen Prozess stört –, dann enthalten placebokontrollierte Studien eine systematische Verzerrung. Weil sie Ungewissheit erzeugen, liefern sie von Haus aus konservative, womöglich irreführend schwache Ergebnisse. Genauso wenig wie der Kliniker im Alltag die Wirkung der Erwartung gesondert erfassen kann, vermag der Forscher über den Lessebo-Effekt hinwegzusehen. Er entsteht durch das Design der Studien selbst – durch Placebogruppen, durch Aufklärung über die Versuchsanordnung, durch Verblindung. Sie alle erzeugen Zweifel und können die Wirkung des Medikaments schwächen.

Hill hatte recht: Wenn man sich ausschließlich auf randomisierte Studien stützt, kann man den Nutzen einer Therapie leicht unterschätzen. Studien ohne Placebo – wie jene von Lisa Ekselius – schaffen hier ein Gegengewicht. Auch das alltägliche Umfeld einer Arztpraxis hat seine Vorzüge: In der konkreten Behandlungssituation stellt niemand das Medikament infrage. Wer durch ein Antidepressivum erste Erleichterung erfährt, wird eher aktiv, zieht neue Schlüsse, ändert sein

Verhalten – und stabilisiert damit seine Genesung. Der behandelnde Arzt erkennt diese Veränderungen und korrigiert seine Einschätzung des Medikaments. Seine Beobachtung kann ein Gegengewicht zu den systematischen Verzerrungen liefern, die der konventionellen Studienlage innewohnen.

30
Intermezzo: Durchhalten

Meine klinische Perspektive ist keineswegs verklärt. Mehr als einmal fragte sich Sigmund Freud, ob die Psychoanalyse nicht womöglich ein unmögliches Berufsbild sei – mit unbefriedigenden Ergebnissen als systemimmanenter Gegebenheit. Auch in der alltäglichen psychiatrischen Praxis leben wir bis heute mit dem Scheitern.

Die Abfolge, die ich skizziert habe – wiederhergestellte Resilienz, die eine konstruktive Weiterentwicklung ermöglicht – tritt häufig genug auf. Doch nur wenige Patienten kommen ausschließlich mit einer klar umschriebenen depressiven Episode in die Behandlung. Viel öfter tritt die Depression in Kombination mit Paranoia, Alkoholabhängigkeit, narzisstischen Persönlichkeitsanteilen, sozialen Phobien oder einer autistischen Persönlichkeitsstruktur auf. Und dann ist die Aussicht auf Besserung deutlich weniger günstig.

Wer Schwierigkeiten hat, soziale Signale richtig zu deuten oder eigene Absichten verständlich zu machen, dem hilft ein Anstieg an Zuversicht nicht unbedingt – im Gegenteil: Er kann zu vermehrter Zurückweisung und Enttäuschung führen. Komplexe Patienten haben komplexe Gehirne. Und auf die eine oder andere Weise – sei es durch unvollständig wiederhergestellte Resilienz oder durch nicht gelungene Weiterentwicklung – wirken Medikamente bei Menschen mit multiplen Diagnosen unzuverlässig. Oder aber der Therapieerfolg ist schlicht weniger sichtbar: Die depressive Stimmung hellt sich auf, aber die funktionellen Einschränkungen bleiben bestehen.

Zwei Sonderformen der Depression – die psychotische Depression und die wiederkehrende Depression im Rahmen einer bipolaren Störung – sprechen auf Antidepressiva in der Regel nicht ausreichend an und die Medikamente können den Zustand manchmal sogar verschlechtern. Diese beiden Varianten sind keineswegs selten, was bedeutet, dass wir Antidepressiva nicht immer einsetzen können – oder sie nur mit großer Vorsicht und Zurückhaltung anwenden dürfen.

Gerade die bipolare Ausprägung kann besonders frustrierend sein. Patienten durchleben schwere depressive Episoden, doch bleibt ein Kern manischen Potenzials aktiv, was suizidale Impulse besonders gefährlich macht. Antidepressiva können kurzfristig Erleichterung verschaffen, bergen aber das Risiko, eine manische Episode auszulösen – einen Zustand, der von Impulsivität, Euphorie, Reizbarkeit, Verachtung, Angstzuständen und dramatisch schlechtem Urteilsvermögen geprägt sein kann. Die ärztliche Strategie besteht meist darin, zunächst sogenannte Stimmungsstabilisierer (mood stabilizer) zu verordnen und erst später Antidepressiva hinzuzufügen. Doch bei schwerer Depression bleibt oft nicht die Zeit, dieses schrittweise Vorgehen einzuhalten. Es entsteht Handlungsdruck – und mitunter verschärft das Antidepressivum das Problem.

Das Ergebnis ist ein ständiges Nachjustieren. Ich erhöhe und reduziere Dosierungen, telefoniere häufig mit dem Patienten, spreche Empfehlungen aus, ermutige, spende Trost. Wir tun, was wir können, um einen Absturz zu verhindern. Im direkten Gespräch mit dem Patienten versuche ich, einen ruhigen Raum zu schaffen – in dem die Behandlung nicht selbst den hektischen Charakter der Erkrankung widerspiegelt.

Solche Fälle nehmen viel Platz im Denken eines Psychiaters ein – vielleicht auch deshalb spüren wir so oft, dass unsere therapeutischen Möglichkeiten erschöpft sind. Es ist einer der Gründe, warum viele von uns den pauschalen Behauptungen, Antidepressiva seien generell unwirksam, nicht entschiedener widersprechen.

Nur ein winziger Teil dessen, was Ärzte täglich tun, findet Eingang in die Forschung. Ich habe bereits auf die Probleme der Studienzentren hingewiesen: Die Studienteilnehmer sind häufig nicht repräsentativ – es handelt sich um hilfsbedürftige Menschen mit viel Zeit und einem Anreiz, ihre Beschwerden zu dramatisieren, ebenso wie um Patienten, die auf vorangegangene Behandlungen nicht angesprochen haben.

Doch auch universitäre Studien sind durch streng definierte Auswahlkriterien geprägt. Suizidgefährdete Patienten, Menschen mit Suchterkrankungen oder mit depressiven Episoden, die zu lang oder zu kurz dauern, werden oft ausgeschlossen. Einige meiner Kollegen an der Brown University befragten 346 depressive Patienten in einer ambulanten Praxis – je nach gewählten Ausschlusskriterien wären lediglich 29 von ihnen überhaupt für die Teilnahme an einer kontrollierten Studie infrage gekommen.

Was diese Studien mit ihren ausgewählten Teilnehmergruppen letztlich aussagen können, ist allein, ob ein bestimmtes Antidepressivum grundsätzlich ein geeignetes Werkzeug ist. Die entscheidenden Details entnehmen wir unserer praktischen Erfahrung.

Man könnte leicht ein falsches Bild erzeugen. Der klinische Alltag verläuft meist ruhig. Ich sehe Patienten, die sich zurückgezogen haben, voller Pessimismus. Die Grenzen der Antidepressiva zeigen sich hier auf andere Weise: Sie unterbrechen womöglich eine akute Episode – lassen aber bestimmte depressive Persönlichkeitszüge bestehen. Viele dieser Patienten tragen eine schwere Geschichte mit sich – Missbrauchserfahrungen in der Kindheit, aktuelle Verluste. Psychotherapie scheint ein geeigneter Weg, doch ihre Wirkung entfaltet sich langsam – so wie es schon war, als ich diesen Beruf ergriff.

Und dann gibt es Patienten, die ein Antidepressivum absetzen müssen. Nach sechs Jahren mit einem SSRI – guten Jahren, frei von den zermürbenden Wiederholungen eines chronischen Stimmungstiefs – entwickelt ein Patient eine neue gesundheitliche Störung, möglicherweise eine späte Nebenwirkung des Medikaments. Die Symptome sind vielfältig, jede dieser Nebenwirkungen selten, aber besorgniserregend: Schlafstörungen, hormonelle Veränderungen, Blutbildstörungen, Bewegungsstörungen im Sinne eines Parkinson-Syndroms. Ist das Medikament die Ursache? Wir wissen es nicht. Aber wir werden es ausschleichen – und vielleicht kein neues beginnen.

Ein Patient sagt: »Es ist, als müsste ich in ein Land ohne Elektrizität ziehen. Natürlich haben Menschen früher so gelebt – aber heute ist das ein Verlust. Und es war ja nicht mein Haus, das beleuchtet war – es war mein Geist, mein Körper«. Dieses Zeugnis spricht für die Wirksamkeit, die nun verloren ist.

Wir greifen zurück auf bewährte Mittel: Psychotherapie, Lichttherapie, tägliche Bewegung. Und dennoch bleibt das Gefühl der Entbehrung. Der Patient wird – wie viele Menschen mit wiederkehrender Depression – erneut schmerzhafte und behindernde Episoden durchleben.

31
Niedergeschlagenheit oder Depression

Ein sowohl für Patienten als auch für Ärzte besonders befriedigender Bereich ist die Behandlung leichter bis mittelgradiger depressiver Episoden. Denn gerade diese weniger schweren Verläufe sprechen meist gut auf das an, was Psychiater zu bieten haben: Medikamente und Psychotherapie. Eine klinisch bedeutsame Beobachtung, bedenkt man, dass schon das Attribut »leicht« für eine ernsthafte Erkrankung steht.

[Ergänzung der Übersetzer: Die internationale Terminologie in diesem Bereich ist allerdings einigermaßen verwirrend. Im deutschen Sprachraum würde man von einer leicht- oder mittelgradigen depressiven Episode sprechen – wie sie auch im Internationalen Klassifikationssystem der Krankheiten (ICD-II) der Weltgesundheitsorganisation beschrieben ist. Im angloamerikanischen Raum und in der wissenschaftlichen Literatur entspricht dies einer leichten oder mittelgradigen Major Depression nach dem DSM-5, dem Diagnostiksystem der American Psychiatric Association.]

Die *Major Depression* bezeichnet [im DSM] eine klar definierte depressive Episode mit festgelegtem Symptommuster – sie kann leicht, mittel oder schwer ausgeprägt sein, gilt aber stets als klinisch relevante Form depressiver Erkrankung.

Dazu erinnere ich mich an eine Journalistin, erfolgreich, auf ausführliche Recherchen spezialisiert. Es ist nicht nur so, dass sie mit dem nächsten Kapitel nicht weiterkommt – sie glaubt nicht einmal mehr, dass es überhaupt einen Unterschied machen würde, es zu beenden. Sie schafft es nicht, sich an den Schreibtisch zu setzen, entwickelt eine regelrechte Phobie vor ihrem Arbeitszimmer. Auch Recherchen gehen nicht mehr – sie nimmt das Telefon nicht ab, geschweige denn, dass sie reisen würde. Die Depression hat längst auch ihren Brotberuf erfasst – das Unterrichten an einem Community College. Nichts erscheint ihr noch von Bedeutung. Außerdem hält sie sich für wertlos.

Wie depressiv ist Maggie? Sie isst und schläft. Sie zwingt sich zur Arbeit, wenn es sein muss, nimmt sogar an Gremiensitzungen teil. Gemessen an den Kriterien erfüllt sie die Diagnose gerade eben so. Aber ihr gedanklicher Fixpunkt lässt sie immer im Kreis laufen – sie stößt wieder und wieder an dieselben eingebildeten Hindernisse. Ist das noch Psychotherapie – oder nur ein Kreisen um dieselben Gedanken?

Schon wenige Tage nach Beginn einer antidepressiven Medikation schafft es Maggie wieder an ihren Schreibtisch. Sie beginnt, E-Mails zu beantworten, überarbeitet ihre Vorlesungsunterlagen. Schließlich nimmt sie wieder ihr Manuskript in Angriff. Maggie beginnt, vor mir laut zu denken – sie wägt ab, welche Strukturierung ihrem Material am besten entspricht. Bald reden wir wieder über abstraktere Themen: über Engagement, über Werte und Lebensziele. Alles, was zuvor fehlte, war der ganze Mensch. Wer war diese Frau, die nichts als Scheitern erwartete?

Bevor ich mir den Mut zum Verschreiben von Antidepressiva gefasst hatte, konnten solche leichten depressiven Episoden sich endlos hinziehen und die Patienten zermürben. Ich konnte dann sagen: »Haben Sie nicht Auszeichnungen fürs Lehren erhalten?«. Doch logische Hinweise wie dieser reichten nicht aus, den inneren Stau zu lösen. Medikamente schon.

Wer regelmäßig depressive Patienten behandelt, wird kaum daran zweifeln: Antidepressiva wirken auch bei den leichteren Formen der Major Depression zuverlässig.

Das Problem ist: Auch Placebos wirken – zumindest in manchen Studien. So sehr Kritiker auch nörgeln, besteht kaum ein Zweifel daran, dass Ärzte Medikamente einsetzen sollten – und es auch tun werden –, um schwere depressive Episoden zu verkürzen. Der eigentliche Streit dreht sich um weniger ausgeprägte Formen, über deren Behandlung ernstzunehmende Fachleute uneins sind.

Die Vorstellung, dass Antidepressiva vor allem bei schweren Depressionen wirksam sind – und nicht oder kaum bei leichten Depressionen – nennt man die »Schweregrad-Hypothese«. Sie stammt aus den Anfängen der Psychopharmakologie – aus einer Zeit, in der die milderen Formen als Domäne der Psychotherapie galten.

Doch der Versuch, Depressionen in Untergruppen einzuteilen – neurotisch und vital, psychogen und biogen, exogen und endogen – ist letztlich gescheitert. Selbst wenn eine Depression wie eine neurotische Reaktion beginnt, häufen sich mit zunehmender Dauer oder Schwere körperlich wirkende Symptome, die auch Ärzte als somatisch einstufen würden. Es ist schwer, einen Subtypus – ein festes Merkmalsbündel – zu benennen, das prinzipiell nicht auf Medikamente anspricht.

Roland Kuhn war ursprünglich davon ausgegangen, dass Imipramin vor allem bei vitalen (also biologisch bedingten) Depressionen wirke, nicht aber bei reaktiven (also psychologisch erklärbaren). Doch als er das Mittel auch Patienten mit, wie er annahm, von äußeren Umständen »verursachten« Depressionen verschrieb – etwa infolge von Poliomyelitis oder nach einem kriminell durchgeführten Schwangerschaftsabbruch – zeigten sich dennoch Erfolge. Auch in der von Gerry Klerman und Jonathan Cole herausgegebenen Studienreihe war der Behandlungserfolg mit Medikamenten bei ambulanten Patienten besonders ausgeprägt.

Die Schweregrad-Hypothese ist nie ganz verschwunden – doch im klinischen Alltag wurde sie durch die neuen Antidepressiva in den Hintergrund gedrängt. Gut verträglich, wurden Fluoxetin, Sertralin und ihre Nachfolger bei nahezu allen Schweregraden eingesetzt. Gerade weil sie das quälende Gefühl permanenter Selbstkritik und die soziale Angst dämpfen, die viele depressive Zustände begleiten, eignen sich diese Medikamente besonders gut für die milderen Varianten.

Im Zusammenspiel von Forschungslage und Patientenerfahrung hat sich die Frage, ob sie auch bei leichten depressiven Episoden nützlich sind, faktisch von selbst beantwortet.

Trotz dieser weitgehend geteilten Überzeugung gab es Stimmen, die das anders sahen – zumindest zeitweise. Irving Kirsch vertrat diese Auffassung zunächst selbst. Nachdem er seine »Kaiser-ohne-Kleider«-Arbeit veröffentlicht hatte, die auf FDA-Daten basierte, wurde ihm vorgeworfen, er habe die schweren Verlaufsformen nicht getrennt ausgewertet. Kirsch hatte eine schnelle Analyse der FDA-Daten vorgenommen und dabei, wie er schrieb, »keinen Zusammenhang zwischen Schweregrad und Medikamentenwirkung« gefunden. In einer Übersichtsarbeit von 2003 zeigten sich in ambulanten Studien sogar stärkere Effekte – bemerkenswert, da hier in der Regel weniger schwer Erkrankte behandelt werden als in stationären Settings.

Kirsch verwies auf Forschung des britischen NICE-Instituts für klinische Standards, wonach Patienten mit schwerer Depression besser auf Antidepressiva ansprachen als solche mit sehr schwerer oder mittelschwerer Symptomatik – ein Befund, der seiner damaligen Auffassung eigentlich widersprach. Denn Kirsch vertrat zu diesem Zeitpunkt die Ansicht, dass es keinen Zusammenhang zwischen Schweregrad und Wirksamkeit gebe, und dass Antidepressiva durchaus auch bei leichten Depressionen nützlich seien.

Tatsächlich ließ sich – je nach Auswahl und Interpretation der Studien – nahezu jedes gewünschte Muster stützen: eine gleichmäßige Wirksamkeit über alle Schweregrade hinweg, ein deutliches Ansprechen nur bei schweren Verläufen, eine bessere Wirkung bei milden Depressionen – oder der stärkste Effekt irgendwo dazwischen. Eine klare Linie war aus den Daten kaum herauszulesen.

Kirsch änderte später seine Meinung zur Schweregrad-Hypothese. Im Jahr 2008, nach einer erneuten Analyse der FDA-Daten, schrieb er, Antidepressiva seien nur bei sehr schwerer Depression überhaupt nützlich. Bei Hamilton-Scores unter 28 erfüllten sie nicht mehr die Anforderungen von NICE: nämlich einen Zusatznutzen von drei Punkten gegenüber Placebo.

Andere Forscher, die mit denselben Daten, aber anderen Methoden arbeiteten, setzten diese Grenze bei 26 oder 24 an. Der weitaus größte Teil der Studien im FDA-Datensatz untersuchte Patientengruppen mit durchschnittlichen Hamilton-Werten von 24 oder höher – also dort, wo die Medikamente tatsächlich getestet worden waren, zeigten sie auch Wirkung.

Der Schweregrad erweist sich als ein schwieriger Untersuchungsgegenstand. Leichtere Depressionen weisen naturgemäß weniger der Symptome auf, die durch die Hamilton-Skala abgebildet werden. Man kann etwa keine Suizidalität »rückgängig machen«, wenn sie gar nicht vorliegt. Und wenn ein Medikament bei weniger schwer erkrankten Patienten an der Frage »*Ist das Leben lebenswert?*« etwas bewegt, dann schlägt sich das auf der Skala möglicherweise gar nicht nieder.

Erholt sich ein Patient mit sehr schwerer Depression vollständig, kann sein Hamilton-Wert um 25 oder 30 Punkte fallen. In einer vergleichbaren Studie zu milder Major Depression verliert ein Patient, der sich vollständig erholt, womöglich nur 12 Punkte. Jeder Patient, der remittiert, trägt dann rechnerisch nur wenig zum durchschnittlichen Punktverlust in der Gesamtgruppe bei.

31 Niedergeschlagenheit oder Depression

Das Fachwort für dieses Problem lautet *floor effect* (Bodeneffekt): Wer schon nahe am unteren Ende der Skala beginnt, kann keine allzu großen Sprünge nach unten mehr machen. Bei Medikamenten wie Antidepressiva, die nicht vielen Patienten kleine Vorteile bringen, sondern einigen wenigen sehr deutliche, führt der floor effect zu einer systematischen Unterschätzung ihrer Wirksamkeit bei weniger schwer Erkrankten.

Eine Möglichkeit, diese Verzerrung zu umgehen, ist der Blick auf Kategorien: Wie viele Patienten in jeder Gruppe verlieren etwa die Hälfte ihrer Symptome? Genau diesen Ansatz wählten Zulassungsbehörden in Schweden, England, Frankreich und den Niederlanden. Als Reaktion auf die Kritik an den US-amerikanischen Studien überprüften die europäischen Behörden alle ihnen vorliegenden Daten neu – ihre Unterlagen waren vollständiger und detailreicher als jene der FDA.

Das Ergebnis war eindeutig: Die Behandlungseffekte zeigten sich über alle Schweregrade hinweg gleichmäßig – unabhängig davon, ob die Depression als leicht, mittel oder schwer klassifiziert war. »Es fanden sich keine Hinweise auf einen abnehmenden Effekt bei niedrigerem Ausgangsschweregrad«, hielten die Behörden fest. »Das Kriterium der Response ist eine relative Messgröße und vermeidet damit die Verzerrung durch floor effects, die möglicherweise zur Verringerung der Effektstärke bei niedrigen durchschnittlichen [Hamilton-]Werten geführt haben.«

Auch John Krystal analysierte in seinen Studien die Symptomverläufe depressiver Patienten – und zwar bei durchschnittlichen Hamilton-Werten um 20, wie sie für ambulante Kliniken typisch sind. Er konnte zeigen, dass auch Patienten, die zu Beginn der Behandlung keineswegs schwer depressiv waren, in relevanter Weise von der Medikation profitierten.

Auf Grundlage derselben Studien zu Fluoxetin, Paroxetin, Escitalopram und Duloxetin stellte John Krystal eine andere Frage – nämlich nach der sogenannten melancholischen Depression (einem Subtyp mit deutlicher psychomotorischer Hemmung, Interessenverlust und ausgeprägten Störungen von Schlaf, Appetit und Energie [Anmerkung der Übersetzer: weitgehend entsprechend der früher so bezeichneten »endogenen Depression« im deutschsprachigen Raum]). Überraschenderweise zeigten sich ausgerechnet nicht-melancholische Patienten – also solche mit Depressionen, die weniger physiologisch erscheinen – unter Medikation häufiger auf einem günstigen Therapieverlauf. Genau das entspricht auch der klinischen Erfahrung – meiner Erfahrung: Antidepressiva bringen Patienten mit neurotisch geprägter Depression häufig in die richtige Richtung.

Nach meinem Dafürhalten liefern diese Untersuchungen – zu Ansprechverhalten, Verlaufskurven und Depressionssubtypen – stichhaltige Antworten auf Kirschs Einwand. Der scheinbare Zusammenhang, wonach Antidepressiva bei leichteren Depressionen weniger wirksam seien, ist in Wahrheit ein Ausdruck von floor effects. Wenn man berücksichtigt, wie diese Medikamente tatsächlich wirken – dass sie bei manchen kaum helfen, bei anderen aber umso mehr –, dann zeigen auch Datensätze wie jene der FDA: Medikamente wirken durchgängig – über das gesamte Krankheitsspektrum hinweg.

Die Schweregrad-Hypothese wirkt – wie die Antidepressiva-Debatte insgesamt – weniger beunruhigend, sobald man nicht von Durchschnittswerten ausgeht, sondern von konkreten Menschen.

Doch ein grundlegendes Problem dieser Debatte blieb bestehen – es betrifft den Ursprung der zugrunde liegenden Daten: die Studien der Arzneimittelbehörden. Um den Placeboeffekt besser kontrollieren zu können, hatte die Pharmaindustrie ihre Studien vor allem mit schwer depressiven Patienten durchgeführt. Leichte Formen der Major Depression waren – mit wenigen Ausnahmen – systematisch ausgeschlossen. Die Aussagen über deren Behandlung beruhten letztlich auf Extrapolation, auf der Fortschreibung von Kurvenverläufen – auf Annahmen, nicht auf Beobachtung.

Und doch: Kirsch hatte erneut eine Debatte angestoßen – und damit die Schweregrad-Hypothese zurück auf die Agenda gebracht. Sein Einspruch weckte das Bedürfnis, endlich auch die individuellen Verläufe zu untersuchen – gerade bei Patienten mit leichter Depression, und zwar in durchdachten Studien, nicht in jenen, die Pharmaunternehmen für die Zulassungsbehörden zusammengestellt hatten.

32
Die Auswaschphase – Studienbeginn, Placeboeffekte und verzerrte Evidenz

Es gab zwei große Studien, die genau dieser Frage nachgingen – und zu entgegengesetzten Ergebnissen kamen: Die eine, veröffentlicht im Jahr 2010, kam zu dem Schluss, dass Antidepressiva nur bei schwerer Depression wirken. Die andere, zwei Jahre später publiziert, zeigte, dass sie auch bei leichter bis mittelschwerer Depression eine gute Wirkung entfalten. Die erste Studie fand breite mediale Beachtung. Die zweite – auf die ich im nächsten Kapitel näher eingehe – wurde weitgehend übersehen.

Was bedeutet das nun? Vor allem für die klinische Praxis?

Antidepressiva werden zum Großteil von Hausärzten verschrieben – sie sehen typischerweise leichtere Verlaufsformen. Sollten sie sich zurückhalten? Oder ist der breitere Einsatz von Antidepressiva in der Allgemeinmedizin womöglich doch eine positive Entwicklung – sowohl für die betroffenen Patienten als auch für die öffentliche Gesundheit?

Wenn also Zweifel an der Wirksamkeit von Antidepressiva bestehen, lassen sie sich häufig auf die oben erwähnte Studie aus dem Jahr 2010 zurückführen – eine Metaanalyse der Penn-Vanderbilt-Gruppe, die gezeigt hatte, dass Paroxetin bei depressiven Patienten neurotische Persönlichkeitszüge abmildert. Das Team gilt als fachlich herausragend. Ihrer Bestätigung der Schweregrad-Hypothese wurde daher große Beachtung zuteil – sie erschien in prominenter Platzierung im Journal of the American Medical Association (JAMA).

Die populäre Zeitschrift *USA Today* titelte: »Die stimmungsaufhellende Wirkung von Antidepressiva – alles nur Kopfsache?« Die *New York Times* schrieb: »Häufig verschriebene Medikamente helfen womöglich nur bei schwerer Depression«. Als ich mit dem Neurologen meines Freundes Alan sprach, klangen auch in seinen Bedenken deutlich die Argumente dieser JAMA-Studie an.

32 Die Auswaschphase – Studienbeginn, Placeboeffekte und verzerrte Evidenz

Um die Schweregrad-Frage zu klären, hatte die Penn-Vanderbilt-Gruppe eine Patienten-für-Patienten-Analyse vorgenommen – auf Grundlage eines sorgfältig zusammengestellten Datensatzes, der nicht aus der FDA-Sammlung stammte. Das Ergebnis: Der Nutzen von Antidepressiva sei bei schwerer Depression »beträchtlich«, bei leichter oder mittelgradiger Symptomatik hingegen »im Durchschnitt minimal oder gar nicht vorhanden«.

Um diese Aussage richtig einordnen zu können, muss man eine weitere Eigenheit von Medikamentenstudien verstehen: In den meisten klinischen Studien erhalten die Teilnehmer nach der Einschreibung zunächst für eine Woche ein Placebo. Wer in dieser Phase bereits eine deutliche Besserung zeigt, wird aus der Studie ausgeschlossen – erst danach beginnt die eigentliche Prüfung des Medikaments.

Diese sogenannte Auswaschphase (engl.: washout- oder run-in-phase) erfüllt mehrere Zwecke. Für unser Thema – die Frage, ob Antidepressiva auch bei leichter Depression wirksam sind – ist jedoch ein Aspekt besonders bedeutsam: Die Auswaschphase kann eine stark verzerrende Tendenz vieler Studien ausgleichen – nämlich die im letzten Kapitel beschriebene künstliche Erhöhung der Ausgangswerte (Baseline-Inflation).

Was genau geschieht dabei? Wenn Interviewer wissen, dass für die Aufnahme in eine Studie ein bestimmter Hamilton-Wert erforderlich ist – etwa 17 Punkte – und zugleich unter dem Druck stehen, eine vorgegebene Zahl von Patienten zu rekrutieren, neigen sie dazu, fragwürdige Zusatzpunkte zu vergeben. Dieser Effekt tritt nicht gleichmäßig auf: Sehr stark erkrankte Patienten müssen nicht künstlich hochgestuft werden – die fragliche Erhöhung der Punktzahl betrifft vor allem diejenigen mit milderen Beschwerden.

Verlangt ein Pharmakonzern beispielsweise einen Hamilton-Wert von mindestens 17 als Einschlusskriterium, häufen sich in den Eingangsdaten auffällig viele Patienten mit Werten von 17, 18 oder 19. Der übrige Teil der Verteilung bleibt meist unauffällig. Diese Verzerrung wurde sogar in Studien an angesehenen Forschungszentren wie UCLA oder Harvard festgestellt. Wenn externe Gutachter – also Fachleute, die unabhängig von den Studienzentren arbeiten – Videoaufzeichnungen der Aufnahmeinterviews auswerten, beurteilen sie viele dieser Patienten als deutlich gesünder, als es die offiziellen Scores nahelegen. Nach diesen

Einschätzungen litten zahlreiche Teilnehmer in Antidepressiva-Studien gar nicht an einer behandlungsbedürftigen Depression.

Die sogenannte *Baseline-Inflation* kann unterschiedliche Ausprägungen annehmen. In meinem Verständnis bezeichnet sie vor allem die auffällige Ballung von Ausgangswerten knapp oberhalb der Einschlussgrenze – also im Bereich niedriger Depressionsschwere. Der Psychiater Arif Khan hat dieses Muster in einer Analyse von 51 industriefinanzierten Studien zu zehn verschiedenen Antidepressiva detailliert beschrieben. Sein Fazit: Studienärzte neigen offenbar dazu, Probanden mit grenzwertiger Symptomatik durch willkürlich vergebene Zusatzpunkte in die Studie »hineinzurechnen« – ein Vorgang, den er ausdrücklich als Baseline-Score-Inflation bezeichnete. Ähnliche Verzerrungen wurden auch in anderen Bereichen der klinischen Forschung festgestellt – etwa bei Studien zu Demenz und zum Tourette-Syndrom.

Ohne eine Auswaschphase geschieht Folgendes: Die weniger stark erkrankten Patienten, deren Ausgangswerte künstlich aufgebläht wurden, verlieren im weiteren Verlauf vermeintlich Symptome – die sie in Wahrheit nie hatten. Da sich diese Teilnehmer unter Placebo zwangsläufig »verbessern«, haben selbst hochwirksame Antidepressiva in diesem untersten Bereich der Depressionsschwere kaum eine Chance, statistisch hervorzustechen.

Aufgrund dieser Verzerrung zeigen Studien ohne Auswaschphase besonders häufig einen sogenannten Schweregrad-Effekt – also eine scheinbar geringere Wirksamkeit von Antidepressiva bei leichter Depression. Dieser Eindruck entsteht auch dann, wenn es in der klinischen Realität – bei exakter Einschätzung der Patienten – gar keinen solchen Unterschied gibt.

Allerdings hatten die Autoren der *JAMA*-Studie selbst ein begründetes Misstrauen gegenüber Placebo-Auswaschphasen. Wenn man diese anwendet, entfernt man gerade jene Teilnehmer aus der Studie, die besonders stark auf Placebo reagieren – also die, die allein durch Einnahme einer Pille rasch eine Besserung erfahren. Studien ohne Auswaschphase spiegeln hingegen eher das klinische Vorgehen wider, bei dem ein Arzt beim Erstkontakt direkt ein Antidepressivum verschreibt. In ihren eigenen Studien verzichtete die Penn-Vanderbilt-Gruppe konsequent auf Auswaschphasen.

Um die Schweregrad-Hypothese zu überprüfen, sammelten die Forscher Studien, die ihrem eigenen Design entsprachen. Aus einem riesigen Korpus von über 2.000 randomisierten Medikamentenstudien zur Depression wählten sie nur jene aus, die keine Auswaschphasen enthielten. Sie schlossen Studien zur Dysthymie aus. Sie verwarfen Studien, für die sie keinen Zugang zu den Einzeldaten der Patienten erhielten.

Am Ende blieben sechs Studien übrig: drei davon testeten Imipramin, drei Paroxetin. Aus meiner Sicht ist diese Auswahl problematisch. In diesen Studien erhielten Patienten mit mittelschwerer Depression teilweise zu niedrige Dosierungen. Viele der Patienten am milderen Ende des Spektrums litten nicht einmal an einer depressiven Episode im eigentlichen Sinne. In dieser speziellen, auffällig selektiven Studienauswahl konnte sich also durchaus zeigen, dass Medikamente bei schweren Erkrankungen besser wirken. Aber da Dosierung und Diagnostik uneinheitlich waren, blieb die Frage unbeantwortet, wie sich eine angemessene medikamentöse Behandlung bei nicht schwerer Depression tatsächlich auswirkt. Selbst in diesem eingeschränkten Material fanden sich jedoch Hinweise auf mögliche Wirksamkeit.

Gerade die drei Imipramin-Studien zeigten eine auffällige Heterogenität – und zwar in genau jener Art, die uns inzwischen aus anderen Fällen vertraut ist.

Eine der methodisch überzeugendsten Studien befasste sich mit schwer ausgeprägter Depression und verfolgte das Ziel, die Patienten auf eine Tagesdosis von 200 Milligramm Imipramin einzustellen – eine therapeutisch wirksame Menge, die im klinischen Alltag als obere Normdosis gilt. Die Patienten profitierten davon deutlich.

Und dann wurde erneut die uns bereits gut bekannte NIMH-TDCRP-Studie in die Argumentation einbezogen. Ob sie überhaupt als Medikamentenstudie gelten kann, ist durchaus fraglich, doch die Forscher der Penn-Vanderbilt-Gruppe bemühten sich redlich, das Material sinnvoll zu nutzen. Um die Ergebnisse mit jenen aus Standardstudien vergleichbar zu machen – die typischerweise nur sechs bis acht Wochen dauern –, bezogen sie sich auf den Stand zur Halbzeit der NIMH-Studie, also nach acht Wochen, und berücksichtigten die Daten aller Teilnehmer. Ein Mitglied des Teams versicherte mir, man habe eigens überprüft, ob es eine »Dosisverzerrung« gegeben habe – also ob weniger schwer erkrankte

Patienten geringere Medikamentenmengen erhalten hätten – und dabei keine Hinweise gefunden. Diese Analyse ist allerdings nie veröffentlicht worden. Angesichts von Donald Kleins Einwand (»Es ist durchaus möglich, dass die milderen Patienten nur geringe, unwirksame Dosen erhielten«) wäre Transparenz darüber wünschenswert gewesen, ob und wann im Verlauf der acht Wochen Patienten mit unterschiedlichem Schweregrad der Depression eine plausible medikamentöse Behandlung erhielten.

Das eigentliche Problem betraf jedoch die dritte Studie. Sie schien vor allem dazu entworfen worden zu sein, das pflanzliche Präparat Johanniskraut zur Behandlung von Depressionen ins rechte Licht zu rücken [Anmerkung der Übersetzer: Johanniskraut-Präparate sind in Deutschland, Österreich und der Schweiz seit den 2000er Jahren rezeptfrei in Apotheken erhältlich]. Als Vergleichspräparat wurde Imipramin eingesetzt – allerdings nur in einer Dosierung von 100 Milligramm täglich. Die Studienautoren selbst räumten ein, dass diese Dosis unter der »empfohlenen mittleren Wirkdosis« lag und wohl als »suboptimal« zu gelten habe. Imipramin zeigte zwar eine – wenn auch knappe – Wirkung, aber nur dann, wenn man die Bewertungsskala (Hamilton) leicht zugunsten des Medikaments justierte.

Die Teilnehmer dieser Johanniskraut-Studie litten an Depressionen mittleren Schweregrades – wenig überraschend also, dass die *JAMA*-Analyse in diesem Bereich schlechtere Resultate feststellte. Doch indem sie die Ergebnisse von Patienten mit einer so geringen Imipramin-Dosierung einbezog, stellte die Metaanalyse, die eigentlich die Schweregrad-Hypothese überprüfen sollte, letztlich eine ganz andere Frage: ob Depression am besten auf empfohlene Standarddosen eines Medikaments anspricht.

Die drei Paroxetin-Studien machten das Bild nicht klarer. Zwei davon stammten von der Penn-Vanderbilt-Gruppe selbst. Insgesamt umfasste die *JAMA*-Metaanalyse 307 Patienten aus Studien dieser Forschergruppe und 411 aus dem übrigen Forschungsumfeld. Gene Glass hatte einmal kritisiert, dass Autoren von Übersichtsartikeln, die »adäquates Studiendesign« zu eng definieren, am Ende vor allem ihre eigenen Studien hervorheben. Offenbar ist auch die Metaanalyse nicht vor diesem Mechanismus gefeit.

Eine der Studien des Penn-Vanderbilt-Teams verglich zwei psychotherapeutische Verfahren bei Depression und setzte Paroxetin als Vergleichsmedikament ein. Trotz hoher Abbruchquoten in der Paroxetin-Gruppe (offenbar bevorzugten viele Studienteilnehmer Psychotherapie), war das Medikament dem Placebo überlegen – allerdings mit besseren Ergebnissen bei schwereren Verläufen. Die andere Studie dieser Forschergruppe schloss ausschließlich Patienten mit schwerer Depression ein – und auch dort erwies sich Paroxetin als wirksam, mit einer Number Needed to Treat (NNT) von 4. Diese Ergebnisse waren bereits bekannt, bevor die Auswahlkriterien für die *JAMA*-Metaanalyse festgelegt wurden. Die stärkere Wirksamkeit bei ausgeprägter Symptomatik war also bereits gegeben, noch bevor Daten von Patienten anderer Studien in die Analyse eingeflossen waren.

Die dritte Paroxetin-Studie war eine jener eigenwilligen kleineren Untersuchungen, die durchaus ihre eigene Qualität haben, im vorliegenden Zusammenhang jedoch besonders konfliktträchtig war. Durchgeführt unter anderem an der Dartmouth University, verglich sie eine auf Problemlösung fokussierte Psychotherapie mit einer Medikamenten- und einer Placebogruppe. Der Knackpunkt: In dieser Studie wurden ausdrücklich *keine Patienten mit einer Major-Depression-Episode* nach DSM-Kriterien aufgenommen.

Die Forscher interessierten sich für die Frage, ob Medikamente auch bei der sogenannten »Minor Depression« wirksam sind. [Anmerkung der Übersetzer: Dabei handelt es sich um eine im angloamerikanischen Raum – genauer im DSM, nicht aber in der ICD-II der WHO – definierte Diagnose.] Im Unterschied zur Major Depression sind bei der Minor Depression nur drei oder vier depressive Symptome vorhanden, etwa Niedergeschlagenheit, Freudlosigkeit oder Schlafstörungen. Für die Diagnose einer Major Depression wären hingegen mindestens fünf Symptome erforderlich.

[Ergänzung der Übersetzer: Abzugrenzen ist die Minor Depression von der Dysthymie, die ebenfalls im DSM definiert ist und darüber hinaus auch im internationalen Klassifikationssystem der WHO (ICD-II) enthalten ist. Im vorangegangenen Kapitel haben wir sie bereits als leichtere, aber chronische Form der Depression besprochen. Im Grunde beschreibt die Minor Depression eine (noch) nicht chronische Dysthymie: Laut DSM liegt bei wenigen, über längere Zeit anhaltenden Symptomen Dysthymie vor, bei kürzerer Dauer hingegen die Diagnose Minor Depression.] Die Auswertung aller Probanden mit drei oder vier depressiven Symptomen ergab, dass Paroxetin gut wirkte. Die NNT lag zwischen 4 und 5. Damit sprach diese »niedrigstgradige« Form der Depression – also noch milder als eine leichte depressive Episode – auf das Medikament ungefähr ebenso gut an wie eine schwere Depression. Die Daten widersprachen damit der Schweregrad-Hypothese oder stellten sie zumindest ernsthaft infrage.

Hier könnte die Geschichte enden – wäre da nicht die entscheidende Frage, wie Minor Depression überhaupt definiert ist.

Denn: Die Diagnose »Major Depression« umfasst sowohl akute als auch chronische Verläufe. Ob man sich in einer ersten, eher kurzen Episode befindet oder bereits viele anhaltende Krankheitsphasen durchlebt hat – solange fünf oder mehr depressive Symptome vorliegen, gilt die Diagnose.

Minor Depression hingegen wird anders abgegrenzt. In der Diagnostik der späten 1990er Jahre – also zur Zeit der Dartmouth-Studie – galt: Wenn die – relativ leichte – Symptomatik über längere Zeit anhielt oder wiederholt auftrat, sprach man nicht mehr von Minor Depression, sondern von Dysthymie. Nur wenn die Symptome neu auftraten und noch nicht lange bestanden, wurde die Diagnose Minor Depression vergeben.

In klinischen Studien spricht chronische Depression erfahrungsgemäß nicht auf Placebo an – der Effekt des Medikaments wird dadurch deutlicher sichtbar. Die meisten Teilnehmer der Dartmouth-Studie litten unter Dysthymie. Und sie sprachen ausgesprochen gut auf Paroxetin an: Die Remissionsrate – also der Anteil vollständiger Gesundungen – lag bei 80 Prozent, die NNT bei nur 3. Offenbar ist die chronisch-milde Depression jene Form, auf die Paroxetin besonders wirksam anspricht.

In die JAMA-Metaanalyse wurden jedoch nur jene Patienten aufgenommen, bei denen eine akute Minor Depression vorlag – die Dysthymiker, bei denen Paroxetin besonders effektiv war, wurden nicht berücksichtigt.

Da in der JAMA-Auswertung schwere Depressionen oft mit chronischen Verläufen einhergingen, leichtere Depressionen hingegen meist akut waren, war bereits vor der statistischen Auswertung abzusehen, dass Medikamente bei Patienten mit niedrigen Hamilton-Ausgangswerten schlechter abschneiden würden. Dieses Muster wäre selbst dann zu erwarten, wenn Antidepressiva in Wirklichkeit über das gesamte Spektrum hinweg gleich wirksam wären – denn betrachtet man die Minor Depression mit derselben diagnostischen Weite wie die Major Depression, also unter Einschluss sowohl akuter als auch chronischer Verläufe, zeigt sich auch hier ein positiver Behandlungseffekt.

Die starke Betonung der Auswaschphasen wirkt vor diesem Hintergrund fast wie eine Fixierung – und sie ist nicht ohne eigene Verzerrungen: Studien mit hoher Abbrecherquote, uneinheitlicher Dosierung und inkonsistenter Diagnosestellung bringen ihrerseits erhebliche Verzerrungspotenziale mit sich.

Auch zur Minor Depression lieferte die Dartmouth-Studie weitere Hinweise: Mit Messinstrumenten aus der Lebensqualitätsforschung wurden umfassendere Aspekte der psychischen Gesundheit erfasst. In diesen Auswertungen zeigten besonders beeinträchtigte Patienten – also solche, bei denen die vermeintlich leichte Depression zu deutlichen funktionellen Einschränkungen führte – unter Paroxetin eine statistisch signifikante Besserung gegenüber Placebo.

Für Patienten mit leichter Depression, die jedoch funktional erheblich beeinträchtigt sind, könnte Paroxetin also eine wirksame Hilfe darstellen – auch wenn diese Besserung auf Skalen wie der Hamilton-Skala womöglich nicht sichtbar wird. Bei kurzfristigen, milden Verstimmungen mag ein abwartendes Vorgehen angemessen sein; wenn jedoch spürbares Leiden oder Einschränkungen im Alltag bestehen, spricht vieles für eine medikamentöse Behandlung. Gerade solche klinisch bedeutsamen Informationen gehen jedoch in der vereinheitlichenden Logik von Metaanalysen häufig verloren.

Woran also sollen sich Ärzte orientieren?

Die Ergebnisse der Einzelstudien geben deutliche Hinweise. In allen Studien – mit Ausnahme jener zum Johanniskraut – erwiesen sich die Antidepressiva in ihrer jeweiligen Vergleichs- oder Behandlungsrolle als wirksam. (Selbst in der Johanniskraut-Studie schnitt Imipramin besser ab – zumindest dann, wenn man das Kriterium »somatische Angst« aus der Hamilton-Skala herausrechnet; offenbar hielten die Bewerter manche Nebenwirkungen wie Übelkeit irrtümlich für Krankheitssymptome.)

Paroxetin erweist sich als breit wirksam: Bei schwerer und sehr schwerer Depression liegt die NNT bei 4, bei Dysthymie bei 3. Und selbst bei funktional beeinträchtigender, kurzzeitiger, leichter Depression verbessert das Medikament die Lebensqualität.

Und Imipramin? Es bleibt ein zuverlässiges Mittel: In moderater Dosierung wirkt es bei schwerer Depression. Und sogar in zu niedriger Dosis kann es immerhin noch dazu dienen, eine Stichprobe mit mittelschwerer Symptomatik klinisch zu validieren.

All dies noch ohne Berücksichtigung der Baseline-Inflation – jener Punkteverzerrung zu Studienbeginn, die Wirksamkeit Unterschiede suggerieren kann, selbst wenn Antidepressiva über das gesamte Schweregrad-Spektrum hinweg gleich gut wirken.

Die *JAMA*-Metaanalyse ist also gewiss nicht geeignet, einen in der Praxis tätigen Arzt davon zu überzeugen, dass seine weniger Patienten mit leichterer oder mittelschwerer Depression lediglich auf ein Placebo reagiert hätten. Im Gegenteil: Für mich illustriert die Studie eine andere Lehre – nämlich, dass man sich auf eine Metaanalyse nicht verlassen sollte, ohne zuvor die einzelnen zugrunde liegenden Studien genau geprüft zu haben.

Und was lehren diese Einzelstudien? Ihre Botschaft läuft den Schlussfolgerungen der Übersichtsarbeit in wesentlichen Punkten zuwider. Sie lautet: Achten Sie auf funktionelle Beeinträchtigungen. Ja, Patienten mit ausgeprägten Symptomen sprechen auf Antidepressiva an – doch ebenso jene mit chronisch gedrückter Stimmung oder mit weniger Symptomen, deren Lebensvollzug gleichwohl erheblich beeinträchtigt ist.

Wo Depression das tägliche Leben einschränkt, spricht sie meist gut auf eine medikamentöse Behandlung an. Und wenn niedrige Dosierungen keine Wirkung zeigen, sollte man eine volle therapeutische Dosis nicht scheuen.

33
Jenseits von Ausschlusskriterien – Antidepressiva im echten Leben

Als ich versuchte, die milde Form der Major Depression zu charakterisieren, erwähnte ich Maggie – eine Frau, die sich kaum noch zur Arbeit schleppen konnte, bis ein Medikament ihre Lebensgeister wiederbelebte. Ebenso denke ich an Josh, dessen Hauptbeschwerde in einer geistigen Abgestumpftheit bestand. Nach einem geringfügigen geschäftlichen Rückschlag – einer jener Rückschläge, die einen normalerweise nicht aus der Bahn werfen sollten – war er plötzlich nicht mehr in der Lage, Alternativen zu analysieren oder Entscheidungen zu treffen. So hatte er sich noch nie zuvor gefühlt.

Die Psychotherapie bei einem Psychologen, dessen Arbeit ich sehr schätze, war ins Stocken geraten. Doch ein Antidepressivum – in seinem Fall Escitalopram – beseitigte die Blockade, und das in bemerkenswert kurzer Zeit.

Solche Geschichten wie die von Maggie und Josh zählen zu den alltäglichsten in der Psychiatrie – und, man darf wohl sagen, in der gesamten Medizin. Die Schlussfolgerung des JAMA-Artikels – nämlich, dass Antidepressiva bei leichter bis mittelschwerer Depression kaum wirksam seien – steht im klaren Widerspruch zur klinischen Erfahrung. Dies und die selektive Studienauswahl der Metaanalyse hätte die Fachwelt sowie die Medien eigentlich aufhorchen lassen müssen – und den Wunsch nach einer kontrastierenden, ausgewogenen Untersuchung wecken sollen, die sich gezielt auf Patienten mit leichter bis mittelschwerer Major Depression konzentriert. Idealerweise würde eine solche Studie ausreichend hohe Medikamentendosen prüfen. Und ebenso ideal wäre ein Studiendesign, das zutreffende und präzise Selbstauskünfte der Teilnehmer fördert.

Eine solche Studie gibt es. Im Jahr 2012, im unmittelbaren Nachgang zur Veröffentlichung des JAMA-Artikels, untersuchten Forscher am New York State Psychiatric Institute – überwiegend Angehörige der Columbia University – die Datenlage aus 32 Jahren Forschung an der dortigen Depressionsambulanz. An dieser

Einrichtung hatten auch Donald Klein und Fred Quitkin gearbeitet, zwei Pioniere der systematischen Ergebnisbewertung. Die Gruppe aus Columbia sichtete die Unterlagen von 1.440 Patienten und identifizierte darunter 825 Fälle mit einer Major Depression im unteren Schwerebereich – also mehr Patienten im relevanten Bereich, als die *JAMA*-Metaanalyse insgesamt umfasste. Der durchschnittliche Ausgangswert auf der Hamilton-Skala lag unter 14 – was dem Bereich milder Depression entspricht. Die Daten stammten aus sechs randomisierten Studien, in denen vier verschiedene Antidepressiva jeweils in ausreichender Dosierung geprüft wurden. Am häufigsten wurde Imipramin getestet, meist in einer realistischen Dosierung von 200 bis 300 Milligramm pro Tag. Auch wenn die Studiendesigns eine Auswaschphase vorsahen, entsprach diese Übersicht in weiten Teilen jener Forschung, nach der das *JAMA*-Team eigentlich gesucht hatte.

Und nun das Bemerkenswerte: In fünf der sechs Studien gab es keinerlei Untergrenze für den Hamilton-Wert – keine – und auch keine Mindestanzahl an Symptomen. Jeder war willkommen. Nur die sechste Studie, ähnlich wie der Dartmouth-Beitrag in der *JAMA*-Sammlung, verlangte einen Hamilton-Wert von mindestens 10 – also das, was NICE als »subsyndromale« Depression bezeichnet (eine Form der Depression unterhalb der diagnostischen Schwelle zur Major Depression). Die Forscher der Columbia-Gruppe stellten dazu fest: »Für die Behandler bestand keinerlei Anreiz, die diagnostischen Kriterien zu verwässern oder die Ausgangswerte [auf der Hamilton-Skala] künstlich anzuheben«.

Wenn keine künstlich aufgeblähten Ausgangswerte im Spiel sind – wie gut schneiden Antidepressiva dann bei der Behandlung leichter bis mittelschwerer Major Depression ab? Die Antwort lautet: Sie wirken gut. In Studien, die die standardisierte Hamilton-Skala verwendeten, war das Medikament dem Placebo überlegen – mit einer Effektstärke von etwas über 0,5, also im mittleren Bereich. Betrachtet man die Ansprechraten, so lag die NNT bei 4. Das bedeutet: Bei medikamentöser Behandlung gelangte ein typischer Patient in Remission – oder zumindest in deren Nähe.

Die Columbia-Metaanalyse weist zwei methodische Begrenzungen auf. Erstens waren nur 49 der untersuchten Patienten mit einem SSRI behandelt worden – konkret mit Fluoxetin in hoher Dosierung, alle anderen mit Imipramin. Diese

Einschränkung ist wichtig zu betonen, allerdings zeigen direkte Vergleichsstudien, dass SSRIs in ihrer Wirksamkeit Imipramin ebenbürtig sind. Und selbst wenn man – wie in der Fachwelt lange üblich – annimmt, dass Imipramin nur bei schwerer Depression überlegen ist, lässt sich daraus ableiten: Was Imipramin bei leichter bis mittelschwerer Major Depression leistet, das dürften SSRIs ebenso leisten. Bei Dysthymie schneiden sie besonders gut ab. Sie dämpfen neurotische Tendenzen. Mitunter beeinflussen sie auch Menschen ohne manifeste affektive Störung. Wenn also andere Antidepressiva in diesem Schwerebereich wirksam sind, dann mit hoher Wahrscheinlichkeit auch SSRIs.

Die zweite methodische Besonderheit – die eigentlich keine Begrenzung, sondern in mancher Hinsicht sogar eine Stärke darstellt – besteht darin, dass sämtliche Columbia-Studien an einem einzigen Standort durchgeführt wurden, einer universitären Klinik in städtischer Lage. Die Studien zogen ein anderes Patientenkollektiv an als die kommerziellen Prüfzentren: Die meisten Probanden waren zumindest in einer Teilzeit Berufstätigkeit und verfügten über einen gehobenen Bildungsstand. Für die Anreise gab es gelegentlich Fahrtkostenzuschüsse, aber keinen eigens organisierten Transport. Und das Experiment hatte einen wesentlichen Vorzug: Es war vollständig – alle vorhandenen Studien wurden berücksichtigt.

Das zentrale Ergebnis ist so eindeutig, dass sich die Schweregrad-Hypothese empirisch nicht länger aufrechterhalten lässt. Wenn Antidepressiva bei schwerer Erkrankung noch besser wirken – umso besser für uns alle. Doch möglicherweise ist der Behandlungseffekt schlicht gleichmäßig verteilt. In der Analyse der Universitäten Pennsylvania und Vanderbilt lag die NNT bei »sehr schwerer« Depression bei 4 oder 5 – faktisch also im gleichen Bereich wie bei der leichten bis mittelschweren Depression in der Columbia-Studie. Und wir wissen, dass auch Dysthymie auf diesem Niveau anspricht.

Die Columbia-Ergebnisse legen nahe, dass die Probleme, über die wir gesprochen haben – künstlich aufgeblähte Ausgangswerte, unzureichende Dosierung und diagnostische Inkonsistenzen – tatsächlich gravierend sind. Vermeidet man diese Verzerrungen, treten stabile Behandlungseffekte zutage.

Als die Columbia-Studie erschien, titelte keine Zeitung: »Beliebte Medikamente wirken auch bei leichter Depression« oder »Stimmungsaufhellung durch

Antidepressiva ist nicht bloß Einbildung«. Solide Wirksamkeit ist offenbar weniger berichtenswert als ihre angebliche Abwesenheit. Und doch gilt: Wenn der eine mögliche Befund – nämlich fehlender Nutzen für die meisten Patienten – für berichtenswert gehalten wird, dann sollte es der andere ebenso sein: Antidepressiva wirken – und zwar breit, für alle Schweregrade der Depression.

Es wäre wünschenswert, wenn es noch weitere Studien dieses Typs gäbe – universitäre Untersuchungen, in denen Sertralin, Escitalopram und andere Antidepressiva getestet werden; Studien, bei denen der Schweregrad der Depression bei Studieneintritt keine Rolle spielt; Studien, die auf künstlich aufgeblähte Ausgangswerte verzichten und uns die Chance geben, wirklich zu verstehen, ob auch leichte Formen der Depression auf Medikamente ansprechen.

Wenn man darüber nachdenkt, ist uns bereits eine andere Art von Forschung begegnet, die alle aufnimmt – in der Diskussion über meinen Freund Alan und die Wirksamkeit von Antidepressiva bei Schlaganfallpatienten. Dort wurde jeder eingeschlossen, der eine bestimmte Art von Hirnverletzung erlitten hatte. Eine depressive Symptomatik war keine Teilnahmevoraussetzung. Und weder Patienten noch Studienpersonal hatten einen Anreiz, depressive Beschwerden zu übertreiben.

Bei Alan galt meine Sorge der motorischen Funktion – deshalb hatte ich die *Lancet: Neurology*-Studie gesucht. Schlaganfallpatienten, die Fluoxetin erhielten, gewannen mehr Beweglichkeit in Armen und Beinen zurück. Doch die französischen Neurologen erfassten auch depressive Symptome. Im Vergleich zu den Patienten, die Fluoxetin bekamen, war das Risiko, eine Depression zu entwickeln, in der Placebogruppe viermal so hoch.

Die verabreichte Dosis des Antidepressivums entsprach der üblichen Standarddosis – 20 Milligramm Fluoxetin pro Tag. In der Medikamentengruppe blieb der durchschnittliche Depressionswert über drei Monate hinweg unverändert – keine neuen Symptome, trotz des überstandenen Schlaganfalls. (Einige Patienten entwickelten zwar genug Symptome, um eine Depressionsdiagnose zu erhalten, aber deutlich mehr verloren die Symptome, mit denen sie in die Studie gegangen waren.) Die Patienten in der Placebogruppe erwiesen sich als deutlich anfälliger.

Auch diese Ergebnisse sprechen gegen die Schweregrad-Hypothese. Beim Studieneintritt erfüllte der durchschnittliche Patient nicht die Kriterien einer Depression. Und dennoch zeigte die medikamentöse Behandlung Wirkung – auf dem niedrigsten Schweregradniveau überhaupt: ohne manifeste Depression.

Die Schlaganfallstudie steht dabei exemplarisch für eine ganze Klasse von Untersuchungen. Wenn wir über die Psychiatrie hinausblicken – etwa in die Neurologie oder Kardiologie –, sehen wir in zahlreichen Outcome-Studien: Die Patienten sind reale Menschen, und man nimmt sie, wie sie sind. Die Eintrittskarte ist ein Krankheitsbild wie die koronare Herzkrankheit, das bekanntermaßen mit Depression assoziiert ist.

In eine ähnliche Kategorie fällt die Forschung zu Interferon, einem Medikament, das bei Infektionskrankheiten (oft Hepatitis) und bestimmten Krebserkrankungen eingesetzt wird. Interferon hat die Tendenz, Depression auszulösen. Antidepressiva können dieser Entwicklung vorbeugen oder sie im Ansatz stoppen. Auch in Interferon-Studien gilt: Alle sind willkommen – Menschen mit und ohne Depression. Und es besteht kein Anreiz, Symptome zu übertreiben.

Diese Forschung ist auch für sich genommen von großer Bedeutung. Denn angesichts körperlicher Erkrankung wirkt Depression zerstörerisch. Kehren wir noch einmal zum Schlaganfall zurück: Man stelle sich zwei Patientengruppen vor – jene, die nach dem Schlaganfall depressiv sind, und jene, die es nicht sind. Zehn Jahre später ist die Überlebensrate in der depressiven Gruppe dramatisch niedriger – die Sterblichkeit mehr als dreifach erhöht im Vergleich zu jenen ohne Depression. Im Alltag scheitern Patienten mit postschlaganfallbedingter Depression häufiger an den »Aktivitäten des täglichen Lebens« – etwa sich selbst anzuziehen. Sie zeigen mehr kognitive Beeinträchtigungen, etwa Gedächtnisstörungen, als man aufgrund der Hirnverletzung erwarten würde. Sie kehren seltener ins Berufsleben zurück. Und selbst wenn die Depression wieder abklingt – die Einschränkungen bleiben.

Depression ist zudem häufig unter Schlaganfallüberlebenden. In den ersten Wochen nach der Hirnverletzung sind rund ein Drittel der Patienten depressiv. Innerhalb von fünf Jahren wird etwa die Hälfte aller Betroffenen eine depressive Episode durchlaufen. Und hat sich die Depression einmal manifestiert, neigt sie dazu, anzuhalten oder immer wiederzukehren.

Selbst nachdem Antidepressiva breite Anwendung gefunden hatten, blieben Neurologen bei Schlaganfallpatienten zunächst vorsichtig. Die Risiken schienen beträchtlich – Krampfanfälle, Stürze, Delirien und möglicherweise auch Blutungen oder zusätzliche Hirnschäden. Und jede durch den Schlaganfall verursachte Schädigung galt womöglich als irreversibel, als nicht beeinflussbar durch Medikamente. Aber der Bedarf war groß – und so wagten Ärzte die Forschung. Mit Antidepressiva hatten die Patienten nicht nur weniger depressive Symptome, sondern insgesamt auch eine bessere neurologische Prognose.

Eine ähnliche Konstellation begegnet uns immer wieder in der Psychosomatik – jenem Fachgebiet, das sich mit dem Zusammenspiel von körperlichen und seelischen Erkrankungen befasst: dringender Bedarf, erhebliche Risiken, zögerliche Forschung – und schließlich die Entdeckung weitreichender Vorteile durch den Einsatz von Antidepressiva.

Um die umfangreiche Literatur zu verallgemeinern: In Studien, bei denen eine Depression keine Voraussetzung für die Teilnahme ist, kommen die meisten Patienten mit nur leichten oder gar keinen depressiven Symptomen. Bei medikamentöser Behandlung neigen diejenigen mit Symptomen dazu, sie zu verlieren. Und bei jenen, die symptomfrei beginnen, wirken Antidepressiva vorbeugend. Drei-, vier- oder fünfmal so viele Patienten in der Placebogruppe entwickeln im Studienverlauf eine neue depressive Episode. Wenn das geschieht, lässt sich durch den sofortigen Beginn einer frühzeitigen therapeutischen Intervention (*rescue intervention*) die Episode oft abbrechen. Meist handelt es sich um »Ersteepisoden« – also um depressive Schübe bei Menschen, die zuvor noch nie unter einer solchen Störung gelitten hatten.

Die Antidepressiva-Debatte bezieht diese Studien meist nicht mit ein – zu komplex erscheint das Feld der Psychosomatik. So können etwa SSRIs auch als Blutverdünner wirken und dadurch das Herz schützen. Antidepressiva könnten dem Gehirn eine gewisse Flexibilität und Widerstandskraft verleihen – auf Wegen, die nur am Rande mit depressiver Symptomatik zu tun haben. Vielleicht wirken Medikamente bei kardiologischen und neurologischen Patienten auch aus eher zufälligen Gründen – weil Antidepressiva, unabhängig von ihrer Wirkung auf die Stimmung (und den Nebenwirkungen), bestimmte Organe schützen. Und was die durch Interferon ausgelöste Depression betrifft: Trotz ähnlicher Symptomatik unterscheidet sie sich womöglich von jener »gewöhnlichen« Depression, die durch genetische Veranlagung, Lebensereignisse und allmählichen Verschleiß entsteht. Es gibt viel zu diskutieren.

Und doch: Diese Studien sind von hoher Qualität. Es handelt sich um reale, nicht selektierte Patienten – Menschen, die einfach auf einer Schlaganfallstation aufgenommen werden, in einem Herzkatheterlabor landen oder (bei Interferon) in einer Hepatitis- oder Krebsambulanz behandelt werden. Niemand durchforstet Wohnheime oder Unterkünfte für soziale Randgruppen, um passende Kandidaten zu rekrutieren. Die Placebobedingungen sind robust – alle Teilnehmer erhalten zwangsläufig intensive medizinische Betreuung. Im Fokus stehen depressive Episoden, die von Anfang an beobachtet werden – etwa bei Patienten, die Interferon oder Placebo erhalten und allmählich depressive Symptome entwickeln. Verwendet werden in der Regel SSRIs. Und sie machen – überhaupt – nicht den Eindruck von Medikamenten, die bei leichter oder akuter Erkrankung versagen.

Nicht die Medikamente stehen infrage – es ist die Schweregrad-Hypothese, die ins Wanken gerät. Die überzeugendsten Studien, jene mit realistischen Patientenkollektiven, sprechen gegen sie. Zieht man ein weites Netz, zeigt sich: In experimentellen Studien wirken Antidepressiva genauso wie im klinischen Alltag – sie helfen Menschen mit einem breiten Spektrum an Beschwerden.

34
Intermezzo: Antidepressiva als Ko-Therapeuten

Das ist meine Erfahrung: Ich finde Antidepressiva durchgängig hilfreich. Die Unterscheidungen, mit denen das Fach arbeitet – Major Depression, Dysthymie, Minor Depression, wie man sie etwa aus dem DSM kennt –, haben für mich nie eine große Rolle gespielt.

Beginnend in den 1980er Jahren, unterrichtete ich an der Brown University einen Einführungskurs in Psychotherapie für angehende Psychiater. Für jede Sitzung wählte ich als Lektüre eine Fallvignette – eine Beschreibung der Interaktion zwischen Arzt und Patient –, entnommen aus einem Lehrbuch, das jeweils eine bestimmte therapeutische Schule repräsentierte. Im Unterricht gingen wir von der Praxis zur Theorie zurück. Was lässt sich aus der Art der Behandlung über das zugrunde liegende Menschenbild ableiten?

Manchmal spiele ich mit dem Gedanken, etwas Ähnliches für meine eigene Arbeit zu tun – alte Patientenakten zu durchforsten, Sitzungen neu zu durchdenken, in der Hoffnung, mich selbst gewissermaßen von außen zu betrachten und herauszufinden, was mich eigentlich leitet. Wenn es ums Verschreiben geht, vermute ich, dass es vor allem eines ist: *Sorge*.

Schwere Depression macht mir Sorge. Patienten riskieren, ihren Arbeitsplatz zu verlieren oder sich geliebten Menschen zu entfremden. Es besteht oft Suizidgefahr und ich sorge mich mögliche Schäden an Gehirn, Herz, Hormonsystem und mehr. Nach außen bemühe ich mich um Gelassenheit – aber innerlich bin ich unter Druck.

Seit dem Fall Ray Osheroff gilt es als Behandlungsfehler, überwältigende Depression einfach bestehen zu lassen. Ich werfe alles dagegen, was ich habe: Antidepressiva, ja – aber auch Psychotherapie und Lichttherapie, ergänzt durch weniger gut belegte Ansätze wie Bewegung, Vitamine oder Fischöl. In der akuten Phase greife ich unter Umständen auch zu mehreren Medikamenten gleichzeitig.

Ich denke dabei nicht in Numbers Needed to Treat. Der Patient und ich probieren aus – dieses und jenes –, bis wir einen Weg hindurch finden. Wir sprechen oft täglich. Ich beziehe Angehörige mit ein. Ich konsultiere Kollegen. Ich bin durchaus zuversichtlich, dass mein Patient Fortschritte machen wird – zuversichtlich, was die Prognose betrifft, wenn wir erst einmal die akute Phase überstehen. Es gibt Depressionen, die sich überhaupt nicht behandeln lassen – aber heute sind sie selten geworden.

Meine Einschätzung, wann eine Depression entschlossenes Handeln erfordert, hängt nicht von der Zahl der Symptome ab.

Ich denke an einen Patienten namens Troy, der sich wegen einer depressiven Episode zunächst keinerlei Hilfe gesucht hatte – eine Phase, in der er beruflich fragwürdige, für ihn nachteilige Entscheidungen getroffen hatte. Er wollte sich von allem lösen, Belastungen über Bord werfen, frei sein – frei, zur Not auch seine Karriere zu ruinieren. Die schwere Depression war von selbst wieder verschwunden. Erst danach, auf Drängen eines Freundes, kam er zu mir. Ich kannte Troy bereits flüchtig – wir waren uns über die Jahre bei öffentlichen Veranstaltungen begegnet –, und jetzt, in meiner Praxis, sah ich, dass er sich verändert hatte. Seine Konzentration war beeinträchtigt, sein Sozialverhalten zurückgezogen. Ich vermutete, dass es sich um einen »körperlichen« oder »hirnbasierten« Restzustand handelte. Ich bestand auf einer medikamentösen Behandlung. Objektiv hatte ich nur zwei Symptome beobachtet, aber das Gesamtbild war beunruhigend. Mit Antidepressiva (und meiner Unterstützung) fand Troy wieder zu sich selbst. Er nahm – vorsichtig und mit Reue – wieder Kontakt zu den Kollegen auf, die er vor den Kopf gestoßen hatte.

Solche Erfahrungen lassen mich Symptom-Scores misstrauen und die empathische Einschätzung hoch schätzen. Randomisierte Studien können gut zählen. Praktizierende Ärzte können gut hinschauen – und hineinspüren. Manchmal ist eine »milde Depression« in Wahrheit schwer.

Bei schwierigen Fällen ist die Entscheidung für eine medikamentöse Behandlung leicht. Bei trägeren, weniger dramatischen Verläufen gebe ich gern der Psychotherapie Raum und Zeit – und genau hier macht sich die Sorge bezahlt. In einer Behandlung, die bislang unauffällig verlief, beginne ich plötzlich, mich unwohl zu fühlen – während der Sitzung oder danach. Die Stimmung ist zu festgefahren, der Antrieb zu blockiert, der Selbstzweifel zu zersetzend, die Grübelei zu beherrschend.

Wie bei Olivia: Jahre nach einer Scheidung, die sie in eine langanhaltende Depression gestürzt hatte, lässt sie sich Olivia schließlich doch dazu überreden, wieder zu daten. Der neue Freund, Lyle, ist ein weniger erfolgreicher, weniger fantasievoller Kollege aus ihrer Branche. Ein Gefühl der Überlegenheit erlaubt es ihr, sich auf die Beziehung einzulassen. Ihre Bindung bleibt locker – so kann sie nicht verletzt werden. Das Problem ist: Es wird langweilig. Olivia denkt über den richtigen Zeitpunkt und die passende Form der Trennung nach. Wie könnte sie Lyle möglichst schonend verlassen?

Doch das Loslösen gestaltet sich schwieriger als gedacht. Lyle zeigt eine Tiefe an Bindung, mit der Olivia nicht gerechnet hatte. Und dann, unerwartet, ist sie tatsächlich berührt. In dem Moment, in dem Olivia sich ihm wirklich zu öffnen beginnt, beendet Lyle die Beziehung abrupt und endgültig. Er hatte sich vorgestellt, dass sie ihn besser behandeln würde. Er gesteht, dass er darüber nachgedacht habe, sich jemand anderem zuzuwenden – einer konkreten Person –, von der er sich das erhoffe.

Olivia verfällt in einen Zustand der Selbstentwertung. Das beherrschende Symptom ist das Grübeln über Lyle. Wie konnte er sie ermutigen, sich wieder zu öffnen – nur um ihr dann weh zu tun? In der Sitzung ist sie in Tränen aufgelöst.

Diese Entwicklung schreit förmlich nach Psychotherapie – nach einer Verbindung zwischen dem aktuellen Verlassenwerden, der vorangegangenen Scheidung und, noch früher, dem Verlust ihrer Mutter in Olivias Kindheit. Doch Olivia fehlen die inneren Ressourcen, um sich auf ein Gespräch einzulassen. Immer wieder kehrt sie zu Selbstvorwürfen zurück.

Olivia erinnert sich nicht an ihre Ambivalenz und ihr Gefühl der Überlegenheit gegenüber Lyle. In ihrer Erinnerung war sie stets liebevoll. Sie konzentriert sich auf vermeintliche Fehler in Strategie und Verhalten: Wenn sie doch nur – *etwas* – offener gewesen wäre mit ihren Gefühlen, oder beherrschter. Die Themen, von denen ich denke, dass sie angesprochen werden müssten – Narzissmus, Misstrauen, die Angst, nicht liebenswert zu sein – kommen gar nicht zur Sprache. Stattdessen kreist Olivia in Endlosschleifen um ihre Wortwahl in minutiös erinnerten Gesprächen. Sie weint.

Manche Psychologen würden Olivias Leiden als Trauer bezeichnen. Andere würden von einem posttraumatischen Zustand sprechen. Für mich kommt die Bezeichnung »Depression« der Wahrheit sehr nahe.

Olivia beklagt sich darüber, dass ihre Freunde den Verlauf der Beziehung falsch erinnern. Es scheint, als würden sie sich von ihr distanzieren, als verlören sie allmählich ihr Mitgefühl. Ich denke: Wie verheerend wäre es, wenn sie auch noch ihre Freunde vergrault. Auch beruflich läuft es bei Olivia schlechter – aber das drohende soziale Desaster, die Vorstellung, sie könnte die Unterstützung ihres Umfelds verlieren, ist es, was mir den Schlaf raubt.

Einmal traf ich in Paris den Herausgeber einer Buchreihe mit dem Titel »*Les empêcheurs de penser en rond*« – »die, die das Kreisen der Gedanken verhindern«. Genau das ist der Effekt, den ich suche.

Ich greife zum Medikament. Grübelnde Depression – das ist das Terrain, auf dem SSRIs besonders wirksam sind. Kollegen haben mich darauf hingewiesen, dass Weinerlichkeit ein nützlicher Marker sein kann. Antidepressiva unterbrechen die Tränenausbrüche.

Unter Sertralin ist Olivia noch immer traurig, aber nicht mehr vom Verlust überwältigt. Sie kann es ertragen, Lyles Freunden zu begegnen. Sie ist wieder in der Lage, ein Buch zu lesen.

Würde ich mir wünschen, dass Olivia sich ins »Mehr-als-gesund«-Sein hinein entwickelt? Manche Patienten tun das. Olivias Reaktion ist günstig genug: Wir können wieder miteinander sprechen.

Ich nenne Antidepressiva oft meine Ko-Therapeuten – sie schaffen Vertrauen, während ich die unbequemen Fragen stelle. Sertralin bringt Ruhe – und die Freiheit, sich wieder vorsichtig umzusehen. Ich deute auf eine unbequeme Möglichkeit hin: Vielleicht ist es nicht der Verlust der Liebe, der so weh tut – sondern die Kränkung. Wie konnte dieser Kerl – der ihr doch nicht im Geringsten das Wasser reichen konnte – sie abservieren? Olivia denkt darüber nach. Zweifel an Lyle schleichen sich zurück in ihr Gedächtnis. Ihre Freunde zeigen sich erleichtert über ihren wiedergewonnenen Blick auf die Dinge.

Ich habe nicht vor, Olivia dauerhaft medikamentös zu behandeln. Ich hoffe auf einige Monate der Stabilität – und dann auf die Möglichkeit, die Medikation auszuschleichen. Am liebsten wäre mir ein Wandel ihrer Lebensumstände – ein erstes, weniger defensives Beziehungsmodell. Vielleicht gelingt es uns, die Zeit mit Lyle im Rückblick als hilfreich zu sehen – als einen guten Anfang in dem erneuerten Versuch, sich wieder auf Männer einzulassen. Auch in dieser Verwirrung liegen Lektionen darüber, was Beziehungen brauchen.

Und was Olivias anfänglichen Fortschritt betrifft: War sie moderat depressiv? Hat sie »angesprochen«? Ich habe keine Ahnung. Sertralin beruhigt meine Sorge. Ich sehe für Olivia einen Weg zurück ins Leben.

Viele Ärzte beurteilen Medikamente auf diese Weise – und ich denke, das ist auch richtig so. Die Fachliteratur sagt zwar – in einem allgemeinen, vagen Sinn – dass ein Medikament wirksam ist. Beim Verschreiben aber erleben wir konkret, wie es wirkt – entsprechend unseren eigenen Bedürfnissen, und jenen unserer Patienten.

Ich habe immer wieder auf die hohe Ansprechrate hingewiesen, die Lisa Ekselius bei Patienten in der hausärztlichen Versorgung dokumentiert hat: 90 Prozent bei denjenigen, die die Behandlung durchhalten – mit guten Ergebnissen bei 75 Prozent oder mehr jener, die mit dem Medikament beginnen. Sie machen den Umgang mit affektiven Störungen erheblich leichter – durch die Faktoren, die Per Bech nennt: verbesserte Stimmung, gesteigertes Selbstwertgefühl und mehr Kompetenz im Alltag.

Antidepressiva sind praktische Werkzeuge. Weil sie die Psychotherapie verstärken, ist Depression heute sehr gut behandelbar. Was sich dabei als besonders hilfreich erweist, ist das gesamte Paket: Medikation, Psychotherapie – und eine begleitende Neuorientierung im Leben.

35
Wo wir stehen – Wirkungen voraussagen, Möglichkeiten begreifen

Was lässt sich sagen über das, was Psychiater jeden Tag tun? Ich meine damit das Auswählen von Medikamenten, das Anpassen von Medikamentendosierungen, das Zuhören, das Deuten, das Unterstützen – die Summe dessen, was gute psychiatrische Arbeit ausmacht. Immer häufiger versuchen Forscher, den Nutzen fachkundiger Behandlung messbar zu machen. Wir wollen uns diesem Bemühen aus zwei Perspektiven nähern – zwei Zugänge zu der Frage, wie Psychiatrie zur Bewältigung der Depression beiträgt.

Ein Strang der Forschung betrifft die Psychosomatik. Depression tritt häufig gemeinsam mit körperlichen Erkrankungen auf – und Fachleute im öffentlichen Gesundheitswesen wie auch Kostenverantwortliche setzen zunehmend darauf, seelische Störungen im Rahmen der medizinischen Versorgung mitzubehandeln. Daraus ist ein Forschungsfeld entstanden, das unter dem Begriff »Integrierte Versorgung« (Collaborative Care) firmiert.

Ein Beispiel dafür ist das COPES-Projekt (Coronary Psychosocial Evaluation Studies), das unter anderem an der Columbia University durchgeführt wurde. Es ging der Frage nach, ob eine gezielte psychiatrische Mitbehandlung einen Unterschied macht – bei depressiven Patienten mit Herzerkrankungen. Das Programm begann 2005 und richtete sich an Patienten, die kürzlich einen Herzinfarkt erlitten hatten oder unter instabiler Angina pectoris litten – Schmerzen, die auf eine Minderdurchblutung des Herzmuskels hinweisen. Beides sind Zustände, die mit einem hohen Risiko für Verschlechterung oder Tod einhergehen.

Im Zusammenhang mit der Psychosomatik hatten wir bisher vor allem Studien betrachtet, die alle Patienten einschlossen – unabhängig von Diagnose oder Symptomausprägung. Die COPES-Gruppe wählte einen anderen Weg: Zunächst wurden Patienten aufgenommen – und dann warteten die Forscher drei Monate. Nur diejenigen, bei denen sowohl die Herzerkrankung als auch die depressive

Symptomatik bestehen blieb, nahmen schließlich an der eigentlichen Studie teil. Durch diesen Vorlauf war sichergestellt, dass alle Teilnehmer tatsächlich an einer behandlungsbedürftigen depressiven Störung litten – meist handelte es sich um eine leichte bis mittelschwere Depression.

Die kardiologischen Patienten kamen, wie sie waren: Einige befanden sich bereits in psychotherapeutischer Behandlung, andere nahmen bereits Antidepressiva. Die Forscher randomisierten die Teilnehmer in zwei Gruppen. Eine erhielt weiterhin die übliche medizinische Versorgung. Die andere wurde intensiver betreut – mit einer spezifisch psychiatrischen Behandlung: entweder Psychotherapie (fokussiert auf Problemlösung) oder Antidepressiva, jeweils verabreicht durch erfahrene Fachleute. Die Patienten konnten wählen.

Zusätzlich beobachteten die Forscher eine Vergleichsgruppe von Herzpatienten ohne Depression. Insgesamt nahmen knapp 240 Personen an der Studie teil.

In regelmäßigen Abständen wurden die Teilnehmer der intensiv betreuten Gruppe erneut beurteilt. Zeigte sich keine Besserung, konnten sie zu einer anderen Behandlungsform wechseln oder eine zusätzliche hinzunehmen – Psychopharmakotherapie oder, falls noch nicht begonnen, Psychotherapie. Die zentrale Frage lautete: Macht psychiatrische Versorgung einen Unterschied, wenn sie auf einem akzeptablen fachlichen Niveau durchgeführt wird?

In der Kontrollgruppe – also unter üblicher medizinischer Versorgung – erhielten die kardiologischen Patienten reichlich Aufmerksamkeit: regelmäßige Befragungen, ärztliche Kontakte, medikamentöse Behandlungen. Die typischen Elemente eines »bunten Maßnahmenbündels« waren durchaus vorhanden.

Über einen Zeitraum von sechs Monaten ergab die intensivierte Versorgung eine Effektstärke von 0,6 – also im Bereich einer mittelstarken bis deutlichen Wirkung. Auch bei Herzpatienten, die bereits gut betreut wurden, brachte eine strukturiertere psychiatrische Behandlung spürbare Verbesserungen – auf einem Niveau, das mit den besten Ergebnissen aus der psychiatrischen Versorgung mithalten kann.

Die Forscher erfassten zudem das Auftreten sogenannter »größerer kardiovaskulärer Ereignisse« – etwa wiederholte Herzinfarkte. Die Gruppe mit intensiver psychiatrischer Mitbehandlung schnitt auch hier deutlich besser ab: Zehn solcher Ereignisse traten bei depressiven Patienten mit Standardversorgung auf, fünf bei jenen ohne Depression – und nur drei in der Gruppe mit verstärkter psychischer Betreuung.

Zugegeben, ein gewisser methodischer Unsicherheitsfaktor bleibt: Zwei der fünf eingesetzten Antidepressiva gelten als potenziell herzschützend (Sertralin und Citalopram). Dennoch – 80 behandelte Patienten über sechs Monate – und sieben schwerwiegende Herzereignisse weniger: Hielte sich dieser Effekt, entspräche er dem Wirkungsgrad mancher etablierter kardiologischer Präventionsmaßnahmen.

Ähnliche Ergebnisse wurden auch für andere Patientengruppen gefunden: Schlaganfall-Überlebende, Frauen in gynäkologischen Ambulanzen, ältere Menschen, Jugendliche, Hausarzt-Patienten – also sehr unterschiedliche Populationen. Manche Studien verzichteten auf Psychotherapie und testeten lediglich eine aufmerksamere pharmakologische Betreuung als aktive Maßnahme. Die größte Evidenzbasis liegt bislang für Patienten mit Diabetes mellitus vor. Dort zeigen sich die Vorteile erweiterter psychiatrischer Betreuung zunächst in einer Reduktion depressiver Symptome, dann aber auch in einer besseren Blutzuckereinstellung.

Zwar sind diese Studien nicht perfekt – insbesondere eine Doppelverblindung ist kaum durchführbar – doch haben sie einen entscheidenden Vorteil: Sie schließen viele Patienten ein, auch solche, die zuvor nie psychiatrische Hilfe in Anspruch genommen haben. Und in nahezu allen Studien spielten Antidepressiva eine zentrale Rolle. Wären sie unwirksam – und hätte ihre differenzierte Anwendung keinen Einfluss – könnten diese Studien kaum positive Effekte zeigen.

Forscher haben eine andere Strategie gewählt, um die psychiatrische Versorgung jener Patienten zu untersuchen, die in der klinischen Praxis typischerweise eine besondere Herausforderung darstellen – schwerer erkrankte, oft mehrfach belastete Menschen mit langjährigem Leidensweg. Zwei große, mehrjährige Studien, begonnen 2001 und 2002, nahmen sich dieser Gruppe an. Sie untersuchten vor allem die medikamentöse Behandlung, zum Teil auch psychotherapeutische Maßnahmen – jeweils in einer Weise, die dem Behandlungsalltag in psychiatrischen Praxen nahekommt.

Die bekanntere der beiden Studien trägt den Namen STAR*D – Sequenced Treatment Alternatives to Relieve Depression. Diese Untersuchung war nicht placebokontrolliert, was aus methodischer Sicht ein Nachteil ist, aber auch Vorteile hatte: Depressive Patienten, rekrutiert in allgemeinmedizinischen und psychiatrischen Ambulanzen, konnten sicher sein, eine etablierte Therapie zu erhalten. Auch Patienten mit begleitenden psychischen oder körperlichen Erkrankungen waren ausdrücklich zugelassen. Ziel war es, ein möglichst breites und realistisches Patientenkollektiv abzubilden.

Tatsächlich nahmen fast ausschließlich schwer belastete Patienten teil. Bei rund 80 Prozent der über 2.800 untersuchten Personen lag eine chronische Depression vor. Die aktuelle Episode dauerte im Durchschnitt mehr als zwei Jahre, meist trotz vorangegangener Behandlungsversuche. Der durchschnittliche Patient lebte bereits seit über 15 Jahren mit rezidivierenden depressiven Phasen und befand sich nun in der siebten Episode. Die Mehrheit litt zusätzlich an Alkoholkonsum-Störungen oder anderen psychiatrischen Diagnosen. Der mittlere Ausgangswert auf der Hamilton-Depressionsskala betrug 22 Punkte, was formal einer »mittelschweren Depression« entspricht – nach jener inflationären Klassifikation, die Irving Kirsch kritisiert hatte, jedoch bereits als »schwer« galt. STAR*D zeigte also, wie psychiatrische Behandlung bei besonders schwierigen Fällen in der Realität funktioniert.

In der ersten Stufe der Behandlung erhielten alle Teilnehmer das SSRI Citalopram – verordnet und begleitet von ihren jeweiligen Haus- oder Fachärzten. Bereits nach wenigen Wochen erreichten rund 30 Prozent der Patienten eine Remission, also einen Zustand mit nahezu vollständigem Rückgang der Symptome. Die Gesamtansprechrate (Remissionen plus deutliche Besserungen) lag bei knapp 50 Prozent.

Zeitgenössische Kommentatoren hielten dieses Ergebnis für enttäuschend – doch war es das wirklich? Nach anderthalb Jahrzehnten Depressionserfahrung, inmitten einer Episode, die trotz Behandlung bereits zwei Jahre dauerte, und bei Patienten mit medizinischen Begleiterkrankungen oder Alkoholproblemen – unter solchen Bedingungen hat ein Patient eine Chance von 50 Prozent, auf das erste verordnete Medikament anzusprechen. Gibt es ein anderes medizinisches Fachgebiet, das in seinen schwierigsten Fällen bessere Resultate erzielt?

Klassische Placeboeffekte dürften hier kaum eine Rolle gespielt haben – diese Patienten hatten bereits eine Vielzahl von Medikamenten erfolglos ausprobiert.

Was in Wahrheit auf dem Prüfstand stand, war eine verbesserte Versorgung: eine ausreichend dosierte Medikation in einem unterstützenden Rahmen. In den späteren Phasen von STAR*D wurden den Patienten alternative oder zusätzliche Medikamente angeboten oder auch Psychotherapie. Wer im Studienprotokoll blieb, hatte eine Remissionswahrscheinlichkeit von fast 70 Prozent – allerdings waren die Abbruchraten extrem hoch, und nicht selten erlitten Patienten, die zunächst gebessert waren, einen Rückfall. Jene, die zu Beginn am schwersten erkrankt waren, blieben am ehesten depressiv.

Innerhalb der Psychiatrie wurde kontrovers diskutiert, wie diese Ergebnisse zu bewerten seien. Zwar blieben viele Patienten symptomatisch, doch die therapeutischen Schritte in STAR*D waren bedächtig gesetzt, die Behandlungen nicht besonders aggressiv – und dennoch kam ein Großteil der Teilnehmer mit der ersten oder zweiten Medikation aus der Depression heraus.

Teilnehmer, die mit monatelanger oder gar jahrelanger depressiver Symptomatik in die Studie eingetreten waren, sprachen innerhalb weniger Wochen an – ein klares Zeichen dafür, dass psychiatrische Behandlung einen bedeutenden Unterschied machen kann.

Obwohl STAR*D flexibler angelegt war als klassische Medikamentenstudien, blieb noch Raum für eine interessante Anschlussfrage: Was passiert, wenn man Psychiatern völlig freie Hand lässt? Können sie unter Alltagsbedingungen sogar bessere Resultate erzielen?

An dieser Stelle kommt eine faszinierende, nur wenig bekannte – und oft falsch interpretierte – Forschungsarbeit ins Spiel, die in denselben Jahren wie STAR*D entstand. Ein Team aus Forschern der University of Pennsylvania und der Vanderbilt University, verstärkt durch Kollegen vom Rush Medical Center in Chicago, initiierte eine Studie mit einem bemerkenswert offensiven Therapieansatz: Erfahrene Psychopharmakologen sollten depressive Patienten mit Nachdruck behandeln, mit jedem geeigneten Medikament oder auch Medikamentenkombinationen, und sie möglichst in Remission bringen. Geleitet wurde das Projekt von Jan Fawcett, einem der Väter der NIMH-Studie aus den 1980er Jahren, der inzwischen über 80 Jahre alt war.

Neben Antidepressiva erhielten rund die Hälfte der insgesamt 452 Teilnehmer eine intensive Kognitive Verhaltenstherapie – ein Verfahren, das sich in früheren

Studien als besonders wirksam gegen Depression gezeigt hatte. In der neuen Studie sollte diese Psychotherapie zum Teil über 18 Monate hinweg fortgeführt werden, mitunter in zwei Sitzungen pro Woche, und zwar so lange, bis sämtliche Symptome verschwunden waren.

Sobald ein Patient vier Wochen in Remission war – oder zumindest eine deutliche, fast vollständige Besserung erreicht hatte – arbeiteten die Ärzte weiter auf die vollständige Genesung hin: sechs weitere Monate ohne Rückfall. Ich nenne diese Studie gern die »R&R«-Studie – für Remission und Recovery.

Die Behandlung war energisch. War ein Patient bereits mit einem Antidepressivum vorbehandelt, wurde dieses rasch auf die zulässige Höchstdosis gesteigert. Zeigte sich keine zeitnahe Besserung, wurde entweder ein zweites Medikament hinzugefügt oder aber der Wirkstoff zügig ausgeschlichen und durch einen anderen ersetzt.

Nicht alle Details dieser Studie wurden publiziert. Aber auf Basis eines veröffentlichten Artikels und mehrerer Konferenz-Präsentationen lässt sich ein Gesamtbild erkennen. Wie in der STAR*D-Studie handelte es sich um schwierige Patienten – mit schwerer oder chronischer Depression, häufig in Verbindung mit weiteren psychischen oder somatischen Erkrankungen. Auch hier lag der durchschnittliche Hamilton-Wert beim Studieneintritt bei 22.

In der R&R-Studie kamen unterschiedlichste therapeutische Ansätze zum Einsatz. Viele Patienten wurden mit zwei oder drei Medikamenten behandelt, darunter auch Augmentationsstrategien mit Schilddrüsenhormonen oder Lithium. Manche brauchten Antipsychotika. Einige wenige sprachen gut auf ältere Antidepressiva wie Imipramin an. Eine kleine Gruppe profitierte von Stimulanzien wie Amphetamin oder Medikamenten vom Typ Diazepam – oft in Kombination mit einem klassischen Antidepressivum. Doch ebenso viele Patienten erreichten die Remission mit einem einzigen Wirkstoff. Entscheidend schienen vor allem die gezielte Auswahl und die konsequente Dosierung der Medikamente zu sein.

Nach 18 Monaten hatten rund 80 Prozent der Teilnehmer irgendein Maß an Remission erreicht – viele schon deutlich früher. Fast alle, die remittiert waren, blieben auch in den folgenden sechs Monaten stabil.

Die Rolle der Psychotherapie war begrenzt. In der R&R-Studie führte eine medikamentöse Behandlung allein bei 77 Prozent der Patienten zur Remission; durch die Kombination mit Psychotherapie stieg diese Zahl nur leicht auf 80 Prozent. In früheren Studien – mit vermutlich weniger schwer erkrankten Teilnehmern – hatte dieselbe Kognitive Verhaltenstherapie allein innerhalb von 16 Wochen eine Remissionsrate von rund 40 Prozent erzielt. Die R&R-Ergebnisse legen damit einmal mehr nahe, dass sich die Wirkungen von Psychotherapie und Antidepressiva nicht einfach addieren: Für die Linderung depressiver Symptome scheint die medikamentöse Behandlung den größeren Beitrag zu leisten.

Die mediale Berichterstattung über die R&R-Studie fiel einseitig aus. Viele Artikel konzentrierten sich auf eine Untergruppe von Teilnehmern, die nachweislich von der Psychotherapie profitiert hatten – nämlich Patienten mit schwerer, aber nicht chronischer Depression, also solchen mit isolierten, intensiven Episoden. Die Therapie schien bei ihnen vor allem Rückfällen vorzubeugen.

Doch wenn man Daten auf viele Arten unterteilt, lassen sich auch viele Muster finden. Bei Patienten mit gängigen Ausprägungen der Depression – das heißt mit Hamilton-Werten unter 22, wie sie bei ambulanten Patienten typisch sind – zeigte sich interessanterweise ein besseres Ansprechen auf alleinige medikamentöse Behandlung (82 Prozent remittiert) als auf die Kombinationstherapie (72 Prozent).

Wenn man alle Patienten mit chronischer Depression betrachtet, erholen sich mehr mit medikamentöser Behandlung allein (70 Prozent) als mit einer Kombination aus Medikamenten und Psychotherapie (63 Prozent). Dieser Unterschied war statistisch nicht signifikant, doch selbst wenn man annimmt, dass die Psychotherapie die Wirkung der Medikamente nicht beeinträchtigt, spricht das Ergebnis kaum für die kombinierte Behandlung. Kein Kommentator war sonderlich erpicht darauf, diesen Befund öffentlich zu machen – dass bei Patienten mit chronischer Depression und intensiver medikamentöser Betreuung die Psychotherapie wenig zusätzlichen Nutzen bringt.

Ich persönlich halte dieses Ergebnis für nicht glaubwürdig – ebenso wenig wie die Annahme, Psychotherapie habe eine besondere Wirkung bei schweren, aber nicht chronischen Depressionen. Vielleicht ist es schlicht so, dass eine hochqualifizierte Pharmakotherapie schwer zu übertreffen ist. Möglicherweise war das Vertrauen der Patienten so sehr auf die offenkundige Expertise der verschreibenden Ärzte fokussiert, dass sie der Psychotherapie wenig Bedeutung beimaßen. Was allerdings in der Praxis geschieht, wenn ein Psychiater beide Rollen übernimmt – die des Gesprächspartners und die des Medikamenten-Verschreibers –, das könnte eine andere Geschichte sein.

Und dennoch stellt die R&R-Studie eine Herausforderung dar – für die evidenzbasierte Medizin wie auch für den medizin-journalistischen Diskurs: Gehen wir mit Studienergebnissen wirklich ausgewogen um? Wo müssen wir die Zahlen für sich sprechen lassen, und wo dürfen wir uns das Recht auf klinische Urteilskraft vorbehalten? Im Umgang mit chronischer Depression bedeutet die Präferenz für kombinierte Behandlung – Psychotherapie plus Medikation – vor allem eines: den gesunden Menschenverstand über die formale Evidenz zu stellen.

Abgesehen von der Frage nach der Rolle der Psychotherapie sind die Ergebnisse der R&R-Studie durchaus ermutigend. Im Lauf der Zeit – oder unter intensiver medikamentöser Begleitung – gelingt es auch schwer zu behandelnden Patienten, sich aus der Depression zu lösen, und das gilt über das gesamte Schweregrad-Spektrum hinweg. Die erreichten Remissionen erwiesen sich als stabil. (In einer Präsentation berichteten die Forscher, selbst sogenannte Rückfälle hätten in der Regel nicht zu einer Rückkehr in den Ausgangszustand geführt.) Ein Teil dieser Depressionen hätte sich vermutlich auch ohne Behandlung zurückgebildet; die meisten Episoden enden irgendwann, mit mehr oder weniger ausgeprägten Restsymptomen. Doch die unspektakulären Effektstärken, wie wir sie aus den kurz gehaltenen Studien der Pharmafirmen kennen, entfalten in der klinischen Realität eine beachtliche Wirksamkeit.

Unter der Behandlung durch die R&R-Pharmakologen erreichte die große Mehrheit der Patienten eine Remission – und das bei geringen Abbruchraten. Fast alle, die die Studie bis zum Ende durchliefen, wurden gesund und blieben es. Wenn die Studienteilnehmer mit jenen aus STAR*D vergleichbar waren, dann hat hier die Anwendung fachkundigen Urteils tatsächlich einen Unterschied gemacht. Man darf sich fragen: Was ist es, das ein erfahrener Psychopharmakologe wissen – oder können – muss, um solche Resultate zu erzielen?

Es gibt eine Lücke zwischen dem, was akademische Experten für richtig halten, und dem, worauf sich Praktiker im Alltag stützen. Der gängigen Lehrmeinung zufolge lassen sich aus dem Symptombild keine Hinweise ableiten, welches Medikament bei welchem Patienten wirkt. Und doch versuchen Kliniker immer wieder, Therapie und Patiententyp aufeinander abzustimmen.

Hier möchte ich mich auf ein dünnes Astwerk hinauswagen. Ich sehe Anzeichen dafür, dass die gängige Auffassung nicht stimmt.

Die verbreitetste Vorstellung zur Medikamentenauswahl lautet in etwa so: Serotonin-wirksame Antidepressiva wie Citalopram helfen besonders bei jenen Formen der Depression, die stark mit Angst durchsetzt sind – also bei Menschen mit Schüchternheit, Grübeln, sozialer Unsicherheit und quälender Selbstkritik. Genau dieser Gruppe habe ich damals Fluoxetin angeboten, als es neu auf den Markt kam. Im Gegensatz dazu sollten Medikamente mit gemischtem Wirkprofil oder primärer Wirkung auf Noradrenalin – etwa Desipramin, Bupropion, möglicherweise Venlafaxin und vor allem Reboxetin – besser bei antriebsgeminderten Depressionen wirken, bei denen ausgeprägte Energielosigkeit das klinische Bild bestimmt.

Das heißt nicht, dass ein bestimmtes Medikament nur ein bestimmtes Symptom behandeln könnte. Depression ist ein Syndrom – wenn es sich zurückbildet, bessern sich die Symptome meist im Verbund. Wenn ängstliche Patienten auf Fluoxetin ansprechen, kehrt in der Regel auch die Energie zurück. Wenn Reboxetin wirkt, lindert es nicht nur die Antriebslosigkeit, sondern auch die Angst. Und doch könnten symptomatische Schwerpunkte Hinweise darauf geben, welches Medikament voraussichtlich hilft.

Im Jahr 2005 veröffentlichte ein Forscherteam der Universität Catania auf Sizilien eine Studie zur gezielten Medikation – auch diese Studie wurde kaum beachtet. Sie arbeiteten mit Schlaganfallpatienten, die eine Depression entwickelt hatten. Nach gängiger Lehrmeinung sind bei der nach einem Schlaganfall auftretenden (postapoplektischen) Depression jene Hirnregionen besonders betroffen, die Serotonin vermitteln – entsprechend sollte ein auf den Serotoninstoffwechsel wirkendes Medikament wie Fluoxetin erste Wahl sein. Die Cataneser Ärzte jedoch gingen einen anderen Weg und untersuchten Reboxetin, das vorrangig auf Noradrenalin wirkt.

Der entscheidende Kniff lag in der Auswahl der Patienten: Eingeschlossen wurden ausschließlich Schlaganfallpatienten mit einem depressiven Bild, das durch Passivität, Energieverlust, ausdruckslose Mimik, Schläfrigkeit sowie verlangsamte Sprache und Bewegung geprägt war. Wenn Noradrenalin-Präparate tatsächlich bei antriebsgeminderter Depression wirken – so die Hypothese –, müsste Reboxetin auch diesen Patienten helfen.

Die italienische Studie umfasste nur 31 Patienten – aber das Ergebnis war spektakulär.

Kein einziger Patient brach die Teilnahme ab – ein Vorteil psychosomatischer Forschung. Schlaganfallpatienten erscheinen zuverlässig zu ihren Nachkontrollen. In dieser Studie zeigte die Placebogruppe keinerlei Veränderung. In Woche 0, 4, 8 und 16 lagen ihre durchschnittlichen Hamilton-Werte konstant bei 24, 24, 24 und schließlich 23 – also im Bereich einer ausgeprägten Depression. Bei den Reboxetin-Patienten hingegen fiel der Wert stetig: von 24 auf 15, dann auf 12 und schließlich auf 9 – was einer milden oder subsyndromalen depressiven Symptomatik entspricht. Die klinischen Merkmale – Passivität, psychomotorische Verlangsamung und so weiter – hatten tatsächlich jene Patienten herausgefiltert, die auf Reboxetin ansprachen, obwohl man ursprünglich Medikamente aus einer ganz anderen Wirkstoffklasse für angebracht gehalten hatte.

In einer weiteren Studie teilte dasselbe sizilianische Forscherteam eine größere Gruppe von Schlaganfallpatienten mit Depression in zwei Subtypen: eine ängstlich-depressive und eine lethargisch-depressive Gruppe. Innerhalb jeder Kategorie erhielt die Hälfte der Patienten Citalopram, die andere Hälfte Reboxetin. Das falsche Medikament – Citalopram bei Antriebslosigkeit oder Reboxetin bei Angst – zeigte keinerlei Wirkung. Das passende Mittel hingegen senkte die Hamilton-Werte deutlich.

Möglicherweise wurden diese Studien so wenig beachtet, weil sie an neurologischen Patienten durchgeführt wurden. Doch die Ergebnisse aus Sizilien legen nahe: Die klinische Erfahrungsregel stimmt – das Symptombild liefert Hinweise darauf, welches Medikament wahrscheinlich hilft.

Richard Metzner, Psychiater am Semel Institute for Neuroscience der UCLA, berichtete 2009 über seine nicht kontrollierte, aber praxisnahe Wiederholung der STAR*D-Studie. Er versuchte, die Medikation seiner 117 Patienten anhand eines ähnlichen Systems zu wählen wie jenes der sizilianischen Kollegen. Nach sechs Wochen erreichte er eine Remissionsrate von 59 Prozent – etwa doppelt so hoch wie der Behandlungserfolg mit Citalopram allein in der ersten Phase von STAR*D.

Die offizielle Lehrmeinung bleibt bislang bestehen: Es gebe keine verlässliche Methode, um Antidepressiva individuell auszuwählen. Doch wenn – wie diese kleinen, eigenwilligen Studien nahelegen – Verschreibung tatsächlich eine Kunst ist, dann unterschätzen randomisierte Arzneimittelstudien, in denen die Zuteilung per Los erfolgt, womöglich das eigentliche Potenzial der Medikamente.

Wie auch immer es sich mit der klinischen Intuition verhält – die Fähigkeit, Medikamente gezielt auf Patienten abzustimmen, wird sich mit Sicherheit verbessern. Forscher haben begonnen, genetische Marker zu identifizieren, die auf ein besseres Ansprechen auf bestimmte Antidepressiva hinweisen. Die Ergebnisse werden sich zeigen.

Ein neuerer Versuch identifizierte eine genetische Variante mit einer sogenannten »number needed to screen« von 10 – das heißt: Man müsste lediglich zehn Patienten genetisch testen, um bei einem von ihnen eine Remission zu erzielen, die bei zufälliger Zuteilung zu einem SSRI (etwa Sertralin oder Escitalopram) bzw. zu einem Antidepressivum mit kombinierter Wirkung auf Serotonin und Noradrenalin (wie Venlafaxin) nicht eingetreten wäre. Dieser Vorteil ist möglicherweise noch zu gering, um schon jetzt im klinischen Alltag genutzt zu werden – aber schon ein kleiner Fortschritt könnte genügen, um Versicherer davon zu überzeugen, die Tests zu bezahlen. Immerhin ließen sich damit wochenlange, mitunter quälende Irrwege in der Therapie vermeiden.

Sollte sich diese genetische Spur bestätigen, würden sich – selbst mit den heute verfügbaren Medikamenten – die Erfolgsraten verbessern. Und die »Kaiser ohne Kleider«-Behauptung würde sich erledigt haben. Es ist schlicht nicht plausibel, dass genetische Marker eine Aussage über die Reaktion auf verschiedene Placebos treffen – vielmehr spricht alles dafür, dass Sertralin, Escitalopram und Venlafaxin echte Antidepressiva sind.

In diesen genetischen Studien bestätigt sich ein Muster, das David Healy in Wales schon früh beobachtet hatte: Patienten fühlen sich unter ihrem »passenden« Medikament – jenem, das durch Genotypisierung als wirksam vorhergesagt wurde – nicht nur global besser, sie berichten auch über weniger Nebenwirkungen. Umgekehrt erleben sie unter »unpassenden« Präparaten eine geringere Wirksamkeit und mehr unerwünschte Effekte. Gerade deshalb sind die mittleren Ansprechraten in Medikamentenstudien irreführend: Sie werden von jenen Patienten mit heruntergezogen, die unter der jeweiligen Substanz keine Besserung erfahren – und verdecken so die teils deutlichen Fortschritte bei jenen, denen tatsächlich geholfen wird.

Heute verfügen wir über ein sehr viel differenzierteres Bild des Potenzials von Antidepressiva. Wir wissen: Patienten mit unkomplizierten depressiven Störungen – wie sie meist von Hausärzten und Internisten behandelt werden – sprechen häufig schon auf das erste verordnete Medikament an. Bei schwierigeren Fällen dauert es mitunter länger, bis das richtige Regime gefunden ist – aber unter fachkundiger Behandlung erleben über drei Viertel der Patienten eine deutliche Besserung. Diese Fähigkeit, tatsächlich einen Unterschied zu machen – nicht immer sofort, aber letztlich doch –, auch bei komplexeren Patienten: Sie ist ein weiterer Grund dafür, dass unsere Zeit als Ära der Antidepressiva in die Geschichte eingehen wird.

36
Zurück ins Leben – Antidepressiva auf der Langstrecke

Wir sind nun am Ende unserer Betrachtung der Antidepressiva-Kontroverse angekommen – jener zentralen Frage, ob Antidepressiva depressive Episoden unterbrechen. Ich hoffe, es ist deutlich geworden, dass sie das tun. Praktizierende Ärzte erleben die Wirksamkeit dieser Medikamente tagtäglich, und auch die formale Evidenz, die ihre Beobachtungen stützt, ist beachtlich.

Doch was geschieht, wenn die Medikamente wirken? Wie lange soll die Behandlung fortgesetzt werden? Die meisten Amerikaner, die Antidepressiva einnehmen, tun dies seit zwei Jahren oder länger – 30 Prozent sogar seit über fünf Jahren. Diese Langzeiteinnahme führt zu einer Art intimer Beziehung mit dem Medikament – im Guten wie im Schlechten. Manche Patienten leben unzufrieden mit Nebenwirkungen wie verminderter Libido, andere zufrieden, mit einem Gefühl von Sicherheit, das ihnen lange gefehlt hatte.

Ärzte verlassen sich auf die Medikation, um Rückfälle zu verhindern oder eine nur teilweise gebesserte Episode vor einer Verschlechterung zu bewahren. In meiner Praxis betreue ich Patienten, die in und aus depressiven Zuständen gleiten, ohne je ganz symptomfrei zu werden. Fast alle profitieren dennoch von Antidepressiva.

Libby ist eine unverheiratete Sonderschulpädagogin, heute in ihren Sechzigern. Nur gelegentlich – über einige Monate hinweg – ist sie vollständig frei von Depression. Was sich durch die Medikation verändert hat, ist ihr Funktionsniveau. Bevor sie in meine Behandlung kam, und auch in den Jahren, in denen wir versuchten, sie ohne Medikamente zu stabilisieren – mit Gesprächen, Bewegung, Lichttherapie und anderem –, gab es immer wieder Tage und Wochen, an denen sie sich nicht zur Arbeit schleppen konnte. Jetzt, unter einer »unbefristeten« Medikation, gelingt es ihr, kontinuierlich zu arbeiten – auch in den Sommerferien – und zusätzlich Privatstunden zu geben.

Ihr Leben ist heute ein anderes. In depressiven Phasen mag sie düstere Gedanken haben – etwa, »dass es auch egal wäre, wenn sie tot wäre« –, doch suizidal ist sie so gut wie nie. Sie macht Urlaubsreisen. Sie spielt Golf. Sie joggt. Sie trifft sich zum Mittagessen mit Freundinnen. Sie führt ein bürgerlich geregeltes Leben. Ein Resultat, das oft verächtlich abgetan wird – und doch einem Wunder gleichkommen kann.

Machen Libby und ich uns Sorgen, dass sie zu lange oder zu hoch dosiert medikamentös eingestellt ist? Ja, das tun wir. Ich reduziere ihre Dosis im Frühling und erhöhe sie im Herbst. Vielleicht werden die Antidepressiva eines Tages nicht mehr helfen oder unerträgliche Nebenwirkungen verursachen. Für den Moment aber bereichern sie ihr Leben. Bislang ist alles gut – und dafür sind wir dankbar.

Wann der dauerhafte Einsatz von Medikamenten zur guten klinischen Praxis gehört, ist eine schwierige Frage. Im Grundsatz wünschen wir uns immer, dass Patienten ohne Medikamente auskommen. Doch was die schlichte Frage der Wirksamkeit betrifft, gibt es eine Fülle an Forschung – unter dem Schlagwort *Erhaltungstherapie*, jenem Begriff, dem wir bereits bei den Placebo-Studien begegnet sind.

Was geschieht mit Patienten, die auf ein Antidepressivum gut angesprochen haben, wenn sie es weiter einnehmen? Und was, wenn sie es absetzen? Würde man die Studien zur Erhaltungstherapie mit derselben Logik analysieren, mit der Kritiker der Psychiatrie die FDA-Daten bewerten – also ausschließlich nach Effektstärken –, so wäre der Fall klar: *Jede* einzelne randomisierte, kontrollierte Studie zeigt, dass die Fortsetzung der Medikation zuverlässig vor Rückfällen schützt.

Sobald man eine Ebene tiefer blickt, werden die Diskussionen rund um die Frage der Erhaltungstherapie ausgesprochen komplex. Auch die diesbezüglichen Studien werden intensiv und kontrovers diskutiert. Sie sind anfällig für eine Reihe neuartiger Verzerrungen – methodische Fallstricke, die in früheren Debatten noch keine Rolle spielten.

[Ergänzung der Übersetzer: Anders als bei akuten Therapien steht hier nicht mehr die kurzfristige Linderung von Symptomen im Vordergrund, sondern die längerfristige Stabilisierung des Behandlungserfolges – eine Fragestellung, bei der sich Studiendesigns besonders empfindlich gegenüber Störeinflüssen zeigen. Etwa: Wer entscheidet sich dafür, eine Langzeitmedikation fortzuführen, und wer bricht ab? Wie wirken sich individuelle Erwartungen, Lebensumstände und die Erfahrung vorangegangener Rückfälle auf das Studienergebnis aus?]

Diese methodischen Unschärfen führen zu einer Vielzahl widersprüchlicher Befunde – und entsprechend zu einer anhaltenden Debatte über die Belastbarkeit der Daten. Wie so oft in der Antidepressiva-Forschung erscheint der wissenschaftliche Diskurs dabei merkwürdig losgelöst von der klinischen Realität. Denn im praktischen Umgang mit Patienten zeigt sich das Bild deutlich klarer: Wenn jemand auf ein Antidepressivum anspricht, entfaltet dieses in der Regel eine stabilisierende Wirkung. Diese Stabilität wird von vielen Patienten nicht nur registriert, sondern als entscheidend empfunden – nicht nur von jenen, die gänzlich beschwerdefrei werden, sondern gerade auch von denen, die mit Einschränkungen weiterleben, wie Libby. Für sie bedeutet das Medikament: Die Depression ist nicht mehr allgegenwärtig. Die Angst vor dem nächsten Einbruch verliert ihren ständigen Schatten. Die Lebensführung wird wieder möglich, weil der Boden unter den Füßen nicht mehr jederzeit wegzubrechen droht.

Gerade diese verlässliche Wirkung in der Erhaltungsphase ist es, die Antidepressiva für viele Menschen zu einem echten Wendepunkt macht. Unsere Überlegungen begannen mit Nora – einer Patientin, die dank medikamentöser Unterstützung vier gute Jahre erleben konnte. Ein solcher Verlauf ist bei Weitem keine Ausnahme. Viele Patienten kommen in die Behandlung, beherrscht von ihrer Depression. Ihr Denken, Fühlen, Handeln kreist um die Krankheit, ihre Aufmerksamkeit ist auf Rückfälle eingestellt. Selbst in besseren Phasen lauert im Hintergrund die ständige Sorge: Was, wenn es wieder beginnt? Kleinste Rückschläge können reichen, um das gesamte fragile Gleichgewicht ins Wanken zu bringen. Antidepressiva – und die psychiatrische Begleitung insgesamt – durchbrechen diesen Kreislauf. Indem sie die Grundspannung mindern, ermöglichen sie Handlungsspielräume. Patienten erleben, dass sie wieder planen, sich auf andere einlassen, Verantwortung übernehmen können – sei es im familiären Alltag oder im Beruf.

Kaum ein anderer therapeutischer Beitrag ist so bedeutsam wie dieser: die Zukunft wieder als etwas Erreichbares, Gestaltbares zu erleben. Wer sich auf seine psychische Stabilität verlassen kann, gewinnt nicht nur Freiheit zurück, sondern auch Mut.

Um das Potenzial von Antidepressiva zur Rückfallprophylaxe – also zum Schutz vor depressiven Episoden – wissenschaftlich zu untersuchen, greifen Forscher auf ein klassisches Studiendesign zurück: Sie rekrutieren Patienten, die in einem ersten, meist kurzfristigen Behandlungsversuch gut auf ein Antidepressivum angesprochen haben, und teilen diese anschließend per Zufallsverfahren in zwei Gruppen ein – die eine setzt die Medikation fort, die andere erhält ein Placebo. Über einen längeren Zeitraum hinweg wird dann erfasst, wie viele Teilnehmer in den jeweiligen Gruppen Rückfälle erleiden – also erneut depressiv werden. In der Regel handelt es sich bei den Studienteilnehmern um Patienten mit chronischem oder rezidivierendem Verlauf.

Ich habe bereits angedeutet, dass die Ergebnisse bemerkenswert einheitlich ausfallen. Eine zusammenfassende Auswertung mit über 9.000 Patienten ergab: Wer von Medikament auf Placebo umgestellt wurde, hatte ein dreifach erhöhtes Risiko, erneut zu erkranken – im Vergleich zu jenen, die die Medikation fortführten. In allen 54 Einzelstudien dieser Metaanalyse schnitt das Antidepressivum besser ab als das Scheinpräparat. Eine derart geschlossene Evidenzlage ist in der medizinischen Literatur selten. Ebenso selten ist eine Metaanalyse von vergleichbarer Aussagekraft. Der Effektstärke-Bereich für diese Form der Rückfallverhütung liegt bei 0,6 bis 0,7 – ein beachtlicher Wert, der den stärksten Behandlungseffekten in der Depressionsforschung entspricht.

Auch auf diesem Gebiet gibt es Daten der US-amerikanischen Zulassungsbehörde FDA. Seit über einem Vierteljahrhundert verlangt sie von Herstellern, die ein neues Antidepressivum auf den Markt bringen wollen, den Nachweis einer erfolgreichen Erhaltungstherapie – dokumentiert in einer von vornherein registrierten Studie. Im Jahr 2016 waren bereits 15 solcher Studien verfügbar, das Datenmaterial ist vollständig, es gibt keine »Schubladenstudien«. Bedauerlicherweise sind viele dieser Industrie gesponserten Studien – wie auch bei Akuttherapie-Studien – methodisch problematisch. Zwar hat die FDA eine methodisch beeindruckende Gesamtauswertung vorgelegt, doch selbst mit dieser umfassenden Datenbasis und der vorhandenen statistischen Kompetenz bleibt eine gewisse Skepsis angebracht.

Und dennoch: Auch in dieser kritischen Sichtweise bleibt der zentrale Befund bestehen – in sämtlichen Studien zeigte sich, dass Patienten, die das Antidepressivum weiter einnahmen, seltener und später einen Rückfall erlitten als jene, die auf ein Placebo umgestellt worden waren. Die Rückfallrate verdoppelte sich in der Placebogruppe.

Auch akademische Studien – etwa die R&R-Studie, der Universitäten Penn, Rush und Vanderbilt – kommen zu demselben Ergebnis. In der Spätphase dieser Untersuchung wurden Patienten, die sich von einer depressiven Episode erholt hatten, entweder weiterhin mit Antidepressiva behandelt oder schrittweise ausgeschlichen. Das Absetzen der Medikation führte zu einer mehr als verdoppelten Rückfallrate. Entscheidend war allein, ob die Medikation fortgeführt wurde – selbst eine zuvor absolvierte, mehrmonatige Psychotherapie hatte keinerlei zusätzlichen Schutzeffekt.

Für Patienten mit langjähriger depressiver Erkrankung gilt: Sobald eine akute Episode überwunden ist, entfalten Antidepressiva eine schützende Wirkung. Dieser Effekt lässt sich über sämtliche untersuchte Zeiträume nachweisen – ganz gleich, ob über Wochen, Monate oder Jahre hinweg beobachtet wurde. Fortgesetzte medikamentöse Behandlung reduziert das Rückfallrisiko um die Hälfte bis zu zwei Dritteln.

Und doch – trotz dieser umfangreichen und konsistenten Evidenz – äußern manche Experten Zweifel an der Schutzwirkung einer Erhaltungstherapie. Häufig beziehen sich diese Bedenken auf die Art und Weise, wie die Patienten in solchen Studien auf Placebo umgestellt werden. Gerade in älteren Studien war es nicht unüblich, dass das Antidepressivum abrupt abgesetzt wurde. Die Patienten erhielten dann von einem Tag auf den anderen äußerlich identische Tabletten – nur eben ohne Wirkstoff.

Ein derart abrupter Entzug kann zu sogenannten Absetzphänomenen führen: Kopfschmerzen, Schwindel, allgemeines Unwohlsein oder das, was manche Patienten als »Brain Zaps« beschreiben – unangenehme, blitzartige Empfindungen, die sich wie kleine elektrische Schläge anfühlen. Solche Symptome klingen in der Regel innerhalb weniger Tage ab, seltener auch erst nach Wochen. Doch die entscheidende Frage lautet: Kann das abrupte Absetzen nicht nur unangenehme Entzugssymptome auslösen, sondern auch die Rückkehr einer Depression beschleunigen?

Falls ja, würden Erhaltungsstudien im Grunde einen unfairen Vergleich anstellen – zwischen einer Gruppe von Patienten, die durch das abrupte Absetzen destabilisiert wurde, und einer anderen, die weiterhin unter stabilisierenden Bedingungen medikamentös behandelt wird. Ein gravierender methodischer Verzerrungsfaktor.

In einer Beobachtungsstudie – also ohne kontrolliertes Studiendesign – untersuchte der Harvard-Psychiater Ross Baldessarini Patienten, die sich entschlossen hatten, ihre Medikation eigenständig zu beenden. Dabei zeigte sich: Ein abruptes Absetzen erhöhte die Rückfallwahrscheinlichkeit deutlich, insbesondere in den ersten sechs Monaten. Wichtig ist jedoch: In dieser Untersuchung wurde lediglich zwischen Patienten unterschieden, die plötzlich aufhörten, Antidepressiva einzunehmen, und solchen, die die Behandlung fortführten. Eine Vergleichsgruppe mit gezielt langsamer Dosisreduktion wurde nicht systematisch gebildet oder analysiert. Möglicherweise beobachtete Baldessarini also weniger einen pharmakologischen Effekt als einen Unterschied im Verhalten – etwa zwischen methodischen und impulsiven Patienten.

Randomisierte Studien liefern ein anderes Bild. In einer späteren Metaanalyse von 27 kontrollierten Studien fand Baldessarini keinen Vorteil für das langsame Absetzen: »Entgegen der Erwartung senkte eine schrittweise Reduktion [...] nicht die Rückfallquote«. In dieser Auswertung waren Patienten, die abrupt absetzten, sogar etwas *seltener* von einem Rückfall betroffen als jene mit schrittweisem Absetzen. Auch in der großen Metaanalyse mit über 9.000 Patienten, in einer *Lancet*-Studie mit mehr als 4.000 Betroffenen sowie in der FDA-Synthese zeigte sich kein Nachteil des raschen Absetzens.

Ich habe bereits meine Vorliebe für ungewöhnliche, eigensinnige Studien bekundet. Eine meiner Favoriten stammt von einem französischen Forscherteam, das sich dem Problem der Absetzsymptome mit bewundernswerter Konsequenz stellte. In einem aufwändigen Studiendesign, an dem sich 83 psychiatrische Zentren beteiligten, rekrutierten die Forscher 371 Patienten, die äußerst strengen und auf den ersten Blick geradezu exzentrisch anmutenden Kriterien genügten: Es handelte sich um Männer und Frauen mit hohem Rückfallrisiko – jeder von ihnen hatte in den vorangegangenen vier Jahren mindestens drei depressive Episoden durchlebt. Zum Zeitpunkt der Rekrutierung befanden sie sich in Remission. Keiner dieser Patienten war mit Sertralin behandelt worden.

Sollten sie zu diesem Zeitpunkt noch ein anderes Antidepressivum einnehmen, wurde dieses abgesetzt, und die Patienten wurden zwei bis vier Monate lang beobachtet. Von den ursprünglich 371 Teilnehmern blieben 288 in der Studie: Sie hatten die medikamentenfreie Phase ohne Rückfall überstanden und keine Teilnahme abgebrochen. Diese 288 wurden schließlich per Zufallszuteilung auf zwei Gruppen verteilt – die eine erhielt Sertralin, die andere ein Scheinmedikament.

Der besondere Wert dieses sorgfältig geplanten Studiendesigns liegt darin, dass es den typischen methodischen Schwachpunkt vieler Erhaltungsstudien gezielt umgeht: Alle Teilnehmer hatten bereits eine Medikamentenpause hinter sich. Etwaige Rückfälle in der Folgezeit konnten daher nicht durch plötzlichen Wirkstoffentzug bedingt sein. Stattdessen hatten nun alle die gleiche Ausgangssituation – und die gleiche Chance, Sertralin oder Placebo zu erhalten.

Hinzu kommt: Diese Untersuchung war in besonderem Maße anspruchsvoll. In der klinischen Realität würde ein Patient, der auf ein bestimmtes Antidepressivum gut angesprochen hat, dieses Medikament in der Erhaltungsphase weiternehmen. In dieser Studie hingegen musste sich Sertralin bei Patienten bewähren, die zuvor auf andere Medikamente angesprochen hatten – darunter auch solche mit ganz anderem Wirkprofil, etwa Reboxetin. Gerade bei solchen Patienten wäre es denkbar, dass der Wechsel auf ein Serotonin basiertes Präparat wie Sertralin suboptimale Effekte hat. In der berühmten Studie von David Healy, der Patienten nach Reboxetin gezielt auf ein SSRI umstellte, zeigte sich, dass solche Wechsel durchaus problematisch sein können. Umso bemerkenswerter ist, was nun folgte.

Angesichts der Strenge des Studiendesigns waren die Ergebnisse bemerkenswert. Über einen Zeitraum von 18 Monaten zeigte sich bei den Patienten unter Placebo eine doppelt so hohe Rückfallrate wie bei jenen, die Sertralin erhielten – und die Rückfälle in der Placebogruppe traten deutlich früher auf. Dieser Unterschied trat zutage, obwohl die Teilnehmer in ein äußerst unterstützendes Umfeld eingebettet waren: Die Studie bot regelmäßigen Kontakt zu psychiatrischem Fachpersonal – also eine Form minimaler stützender Psychotherapie.

Sobald ein solches unterstützendes Setting gegeben ist, stellt sich auch wieder die Frage nach der Additivität: Könnte es sein, dass der beobachtete Effekt der Medikation eigentlich unterschätzt ist, weil der Placebogruppe bereits eine nennenswerte therapeutische Unterstützung zuteilwurde? Die Erhaltungsbehandlung – hier also die Gabe eines neuen Antidepressivums an Patienten in Remission – könnte in Wahrheit stabilisierender wirken, als die reinen Zahlen nahelegen. Die französische Studie erwies sich letztlich als zu komplex, um Nachahmung zu finden. Und doch liefert sie eine erste, überzeugende Antwort auf den zentralen Einwand gegen die Ergebnisse klassischer Erhaltungsstudien. Sollte sich nämlich zeigen, dass die vermeintlichen »Schäden durch Absetzen« in Wahrheit ein Ablenkungsmanöver sind – dass wir es in diesen Studien tatsächlich mit einem validen Effekt zu tun haben, nicht mit einem Artefakt –, dann ergibt sich ein klares Bild: Die fortgesetzte Einnahme von Antidepressiva reduziert das Rückfallrisiko um die Hälfte bis zwei Drittel.

Die fortgesetzte Einnahme eines Antidepressivums dürfte in Wahrheit noch wirksamer sein, als es die Studien vermuten lassen. Denn Erhaltungsstudien leiden in besonderem Maß unter einer Verzerrung, die wir bereits aus früheren Kapiteln kennen: dem sogenannten differenziellen Studienabbruch – unserem alten Widersacher.

Je länger eine Studie dauert, desto wahrscheinlicher ist es, dass Teilnehmer nicht bis zum Ende durchhalten. Und gerade in dieser Art von Untersuchung zeigt sich ein bezeichnendes Muster: Austrittsbefragungen ergeben regelmäßig, dass Patienten in der Placebogruppe die Studie verlassen, weil sie das Gefühl haben, dass »die Behandlung nicht wirkt«. In den Erhaltungsstudien, die für die US-Arzneimittelbehörde FDA durchgeführt wurden, lag die Abbruchquote in den Placebogruppen bei fast zwei Dritteln – in den Verumgruppen hingegen bei weniger als der Hälfte.

Die Auswertungen dieser Studien zählen solche Abbrüche in der Regel nicht als Rückfälle. Doch wenn gescheiterte Verläufe einfach aus dem Blickfeld verschwinden und nur noch die wenigen verbleibenden Teilnehmer auf Placebo erfasst werden, wirkt das Scheinmedikament erfolgreicher, als es tatsächlich ist. Placebo erhält dann mehr Anerkennung, als ihm gebührt.

In der Anfangsphase schneiden Medikamente also besser ab – und Placebos schlechter –, als es die bloßen Zahlen vermuten lassen. Doch nach diesem Punkt ist die ursprüngliche Randomisierung faktisch aufgehoben, und die Ergebnisse werden zunehmend schwerer zu interpretieren.

Betrachten wir zum Beispiel eine Studie nach sechs Monaten. Zu diesem Zeitpunkt sind viele der ursprünglich auf Placebo gesetzten Patienten bereits rückfällig geworden oder haben die Teilnahme beendet. Wer ist jetzt noch dabei? Die Placebogruppe besteht nun vor allem aus Menschen, die auch ohne Medikamente stabil bleiben – Menschen mit natürlicher Resilienz oder mit einer Fehldiagnose zu Beginn. Sie sind deshalb noch in der Studie, weil sie das Scheinmedikament gar nicht brauchen.

Die Medikamentengruppe hingegen ist gemischt. Neben den natürlich stabilen und falsch diagnostizierten Personen befinden sich unter den Verbliebenen vor allem Patienten mit rezidivierenden depressiven Störungen, die auf ein Antidepressivum angewiesen sind, um über Wasser zu bleiben – und die auch tatsächlich davon profitieren. Im Schnitt ist diese Gruppe also kränker.

Wenn wir die Ergebnisse weitere sechs Monate lang verfolgen, geraten wir in ein methodisch fragwürdiges Experiment: Wir vergleichen dann im Grunde stabile Patienten in der Placebogruppe mit weniger stabilen Patienten in der Medikamentengruppe. Und je besser Antidepressiva in den ersten sechs Monaten wirken – je stärker sie anfällige Patienten schützen –, desto weniger aussagekräftig wird die verbleibende Studiendauer.

Für dieses Problem gibt es einen Fachausdruck: Differenzielles Sieb (engl.: *differential sieve*). In der Placebogruppe der Studie wirkt so etwas wie ein feines Sieb, das im Lauf der ersten sechs Monate nur die Gesunden durchlässt – die Patienten, denen es schlecht geht, steigen aus der Studie aus. Die Medikamentengruppe hingegen funktioniert wie ein grobmaschiges Sieb, durch das auch Kränkere hindurchkommen. Diese Konstellation ist methodisch ebenso problematisch, als hätte die Studienleitung bewusst alle schwerer erkrankten Patienten einer einzigen Gruppe zugewiesen.

Auch die FDA-Wissenschaftler haben auf diesen methodischen Verzerrungsfaktor hingewiesen: »Die untersuchte Population verändert sich im Lauf der Zeit natürlich. Vermutlich sind nach sechs Monaten die meisten Patienten, die unter Placebo rückfällig werden, bereits rückfällig geworden; neue Rückfälle treten dann seltener auf. Der Unterschied in den Rückfallraten zwischen Medikament und Placebo bleibt insgesamt jedoch erhalten.«

Nach einem halben Jahr finden sich in der Placebogruppe kaum noch vulnerable Personen – man müsste daher annehmen, dass sich nun vermehrt Rückfälle bei den Patienten zeigen, die weiterhin Antidepressiva einnehmen. Doch genau das geschieht nicht. Beide Gruppen bleiben stabil, und in einigen Studien übertrifft das Antidepressivum das Placebo sogar weiterhin.

Gerade weil der Effekt des differenziellen Siebs so stark verzerrt – weil sich in der Kontrollgruppe mit der Zeit fast nur noch Patienten mit geringem Rückfallrisiko befinden –, weiß niemand genau, wie viel zusätzliche Stabilität Antidepressiva langfristig wirklich bewirken. Trotzdem fand Baldessarin in seiner Übersichtsarbeit über randomisierte Studien einen über alle Studien stabilen Vorteil, der nahezu bis zur Drei-Jahres-Marke reichte: Zu diesem Zeitpunkt waren noch 60 Prozent der Patienten unter Medikation rückfallfrei – aber weniger als 20 Prozent der Patienten unter Placebo.

Und bevor der Verzerrungseffekt überhaupt greift, sind die Vorteile des Medikaments unbestreitbar. Baldessarini betrachtete die ersten zehn bis zwölf Monate der Erhaltungstherapie bei Patienten mit mehreren früheren depressiven Episoden. Unter Antidepressiva schnitten diese fast genauso gut ab wie Patienten mit weniger belasteter Vorgeschichte. Unter Placebo dagegen waren Rückfälle nahezu sicher. Es geht hier nicht um die Schwere, sondern um die Chronizität der Erkrankung. Bei den am stärksten betroffenen Patienten kann das Absetzen der Medikation das Rückfallrisiko vervierfachen.

Einer der eindeutigsten Befunde der Psychiatrie lautet daher: Für Patienten mit rezidivierender Depression, die auf ein Antidepressivum ansprechen, bietet die Fortsetzung der Behandlung über ein Jahr hinweg einen erheblichen Schutz.

Es gibt noch einen weiteren Grund, warum die klinische Realität wahrscheinlich günstiger ist, als die Studienlage vermuten lässt. In der französischen Studie – wie auch in vielen anderen – wurde jeder Teilnehmer, bei dem es zu einer Verschlechterung kam, die nach Einschätzung des behandelnden Arztes eine medikamentöse Anpassung erforderte, als rückfällig gewertet – selbst dann, wenn keine depressive Episode vorlag. In der ärztlichen Praxis hingegen kann der Behandler sofort reagieren, wenn sich ein Patient zu destabilisieren beginnt: etwa indem er die Dosis erhöht, um eine Verschlechterung zu verhindern, oder vorübergehend ein zweites Medikament hinzunimmt. Wenn bereits ein einzelnes Antidepressivum in fixer Dosierung zwei- bis dreimal so wirksam ist wie keine Behandlung, dann sollte die individualisierte medizinische Versorgung in der Praxis einen noch besseren Schutz bieten.

Doch selbst die Zahlen, die die Forschung liefert, sind eindrucksvoll genug. Man muss sich vor Augen führen, was es bedeutet, wenn eine über lange Zeit beibehaltene Behandlung mit Antidepressiva die Patienten vor der Hälfte bis zu zwei Dritteln jener depressiven Episoden bewahrt, denen sie andernfalls erliegen würden – und zwar über sämtliche Zeiträume hinweg, die bislang untersucht wurden.

In ihrer präventiven Wirkung zeigen diese Medikamente eine bemerkenswerte Spannweite. Sie schützen Patienten mit häufig wiederkehrender (rezidivierender) Depression – wie jene in der französischen Studie –, ebenso wie Menschen, die nie zuvor an einer affektiven Störung litten, etwa Schlaganfallpatienten mit erhöhtem Risiko. Sowohl die chronischen als auch die allerersten depressiven Verläufe sprechen auf sie an.

Im Licht dieser Erhebungen verliert die Vorstellung, es handle sich bei Antidepressiva um bloß glorifizierte Placebos, ihren Sinn. Denn da gibt es nichts zu glorifizieren: Placebos verhindern keine Depression. Antidepressiva hingegen schon.

37
Intermezzo: Ein Albtraum-Szenario

Die Wissenschaft zur Erhaltungstherapie ist eindeutig – Antidepressiva beugen Rückfällen vor. Und doch ergibt sich daraus allein noch keine Handlungsanweisung für den klinischen Alltag. Medikamente können stabilisierend wirken – und trotzdem kann es gute Gründe geben, einen Patienten nicht dauerhaft darauf zu belassen.

Wo immer es möglich ist, strebe ich einen behutsamen Ausstieg an. Wenn Patienten nicht regelmäßig in Behandlung sind, instruiere ich sie eindringlich zur Selbstbeobachtung – sie sollen Warnzeichen frühzeitig erkennen. Und wenn sich ein Rückfall abzeichnet, beginne ich rasch wieder mit der Medikation, oft in Kombination mit einer auffrischenden Phase Psychotherapie.

Aber warum das Ganze? Gerade bei Patienten mit wiederkehrender Depression – warum überhaupt absetzen, wenn die Dauertherapie schützt und Depressionen gefährlich sind? Ich könnte hier mit den Nebenwirkungen argumentieren, die Antidepressiva zweifellos mit sich bringen. Sie erhöhen möglicherweise das Risiko für die Entwicklung von Katarakten. Bestimmte Substanzen beeinflussen die elektrische Erregungsleitung des Herzens. Es gibt Hinweise, dass sie die Kalziumaufnahme in die Knochen hemmen. Ältere Patienten, die Antidepressiva einnehmen, haben ein erhöhtes Risiko für Autounfälle – und möglicherweise auch für Stürze. (Letzteres ist Peter Gøtzsche ein besonderes Anliegen; er ist überzeugt, dass die Sturzraten bei älteren Menschen unter Medikation unterschätzt wurden.)

Doch in Wahrheit war ich schon ein vorsichtiger Verschreiber, lange bevor diese spezifischen Risiken überhaupt diskutiert wurden – und zu einer Zeit, als man die Schutzwirkung von Antidepressiva, wenn überhaupt, eher noch überschätzte.

Nein, ich neige grundsätzlich dazu, die Medikamentenexposition so gering wie möglich zu halten – weil bei langfristiger Einnahme von Psychopharmaka erfahrungsgemäß früher oder später etwas schieflaufen kann. Einer meiner Lehrer in der Kinder- und Jugendpsychiatrie, der inzwischen verstorbene Donald Cohen, pflegte zu sagen – mit einem bitteren Anflug von Ironie: »Ich muss mich nur selten mit einer Mutter hinsetzen und ihr eröffnen: ›Wissen Sie noch das Medikament, das ich Ihrem Sohn verschrieben habe? Wir haben jetzt herausgefunden, dass es Kinder klüger macht‹«.

Zwar gibt es inzwischen tatsächlich einzelne Hinweise darauf, dass Antidepressiva – zumindest bei chronisch depressiven Frauen – einen gewissen Schutz für das Gedächtnis bieten könnten. Doch im Regelfall sind es schlechte Nachrichten, die mit zeitlicher Verzögerung ans Licht kommen. In »*Listening to Prozac*«, geschrieben zu einer Zeit, als Antidepressiva noch nicht flächendeckend dauerhaft eingenommen wurden, notierte ich: »Wir wissen, dass manche Medikamente – insbesondere solche, die langfristig eingenommen werden – unbekannte oder sogar spät einsetzende Nebenwirkungen (tardive Nebenwirkungen) entfalten können«.

Wenn ich sage, dass in der klinischen Entscheidungsfindung die Erfahrung das Gegengewicht zu den Ergebnissen der Forschung bildet – und erst im Zusammenspiel ein sinnvolles Gleichgewicht entsteht –, dann meine ich auch: Ärzte lernen aus der Gesamtheit ihrer Praxis, aus der Arbeit mit Patienten unterschiedlichster Diagnosen. Die Einflüsse, die dabei zusammenkommen, sind vielfältig – und manchmal widersprüchlich.

Ich erinnere mich an Studien zu Antipsychotika bei schizophrenen Patienten, die zeigten, dass sogenannte »Drug Holidays« – also medikamentöse Pausen – kontraproduktiv sein können. Wurde das Medikament abgesetzt, kam es häufig zu heftigen Rückfällen, die eine umso intensivere Behandlung nach sich zogen – mit dem paradoxen Ergebnis, dass die Gesamtbelastung durch das Medikament, gemessen in verabreichten Milligramm, am Ende höher war als ohne Unterbrechung. Genau dieses Muster habe ich in meinen Ausbildungsjahren immer wieder beobachtet.

Andererseits gibt es Forschungsergebnisse, die nahelegen, dass bei Menschen mit bipolarer Störung – also mit einem latenten Risiko für die Entstehung einer Manie – die alleinige Gabe eines Antidepressivums, ohne begleitende Stimmungsstabilisierung (z. B. mit Lithium oder Valproinsäure) langfristig schaden kann. Auch wenn das akute Leiden gelindert wird, steigt offenbar die Wahrscheinlichkeit für künftige Episoden. Wir arbeiten also mit einer Vielzahl nicht ganz passender Erkenntnisse, die wir auf den konkreten Fall anzuwenden versuchen.

In diesem Zusammenhang möchte ich auf eine Theorie eingehen, die von Antidepressiva-Kritikern ins Feld geführt wird. Es ist dies eine Vorstellung, die ich das »Albtraum-Szenario" nenne: die Behauptung, Antidepressiva könnten auf lange Sicht mehr schaden als nützen. Gemeint ist ein paradoxer Effekt, wonach Patienten unter der Medikation stabil bleiben, beim Absetzen jedoch dann besonders anfällig für Rückfälle seien – nicht trotz, sondern gerade wegen der vorherigen Behandlung. Es handelt sich um eine ideologisch aufgeladene, wissenschaftlich nicht belegbare Vorstellung, die in der Literatur zwar kolportiert, aber auch durch klinische Erfahrung nicht bestätigt wird. Skeptiker haben Ross Baldessarinis Bedenken zum raschen Absetzen der Medikamente aufgegriffen und weiterentwickelt: Könnte es sein, dass der scheinbare Nutzen der Erhaltungstherapie in Wirklichkeit ein Hinweis auf Abhängigkeit ist? Macht das Medikament den Patienten womöglich abhängig von seiner eigenen Wirkung? Die radikalste Form dieser Hypothese lautet, dass eine medikamentöse Behandlung langfristig nicht etwa stabilisiert, sondern die Anfälligkeit erhöht: Solange die Patienten die Medikamente einnehmen, geht es ihnen gut – doch sobald sie absetzen, bricht die Depression mit voller Wucht über sie herein.

Ich halte diese Vorstellung für nicht plausibel, auch weil ich regelmäßig Patienten von Antidepressiva absetze. Einige von ihnen – sie hatten früh in ihrer Behandlung Antidepressiva genommen und sich später auf Psychotherapie allein verlassen – kommen noch ein paar Mal im Jahr zur Kontrolle. Sie kommen gut zurecht, besser jedenfalls als zu Beginn ihrer Behandlung, bevor sie überhaupt Medikamente eingenommen hatten. Diese Erfahrung hat dazu geführt, dass ich die »Albtraum«-Literatur mit Skepsis lese.

Die Idee entspringt meist einem ganz bestimmten Typ von Analyse: Ein Forscher vergleicht Patienten, die in der Placebogruppe einer Studie gut abgeschnitten haben, mit jenen, die in der Medikamentengruppe ähnlich gut abgeschnitten haben. Und er fragt: Wie geht es diesen beiden Gruppen, wenn die Studie beendet ist?

In der Folgephase bleiben die Patienten der Placebogruppe ohne medikamentöse Behandlung, während die vormals mit Antidepressiva behandelten Patienten auf Placebo umgestellt werden. Häufig kommt es in dieser Gruppe zu mehr Rückfällen. Kritiker schließen daraus, dass das Medikament das Unheil bloß aufgeschoben – womöglich sogar verstärkt – habe. Wer unter Placebo gesund geworden sei, bleibe stabil; wer sich unter Antidepressivum erholt habe, zeige dagegen Anfälligkeit – ein vermeintlicher Beleg dafür, dass Medikamente nicht heilen, sondern abhängig machen.

Wenn man den Mechanismus des »differenziellen Siebs« verstanden hat, wird klar: Dass es in der Nachbeobachtung zu mehr Rückfällen in der Medikamentengruppe kommt, ist genau das, was man erwarten muss – wenn das Medikament wirkt und Placebos nicht.

Die Wirkungslosigkeit des Placebos erweist sich paradoxerweise als Filter: Sie identifiziert jene Patienten, die besonders robust sind – denn wer sich auch mit einer Scheinpille erholt, gehört offenkundig nicht zu den Schwerkranken. Die Placebogruppe ist gewissermaßen das feinmaschige Sieb, durch das nur stabile Patienten gelangen. Die Medikamentengruppe hingegen ist grobmaschig: Hier werden auch schwerer erkrankte Patienten »mitgeschleust« – jene nämlich, die dank des Antidepressivums wieder auf die Beine gekommen sind.

Patienten, die auf Placebo gut angesprochen haben, werden ihren guten Zustand voraussichtlich beibehalten – das ist typisch für stabile Verläufe. Wer dagegen auf das Medikament angesprochen hat, könnte nach dem Absetzen erneut erkranken – das ist typisch für anfällige Verläufe. Diese Patienten schneiden womöglich immer noch besser ab, als sie es ohne Therapie getan hätten. Denn gerade, weil Antidepressiva wirksam sind, helfen sie auch jenen, bei denen der bunte Placebo-Mix versagt hat, über die erste kritische Phase hinweg.

Eine Studie, bei der ein Teil der Patienten aufgrund eines Placebo-Ansprechens und der andere Teil aufgrund eines Medikamenten-Ansprechens in die Folgephase übergeht, ist nicht mehr randomisiert. Sie ist verzerrt durch den in ▶ Kap. 35 beschriebenen Suszeptibilität-Bias – die systematische Verzerrung aufgrund ungleicher Anfälligkeit in den Vergleichsgruppen.

Diese »Albtraum-Szenarien« geben sich den Anschein wissenschaftlicher Seriosität – bei näherer Betrachtung halten sie jedoch einer evidenzbasierten Prüfung nicht stand. Der einzig sinnvolle Gedanke, den man ihnen abgewinnen kann, ist die schlichte Einsicht: Wir wissen noch immer zu wenig über die langfristigen Wirkungen starker Medikamente.

Diese Überzeugung teile ich – und genau deshalb, trotz aller beeindruckenden Evidenz für ihre Wirksamkeit, zögere ich häufig, Antidepressiva zu verschreiben. Besonders ambivalent bin ich, wenn es um junge Patienten geht – und mit »jung« meine ich ausdrücklich auch College-Studenten, also Menschen in den mittleren Zwanzigern. Ein Teil meiner Zurückhaltung stützt sich auf Forschungsergebnisse: In einer Studie an jugendlichen Affen hatte eine einjährige Fluoxetin-Behandlung nachhaltige Effekte auf die Serotoninübertragung im Gehirn. Was das bedeutet? Wir wissen es nicht. Aber allein die Vorstellung, gezielt in ein sich noch entwickelndes Nervensystem einzugreifen, mahnt zur Vorsicht.

Warum ich dennoch – wenn auch zögerlich – immer wieder verschreibe? Weil auf der anderen Seite ebenso schwerwiegende Bedenken stehen. Depression hinterlässt Spuren. Unbehandelt wird sie oft chronisch. Wer heute eine depressive Episode durchleidet, hat ein erhöhtes Risiko, später erneut zu erkranken. Und wie bei anderen fortschreitenden Erkrankungen gilt auch hier: Frühzeitiges Eingreifen kann den Verlauf entscheidend verändern.

Die Realität ist damit das genaue Gegenteil dessen, was manche Kritiker behaupten, wenn sie die Grundlage für den Einsatz von Antidepressiva infrage stellen. Die belegten Risiken sprechen für eine Behandlung. Die nicht belegten Ängste halten uns im Zaum. Für mich ist das – genau besehen – Ausdruck verantwortungsvoller klinischer Urteilskraft.

38
Intermezzo: Woran ich zweifle und woran ich glaube

Ich neige nicht zur Spiritualität. In meiner Familie scherzen wir, dass das Schwimmen unsere Religion ist. Wir müssen vor dem Memorial Day und nach dem Columbus Day im offenen Atlantik in Massachusetts sein, und nicht nur für eine Sekunde.

Religion geht über das Einhalten regelmäßiger Rituale hinaus. Der Ozean vermittelt ein Gefühl für Proportionen, das Bewusstsein unserer Bedeutungslosigkeit. Er fordert Tugenden, Mut und Ausdauer. Im Schwimmen liegt eine eigene Ästhetik – das Auf und Ab, das Einssein mit der Natur, ursprünglich und erhaben. Schwimmen hat etwas Ekstatisches und Kontemplatives – ein Wechselspiel von Konzentration und Selbstvergessenheit, im Denken wie im Sein. Es bezeugt die Liebe zur Familie, das spielerische Miteinander. Vielleicht ist das die eigentliche Religion: Die Familie ist heilig.

Ich mache dieses Geständnis – für einen säkularen Menschen scheine ich oft zu gestehen – als Einleitung, um zu sagen, dass für mich die klinische Begegnung wie ein rituelles Geschehen ist. Es wäre nicht falsch, diesen (metaphorischen, halb ernsten) Begriff auf den Moment des Verschreibens anzuwenden. Ich möchte mir vollkommen bewusst sein, was ich dazu beitrage. Der Patient und ich sind verletzlich, in Berührung mit großen Kräften.

Hier sind wir also – Nora und ich. Oder es ist Stephan, Olivia, Caroline oder ein anderer Patient. Der Moment der Entscheidung ist gekommen. Was ich mitbringe, ist nicht die schmale Evidenzbasis einer einzelnen, endgültigen Studie. Besser gesagt: Was auf mich wirkt, ist ein Leben in der Psychiatrie – ein Leben innerhalb einer Tradition von nachdenklichen Leben.

Diese Erfahrung speist sich aus der Summe von Begegnungen mit Patienten, aus Gesprächen mit Kollegen und Lehrern, aus all den unmittelbaren und vermittelten Beobachtungen von Menschen mit und ohne Medikamente. Es ist eine Erfahrung, getragen von Jahren des Lesens – und vom Erleben, wie Antidepressiva im Behandlungszimmer und in der Fachliteratur wirken.

Wenn ich nun über die Erfolge dieser Medikamente im Verlauf von über einem halben Jahrhundert spreche, dann wird es – verzeihen Sie mir – klingen wie eine Litanei. Eine Litanei der Evidenz.

Aber: Imipramin wirkte in Roland Kuhns Händen.
Und es wirkte in den randomisierten Studien, die unmittelbar auf seine Entdeckung folgten.

Antidepressiva wirkten bereits in der ersten Metaanalyse, durchgeführt von Gene Glass.
Sie wirkten in der großen NIMH-Studie – jener, die Imipramin als Maßstab setzte.
Und selbst in der ersten großen, als »Entzauberungsversuch« angelegten Studie, »Hearing Placebo«, belegten die Zahlen ihre Wirksamkeit.

Die erste systematische Untersuchung im Geiste evidenzbasierter Psychiatrie – eine Analyse zur Behandlung der Dysthymie – kam zu dem Schluss, dass Antidepressiva hochwirksam sind.
Sogar die industriefinanzierten Studien – in mancher Hinsicht fragwürdig – zeigen, bei sorgfältiger Lektüre, einen Effekt.

Als die Schweregrad-Hypothese neu aufkam, prüften Forscher unsere umfassendste Sammlung von Medikamentenstudien bei leichter bis mittelschwerer Major Depression – und wieder: Antidepressiva wirkten.

Sie mildern Neurotizismus.
Sie fördern das allgemeine Wohlbefinden.
Selbst bei Patienten, die weiterhin Symptome zeigen, lassen sich Verbesserungen der Lebensqualität feststellen.

Antidepressiva helfen auch somatisch Kranken – Patienten mit neurologischen oder kardialen Grunderkrankungen, die anfällig für Depressionen sind – und sie unterbrechen depressive Episoden rasch, wenn sie auftreten.

Sie verhindern das erstmalige Auftreten von Depression bei Menschen mit nur leichten Symptomen – und Rückfälle bei jenen mit langjähriger depressiver Erkrankung.

In der psychiatrischen Praxis sprechen drei Viertel aller depressiven Episoden – und mehr – auf eine Behandlung mit Antidepressiva an.

Sogar chronisch depressive Patienten, die als schwer behandelbar gelten – fast alle erreichen mit genügend Ausdauer eine Remission unter Antidepressiva, wenn auch nicht immer rasch.

Wenn depressive Patienten auf ein Medikament ansprechen, schützt sie die fortgesetzte Einnahme vor der Hälfte bis zu zwei Dritteln jener Episoden, für die sie sonst anfällig wären – und zwar über jeden untersuchten Zeitraum hinweg.

So geschlossen, wie diese Bilanz klingt, entsteht Wissen in der Realität selten – es kommt bruchstückhaft, aus vielen Einzelbeobachtungen. Seit den 1970er Jahren habe ich Antidepressiva im klinischen Alltag erlebt und mich zugleich auf die Fachliteratur gestützt. Ich stoße auf eine neue Studie oder suche gezielt nach einer: Sollte sie mich veranlassen, meine Sichtweise zu überdenken? Wie sind die Details? Welche Verzerrungen, welche methodischen Schwächen könnten ihr anhaften?

Es gibt Momente, in denen medizinisches Wissen tektonisch erschüttert wird. Magengeschwüre galten jahrzehntelang als Folge von Temperament, Stress und scharfen Speisen – bis in den 1980er Jahren ein scheinbar abwegiger Erklärungsansatz bestätigt wurde: dass nämlich bakterielle Infektionen eine entscheidende Rolle spielen.

Die Geschichte der Antidepressiva verlief anders. Hier hat sich das Wissen schrittweise angesammelt – und das meiste davon bestätigte die vorherrschende Sichtweise. Es gab kein Enthüllen eines *Mythos*, um Per Bechs Ausdruck zu verwenden, was die Wirksamkeit von Antidepressiva betrifft.

Seit Jahren hören wir dazu denselben Trommelrhythmus: Zahlen für die »Number Needed to Treat« von 4 oder 4 bis 5. Ich betrachte solche (und gelegentlich noch höhere) NNT-Werte als Einladung zum Vertrauen – als solide Hinweise auf eine grundsätzliche Wirksamkeit.

Denn all diese Schätzungen enthalten Spielraum nach oben. Inzwischen werden Medikamentenstudien kaum noch mit jenen Patienten durchgeführt, bei denen Antidepressiva am verlässlichsten wirken würden. Unsere Ratingskala ist zugleich zu weit und zu eng – sie betont körperliche Symptome und übersieht Veränderungen in Neurotizismus und Lebensqualität.

Dazu kommt: Die Gestaltung und Durchführung vieler Studien bringen allerlei Verzerrungen mit sich – positive wie negative. Minimale unterstützende Psychotherapie oder künstlich aufgeblähte Ausgangswerte steigern die Ansprechrate in der Placebogruppe, während der Lessebo-Effekt (siehe ▶ Kap. 27) und der Einsatz zu niedriger Dosierungen, die Medikamente schwächer erscheinen lassen, als sie es in der Praxis sind. Und das, noch bevor wir das Problem der Additivität überhaupt in den Blick nehmen.

Man denke an Allison, die in ihren Interviews mit Verna zuhörte – jener Studienteilnehmerin, die bei jedem Punkt der Hamilton-Skala Zustimmung signalisierte. Und vergleiche Allisons Perspektive mit der unserer Internistin Viola, die dieselbe Verna in ihrer täglichen Arbeit erlebt. Wer von beiden liefert die aufschlussreicheren Informationen über das, was Antidepressiva tatsächlich leisten?

Die formale Forschung hat ihre Funktion: Sie soll Behandlungen identifizieren, die inhärent wirksam sind. Aber wenn es darum geht, *wie groß* diese Wirksamkeit tatsächlich ist, haben systematische Übersichtsarbeiten randomisierter Studien nicht immer einen Vorteil gegenüber der ärztlichen Erfahrung. Die Zweifel am Nutzen von Antidepressiva erscheinen mir schlicht nicht *stichhaltig*.

Die Vorstellung, dass Depression in bedeutsamer Weise auf Placebos anspreche – und das auch noch über längere Zeit –, halte ich für nicht plausibel. Ich verlasse mich hier auf mein Gespür für die Schwere dieser Erkrankung, auf ihre Schwere und Trägheit. Ich denke an Stunden mit Adele und anderen Patienten, deren Depression auf vielversprechende, ja dramatische Interventionen überhaupt nicht anspricht – und dann, mit Antidepressiva, plötzlich weicht.

Es stimmt, Psychiater sind so etwas wie agnostische Priester. Wir wissen um die beschämenden Zustände in der Pharmaforschung, sowohl die Ethik als auch die Methodik betreffend. Wir wissen, dass unser Verständnis der Medikamente unvollständig ist. Und wir fühlen uns verpflichtet, unsere Patienten vor unbekannten Schäden zu schützen – nicht belegten, aber doch vorstellbaren. Das ist die Funktion jener Aufsätze über das Albtraum-Szenario: Sie mögen wissenschaftlich dürftig sein, doch sie verleihen dunklen Befürchtungen einen Namen – und diese sind in der psychiatrischen Praxis unausweichlich.

Aber es gibt Dinge, bei denen ich nicht agnostisch bin. Ich möchte nicht zurück in die Zeit von Ray Osheroff oder Irma – oder von Robert Liberman, dessen Therapie allein aus Psychotherapie bestand. Ich denke an Moira: verschlossen, trübsinnig, zu wiederkehrenden depressiven Episoden neigend – trotz Psychotherapie. Moiras Leben ist besser geworden, seit sie die Medikation entdeckt hat. Und jeder Psychiater, der lange genug im Beruf ist, wird viele Moiras in seinem Gedächtnis tragen.

39
Intermezzo: Therapie als Kunst – Zwischen Leitlinien und klinischer Erfahrung

Wenn ich über meine eigene Praxis nachdenke – eine Art inneres Protokollieren, wie ich es zuvor bereits als Teil ärztlicher Entscheidungsfindung skizziert habe – wird mir bewusst, wie häufig ich von den gängigen Empfehlungen abweiche, wie sie sich aus der formalen Evidenzlage ergeben.

Die beste verfügbare Forschung legt nahe, dass Antidepressiva in voller Dosierung verabreicht werden müssen, also in einer Dosis, die in der Wirkung Äquivalent zu mindestens 200 Milligramm Imipramin ist. Studien zeigen: Restsymptome sind ein Vorbote neuer depressiver Episoden – die Medikation sollte daher so lange angepasst werden, bis nicht einmal mehr eine Spur von Schlafstörungen oder einem verminderten Selbstwertgefühl übrig ist. Bei chronischen oder rezidivierenden Verläufen – also dem Krankheitsbild, dem ich am häufigsten begegne – spricht die Evidenz für eine dauerhafte Erhaltungstherapie, mit genau jenem Medikamentenschema, das den Bann des letzten Schubs gebrochen hat: hohe Dosis, auf unbestimmte Zeit.

Demgegenüber ist die Evidenzlage zur Psychotherapie bei Depression deutlich schwächer. Eine Analyse hochwertiger Studien ergab eine Effektstärke von lediglich 0,2 – also eine eher geringe Wirksamkeit. Die Daten für eine kombinierte Behandlung mit Antidepressiva und zusätzlich auch Psychotherapie sind noch schlechter belegt.

Was alternative Verfahren betrifft: Helles Licht an dunklen Morgenstunden hat sich in Studien gut bewährt – insbesondere als ergänzende Maßnahme zur Einnahme von Antidepressiva. Auch viele Eingriffe zur Verbesserung des Schlafs schneiden gut ab – etwa die Behandlung von Schlafapnoe, das Stabilisieren des Schlaf-Wach-Rhythmus und ähnliche Maßnahmen. Andere Methoden, die man gern als wirksam sähe – Bewegung, Meditation, Yoga oder eine Umstellung der Ernährung –, verfügen hingegen über deutlich weniger wissenschaftliche Rückendeckung, als gemeinhin angenommen wird.

Gerade die Studienlage zum Thema Bewegung ist voller Verzerrungen. Denn Menschen, die bereit, oder besser: in der Lage sind, regelmäßig Sport zu treiben, sind in der Regel auch emotional robuster – und diese Verbindung, das legen groß angelegte Untersuchungen an Tausenden Zwillingen und deren Angehörigen nahe, ist zum Teil genetisch bedingt. Die Gene, die Ausdauer beim Training verleihen, scheinen mit solchen verknüpft zu sein, die seelische Belastbarkeit fördern.

Wenn Menschen, die gerne Sport treiben, in einer Studie zufällig der (inaktiven) Kontrollgruppe zugeteilt werden – also etwa zur Teilnahme an Vorträgen mit Folien statt zu Trainingseinheiten –, dann springen sie nicht selten ab, im wörtlichen wie im übertragenen Sinn. Dadurch entsteht eine schwerwiegende Form von Abbruch-Verzerrung: In der Sportgruppe bleiben die emotional Gesunden, während in der Kontrollgruppe vor allem jene sitzen bleiben, die zu Depression neigen.

Über Jahre hinweg forderte die britische Gesundheitsbehörde NICE von Ärzten, bei leichten bis mittelschweren depressiven Episoden auf eine Pharmakotherapie zu verzichten – und stattdessen Bewegung als Alternative zu empfehlen. Im Jahr 2011 wurde diese Richtlinie als »Qualitätsstandard« festgeschrieben – also als Kriterium, an dem die ärztliche Praxis gemessen werden sollte. Doch als das Programm in einer kontrollierten Studie evaluiert wurde – Patienten erhielten entweder eine individuell abgestimmte Beratung zur Förderung körperlicher Aktivität oder eben nicht –, zeigte sich: Die Teilnehmer bewegten sich zwar tatsächlich mehr, doch ihr seelischer Zustand besserte sich nicht – weder nach vier Monaten noch nach acht noch nach einem Jahr.

Würde man sich strikt an die Prinzipien evidenzbasierter Medizin halten, so ergäbe sich – nach meinem Verständnis der Studienlage – ein Behandlungsschema, das auf hohe Dosierungen von Antidepressiva setzt, ergänzt durch Lichttherapie und eine konsequente Schlafhygiene. Viel mehr käme nicht infrage. Der Einsatz von Psychotherapie wäre begrenzt, körperliches Training spielte kaum eine Rolle.

In meiner eigenen Praxis verfehle ich diese Kriterien in vielerlei Hinsicht – anders gesagt: Ich folge den Empfehlungen der evidenzbasierten Medizin oft nicht.

Ich verlasse mich stark auf Psychotherapie und verschiebe den Beginn einer medikamentösen Behandlung oft so lange, bis wir therapeutisch nicht mehr weiterkommen. Selbst dann dosiere ich in der Regel zurückhaltender als in der Literatur empfohlen – niedriger, kürzer, mit weniger Drang, jedes verbleibende Symptom unbedingt auszumerzen. Das heißt nicht, dass ich nie entschlossen vorgehe. Bei Patienten, die zwar Fortschritte machen, sich aber noch immer deutlich depressiv erleben, setze ich mitunter mehrere Medikamente in höheren Dosierungen ein. Doch selbst in solchen Fällen kommt irgendwann der Moment, an dem ich die Medikation wieder zurücknehme.

Manchmal werfe ich alles in die Waagschale. Geprägt hat mich eine Patientin namens Chloe, der ich zu Beginn meiner Laufbahn begegnete – damals war Imipramin noch das Mittel der Wahl. Chloe war eine chaotische junge Frau, die sich tief in eine Lage manövriert hatte, in der man besser nicht landet. Unsere Gespräche drehten sich im Kreis, bis sie eines Tages vorschlug, einen »Monat der Kraft« einzulegen. Sie wollte alles richtig machen: keine Drogen mehr, keine belanglosen Affären mit gefühllosen Typen, früh aufstehen, gesund essen, den Fernseher ausschalten, Yoga üben, in die Kirche gehen, die Medikamente regelmäßig einnehmen und offen mit mir sprechen.

Bis dahin hatte Chloe eher vage und antriebslos gewirkt, ohne erkennbare Fähigkeit zur Selbstfürsorge – doch sie zog ihr Programm durch. Ich musste an Skikurse denken: Man kann fast alles richtig machen – Schultern talwärts, aus den Sprunggelenken arbeiten, nicht gegensteuern –, aber wenn man nur einen Fehler macht, etwa das Becken nach hinten kippt, bleibt das Gewicht trotzdem bergseitig. Nein, es braucht ein echtes Gleichgewicht. Genau das nahm sich Chloe vor. Ihre Depression besserte sich deutlich, sie wurde auch ein wenig klarer im Denken – und in diesen Zusammenhängen gilt: Wenig kann viel bewirken.

Bei Patienten mit unruhigem, chaotischem Lebensstil schlage ich manchmal – wenn auch nicht in diesen Worten – einen Monat der Kraft vor. Schon die Formulierung eines solchen Vorhabens, vor allem aber seine Umsetzung, kann neue Zuversicht wecken – ganz unabhängig davon, ob ein bestimmter Aspekt wirklich den Ausschlag gibt.

Bei besser strukturierten Patienten empfehle ich gelegentlich eine ergänzende Maßnahme – Lichttherapie etwa oder natürlich auch Bewegung. Manche entdecken von sich aus Yoga oder Akupunktur, und ich rate ihnen nicht davon ab. Für vieles, was ich tue, gibt es keinerlei Studien, auf die ich mich stützen könnte. Meine Erfahrung zeigt: Bei depressiven Patienten kann es einen erheblichen Unterschied machen, auf Alkohol zu verzichten. Vielen ist nicht bewusst, wie sehr eine Gewohnheit, die ihnen harmlos erscheint – ein Bourbon vor dem Essen, eine halbe Flasche Wein beim Abendessen –, ihren Schlaf, ihr inneres Gleichgewicht und auch ihr Funktionieren in der Partnerschaft beeinträchtigt. Menschen mit Depressionen verkraften solche Belastungen schlechter als andere.

Und so weiter. Ich stütze mich in meiner Arbeit oft auf Maßnahmen, die durch keine Evidenz abgesichert sind – und wo es Evidenz gibt, folge ich ihr nur selektiv.

Ich habe bereits erwähnt, dass ich Patienten immer wieder auch dabei begleite, ihre Medikation schrittweise zu reduzieren. Nicht etwa, weil die Forschung dazu eindeutig rät – wie wir gesehen haben, sind die Daten dazu durchaus gemischt, etwa bei Ross Baldessarini – sondern weil ich über die Jahre gesehen habe, was in der Praxis funktioniert. Ich gehe langsam vor. Wenn das Ziel ist, um die Sommersonnenwende im Juni ganz ohne Medikamente auszukommen, beginne ich manchmal schon zur Tagundnachtgleiche im März mit der Dosisreduktion – in der Hoffnung, dass das zunehmende Tageslicht den Ausstieg erleichtert. Solange die Sonne scheint, machen wir »Heu«: Wir stabilisieren das familiäre Umfeld, das Berufsleben, die Beziehungen.

Bei Patienten, die seit Jahren Antidepressiva einnehmen, kann sich der Ausschleichprozess über 15 Monate oder mehr erstrecken. Für die Art von Patienten, die ich im Kopf habe, würde der offizielle Standard eine Medikation auf Lebenszeit verlangen.

Im Laufe eines solchen langsamen Ausschleichens kann man an einen Ruhepunkt gelangen – eine Dosierung, unterhalb derer Symptome drohen, wieder aufzuflammen. Nach einer Phase der Stabilisierung und weiteren guten Monaten kann man den nächsten Schritt wagen. Keine kontrollierte Studie kann sich die Sorgfalt leisten, die in der individuellen Begleitung eines Patienten in der ärztlichen Praxis möglich ist.

Wie gesagt: Ich reduziere mitunter auch bei Patienten mit chronischer oder wiederkehrender Depression die Dosis – etwa bei Caroline, die ich schon im Zusammenhang mit der Einführung von Fluoxetin und Sertralin in den USA erwähnt habe. In meiner Praxis, mit verantwortungsbewussten, ausdrucksfähigen Patienten, die von ebenso wachsamen Angehörigen begleitet werden, erkenne ich Verschlechterungen frühzeitig und kann rechtzeitig »Rettung« einleiten. Ich sehe deutlich weniger vollständige Rückfälle, als es die Forschung erwarten ließe – insgesamt nur sehr wenige –, und ich vermute, dass diese vorsichtige Dosierung manche Risiken und Nebenwirkungen der Medikamente von vornherein reduziert.

Für meine Patienten – im Allgemeinen kompetent und motiviert, auch wenn ihre Erkrankung sie stark beeinträchtigt –, funktioniert dieses Vorgehen des dosierten Vor- und Zurückgehens meist gut, und zwar in einem entscheidenden Sinn: Diejenigen, die zuvor feststeckten, nehmen wieder wichtige Lebensaktivitäten auf. Ich habe gesagt, dass Antidepressiva »gewöhnlich gut« wirken – das bezieht sich nicht nur auf die unmittelbaren Symptome der Depression sondern auch auf Leben und soziales Umfeld: Patienten gewinnen Fähigkeiten zurück, die es ihnen ermöglichen, das Leben zu führen, das sie zuvor geführt haben oder von dem sie meinten, sie würden es führen – bevor die Depression dazwischen kam.

Ich erhebe keinen Anspruch darauf, dass meine Behandlungsweise die richtige sei. Oft genug misstraue ich ihr gerade deshalb, weil sie mir selbst so erstaunlich wirksam erscheint. Ärzte sollten gegenüber Therapien skeptisch sein, die sie gerne anwenden. Ich weiß, dass andere mit anderen Methoden erfolgreich sind. Wenn es einem Patienten unter meiner Behandlung schlecht geht, überweise ich ihn gelegentlich an einen Kollegen, der entschlossener medikamentös behandelt. In meiner Art der Anwendung – zurückhaltend, begleitend – sind Antidepressiva freundliche Ko-Therapeuten. Wenn man manche der schärferen Überblicksarbeiten liest, könnte man meinen, Antidepressiva seien außerordentlich gefährliche Substanzen. Das sind sie für mich nicht.

Meine Patienten – und ich mit ihnen – erleben Nebenwirkungen, aber seltener, als man angesichts der medialen Aufmerksamkeit vermuten würde. Ich habe es manchmal mit Gewichtszunahme zu tun, selten mit Apathie (eine gelegentliche Folge langfristiger SSRI-Einnahme). Wie alle Ärzte empfehle ich eine gesunde Ernährung und Bewegung. Ich reduziere die Dosis, wechsle das Medikament oder schlage eine Pause vor. Die mediale Darstellung der Nebenwirkungen lässt Antidepressiva oft wie unheimliche Fremdkörper erscheinen – statt wie das, was sie sind: in typischer Weise unvollkommene Medikamente, deren Anwendung, wie jede Behandlung, Wissen, Erfahrung, Aufsicht und Anpassung verlangt. Man fragt sich, ob es dabei nicht auch um Stigmatisierung geht – oder um Parteinahme, zugunsten der Psychotherapie und gegen die Pharmakotherapie. Die klinischen Fragen im Umgang mit Nebenwirkungen – wie man informiert, wie man nachverfolgt, wie man mildert – ähneln jenen bei der Behandlung jeder anderen Erkrankung.

Ich will dabei nicht den Eindruck erwecken, mein therapeutisches Vorgehen sei sprunghaft oder entbehre klarer Leitlinien. Meine Entscheidungen beruhen auf der reflektierten Verbindung wissenschaftlicher Evidenz mit klinischer Erfahrung und menschlichem Gespür.

Im Grunde habe ich mich nicht weit von meinem Ausgangspunkt entfernt. Meistens mache ich Psychotherapie – ich dränge weder zur Meditation noch zu Fischöl. Auch wenn ich hier den Schwerpunkt auf Dosierungsanpassungen gelegt habe, so sind viele meiner Patienten, die Antidepressiva einnehmen, mit relativ stabilen Dosierungen gut über lange Zeiträume eingestellt. Die Auf- und Abbewegungen betreffen meist kleinere Anpassungen in Belastungsphasen. Eine beachtliche Zahl meiner Patienten befindet sich seit Langem auf einem konstanten Medikamentenschema – und wird es voraussichtlich auch auf eine unbegrenzte Zeit bleiben.

Ich frage mich, ob meine Vorgehensweise nicht bei meinen eigenen Patienten manche der viel diskutierten Schattenseiten der medikamentösen Behandlung verhindert. Nehmen wir etwa die Absetzsymptome. Ärzten war immer schon bewusst – schon die frühen Texte zu Imipramin weisen darauf hin –, dass beim Ausschleichen eines Antidepressivums vereinzelt Beschwerden auftreten können. Meine Patienten berichten dabei manchmal von innerer Unruhe oder einem leichten Unwohlsein, das an einen grippalen Infekt erinnert – doch solche Symptome halten in der Regel nur wenige Tage an.

In Blogs und Internetforen hingegen liest man regelmäßig von lang anhaltenden Entzugssymptomen, etwa einer anhaltenden geistigen Abgestumpftheit über Wochen oder Monate. Vielleicht ist es gerade meiner bedächtigen, schrittweisen

Vorgehensweise zu verdanken, dass ich solche Fälle in meiner eigenen Praxis kaum – um genau zu sein: nie – beobachte. Ronald Pies, ein Kollege, der ebenfalls komplexe Fälle chronischer Depression behandelt, hat über ein ähnliches Vorgehen berichtet: »ultrasanftes« Ausschleichen über lange Zeiträume hinweg. Auch er kommt zu dem Befund: keine schwerwiegenden Absetzsymptome. Auch andere Probleme – etwa ein plötzlicher Wirkungsverlust der Medikation – treten in meiner Praxis kaum auf.

Die große Furcht vieler Psychiater ist das, was man früher einmal »Tachyphylaxie« nannte – ein plötzliches, mit voller Wucht zurückkehrendes depressives Tief, schwer behandelbar, wie ein freier Fall, obwohl der Patient die gleiche Dosis eines Medikaments einnimmt, die über Jahre wirksam gewesen war. Ich habe dieses Phänomen bereits in »*Listening to Prozac*« beschrieben. Ein Medikament – klassischerweise Lithium oder ein Monoaminoxidasehemmer (MAO-Hemmer) – verliert schlagartig seine Wirkung. Dosissteigerung hilft nicht, Zusatzmedikamente helfen nicht. Diese Episoden können quälend sein. In manchen Fällen lässt sich der Zustand stabilisieren, indem das ursprüngliche Medikament zunächst abgesetzt und einige Wochen später erneut eingeführt wird.

Klassische Tachyphylaxie – also ein schlagartiger Wirkungsverlust des Medikaments – sehe ich in meiner Praxis nie. Meine Vermutung – reine Spekulation – ist, dass sie am ehesten dann auftritt, wenn ein Medikamenten-Cocktail das Gehirn überfordert: hohe Dosen, die gleichzeitig auf unterschiedliche Rezeptorsysteme wirken. MAO-Hemmer haben genau diesen Effekt. Auch manche aggressive Kombinationstherapien (das nennt man in der Fachsprache Polypharmazie) tun das. Vielleicht bewahrt meine Tendenz zur Zurückhaltung in der Dosierung meine Patienten vor dieser schlimmen Erfahrung. Wie dem auch sei: Klassische Tachyphylaxie ist selten, und ich gehe davon aus, dass ich meine Patienten mit meinem Vorgehen in aller Regel nicht gefährde.

Im weiteren Sinne dürfte ein solcher totaler Wirkungsverlust ohnehin sehr selten sein – schon, weil der Begriff *Tachyphylaxie* inzwischen herabgestuft wurde. Heute versteht man darunter oft jede Form von Rückfall unter laufender Medikation. In Studien ist die Definition oft vage. Ein gängiges Kriterium lautet etwa: Wenn eine Patientin nach einer Phase der Remission erneut 70 Prozent der depressiven Symptome aufweist – also 70 Prozent ihres ursprünglichen Hamilton-Scores –, gilt sie als rückfällig. Eine Patientin, die mit einer mittelschweren bis schweren Depression in eine Studie eintritt, sich erholt und dann, unter fortgesetzter Einnahme eines Antidepressivums, wieder eine leichte depressive Symptomatik zeigt, gilt in dieser Logik als Fall von Tachyphylaxie. In anderen Studien genügt es, wenn der behandelnde Arzt eine Dosisanpassung für notwendig hält. Auf dieser Grundlage berichten manche Studien von hohen Rückfallquoten – 30 Prozent pro Jahr oder mehr bei Patienten, die weiterhin ein Antidepressivum einnehmen. Für diese mildere Form des Wirkungsverlusts hat sich im englischsprachigen Raum die umgangssprachliche Bezeichnung »Prozac poop-out« eingebürgert – gemeint ist damit das allmähliche Nachlassen der Wirksamkeit eines Antidepressivums, obwohl es weiterhin regelmäßig eingenommen wird.

Ich habe hier Zahlen genannt – aber letztlich bleibt unklar, ob selbst diese abgeschwächte Form des Wirkungsverlusts wirklich häufig ist. Chronische Erkrankungen verlaufen in Phasen – sie kommen und gehen, und oft nehmen sie im Laufe der Zeit an Schwere zu. Selbst bei sorgfältig überwachter Insulintherapie kann sich ein Diabetes verschlechtern – Patienten mit scheinbar gut eingestellten Blutzuckerwerten verlieren dennoch Sehkraft oder Nierenfunktion. Das liegt nicht daran, dass das Insulin versagt, sondern daran, dass es nicht all das ausgleichen kann, was bei einem Diabetiker außerhalb der Insulinproduktion gestört ist. Etwas Ähnliches dürfte auch für Antidepressiva gelten: Sie unterstützen dasjenige System im Gehirn, auf das sie wirken – doch wenn die Grunderkrankung fortschreitet, braucht es oft zusätzliche oder andere Hilfen.

Veröffentlichte Daten hin oder her – meine Patienten, die Antidepressiva einnehmen, erleben nur selten einen ausgeprägten Wirkungsverlust. Oder vielleicht ist es auch nur mein individueller Blick auf das Geschehen. Wie bereits gesagt, zögere ich nicht, an der Dosierung zu »feilen«: Ich erhöhe sie, wenn neue Belastungen oder Symptome auftreten, und reduziere sie in ruhigeren Zeiten.

Wenn ein Antidepressivum in voller Dosis nicht den gewünschten Effekt bringt, setze ich mitunter eine niedrige Dosis eines zweiten hinzu – um sie später möglicherweise wieder zu reduzieren.

Ich gehe davon aus, dass in einem gegebenen Jahr etwa ein Drittel meiner Patienten auf Antidepressiva eine Anpassung ihrer Medikation braucht. Aber es ist ungewöhnlich, dass ich eine Depression in jener Schwere sehe, die die Patienten ursprünglich in Behandlung gebracht hat. Eine Dosiserhöhung bedeutet nicht zwangsläufig, dass etwas Dramatisches passiert ist – und schon gar nicht, dass das Problem durch das Medikament verursacht wurde. Vielmehr arbeiten wir gemeinsam daran, eine chronische, schwankende – und mitunter leider auch fortschreitende – Erkrankung zu mildern.

In meiner Praxis kam es bislang auch nicht zu jenen gefährlichen Wendungen in Richtung Suizidalität, über die seit der Einführung von Fluoxetin berichtet wird. Im Jahr 1990 veröffentlichten Martin Teicher vom McLean Hospital und der Harvard University gemeinsam mit Jonathan Cole sechs Fallbeschreibungen, in denen Patienten nach Beginn einer Antidepressiva-Therapie plötzlich neue, intensive Suizidgedanken entwickelten.

Aufgrund meiner eigenen Beobachtungen in der Praxis sowie aufgrund von Gesprächen mit Kollegen kam ich in »*Listening to Prozac*« zu dem Schluss, dass Teichers Beobachtung wahrscheinlich zutreffend ist – dass SSRIs, ebenso wie ältere Antidepressiva, in seltenen Fällen eine paradoxe Symptomverschlechterung auslösen können, und zwar in drastischer Form.

Nebenbei bemerkt zeigt Teichers Bericht exemplarisch, welchen Wert klinische Beobachtungen – also Anekdoten – haben können. Was die Forscher am McLean Hospital stutzig machte, war nicht etwa eine statistische Auffälligkeit, sondern die spezifische Qualität des Impulses: ein »intensiver suizidaler Gedankenkreisel«. Da SSRIs insgesamt das Suizidrisiko senken, wäre es schwierig gewesen, diese seltene paradoxe Wirkung statistisch zu erfassen oder gar eindeutig nachzuweisen. In einem solchen Kontext erweist sich eine Sammlung von Fallvignetten – also eine gut dokumentierte Kasuistik – als unschätzbar wertvoll.

Sobald das Risiko erkannt war, ließ es sich auch handhaben. Wenn ich ein Antidepressivum zum ersten Mal verordne, weise ich meine Patienten stets darauf hin, worauf sie achten sollen: eine sich vertiefende Depression, neu auftretende oder verstärkte Suizidgedanken, eine Zunahme von Unruhe, Reizbarkeit oder Impulsivität. (Teichers bleibendes Verdienst besteht darin, diesen Gesprächsanlass überhaupt geschaffen zu haben.) In seltenen Fällen kommt es tatsächlich vor, dass Patienten mich wegen solcher unerwünschten Wirkungen anrufen. Dann setzen wir das Medikament ab, warten eine gewisse Zeit und beginnen später vielleicht mit einem anderen Präparat. Gelegentlich entscheiden der Patient und ich gemeinsam, eine Phase starker Beschwerden auszuhalten – in der Hoffnung, dass sich die Medikation doch noch als hilfreich erweist. Manchmal wird diese Geduld belohnt – das Medikament wirkt schließlich –, manchmal jedoch nicht.

Ich will nicht sagen, dass Suizidalität in meiner Praxis kein Thema wäre. Ich habe Patienten verloren. Sie sind ständig bei mir. Doch kein einziger dieser Fälle ähnelte dem von Teicher beschriebenen Szenario: keiner war medikamentös getrieben, mit einem abrupt aufschießenden Drang zur Selbstschädigung. Im Gegenteil – immer wieder, und oft auf geradezu eindrucksvolle Weise, habe ich erlebt, wie Antidepressiva Patienten im letzten Moment zurückgeholt und stabil gehalten haben.

Unter Antidepressiva geschieht es häufig, dass Suizidgedanken weniger aufdringlich und weniger zwingend werden. Patienten vergleichen diesen Effekt mit dem von Morphin bei Schmerzen: Die Gedanken sind nicht verschwunden, aber sie stehen nicht mehr im Zentrum des Bewusstseins. Und wenn die Depression schließlich abklingt, wirken frühere Suizidimpulse auf viele wie etwas Fremdes, etwas, das nicht mehr zu ihnen gehört.

Was ich in der Literatur lese – sowohl in epidemiologischen Erhebungen als auch in randomisierten Studien –, bestätigt im Wesentlichen die Schutzwirkung von SSRIs gegen Selbstschädigung. Der kontroverse Bereich betrifft Kinder, Jugendliche und junge Erwachsene. In diesen Gruppen zeigen manche Daten gegenteilige Tendenzen – zugleich aber belegen zuverlässige Studien, dass mit der Zunahme von Antidepressiva-Verordnungen die Suizidraten unter Jugendlichen sinken.

Auch wenn ich mich nicht sklavisch an die formale Evidenz halte, nehme ich sie doch ernst. Sehe ich in meiner Praxis die Ausfallraten, die in den Studienberichten auftauchen? Wenn nicht, dann spricht vielleicht einiges dafür, dass mein Umgang mit Medikamenten präzise genug ist. Entfalten Antidepressiva bei meinen Patienten jene Wirkung, die die Literatur ihnen zuschreibt – Linderung der Kerndepressivität, Milderung neurotischer Züge, Öffnung für Bindung, Arbeit und Weiterentwicklung? Meistens, ja. Kurz- und langfristig geht es den Patienten gut. Ich habe nicht den Eindruck, mit Medikamenten zu arbeiten, die früh oder spät katastrophal versagen.

39 Intermezzo: Therapie als Kunst – Zwischen Leitlinien und klinischer Erfahrung

Würden meine Patienten besser fahren, wenn meine Praxis strenger evidenzbasiert wäre? Als ich mir diese Frage stellte, merkte ich: Sie ergibt keinen Sinn. Kann ein Arzt wirklich ausschließlich auf randomisierte Studien bauen – und zugleich reale Menschen behandeln? Wie sähe so eine Praxis aus?

40
Zuviel oder Zuwenig – Wer Antidepressiva nicht braucht und wer sie nicht bekommt

Wenn ich meine eigene Haltung zur Depressionsbehandlung darlege – nämlich eine bewusste Zurückhaltung beim Verschreiben –, mag es so wirken, als würde ich einem zentralen Aspekt der Antidepressiva-Kontroverse ausweichen: der Debatte darüber, ob Medikamente nicht allzu freizügig verordnet werden. Ich teile diese Sorge. Seit der Antidepressiva-Konsum drastisch zugenommen hat – und Spuren der Medikamente bereits im Trinkwasser nachweisbar sind –, drängt sich der Verdacht auf, dass hier etwas aus dem Ruder läuft.

Ein Zuviel an Verordnungen lässt sich allerdings schwer belegen. Das weiß ich aus meiner Zusammenarbeit mit Gerry Klerman. Anfang der 1980er Jahre gab er mir den Auftrag, eine Stellungnahme für den damaligen US-Gesundheitsminister Julius Richmond zu verfassen – zu der Frage, ob sogenannte »Mother's Little Helpers« (wie Valium® und andere Tranquilizer aus der Gruppe der Benzodiazepine) Frauen übermäßig verschrieben würden. Die Expertenrunde, der ich angehörte, stellte fest: Frauen erhielten im Allgemeinen häufiger psychiatrische Betreuung – beginnend mit Psychotherapie. Die Patientinnen, denen Medikamente verschrieben wurden, wiesen durchweg starke Beeinträchtigungen auf. Die Zahl der Suizide im Zusammenhang mit Anxiolytika war rückläufig. Dasselbe galt für die Verschreibungszahlen insgesamt. Und so weiter. Trotz weitverbreiteten Unbehagens über das Ausmaß des Medikamentengebrauchs – es wirkte überzogen –, war ohne Forschung »an der Basis«, ohne Umfragen, in denen Ärzte konkret nach ihren Entscheidungen befragt wurden, eine fundierte Kritik kaum möglich.

Die Forschung zur Verschreibungspraxis von Antidepressiva in der ambulanten Versorgung ist lückenhaft. Festgestellt wurde, dass bei vielen Patienten, die Antidepressiva einnahmen, in den Krankenakten der niedergelassenen Ärzte keine passende Diagnose vermerkt war – aber führen vielbeschäftigte Hausärzte tatsächlich bei jeder Behandlung eine lückenlose Dokumentation ihrer Erwägungen?

Meine eigene Erfahrung gab jedenfalls keinen besonderen Anlass zur Sorge. In meiner Praxis war mir niemals ein Patient begegnet, der wegen eines aus meiner Sicht belanglosen oder rein »psycho-kosmetischen« Anliegens medikamentös behandelt wurde – nicht ein einziges Mal in Jahrzehnten ärztlicher Tätigkeit. Auch die Briefe und Anrufe, die mich über Jahre hinweg regelmäßig erreichten, zeichneten dasselbe Bild: Es handelte sich durchweg um Menschen mit einem ernstzunehmenden Behandlungsbedarf. Zugleich hörte ich immer wieder von Patienten – und sah sie auch selbst –, die trotz lang andauernder und stark beeinträchtigender depressiver Episoden ausschließlich psychotherapeutisch behandelt worden waren, ohne begleitende Medikation.

Das heißt nicht, dass ich jede getroffene Verordnungsentscheidung für richtig hielt. Manche neuen Patienten, die bereits Antidepressiva einnahmen, hätte ich womöglich zunächst noch weiter allein psychotherapeutisch begleitet. Manche Medikation wirkte auf mich regelrecht beunruhigend – zu viele Wirkstoffe, merkwürdige Kombinationen. Doch jeder einzelne Patient, der vor mir saß, litt an einem Zustand, der zweifellos behandlungsbedürftig war.

Und nicht selten kam es vor, dass ein Rückfall eintrat, wenn ich versuchte, ein scheinbar überflüssiges viertes Präparat auszuschleichen.

Mit der Zeit lernte ich, auch die Vorgehensweise mancher Kollegen zu respektieren, die medikamentös vielleicht »aggressiver« behandelten – im Englischen würde man sie wohl als »Cowboys« bezeichnen. Oft hatten sie schlichtweg das gefunden, was bei diesem Patienten funktionierte.

Meine Praxis war und ist privilegiert. Die meisten meiner Patienten hatten zuvor bereits exzellente Fachärzte konsultiert. Und doch dachte ich: Wenn es tatsächlich eine massive, nicht gerechtfertigte Verordnungspraxis gäbe – ich hätte doch zumindest einen Fall davon zu Gesicht bekommen müssen.

Inzwischen ist die Forschung zur Verschreibungspraxis besser geworden. Die wohl belastbarsten Daten stammen aus epidemiologischen Haushaltsbefragungen, bei denen die Teilnehmer bereit waren, über ihre medizinische Vorgeschichte Auskunft zu geben. Der dabei eingesetzte Fragebogen berücksichtigt einige psychische Erkrankungen gar nicht und unterschätzt andere. Außerdem berichten Befragte in Interviews womöglich nicht über Symptome, die sie ihrem Arzt in akuten Krisen sehr wohl mitgeteilt haben. Trotzdem liefert die Untersuchung ein aufschlussreiches Bild davon, wie gut Behandlungen und Diagnosen tatsächlich zusammenpassen.

Eine vielbeachtete Analyse aus dem Jahr 2014 etwa untersuchte Einwohner von Baltimore, die über 20 Jahre hinweg regelmäßig befragt worden waren. 13 Prozent von ihnen nahmen Antidepressiva. Nur 31 Prozent derjenigen, die Medikamente erhielten, hatten jemals die diagnostischen Kriterien für eine Major Depression erfüllt. Weitere 31 Prozent waren mit einer von vier Angststörungen diagnostiziert worden, bei denen Antidepressiva nachweislich wirken. Aber – den Diagnosekriterien der Forscher zufolge, die sich auf standardisierte Befragungen stützten –38 Prozent hatten nie eine Erkrankung gehabt, bei der sich der Einsatz von Antidepressiva durch gesicherte Evidenz rechtfertigen ließe.

»Hatten jemals« – das klingt zunächst nach einer eher großzügigen Definition. Darunter fallen sowohl Patienten, die wegen aktueller Episoden behandelt werden, als auch solche, bei denen ein Rückfall verhindert werden soll. Selbst unter diesen Patienten könnten einige unnötig medikamentös behandelt worden sein. Umso alarmierender wäre die Zahl der übrigen: 38 Prozent. Muss man daraus schließen, dass Menschen, die Antidepressiva einnehmen, dies sehr oft ohne triftigen Grund tun?

Die Presse interpretierte die Daten genau so. Die gängigen Schlagzeilen lauteten sinngemäß: Zwei Drittel der Antidepressiva-Patienten seien gar nicht depressiv. Der *US-Fernsehsender HLN* titelte auf seiner Website: »Antidepressiva missbraucht – Studie legt es nahe«. Doch aus meiner Sicht ist klar: Die Baltimore-Analyse sagt weniger über eine Über-Verordnung von Antidepressiva aus als über den engen Rahmen der evidenzbasierten Medizin – und über die Sorge, Ärzte würden sich nicht streng genug daran halten.

Wir wissen heute genug über Antidepressiva, um zu fragen, ob fünf Diagnosen wirklich das ganze Feld abdecken. Die Theoretiker hielten die Studienlage zu Dysthymie für unzureichend und schlossen sie daher als Behandlungsgrund aus. Ebenso bezweifelten sie die Wirksamkeit von Antidepressiva bei Schlafstörungen (als Gegenbeweis aus der klinischen Anwendung sei Trazodon (Trittico) genannt, es wird häufig und erfolgreich in niedriger Dosierung als Schlafmittel verschrieben. Es erzeugt keine Toleranz, daher ist Trazodon insbesondere in der Suchthilfe beliebt). Die Zahlen berücksichtigen nicht den Einsatz von Antidepressiva zur Rauchentwöhnung, bei prämenstruellem Syndrom, posttraumatischer Belastungsstörung und zahlreichen anderen Indikationen. Auch die »leichte Depression« wurde ausdrücklich ausgeschlossen. (Dabei erinnern wir uns vielleicht an die Dartmouth-Studie, die andeutete, dass Antidepressiva bei Patienten mit wenigen, aber stark beeinträchtigenden Symptomen durchaus hilfreich sein können.) Sieben Prozent der Befragten waren Schlaganfall-Überlebende.

Die Baltimore-Analyse prüfte nicht, ob Ärzte verantwortungsvoll verschrieben hatten, sondern ob sie sich strikt an evidenzbasierte Vorgaben hielten – als wäre Umsicht dasselbe wie Regelkonformität. Ein anderes Forscherteam, unter anderem aus Harvard, ging mit denselben Daten anders um: Es fragte, ob Amerikaner psychische Hilfe auch ohne klaren Bedarf in Anspruch nehmen – und entwickelte dazu immer weiter gefasste Kriterien, um mögliche Gründe für eine Behandlung zu erfassen.

In einem typischen Jahr erfüllt über ein Viertel der Menschen, die psychische Hilfe suchen, keine formalen Diagnosekriterien. Weitere zehn Prozent zeigen jedoch Hinweise auf Behandlungsbedarf, etwa durch frühere Klinikaufenthalte oder schwere Belastungen wie eine Vergewaltigung. Viele Patienten verfehlen eine Diagnose nur knapp. Am Ende blieb eine kleine Gruppe – acht Prozent –, bei der kein klarer Grund für die Behandlung ersichtlich war; viele von ihnen suchten Hilfe in alternativen Kontexten wie Gebetskreisen. Wahrscheinlich bringt fast jeder, der wegen seelischer Beschwerden einen Arzt aufsucht, ein reales und ernstzunehmendes Anliegen mit.

Ich behaupte nicht, dass der Bedarf an Psychotherapie dem an Antidepressiva gleichzusetzen ist. Ich möchte nur zeigen, dass man Umfragedaten unterschiedlich deuten kann: Entweder legt man enge Kriterien an und prüft, ob Ärzte diese einhalten. Oder man schaut auf Belastungen und Einschränkungen und fragt, ob eine Behandlung im weiteren Sinne sinnvoll erscheint. Die erste Sicht fragt: Wurden Regeln befolgt? Die zweite: Handeln Arzt und Patient gemeinsam verantwortungsvoll im Umgang mit einer behandlungsbedürftigen Störung?

Stellen wir uns einen Bewohner Baltimores vor, der bald zu den berüchtigten 38 Prozent gezählt wird. Er sucht eine psychiatrische Ambulanz auf – vielleicht nach einem Schlaganfall, mit Dysthymie oder nach überstandener Alkoholabhängigkeit, geplagt von anhaltenden Schlafstörungen. Vielleicht leidet er unter einer chronischen, wenn auch milden Depression, die seelsorgerliche Gespräche nicht bessern konnten. Er kommt mit einem realen, medizinischen Problem. Was soll sein Arzt tun? Die evidenzbasierte Medizin hilft hier kaum weiter. Für Dysthymie und ähnliche Störungen gilt die Studienlage als unzureichend – für Psychotherapie womöglich noch mehr. Es geht also nicht um willkürliche Verschreibungen wie Antibiotika bei Schnupfen, sondern um ärztliche Entscheidungen in unsicheren Situationen. In den meisten Fällen liegt ein echter Behandlungsbedarf vor, und auch begrenzte Daten sprechen oft für den Einsatz von Antidepressiva. Ein großer Teil der viel zitierten 38 Prozent dürfte daher Ausdruck verantwortungsvoller klinischer Praxis sein.

Aus klinischer Sicht ist die 38-Prozent-Zahl weniger ein Hinweis auf Fehlverhalten von Ärzten als ein Urteil über die Forschungslage: Sie ist zu eng gefasst. Gleichzeitig zeigt die Zahl, dass strikte Orientierung an evidenzbasierter Medizin oft nicht praktikabel ist. Die meisten Beschwerden, mit denen Patienten kommen, sind in Studien nicht ausreichend untersucht – und doch haben Ärzte meist eine fundierte Vorstellung davon, was helfen könnte.

Die Studienlage zu Trazodon als Schlafmittel ist nicht sehr aussagekräftig – und dennoch habe ich es mitunter mit großem Erfolg verordnet. Eine Patientin mit chronischer Schlaflosigkeit beginnt durchzuschlafen und erlebt darüber hinaus eine Linderung jener unterschwelligen Angst, die sie sonst gleich beim Erwachen verspürt hatte. Ich habe Patienten erfolgreich von komplexen Medikamentenkombinationen entwöhnt, die dann – als einzige Medikation – eine niedrige Dosis Trazodon zur Nacht erhielten und stabil blieben.

Nichts an dieser trial-and-error-Vorgehensweise bei etwa therapiebedürftiger subsyndromaler Depression ist ungewöhnlich. Man denke nur an die Migränebehandlung. Ein Neurologe wird mit dem Patienten eine Abfolge praktischer Therapieversuche unternehmen, jeweils mit Medikamenten von begrenzter Wirksamkeit – bis sich eines findet, das die Migräne-Anfälle durchbricht, ihre Häufigkeit oder Intensität mindert oder sie sogar verhindert. Natürlich wäre es besser, mehr zu wissen – was bei wem wirkt und warum. Aber es ist kein Makel, mit Mitteln zu arbeiten, die auf Bevölkerungsebene keine besonders günstige Number Needed to Treat haben. Dass eine Intervention bei einzelnen Patienten durchschlagend wirkt, ist ebenfalls ein Beweis.

Unsere eigenen Wünsche zeigen, wie streng wir die Evidenz tatsächlich nehmen. Denken wir an die 38 Prozent: Wollen wir wirklich, dass viele von ihnen Psychotherapie statt Medikamente erhalten hätten? Und selbst wenn ja – müssten wir diesen Wunsch nicht relativieren? Einzelne Kennziffern, etwa die geringe Effektstärke der Psychotherapie, dürfen den ärztlichen Alltag nicht allein bestimmen.

Wie auch immer unsere Idealvorstellungen aussehen – die Wirklichkeit ist alles andere als großzügig. In einem durchschnittlichen Jahr erhält fast ein Drittel der amerikanischen Erwachsenen mit Major Depression keinerlei medizinische Hilfe. Wie oft Antidepressiva tatsächlich falsch eingesetzt werden, weiß niemand. Selbst wenn man die Versorgungsqualität präziser untersuchte – etwa indem Fachärzte laufende Behandlungen nachdiagnostizieren –, bliebe die Frage: Nach welchen Maßstäben? Über die Angemessenheit von Behandlungen herrscht großer Streit. Man kann sich – wie im Fall Doris Mayer – sogar darüber uneins sein, was überhaupt als gutes Behandlungsergebnis gilt. Ist Symptomlinderung wirklich immer das oberste Ziel?

Dass Antidepressiva zu häufig verschrieben werden, steht für mich außer Frage – oft unbedacht, ohne sorgfältige Verlaufskontrolle, über zu lange Zeiträume hinweg. Es gibt medizinische Fehlentwicklungen, die mir in meiner Praxis kaum begegnen, etwa im Zusammenhang mit Behandlungen in überlasteten, unterfinanzierten Versorgungseinrichtungen des öffentlichen Gesundheitssystems – und zwar nicht nur im Bereich der Psychiatrie. Auch in Pflegeheimen scheint der Einsatz psychotroper Medikamente zu häufig zu erfolgen.

Wenn ich all die unterschiedlichen Sichtweisen auf die Befragungsdaten betrachte, drängt sich ein Eindruck auf: Ärzte behandeln meist Menschen mit echtem Leidensdruck – und tun das in der Regel aus nachvollziehbaren, plausiblen Motiven. Etwas Zuversicht schöpfe ich aus dem, was ich selbst sehe: eine eher zurückhaltende, differenzierte Verschreibungspraxis von Psychopharmaka bei Erwachsenen. Ich gebe zu: Ich habe Vertrauen in meine Kollegen – und schätze ihre Arbeit, abgesehen von wenigen Ausnahmen.

40 Zuviel oder Zuwenig – Wer Antidepressiva nicht braucht und wer sie nicht bekommt

Ich setze der Debatte um die vermeintliche Überversorgung – jene berüchtigten 38 Prozent – bewusst den Hinweis auf das vergessene Drittel entgegen: die vielen Menschen mit schwerer Depression, die keinerlei Hilfe erhalten. Und stets bewegt mich die Frage nach dem Stigma: Wie viel von unserer Sorge gilt eigentlich diesem übersehenen Rest – dem Drittel der Betroffenen, das ohne jede Unterstützung bleibt bei einer Erkrankung, die so gut behandelbar wäre?

41
Wie weit wir gekommen sind

Die Behandlung der Depression wird sich verändern – und es gibt Grund zur Hoffnung, dass die nächsten Durchbrüche nicht lange auf sich warten lassen. Bis dahin führen wir Psychotherapien durch und verschreiben die Antidepressiva, die wir derzeit zur Verfügung haben. Ich vermute, dass wir über ihre Wirksamkeit inzwischen das meiste wissen, was uns klassische Wirksamkeitsstudien je verraten werden.

Zwar könnten akademische Großstudien wie STAR*D oder R&R unser Wissen womöglich noch etwas erweitern – aber solche Projekte sind nicht mehr vorgesehen. 2013 signalisierte Thomas Insel, damals Direktor des amerikanischen National Institute of Mental Health (NIMH), dass seine Behörde sich von diesem Forschungsansatz verabschiede. Er investierte nun in die Grundlagenforschung des Gehirns – in der Überzeugung, dass ohne ein tieferes Verständnis der Depression auch künftige Behandlungsfortschritte nur klein ausfallen würden.

Gleichzeitig hat sich die Pharmaindustrie stark aus der Psychiatrie zurückgezogen. Das liegt sicher auch an den – teils wohlverdienten – Angriffen, denen sie sich im letzten Jahrzehnt ausgesetzt sah. Doch es gibt noch andere Gründe: Die Probleme, die wir bereits aus randomisierten Studien kennen, wirken entmutigend. Die Ansprechraten in den Placebogruppen steigen immer weiter – und mit ihnen wächst die Wahrscheinlichkeit, dass selbst wirksame Medikamente in Studien schlecht abschneiden. Die Bedingungen, unter denen sogenannte »Me-too-Präparate« – bloße Abwandlungen bestehender Substanzen – getestet werden, sind selbst für Industrievertreter ernüchternd. Und schließlich: Niemand kann ernsthaft glauben, es sei vertretbar, für solche Studien Obdachlose als »Freiwillige« zu rekrutieren.

Trotz des Rückgangs an Forschungsgeldern herrscht unter Psychiatern ein gewisser Optimismus. Einer der Gründe heißt Ketamin – ein seit 1969 weltweit eingesetztes Narkosemittel, das nun als Antidepressivum eine neue Karriere beginnt.

Es blockiert den NMDA-Rezeptor, einen wichtigen Schaltpunkt im Glutamatsystem.

Die Ketamin-Geschichte entwickelte sich unabhängig von der Industrie. Seit Jahrzehnten suchen Forscher nach neuen Angriffspunkten im Gehirn, um Depressionen zu behandeln – jenseits von Serotonin und Noradrenalin. Bereits in den 1990er Jahren begann ein Team an der Yale University, sich mit Substanzen zu befassen, die den Botenstoff Glutamat beeinflussen. Um 1994 nahm sich John Krystal – dessen Arbeiten zu Erholungsverläufen wir bereits besprochen haben – der Idee an, Ketamin in niedriger Dosierung einzusetzen. Im Jahr 2000 berichteten Krystal und seine Kollegen, dass sieben depressive Patienten nach einer intravenösen Ketamingabe eine rasche Besserung der Kernsymptome zeigten – innerhalb weniger Stunden oder Tage.

Ketamin ist allerdings auch als Partydroge bekannt. Es kann Halluzinationen oder einen dissoziativen Zustand auslösen, in dem das Selbstgefühl gestört ist. Frühere Studien zum Freizeitgebrauch hatten auf mögliche Langzeitschäden hingewiesen, weshalb die Forschung zunächst nur zögerlich weiterging. Erst 2006 veröffentlichte eine Gruppe am NIMH – darunter Dennis Charney, inzwischen von Yale dorthin gewechselt – eine Folgestudie mit 18 Patienten mit therapieresistenter Depression, die überwiegend positiv ausfiel. Solche Studien lassen sich auch heute noch verlässlich durchführen, denn die Zahl der Patienten, bei denen klassische Antidepressiva versagen, ist hoch.

Weitere Bestätigungen folgten. Ketamin scheint anderen glutamatergen Substanzen in seiner antidepressiven Wirkung überlegen zu sein – was Zweifel nährt, ob sein Effekt tatsächlich ausschließlich über die bekannten Rezeptoren vermittelt wird. Vielleicht wirkt es auf anderem, bislang unbekanntem Weg – und seine Entdeckung wäre dann ein Zufallstreffer. Sollte das zutreffen, könnte Ketamin der Auftakt zu völlig neuen Behandlungsansätzen für affektive Störungen sein.

Die Wirksamkeit von Ketamin bei schweren, therapieresistenten Depressionen gilt heute als wissenschaftlich gut belegt. Noch bevor größere Studien abgeschlossen und eine Zulassung erteilt wurden, begannen Kliniker, Ketamin in Off-Label-Therapien intravenös anzuwenden. Parallel dazu wurde versucht, Ketamin alltagstauglicher zu machen – etwa durch chemische Varianten wie Esketamin, die sich als Tablette oder Nasenspray verabreichen lassen und weniger unangenehme

Nebenwirkungen aufweisen. Manche dieser Ansätze scheiterten; doch der Einsatz von Esketamin als Nasenspray erwies sich als vielversprechend. Seit 2019 ist es unter dem Namen Spravato® in den USA und Europa zur Behandlung therapieresistenter Depressionen zugelassen.

Dennoch bleiben wichtige Fragen offen: Wie lange hält die Wirkung an? Wie häufig lässt sich die Behandlung wiederholen? Welche Risiken birgt eine längere Anwendung? Zwar wird Ketamin nur selten über längere Zeiträume hinweg verabreicht, doch Kollegen berichteten mir bereits von zwei Fällen ausgeprägter Tachyphylaxie – einem plötzlichen Wirkungsverlust nach wiederholter Gabe.

Es ist eher die Regel als die Ausnahme, dass neue Antidepressiva mit neuartigen Wirkmechanismen in den späten Entwicklungsphasen scheitern. Ketamin scheint bessere Chancen zu haben als andere – es ist seit 50 Jahren im Einsatz, viele Menschen haben es entweder als Narkosemittel oder als Partydroge eingenommen. Und doch: Man kann nie sicher sein.

Falls Ketamin – oder eine verwandte Substanz – sich tatsächlich durchsetzt, wird sich die Frage stellen, welche Rolle unsere bisherigen Antidepressiva künftig noch spielen. Neue Medikamente lösen ältere nie nach einem einheitlichen Muster ab. Als die SSRIs auf den Markt kamen, verschwand Imipramin allmählich aus dem Alltag der Psychiatrie. Andere Wirkstoffe, wie Digitalis bei Herzkrankheiten, hielten sich trotz jahrzehntelanger Konkurrenz überraschend lange – und wurden erst in jüngster Zeit zurückgedrängt.

Nehmen wir also *Ketamin* als Platzhalter – für ein noch zu entdeckendes Medikament, das zum »nächsten Fluoxetin« wird, zum Game Changer in der Behandlung der Depression. Was dann aus Sertralin und Escitalopram wird, wird davon abhängen, was Ärzte über Ketamin im klinischen Alltag herausfinden. In »*Listening to Prozac*« habe ich über die »Persönlichkeit« von Medikamenten geschrieben: Durch das Verschreiben, durch Rückmeldungen von Patienten, durch eigene Beobachtungen entwickeln Ärzte ein Gefühl dafür, ob ein Medikament schroff oder sanft ist, schwer zu ertragen oder gut verträglich, direkt oder subtil in seiner Wirkung. Diese informellen Eindrücke verdichten sich zur Erfahrung – ein Wissen, das über die Fachliteratur hinausgeht. So entsteht in der Praxis die eigentliche Arzneimittelkunde. Medikamentöse Behandlung ist immer ein kollektiver

Prozess – ein »Crowdsourcing« unter Fachleuten. Nicht nur kontrollierte Studien, sondern vor allem der klinische Alltag hat gelehrt, bestimmte Substanzen wie Trazodon bevorzugt für bestimmte Situationen einzusetzen – während Sertralin und Escitalopram zu Standardmitteln wurden.

Wenn unser hypothetisches Ketamin hochwirksam ist, aber starke Nebenwirkungen hat oder auf Dauer riskant ist, wird es vielleicht zum Mittel der Wahl für den Einstieg in die Behandlung – zur Initialzündung bei akuter Depression. Für die längerfristige Stabilisierung könnten dann weiterhin SSRIs eingesetzt werden. Die Episode beenden wir mit einem Nasenspray – zur Rückfallprophylaxe greifen wir zu Citalopram.

Vielleicht wird Ketamin aber auch langfristig nur bei schweren Fällen zum Einsatz kommen, weil seine Nebenwirkungen zu ausgeprägt sind. Dann würden SSRIs – durchaus mit ironischem Beigeschmack – zur bevorzugten Therapie milderer depressiver Zustände. Warum nicht? Unsere derzeitigen Medikamente wirken gut bei niedrigschwelligen, chronischen Formen der Depression – sie stabilisieren emotionale Fragilität. Ihre Wirkung auf die Persönlichkeitsdimension der Neurotizismus könnte ihnen weiterhin einen festen Platz sichern.

Vielleicht aber bewährt sich inhaliertes Ketamin auch als umfassende Lösung. Patienten setzen es ein, erfahren Linderung – und stellen das Spray zurück in den Medizinschrank, um es bei Bedarf erneut zu verwenden. In einem solchen Szenario verliert der Rückfall seinen Schrecken. Die Depression verwandelt sich in ein intermittierendes Leiden – eine lästige Störung, die man behandelt, wie man bei beginnender Migräne zum Medikament greift.

Nehmen wir an, die Wirkung ist zuverlässig, die Effektstärke hoch – hätten wir dann einen alten Feind besiegt, eine lähmende Krankheit? Oder hätten wir womöglich verändert, was es heißt, Mensch zu sein? Diese Fragen habe ich schon in *»Against Depression«* gestellt.

Wie ernst meinen wir es eigentlich mit dem Ziel, affektive Störungen endgültig zu überwinden? Ich würde es gerne noch erleben – Zugang zu einem wirklich hochwirksamen Antidepressivum in meiner Lebenszeit zu haben. Vielleicht werde ich diese Chance noch bekommen.

Zahlreiche Interventionen wetteifern derzeit um die Rolle, die ich hier stellvertretend »Ketamin« genannt habe. Das NIMH finanziert ein Programm mit dem

Titel »Rapidly Acting Treatments for Treatment-Resistant Depression« – ein Ansatz, der auf schnelle Testung neuer Substanzen abzielt, die depressive Episoden zügig unterbrechen könnten. Derzeit werden an universitären Zentren verschiedene Kurzzeittherapien erprobt – etwa sogenannte Kappa-Opioid-Rezeptor-Antagonisten und andere. Forscher verfolgen heute Ansätze, die vom Oberflächlichen bis ins Zellinnere reichen: von Botox-Injektionen in die Stirnmuskulatur über Signalstoffe, die intrazelluläre Moleküle beeinflussen. Es gibt Interesse an Pheromonen – chemischen Botenstoffen in extrem niedriger Dosis, die nicht über das Blut wirken, sondern über Rezeptoren in der Nase, die unabhängig vom Geruchssinn Stimmungslagen im Gehirn beeinflussen sollen.

Ein weiterer Bereich, der seit Jahrzehnten vielversprechend wirkt, ist der Einsatz von entzündungshemmenden Medikamenten bei Depressionen. Forschungsgruppen, die sich mit den Auswirkungen der Darmflora auf das Gehirn beschäftigen, verfolgen ihre eigenen Ansätze zur Depressionsbehandlung. Auch pflanzliche Präparate haben ihre Befürworter – ganz zu schweigen von der Vielzahl an Verfahren, die mit elektrischen oder magnetischen Impulsen auf das Gehirn einwirken: risikoärmere, weniger belastende Varianten der Elektrokonvulsionstherapie.

Vielleicht leben wir in einem Zeitalter der Tüftler und Bastler – einer Art Garagenbiologie in der psychiatrischen Versorgung. Der vorübergehende oder partielle Rückzug der großen Pharmafirmen könnte sich letztlich sogar als Vorteil erweisen. Noch nie war ich so zuversichtlich wie heute, dass wir in absehbarer Zeit ein wirklich neuartiges, wirksames Antidepressivum erleben werden – nicht einmal in den Jahren vor der Einführung von Fluoxetin.

Vielleicht wird es uns bald gelingen, Behandlungen gezielter auszuwählen. Ich habe bereits auf genetische Profile hingewiesen. Darüber hinaus fließen erhebliche Forschungsanstrengungen in die Suche nach Biomarkern – messbaren Substanzen in Zellen oder Körperflüssigkeiten, die uns helfen könnten, Therapie und Patient besser zusammenzubringen. Statt bloß zwischen groben Typen wie »ängstlich« oder »antriebslos« zu unterscheiden, wäre es weitaus hilfreicher, wenn ein Laborwert konkrete Hinweise gäbe: Psychotherapie für diesen Patienten, Ketamin für jenen – und, überraschenderweise, in seltenen Fällen ein Stimulans für einen anderen.

Was künftige Erkenntnisse zur Behandlung betrifft, könnte ein großer Teil nicht aus randomisierten Studien stammen, sondern aus Forschungsansätzen, die auf Randomisierung bewusst verzichten. Denn wir haben gelernt, dass unsere Standardstudien ihre Schattenseiten haben. Das Prinzip der Verblindung führt oft dazu, dass Behandlungen nicht in ihrer optimalen Form verabreicht werden. Die Einbindung von Placebos bringt zusätzliche Probleme mit sich – etwa durch Erwartungseffekte oder durch die Schwierigkeit, additive Wirkungen korrekt zu interpretieren. Die Rekrutierung geeigneter Teilnehmer ist ein ständiges Hindernis. Und nach all diesem Aufwand scheitern wir oft an der zentralen Frage: *Wie stark wirkt die Behandlung eigentlich?* Es ist kein Wunder, dass viele Forscher inzwischen über die Grenzen kontrollierter Studien hinausblicken.

Einige versuchen, Informationen aus natürlichen Versorgungssituationen zu gewinnen. Ein Team am Massachusetts General Hospital baut eine Datenbank mit Informationen von 50.000 »Citizen Scientists« auf – Menschen mit affektiven Störungen, die sich bereit erklären, als »Datenspender« zu dienen, indem sie ihre elektronischen Gesundheitsakten für die Forschung zur Verfügung stellen. Diese Patienten bleiben dabei unter ärztlicher Betreuung und folgen der Behandlung, die sie selbst als die Beste für sich ansehen.

Diese Sammlung ist das wichtigste psychiatrische Teilprojekt des Patient-Centered Outcomes Research Institute – einer Einrichtung, die im Rahmen der Obamacare-Gesetzgebung gegründet wurde und langfristig die Gesundheitsdaten von Millionen Versicherter erfassen soll. Patienten und Wissenschaftler können gleichermaßen Forschungsthemen vorschlagen.

Ein Datenspender könnte zum Beispiel fragen: »Wenn ich zu einer vollen Dosis Venlafaxin noch (das Schmerzmittel) Ibuprofen einnehme – wie wahrscheinlich ist es, dass sich meine Depression bessert? Könnte sich mein Zustand verschlechtern? Und wie hoch ist das Risiko schwerer Blutungen?« Forscher würden dann nach Behandlungsverläufen suchen, in denen genau diese Kombination angewendet wurde, eine Kontrollgruppe definieren und die Ergebnisse vergleichen. Statistiker arbeiten intensiv an neuen Methoden des Data-Mining, um aus solchen Rohdaten verlässliche Aussagen zu gewinnen. Wenn dieses Vorhaben gelingt, könnte die psychiatrische Forschung endlich das bekommen, was ihr bislang fehlt: eine große Zahl realer Patientendaten aus der alltäglichen Versorgung.

Ein erster Aufsatz dieser Art ist bereits erschienen – über Gewichtszunahme bei über 19.000 Patienten, die mit Antidepressiva behandelt wurden. Nach einem Jahr hatten Patienten unter Bupropion weniger zugenommen als solche unter Citalopram – und so weiter. Die Ergebnisse waren nicht spektakulär, aber die Größe der Stichprobe war beachtlich.

Gewicht ist ein leicht zugänglicher Parameter – Ärzte wiegen ihre Patienten routinemäßig. Forscher haben auch untersucht, wie Ärzte psychische Behandlungsverläufe in elektronischen Akten dokumentieren, und dabei verwertbare Hinweise gefunden – indirekte Indikatoren für die Schwere einer Depression. Es ist gut möglich, dass unsere nächsten Einsichten in die Risiken und Nutzen von Antidepressiva – unsere Prüfsteine klinischer Klugheit – aus der Analyse solcher riesigen Datensätze kommen werden.

Oder aber: Vielleicht werden wir Antidepressiva erst dann besser verstehen, wenn wir ein klareres Bild davon haben, was Depression überhaupt ist. Genau das ist der Ansatz des NIMH – mit der Biologie des Gehirns zu beginnen. Die führende Theorie geht derzeit davon aus, dass sich hinter dem Begriff Depression in Wahrheit mehrere unterschiedliche Krankheitsbilder verbergen.

Das Modell ist Autismus: ein Syndrom, das offenbar durch eine Vielzahl genetischer Veränderungen entstehen kann. Allerdings – das muss man dazusagen – wissen wir auch beim Autismus noch nicht genau, was er eigentlich ist. Unterschiedliche Ursachen könnten zu einem gemeinsamen Endpunkt führen, der dann Beeinträchtigungen in Empathie, Beziehungsgestaltung und Sprachverhalten auslöst. Doch die Forschung legt nahe: Autismus ist kein einheitliches Störungsbild, sondern eine Gruppe – vergleichbar mit dem Konzept von Krebs. Fast sicher ist: Es gibt viele Formen von Autismus.

In »*Against Depression*« habe ich eine Position vertreten, die der gängigen Sichtweise widersprach. Ich hielt es für möglich, dass die Diagnose Depression im Kern doch eine gewisse Einheitlichkeit besitzt. Diese Überzeugung speiste sich auch aus dem Scheitern früherer Versuche, die Depression in biologische und psychologische Subtypen zu unterteilen. Noch immer denke ich, dass es einen gemeinsamen Kern geben könnte – dass viele unterschiedliche Ursachen sich letztlich durch einen biologischen Engpass zwängen müssen, durch eine begrenzte Zahl von Störungen, die das Syndrom auslösen. Vielleicht ist es ja so: Alle affektiven Störungen gehen mit einer Beeinträchtigung der Resilienzfunktionen im Gehirn einher. Genau darin liegt auch die Hoffnung auf Ketamin – in seiner realen wie idealisierten Form. Denn Depression erscheint wie ein einheitlicher Zustand: ein schmerzhafter Stillstand.

Vielleicht liege ich falsch. Vielleicht gibt es tatsächlich viele unterschiedliche Depressionen, die jeweils eine eigene, gezielte Behandlung brauchen. Früher oder später werden wir es wissen. Und dabei – beiläufig, aber aufschlussreich – werden wir dann auch verstehen, welchen Beitrag die SSRIs geleistet haben. Und davor: die trizyklischen Antidepressiva, damals die Mittel der Wahl.

Ich rechne allerdings nicht mit großen Überraschungen. Dank unterschiedlicher Forschungsansätze und reicher klinischer Erfahrung kennen wir unsere heutigen Antidepressiva recht gut. Sie lindern depressive Zustände. Ihre Wirksamkeit bewegt sich in einem Bereich, der nach unten durch die Ergebnisse fehleranfälliger Studien begrenzt ist – und nach oben durch die tatsächlichen Ansprechraten im klinischen Alltag. Wahrscheinlich liegt die Wahrheit irgendwo dazwischen – mit NNT-Werten im Bereich von 3 bis 6, also dort, wo auch viele andere medizinische Interventionen liegen. Diese Zahlen erscheinen mir plausibel – gemessen an dem, was ich über die Jahre in der Behandlung von Depression beobachtet habe: mit Medikamenten, mit Psychotherapie, mit Schilddrüsenmedikation und anderen Verfahren. Ich vermute, dass die schlechteren Zahlen in manchen Studien eher ein Ausdruck von methodischen Mängeln und schlechter Durchführung sind.

Die Frage »*Woher wissen wir das?*« ist außerordentlich komplex – und zugleich auf beruhigende Weise vertraut. Wissen speist sich aus Erfahrung und Tradition. Es entsteht, wenn man sieht, wie sich Depression heute schneller auflöst als früher – und wie Patienten ein erfüllteres Leben führen. Es entsteht aus Studien, die sich auf reale Patientengruppen stützen – aus den frühen Untersuchungen der 1950er und 1960er Jahre, aus der Forschung in der Kardiologie und Neurologie, und aus einer Psychiatrie, die sich nicht scheut, es mit allen Patienten aufzunehmen, nicht nur mit den idealtypischen.

Die Vorstellung, es gäbe eine übergeordnete, umfassendere Einsicht in die Realität, erscheint mir als Illusion. Unsere Statistiken sind durch zahlreiche Verzerrungen belastet. Ihre Ergebnisse müssen gedeutet werden. Und welcher Blick eignet sich dazu besser als der klinische?

Auch die evidenzbasierte Medizin hat ihre Schattenseiten. Im Fall meines guten Freundes Alan war der Einfluss subtil. Eine allgemeine Einschätzung – die Reichweite von Antidepressiva sei begrenzt – hatte ihren Weg von einer wackligen Metaanalyse über die populärwissenschaftliche Berichterstattung bis in die Praxis eines Neurologen gefunden.

Doch die evidenzbasierte Medizin ist inzwischen institutionalisiert. Ihre Vertreter veröffentlichen Behandlungsleitlinien – und diese beeinflussen die klinische Praxis weitreichend. Krankenkassen verweigern Kostenerstattung, wenn Therapien von diesen Vorgaben abweichen. Krankenhäuser definieren interne Standards und sanktionieren Ärzte, die sich nicht daran halten. Auch in der Ausbildung von Medizinstudenten und Assistenzärzten dienen diese Leitlinien als Grundlage für Lehre und Prüfung.

Ein Beispiel, bei dem diese Kette aus Standardisierung, Regulierung und Umsetzung problematisch wurde, war die Empfehlung der britischen Aufsichtsbehörde NICE. Sie lautete: Bei nicht schwerer Depression – also auch bei milder und moderater Major Depression – sollten Ärzte auf weitere medikamentöse Behandlungen verzichten und stattdessen Alternativen wie körperliche Betätigung empfehlen.

Diese Richtlinie beruhte auf Metaanalysen, wie wir sie gemeinsam betrachtet haben. Doch es fällt schwer zu glauben, dass hier nur die Evidenz sprach – ebenso gut könnte ein Werturteil im Spiel gewesen sein. Im weiteren Sinne spiegelte die Empfehlung möglicherweise die Haltung von Doris Mayer wider: eine Vorstellung davon, wie man idealerweise mit seelischen Herausforderungen umgehen sollte. Zugleich ignorierte NICE die methodischen Schwächen der zugrunde liegenden Bewegungsstudien. Kritiker, die in der *BMJ* zu Wort kamen, bemängelten »einen Mangel an qualitativ hochwertiger Evidenz zur Stützung dieser Empfehlung«.

In Studien zeigte sich dann auch, dass »unterstützte körperliche Aktivität« über den Zeitraum eines Jahres hinweg keinen messbaren Einfluss auf depressive Symptome hatte. Was wäre geschehen, wenn NICE – anstelle dieser Empfehlung oder ergänzend dazu – eine Optimierung der Medikation nahegelegt hätte? Eine verbesserte Versorgung, wie sie sich etwa bei Herz- und neurologischen Erkrankungen bewährt hat? Viele Teilnehmer der Studie hätten womöglich ein gutes Jahr erleben können.

41 Wie weit wir gekommen sind

Am Ende bleibt der Verdacht, dass die NICE-Leitlinie, die ein Zuwarten bei der Pharmakotherapie empfahl, Leid und Schaden verursacht hat – für Gehirn, Psyche, Patienten und Angehörige. Zwar erlaubt die Richtlinie, dass nach dem Scheitern von »Low-Intensity«-Maßnahmen doch Medikamente oder Psychotherapie zum Einsatz kommen dürfen. Aber wie viel Scheitern wollen wir hinnehmen? Und wie ironisch ist es, dass eine Medizin, die sich auf Evidenz beruft, in diesem Fall eine nachweislich wirksame Behandlung hinauszögert – zugunsten einer, für die die Belege schwach sind?

Noch heute gilt dieser Qualitätsstandard, auch wenn NICE inzwischen signalisiert hat, seine Empfehlungen zur Depressionsbehandlung überarbeiten zu wollen [Anmerkung der Übersetzer: Diese NICE-Richtlinien gelten auch 2025 weiterhin].

Grundsätzlich scheint mir: Sobald evidenzbasierte Medizin zu Gesundheitspolitik wird, droht Überheblichkeit. Die Methoden der EBM selbst sind selten nach den eigenen Maßstäben geprüft worden – etwa mit Blick auf ihre Wirksamkeit. Was bringt es dem Patienten, wenn wir Ärzte einschränken? Denken wir an die kanadische Studie zu OP-Checklisten. Dort wurde – als eines der wenigen statistisch signifikanten Ergebnisse – festgestellt: Wenn Teams die Checkliste verwendeten, traten bei ambulanten Patienten mehr Komplikationen auf. Vielleicht entstehen Schäden, wenn man eingespielte Routinen unterbricht. Ich möchte dieser Einzelbeobachtung nicht zu viel Gewicht geben – außer, um deutlich zu machen: Es ist keineswegs selbstverständlich, dass man schlechter fährt, wenn man Ärzte einfach tun lässt, was sie für richtig halten.

Beispiele wie Bewegung oder OP-Checklisten gehören noch zu den harmloseren. Ich selbst ermutige meine Patienten, sich körperlich zu betätigen – wobei ich darauf achte, niemanden zu beschämen, der sich aufgrund seiner Antriebslosigkeit dazu nicht aufraffen kann. Und ich habe Verständnis für Fachleute, die auf kleine, sorgfältig durchgeführte Studien verweisen, deren Ergebnisse den Befunden der Ontario-Studie zu OP-Checklisten widersprechen. Vielleicht sollte man das chirurgische »Time-out«-Verfahren tatsächlich per Richtlinie festschreiben. Aber das Problem ist dann: Wo hört die Regelsetzung auf?

Sollen wir – gestützt auf die Lektüre von Metaanalysen durch EBM-Experten – eine allgemeine Richtlinie erlassen: keine Antidepressiva bei milder und moderater Major Depression? Damit würden wir unsere Patienten im Stich lassen.

Und der Schaden ginge über die Folgen dieser einen Leitlinie hinaus. Unsere symptomorientierten Diagnosen sind ungenau, und Antidepressiva sind keine perfekten Medikamente – genau deshalb ist das Verschreiben eine Kunst. Wenn ich mich mit Kollegen austausche, hoffe ich auf jene besondere Art von Erfahrung, die es erlaubt – so wie es einst Jonathan Cole gelang –, unabhängig von Diagnose Schubladen das richtige Medikament für den einzelnen Patienten zu finden. Doch genau diese Kunstfertigkeit wird durch das Gesundheitssystem und die Versicherungen untergraben. Die evidenzbasierte Medizin, wie sie dort angewendet wird, bestraft dieses Können. Wenn ich ein Medikament verordne und der Kostenträger es ablehnt – Warum bekommt dieser depressive Patient Ritalin®? – dann habe ich selten das Gefühl, dass mein Patient dadurch geschützt wurde.

Es geht nicht nur darum, dass die evidenzbasierte Medizin mitunter die falschen Fragen stellt – und ihre (fragwürdigen) Antworten dann zur verbindlichen Regel macht. Wie jedes Medikament kann auch EBM Nebenwirkungen haben. Wird es die medizinische Versorgung wirklich verbessern, wenn wir junge Ärzte darauf trainieren, Leitlinien zu befolgen – anstatt sie darin zu schulen, kritisch zu lesen, genau zu beobachten, starke Mentoren zu suchen und ihre Behandlung an den konkreten Fall anzupassen? Ich würde EBM mehr Respekt entgegenbringen, wenn ihre Empfehlungen für Auszubildende einen solchen Zusatz enthielten: *Achte auf das, was du siehst.*

Was die Antidepressiva-Kontroverse betrifft, so lässt sich im Rückblick sagen: Sie ist eines jener sozialen Phänomene, die entstehen, wenn sich langjährige Unzufriedenheit mit einer Gelegenheit zum Widerstand verbindet. Für die Verfechter der Psychotherapie taten sich Räume zur Gegenwehr auf – in Form fehlerhafter Studienergebnisse und durch das maßlose Auftreten der Pharmaindustrie. Deren Fehltritte vollzogen sich vor dem Hintergrund einer stagnierenden Arzneientwicklung – und eines oft unterschätzten Faktors: dem kulturellen Unbehagen gegenüber technischen Zugängen zu seelischen Problemen. Diese Konstellation bereitete den Boden für eine öffentliche Erzählung, die das Antidepressivum auf ein bloßes Placebo reduzierte – und fand bei Journalisten wie in der Öffentlichkeit erstaunlich leicht Gehör, so wenig überzeugend sie im Kern auch war.

Sollten wir tatsächlich neue, hochwirksame Antidepressiva bekommen – unser »Ketamin« –, wird sich die Debatte wohl von selbst erledigen. Doch bevor es so weit ist, fühle ich mich gedrängt, etwas auszusprechen: In ihren späteren Phasen nahm die Entzauberung der Antidepressiva einen zunehmend unattraktiven Ton an. Was zu Beginn noch wie ein widerständiger, subkultureller Impuls wirkte, schlug später in eine selbstgefällige Attitüde um – und verlor dabei an Glaubwürdigkeit.

Man denke nur daran, was Medikamente wie Imipramin, Fluoxetin und andere tatsächlich leisten. Bei Patienten in der hausärztlichen Versorgung, die bei dem ersten verschriebenen Mittel bleiben, liegt die Ansprechrate bei bis zu 90 Prozent. Kaum jemand – fast niemand – glaubt ernsthaft, dass bloß Hoffnung und das natürliche Abklingen der Symptome eine derart nachhaltige Besserung bewirken könnten. Wäre Depression so empfänglich für Placeboeffekte, hätten Kulturen zu allen Zeiten wirksame Mittel dagegen entwickelt – und wir heute eine größere Auswahl, als sie tatsächlich existiert.

In der Psychiatrie wie in der Psychologie hat die selbstgefällige Unplausibilität eine schlechte Bilanz. Wenn unsere Fächer ins Stolpern gerieten, dann oft durch Theorien, die zugleich unwahrscheinlich und modisch waren – Konzepte, die sich gut in den Zeitgeist einfügten. Ich denke an Freuds Kastrationsangst und den Penisneid, die damals als tiefe Triebkräfte galten, als Ursachen von Charaktermerkmalen und psychischer Krankheit. In meiner kurzen Freud-Biografie habe ich darüber geschrieben. Diese Ideen entstanden in einem Wien, das sich gerade seiner neu gewonnenen Offenheit für Sexualität rühmte. Freuds Theorien waren zugleich provokant und gefällig – verblüffend kontraintuitiv und zugleich heimlich konventionell. Gefährlich wird es, wenn das Unplausible zur Selbstverständlichkeit wird. Man denke an die achtlose Bemerkung eines Arztes der Chestnut Lodge über Ray Osheroffs beruflichen Erfolg: »Das Geschäft, das er aufgebaut hat, war im Grunde eine riesige Brust.«

Die Leugnung der Wirksamkeit von Antidepressiva begann oft ehrenwert – aus einer Liebe zur Psychotherapie, aus Respekt vor der Komplexität des Menschen. Doch mit der Zeit kippte sie in Stigmatisierung, nährte die Vorstellung, Depression sei letztlich etwas anderes, etwas weniger Dramatisches als das, was Forschung und klinische Praxis darin erkennen: eine fortschreitende, zerstörerische Störung mehrerer Systeme – und vollauf einer medizinischen Behandlung würdig.

Das Leugnen schlug um in Vergessen – in das Vergessen der Leiden von Paula J. F., Irma, Robert Liberman und zahllosen anderen – von Troys und Moiras, die ihrer Depression ohne Antidepressivum schutzlos gegenüberstanden.

Antidepressiva scheinen nun wirklich keine Placebos zu sein. Man denke an die Studien zur Erhaltungstherapie – 54 klinische Studien, ausnahmslos zugunsten der medikamentösen Behandlung. Nur in der Psychiatrie könnte man ernsthaft darüber diskutieren, ob diese Medikamente wirklich schützen – oder ob sie bloß glorifizierte Scheinpräparate sind. Natürlich gibt es Bedenken hinsichtlich eines freundlichen Störfaktors – etwa, dass Antidepressiva auch andere Gesundheitsbereiche positiv beeinflussen könnten. Aber spätestens die psychosomatische Literatur – die Studien, die ihre Wirksamkeit bei Patienten mit Schlaganfall, Herzerkrankungen oder Interferontherapie zeigen – sollte den Placeboverdacht ausräumen.

Und dann ist da noch das, was Patienten selbst sagen – im Zeitalter strenger Leitlinien fast schon ein Tabubruch: Mit dem Medikament bin ich ins Leben zurückgekehrt. Wir sind skeptisch, natürlich. Doch solche Aussagen sind nicht wertlos. Wer sie vom Tisch wischen will, braucht stichhaltige Belege für das Gegenteil: Dass Antidepressiva kaum wirken. Und dass Depression auf Placebos besonders gut anspricht. Doch genau das zeigen die Studien nicht. Sie zeigen vielmehr eine medikamentöse Wirksamkeit – bei leichter, mittlerer und schwerer Depression. Und sie zeigen, dass die Placebogeschichte nicht hält.

Wir haben die Schwelle zu einer völlig neuen Medikamentenklasse noch nicht überschritten. Aber wir haben immerhin dies erreicht: Zum ersten Mal in der Menschheitsgeschichte können wir Depression mit Medikamenten einigermaßen verlässlich behandeln. Am Anfang dieser Reise habe ich gefragt: Wirken Antidepressiva? Und woher wissen wir das? Vielleicht ist es jetzt an der Zeit, eine neue Frage zu stellen: Wie können wir unsere Antwort annehmen – und würdigen?

Es ist ein Wunder, dass wir heute Behandlungen für jenes uralte Leiden zur Verfügung haben, das man einst Melancholie nannte. Ein Wunder – zumindest für eine Weile, bis die gute Nachricht zur Normalität wird und wir unseren Blick wieder auf die schlechten richten. Nicht jedem ist geholfen. Und nicht jedem, dem geholfen wird, ist vollständig geholfen.

Ein nicht minder großes Problem ist womöglich, dass Antidepressiva erfolgreich sind – und dadurch die Melancholie als etwas Medizinisches erscheinen lassen. Diese Medikamente werden so zu Streitobjekten im alten Kampf um Geist und Gehirn, um Sinn und Symptom. Muss dieser Gegensatz wirklich fortbestehen? Antidepressiva und Psychotherapie lassen sich so gut miteinander verbinden.

Und doch ist es wahr: Manchmal entwerten wir das Wunder, weil Antidepressiva versagen – und manchmal, weil sie wirken.

Ein Verfahren, das sich in seiner Wirksamkeit auf Augenhöhe mit anderen medizinischen Behandlungen bewegt, scheint uns zu wenig. Ein Verfahren, das zu gut wirkt – das hilft, ohne dass zuvor eine vertiefte Selbsterkenntnis stattgefunden hat – erscheint uns dann plötzlich als zu viel.

Wir wünschen uns mehr, und wir wünschen uns Besseres – bis wir irgendwann Abstand gewinnen. Wie am Ende einer gelungenen Therapie kommt auch hier der Moment, in dem man sagen kann: Schau, wie weit wir gekommen sind.

Ich jedenfalls habe diese Reise genossen. Und die Gesellschaft war gut. Ich meine damit natürlich meine Patienten – und meine Lehrer, von denen einige in diesem Buch auftauchen, andere in früheren Büchern gewürdigt wurden und wieder andere ungenannt bleiben. Ich meine die Kollegen, mit denen ich mich berate, mich austausche, die ich in Texten und Gesprächen begleite. Aber es wäre falsch, an dieser Stelle nicht auch Imipramin zu grüßen – und die SSRIs, Lithium, all die anderen. Man denke nur an den Unterschied: in dieser Zeit ärztlich tätig zu sein – im Vergleich zu früheren Epochen. Abgesehen von jener elektrisierenden Phase, in der moderne Psychopharmaka zum ersten Mal verfügbar wurden, hat wohl keine Generation solche Möglichkeiten erlebt. Die Chance, Fluoxetin kennenzulernen – und dann damit zu arbeiten, im Zusammenspiel mit anderen Verfahren – war eine unerwartete Öffnung meines Horizonts. Für einen Arzt, der einst fast ausschließlich in Psychotherapie ausgebildet wurde, ist das nicht selbstverständlich.

Ich bin mir dieses Privilegs sehr bewusst.

Wie falsch wäre es, mit einem feierlichen Ton zu enden. Denn wir praktizierenden Ärzte leben inmitten von Geschichten.

Erst gestern hatte ich einen Kontrolltermin mit einem Patienten, der an einer chronisch-milden Depression leidet. Zach ist ernsthaft, überlegt, sorgfältig. Lange wollte er es bei der Psychotherapie belassen – doch vor ein paar Wochen bat er mich schließlich, ein Antidepressivum zu verschreiben. Und dann setzte die Wirkung ein. Er merkte, dass er im Alltag, besonders im Beruf, etwas besser funktionierte. Aber das war nicht alles. Er bemerkte eine Veränderung, die tiefer ging – eine Verschiebung der Perspektive: »Ich kann Ihnen sagen, was in den schlechten Monaten gefehlt hat: Wertschätzung für das, was ich habe. Ich hatte vergessen, was für ein wunderbarer Mensch meine Frau ist. Sie hat meine Unzufriedenheit gespürt – und wurde verbittert.«

Er sagte: »Ich muss wohl stärker und länger depressiv gewesen sein, als ich dachte. Ich kann mich nicht erinnern, wann ich den Winter zuletzt genießen konnte. Früher war da nur das drückende Dunkel. Ich habe das Licht auf dem Schnee vermisst.«

Im Lauf der Jahre habe ich in Sitzungen immer wieder gehört, wie Depression die Reaktion auf Liebe und Schönheit dämpft. Wenn die Medikation wirkt, kommt die Welt den Patienten entgegen. Sie werden wieder fähig, das Kostbare in ihrem Leben wahrzunehmen. Deshalb verschreiben wir Ärzte diese Mittel: weil wir sehen, wie die Linderung der Symptome das Bewusstsein unserer Patienten erweitert. Und rückblickend, immer wieder, muss ich erkennen, wie sehr ich selbst unterschätzt hatte, wie beeinträchtigt sie wirklich waren.

Im Großen und im Kleinen lastet die Depression schwer auf dem Leben. Die Psychiatrie verharrt – das muss man zugeben – in einem gewissen Stillstand. Aber es wäre beschämend, unseren unvollkommenen Werkzeugen nicht dankbar zu sein. Denn immerhin haben wir welche. Der Fortschritt in der psychiatrischen Versorgung mag langsam vorangehen – aber eines steht fest: Für Behandler wie für depressive Patienten sind dies, allen Schwierigkeiten zum Trotz, außergewöhnliche Zeiten.

Verzeichnisse

Literaturangaben und Anmerkungen

Urteilsbasierte Medizin erfordert Entscheidungen: Manches wird als mögliche Erkenntnisquelle einbezogen, anderes bewusst ausgeklammert. In diesem Sinn habe ich bei der Zusammenstellung der Anmerkungen bewusst Zurückhaltung geübt. In der Regel verweise ich zu jedem Thema auf ein oder zwei Quellen – Studien, die im Text erwähnt werden, maßgebliche Artikel sowie kleinere Untersuchungen oder Analysen, die mir besonders vertrauenswürdig oder interessant erscheinen. Die Literaturangaben sind im Sinne eines *zum Beispiel* zu lesen – sie stehen stellvertretend für eine umfangreiche Fachliteratur.

Wo ich bestimmte Sachverhalte als bekannt und weithin akzeptiert voraussetze, verzichte ich mitunter ganz auf Belege. Eine ausführlichere Quellensammlung zum Thema Depression findet sich in meinem Buch »*Against Depression*« (2005). Vieles, was die Antidepressiva-Forschung vor 1993 betrifft, habe ich bereits in »*Listening to Prozac*« dokumentiert.

Epigraph

- Das Zitat stammt aus dem 3. Band der Romantrilogie »Dein Gesicht morgen« von Javier Marías. Im Deutschen erschien die Übersetzung bei Klett-Cotta. Der Text wurde von Peter Kramer aus dem Spanischen ins Englische übersetzt. Marías, J., Your Face Tomorrow: M. J. Costa (NY: New Directions, 2005), 241; From Marías, J., Tu Rostro Mañana: 1 Fiebre Y Lanza (Madrid: Santillana, 2002), 297.

Vorwort der Übersetzer

- Arias-de la Torre, J. et al. (2023). Prevalence and variability of depressive symptoms in Europe. The Lancet Public Health.
  – Analyse von > 250.000 Erwachsenen in 27 EU-Ländern: Punktprävalenz ~6,4 Prozent; Unterschiede nach Land, Alter, Geschlecht und sozioökonomischem Status.

- Lim, G. Y. et al. (2018). Prevalence and variability of current depressive disorder and lifetime major depressive disorder. *Scientific Reports.*
- Metaanalyse zur Lebenszeitprävalenz von Depression in 13 Studien: ca. 10,8 Prozent (95 Prozent-KI: 7,8–14,8 Prozent).
- Santomauro, D. F. et al. (2024). Service coverage for major depressive disorder: estimated rates of minimally adequate treatment for 204 countries and territories in 2021. *The Lancet Psychiatry.*
  – Weltweit erhält nur eine Minderheit der Betroffenen eine »minimale adäquate Behandlung«; Versorgungslücken in allen Einkommensgruppen.
- Cipriani, A. et al. (2018). Comparative efficacy and acceptability of 21 antidepressants for the acute treatment of major depressive disorder in adults: a systematic review and network meta-analysis. *The Lancet.*
  – Alle geprüften Antidepressiva waren dem Placebo überlegen; moderate, aber klinisch relevante Unterschiede in Wirksamkeit und Verträglichkeit.
- Simon, J. et al. (2023). Assessing the value of mental health treatments in Europe: a health economic perspective. *Health Economics Review.*
  – Mentale Erkrankungen kosten die EU über 4 Prozent des BIP; Depression zählt zu den Haupttreibern.
- Löwe, B. et al. (2024). Clinical effectiveness of patient-targeted feedback after internet-based depression screening: a randomised controlled trial. *The Lancet Psychiatry.*
  – Automatisiertes Feedback nach Online-Screening verbessert Symptome signifikant; PHQ-9 erneut als verlässliches Instrument bestätigt.
- Henssler, J. et al. (2024). Incidence of antidepressant discontinuation symptoms: a systematic review and meta-analysis. *The Lancet Psychiatry.*
  – Absetzsymptome bei rund 15 Prozent, schwere bei ca. 3 Prozent; Risiken variieren je nach Substanz. Langsames Ausschleichen empfohlen.
- Medeiros, G. C. et al. (2024). Personalized use of ketamine and esketamine for treatment-resistant depression. *Molecular Psychiatry.*
  – Wirksamkeit von Esketamin bei therapieresistenter Depression bestätigt; Kriterien für personalisierte Anwendung diskutiert.
- Ren, C. et al. (2025). Systematic review and meta-analysis of transcranial direct current stimulation for major depressive disorder. *Frontiers in Psychiatry.*
  – Kombinationstherapie aus tDCS und Antidepressiva meist wirksamer als Monotherapie; günstiges Nebenwirkungsprofil.
- Sadeghi, R., Richer, F., Egger, J. et al. (2024). Multimodal large language models for depression detection. *NPJ Mental Health Research.*
  – KI-Modelle kombinieren Sprache, Text und Mimik zur automatisierten Einschätzung depressiver Zustände; hohe Prognosegenauigkeit, geeignet für Früherkennung.
- Tozzi, L. et al. (2024). Personalized brain circuit scores identify clinically distinct biotypes in depression and anxiety. *Nature Medicine.*
  – Identifikation von sechs neurobiologisch unterscheidbaren Subtypen mit jeweils unterschiedlichem Symptomprofil und Therapieansprechen.

- Benrimoh, D., Armstrong, M., Mehltretter, J. et al. (2025). Deep learning prediction of treatment outcomes for major depressive disorder. NPJ Mental Health Research.
  – Prognosemodell für Remission unter zehn verschiedenen Antidepressiva auf Basis klinischer Daten von > 9.000 Patienten. Statistisch signifikante Erhöhung der Remissionsrate bei KI-gestützter Auswahl.
- LoParo, D., Dunlop, B. W., Nemeroff, C. B. et al. (2025). Prediction of individual patient outcomes to psychotherapy vs medication for major depression. NPJ Mental Health Research.
  – Machine-Learning-Modell mit ca. 71 Prozent Vorhersagegenauigkeit für die individuell effektivere Behandlungsform (Psychotherapie vs. Medikation).
- Tesfamicael, K. G. et al. (2024). The clinical utility of pharmacogenetic testing in depression: an umbrella review and updated meta-analysis. Frontiers in Psychiatry.
  – Übersicht zur Evidenzlage pharmakogenetischer Tests: konsistent höhere Response- und Remissionsraten im Vergleich zur Standardversorgung; methodische Qualität der Studien unterschiedlich.
- Skokou, M. et al. (2024). Preemptive pharmacogenomic testing in psychiatric patients: a prospective implementation study. EBioMedicine (Lancet Discovery Science).
  – Prospektive Studie mit 1.076 psychiatrischen Patienten; zeigt hohe Umsetzbarkeit und klinischen Nutzen pharmakogenetischer Testungen im Versorgungsalltag.

Vorwort des Autors

- The Lancet: Neurology: Chollet, F., Tardy, J., et al., Fluoxetine For Motor Recovery After Acute Ischaemic Stroke (FLAME): A Randomised Placebo-Controlled Trial, Lancet Neurol 10 (2011): 123–30.
- Eine häufige Erkrankung: Schätzungen zur Prävalenz von Depression nach Schlaganfall reichen von 20 bis über 70 Prozent, ein Konsens liegt bei etwa 40 Prozent.
  Jorge, R. E., Robinson, R. G., Et al., Mortality And Poststroke Depression: A Placebo-Controlled Trial Of Antidepressants, Am J Psychiatry 160 (2003): 1823–29;
  und Price, A., Rayner, L., Et al., Antidepressants For The Treatment Of Depression In Neurological Disorders: A Systematic Review And Meta-Analysis Of Randomised Controlled Trials, J Neurol Neurosurg Psychiatry 82 (2011): 914–23.
  Für ein Update, siehe Robinson, R. G., Jorge, R. E., Post-Stroke Depression: A Review, Am J Psychiatry (Posted Online 2015).
- Depression verhindern: Rasmussen, A., Lunde, M., et al., A Double-Blind, Placebo-Controlled Study Of Sertraline In The Prevention Of Depression In Stroke Patients, Psychosomatics 44 (2003): 216–21;
  und Robinson, R. G., Jorge, R. E., et al., Escitalopram And Problem-Solving Therapy For Prevention Of Poststroke Depression: A Randomized Controlled Trial, JAMA 299 (2008): 2391–400.
- Klar denken: Kognitive Funktionen: Jorge, R. E., Acion, L., et al., Escitalopram And Enhancement Of Cognitive Recovery Following Stroke, Arch Gen Psychiatry 67 (2010): 187–96.
- Likely To Survive: Jorge, Robinson, et al. 2003.

Siehe auch diese vorläufige Studie, deren Ergebnisse anzeigen, dass die frühzeitige Verabreichung von Antidepressiva die Sterblichkeit in den ersten 30 Tagen erheblich senken könnte: Mortensen, J. K., Johnsen, S. P., et al., Early Antidepressant Treatment and All-Cause 30-Day Mortality in Patients with Ischemic Stroke, *Cerebrovasc Dis* 40 (2015): 81–90.
Siehe auch Robinson and Jorge 2015.
- Robert Robinson: Personal Communication, May 2011.
- Newsweek: Begley, S., Why Antidepressants Are No Better Than Placebos, January 28, 2010.
- USA Today: Rubin, R., Study: Antidepressant Lift May Be All In Your Head, January 5, 2010.
- »Listening to Prozac«: Peter Kramer, NY: Viking, 1993.
- Session With Nora: Siehe meine Diskussion der Fälle auf den Seiten XXI–XXII.
- Stimmungs-Erkrankung (Mood Disorder): In diesem Buch verwende ich die gleiche Definition wie in »Against Depression« (Ny: Viking, 2005): Mit »Mood Disorder« sind nur depressive Störungen gemeint, also Major Depression, Minor Depression und Dysthymie. Wenn ich über bipolare oder Angststörungen spreche, nenne ich sie ausdrücklich.
- WHO – World Health Organization: Die Originalstudien sind Christopher J. L. Murray and Alan D. Lopez's, The Global Burden of Disease: A Comprehensive Assessment of Mortality and Disability from Diseases, Injuries, and Risk Factors in 1990 and Projected to 2020 and Global Health Statistics: A Compendium of Incidence, Prevalence, and Mortality Estimates for over 200 Conditions. Beide wurden im Jahr 1996 von der Harvard School of Public Health publiziert, im Auftrag der WHO und der World Bank, herausgegeben von der Harvard University Press.
Updates: Global Burden of Disease Study 2013 Collaborators, Global, Regional, and National Incidence, Prevalence, and Years Lived with Disability for 301 Acute and Chronic Diseases and Injuries in 188 Countries, 1990–2013: A Systematic Analysis for the Global Burden of Disease Study 2013, *Lancet* 386 (2015): 743–800.
- In den USA: Die Angabe, dass jeder achte Erwachsene ein Antidepressivum einnimmt, stammt aus: Kantor, E. D., Rehm, C. D., et al., Trends In Prescription Drug Use Among Adults In The United States From 1999–2012, *Jama* 314 (2015): 1818–31.
Die Schätzung für Frauen zwischen 40 und 59 (23 Prozent) basiert auf früheren Berichten und dürfte bei neuer Datenaufschlüsselung noch steigen. Für etwas ältere, aber detailliertere Zahlen siehe http://www.cdc.gov/nchs/data/hus/2012/092.pdf und den National Health And Nutrition Examination Survey (Nhanes), vor allem Oktober 2011, http://www.cdc.gov/nchs/data/databriefs/db76.pdf; außerdem: Olfson, M., Marcus, S. C., National Patterns in Antidepressant Medication Treatment, *Arch Gen Psychiatry* 66 (2009): 848–56.
- »Hearing Placebo«: Kirsch, I., Sapirstein, G., Listening to Prozac but Hearing Placebo: A Metaanalysis of Antidepressant Medication, *Prev Treat* 1, no. 2 (1998).
- »Should You Leave?« – Peter Kramer, NY: Scribner, 1997.
- Ted: Self-Definition (TED9 Conference, Monterey, CA, February 18, 1999).
- Norman Mailers Roman The Armies of the Night, (NY: New American Library, 1968) – im Deutschen »Die Heere der Nacht«: Er beschreibt als »Sarcophagus Of His Image« das Gefangensein im Bild, das die Öffentlichkeit von einer Person hat.
- Roundup Review: Angell, M., The Epidemic of Mental Illness: Why? *New York Review of Books*, June 23, 2011; und Angell, M., The Illusions of Psychiatry, *New York Review of Books*, July 14, 2011.

- Siehe das Buch: Kramer, P. D., »In Defense of Antidepressants«, *New York Times Sunday Review*, July 10, 2011, SR1. Nur auf Englisch verfügbar.
- To The Editor: Letters: Sunday Dialogue: Seeking a Path Through Depression's Landscape, *New York Times*, July 17, 2011, SR10.
- Seine Kolumne: Beam, A., Battling over Happy Pills: A Scholarly Tug of War over Treating Mental Disorders Boils Down to One Question: Do Antidepressants Work? Boston Globe, July 26, 2011.
- University of Iowa: Self-Esteem as a Social Value and Quasi-biological Trait, College of Medicine Lecture (University of Iowa Clinical Epidemiology Symposium, Iowa City, IA, October 12, 1994).
- Atul Gawande, Chirurg und Autor, USA: Complications: A Surgeon's Notes on an Imperfect Science (NY: Metropolitan Books, 2002).
- Groopman's: How Doctors Think (NY: Houghton Mifflin, 2007).

Kapitel 1   Die Geburt der Moderne

- Roland Kuhn: Für diese Geschichte beziehe ich mich hauptsächlich auf Interviews, die David Healy veröffentlicht hat.
David Healy in The Psychopharmacologists (London: Chapman and Hall, 1996); The Psychopharmacologists II (London: Chapman and Hall, 1998); und The Psychopharmacologists III (London: Arnold, 2000). Das Hauptinterview von Roland Kuhn fand im Jahr 1996 statt; von Alan Broadhurst in 1994. Sofern nicht anders angegeben, stammen die Zitate aus diesen Bändern oder aus T. A. Ban, D. Healy et al., eds., The History of Psychopharmacology and the CINP, as Told in Autobiography: From Psychopharmacology to Neuropsychopharmacology in the 1980s and the Story of CINP (Budapest: Animula, 2002).
Siehe auch Lopez-Munoz, F., Alamo, C., Monoaminergic Neurotransmission: The History of the Discovery of Antidepressants from 1950s Until Today, Curr Pharm Des 15, no. 14 (2009): 1563–86; Cahn, C., Obituary: Roland Kuhn, 1912–2005, *Neuropsychopharmacology* 31 (2006): 1096; und Kuhn's Original-Paper: Kuhn, R., Über die Behandlung depressiver Zustände mit einem Iminodibenzylderivat (G 22355), Schweiz Med Wochenschr 87 (1957): 1135–40; Brown, W. A., Rosdolsky, M., The Clinical Discovery of Imipramine, *Am J Psychiatry* 172 (2015): 426–29; and Kuhn, R., The Treatment of Depressive States with G 22355 (Imipramine Hydrochloride), *Am J Psychiatry* 115 (1958): 459–64.
- Eintrag in die Krankenakte: Ban, Healy, et al. 2002, 334–35.
- Thorazine: Chlorpromazin. Was die Bezeichnungen angeht, verwende ich Markennamen für Medikamente, die unter diesen bekannt sind – sowie in Fällen (wie diesem), in denen auch die zitierten Experten den Markennamen verwenden. Wo der Markenname in Vergessenheit geraten ist, bevorzuge ich den generischen, etwa Imipramin.
- Strictly Non-Biological: Healy 1996, 116.
- Fatigue, Lethargy: Kuhn, R., The Imipramine Story, in Discoveries in Biological Psychiatry, ed. F. J. Ayd, B. Blackwell (Philadelphia: Lippincott, 1970), 207.
- Kuhn war diese Person: Healy 2000, 366.

Kapitel 3 Streiflicher

- Eine geplante Studie: Streptomycin Treatment of Pulmonary Tuberculosis, *Brit Med J* 2 (1948): 769–82.
- Ein neues Studiendesign: Yoshioka, A., Use of Randomisation in the Medical Research Council's Clinical Trial of Streptomycin in Pulmonary Tuberculosis in the 1940s, *BMJ* 317 (1998): 1220–23. Randomisierung war zwar nicht völlig neu, wurde aber durch diese Studie im medizinischen Kontext etabliert. Zuvor war sie in Einzelfällen zur Untersuchung von Beriberi (1905) und sogar in psychologischen Experimenten zum Thema Telepathie eingesetzt worden (Hacking 1988). Diese Anwendungen waren jedoch kaum als methodisch überlegen anerkannt. Siehe auch Ghaemi 2009 und Benedek 2004.
- Ein Fehler im ursprünglichen Artikel vermittelt einen anderen Eindruck, aber in der Endauswertung waren die Unterschiede nicht mehr signifikant: 4 von 50 Patienten unter Streptomycin starben, ebenso 4 der 40 Patienten unter Bettruhe allein.
- Editorial im British Medical Journal: The Controlled Therapeutic Trial, *Brit Med J* 2 (1948): 791–92.
- Was Patienten wussten: Offenbar waren die Patienten nicht über die Details der Studie informiert; möglicherweise wussten manche, die nur Bettruhe erhielten, gar nicht, dass andere Teilnehmer Injektionen bekamen.
- Gruppen-Psychotherapie: Rackemann, F. M., Joseph Hersey Pratt, 1872–1956, *Trans Assoc Am Physicians* 69 (1956): 24–27.
- Bessere Ergebnisse: Pratt, J. H., Results Obtained by the Class Method of Home Treatment in Pulmonary Tuberculosis During a Period of Ten Years, *Boston Med Surg J* 176 (1917): 13–15; und Pratt, J. H., The Class Method in the Home Treatment of Pulmonary Tuberculosis: An Account of Its Development During the Past Nineteen Years, *Boston Med Surg J* 194 (1926): 146–52.
- Bis es schmerzt: Cochrane, A. L., Effectiveness and Efficiency: Random Reflections on Health Services (London: Nuffield Provincial Hospitals Trust, 1972).

Kapitel 4 Wie Max es sah

- Hamilton, M., A Rating Scale for Depression, *J Neurol Neurosurg Psychiatry* 23 (1960): 56–62.
- Healy 1998, 99. Zu Kuhn siehe die erste Anmerkung zu Kapitel 1.
- Der typische ambulante Patient: Zimmerman, M., Mattia, J. I., et al., Are Subjects in Pharmacological Treatment Trials of Depression Representative of Patients in Routine Clinical Practice? *Am J Psychiatry* 159 (2002): 469–73.
- Klerman, G. L., Cole, J. O., Clinical Pharmacology of Imipramine and Related Antidepressant Compounds, *Pharmacol Rev* 17 (1965): 101–41.
- Siehe Kapitel 5: The Antithesis of Science.
- 1.000 Patienten: Klerman and Cole 1965.
- 1961 Paper: Liberman, R., A Criticism of Drug Therapy in Psychiatry, *Arch Gen Psychiatry* 4 (1961): 131–36.

- Lemere, F., Negative Results in the Treatment of Depression with Imipramine Hydrochloride (Tofranil), *Am J Psychiatry* 116 (1959): 258-59.
- Keup, W., Apolito, A., et al., Inpatient Treatment of Depressive States with Tofranil (Imipramine Hydrochloride), *Am J Psychiatry* 116 (1959): 257-58.
- Wolf, S., The Pharmacology of Placebos. *Pharmacol Rev* 11 (1959): 689-704. Telefonat am 27. Februar 2012.
- Veröffentlichte Interviews, unter anderem z. B.; Durgin, J., Robert Liberman, M.D., '60: Agent of Change, Dartmouth Medicine, Winter 2009.
- Siehe u. a.: Moncrieff, J., Wessely, S., et al., Active Placebos Versus Antidepressants for Depression, Cochrane Database Syst Rev (2004): CD003012.
  Auch wenn man die Ausreißer-Studie ausschließt, zeigt die Auswertung von Quitkin et al. (2000), dass aktive Placebos keinen Vorteil gegenüber herkömmlichen Placebos bringen. Die Studie ist ein grundsätzlicher Einwand gegen die Hypothese des aktiven Placebos.
  Mit dem Aufkommen moderner Antidepressiva verlor diese Hypothese an Zugkraft. Gerade Substanzen wie Escitalopram (Lexapro) und Sertralin (Zoloft®) mit vergleichsweise geringem Nebenwirkungsprofil zeigten sich in Studien besonders wirksam – entgegen den Erwartungen der Aktive-Placebo-Theorie.
- Weitgehend akzeptiert (broadly accepted): Angell, June 23, 2011.
- Bestätigt in Undurraga, J., Tondo, L., et al., Re-analysis of the Earliest Controlled Trials of Imipramine, *J Affect Disord* 147 (2013): 451-54.
- short list: Cochrane 1972.

Kapitel 6   Alles geklärt?

- Hill, A. B., Reflections on the Controlled Trial, *Ann Rheum Dis* 25 (1966): 107-13.
  Siehe auch Hill, A. B., The Environment and Disease: Association or Causation? *Proc R Soc Med* 58 (1965): 295-300.
- Cromie, B. W., The Feet of Clay of the Double-Blind Trial, *Lancet* 2 (1963): 994-97.
- Flexible Kombination: Hill zitiert Sargant, W., Antidepressant Drugs, *Brit Med J* 1 (1965): 1495.
- Zweifel an Rating-Skalen: Healy 1998. Die Kuhn-Zitate stammen aus dem zweiten Interviewband.
- Bech, P., Gram, L. F., et al., Quantitative Rating of Depressive States, *Acta Psychiatr Scand* 51 (1975): 161-70.
  Siehe auch Bagby, R. M., Ryder, A. G., et al., The Hamilton Depression Rating Scale: Has the Gold Standard Become a Lead Weight? *Am J Psychiatry* 161 (2004): 2163-77.
- Broadhurst stimmte zu: Healy 1996.
- Bech et al. 1975; und Bech, P., Clinical Psychometrics (Oxford, UK: Wiley-Blackwell, 2012).
- The Clinical Validity of Rating Scales for Depression: Copenhagen, 1977, in Bech 2012.

- Zur Leistungsfähigkeit der Skala siehe Danish University Antidepressant Group (DUAG), Clomipramine Dose-Effect Study in Patients with Depression: Clinical End Points and Pharmacokinetics, *Clin Pharmacol Ther* 66 (1999): 152–65.
  Und aus der Korrespondenz mit Per Bech vom 3. Januar 2013: In dieser DUAG-Studie (DUAG 4 1999) konnten wir zeigen, dass nur die HAM-D6-Kernsymptome eine dosisabhängige Wirkung zeigten – die übrigen Items spiegelten lediglich Nebenwirkungen wider.
  Siehe auch Faries, D., Herrera, J., et al., The Responsiveness of the Hamilton Depression Rating Scale, *J Psychiatr Res* 34 (2000): 3–10;
  und Bech, P., Fava, M., et al., Factor Structure and Dimensionality of the Two Depression Scales in STAR*D Using Level 1 Datasets, *J Affect Disord* 132 (2011): 396–400.
- Bech, P., Boyer, P., et al., HAM-D17 and HAM-D6 Sensitivity to Change in Relation to Desvenlafaxine Dose and Baseline Depression Severity in Major Depressive Disorder, *Pharmacopsychiatry* 43 (2010): 271–76.
- Rasmussen, A., Lunde, M., et al., A Double-Blind, Placebo-Controlled Study of Sertraline in the Prevention of Depression in Stroke Patients, *Psychosomatics* 44 (2003): 216–21.
- Kein klares Ergebnis: Bech, P., Meta-analysis of Placebo-Controlled Trials with Mirtazapine Using the Core Items of the Hamilton Depression Scale as Evidence of a Pure Antidepressive Effect in the Short-Term Treatment of Major Depression, *Int J Neuropsychopharmacol* 4 (2001): 337–45.
- Bech, P., Is the Antidepressive Effect of Second-Generation Antidepressants a Myth? *Psychol Med* 40 (2010): 181–86.

Kapitel 7   Intermezzo: Meine Sünden

- Psychotische Depression: Rothschild, A. J., Winer, J., et al., Missed Diagnosis of Psychotic Depression at 4 Academic Medical Centers, *J Clin Psychiatry* 69 (2008): 1293–96.
- Anorexie hat sich verändert: Lucas, A. R., Beard, C. M., et al., 50-Year Trends in the Incidence of Anorexia Nervosa in Rochester, Minn.: A Population-Based Study, *Am J Psychiatry* 148 (1991): 917–22;
  und Hoek, H. W., Incidence, Prevalence and Mortality of Anorexia Nervosa and Other Eating Disorders, *Curr Opin Psychiatry* 19 (2006): 389–94.
- more robust: Sheline, Y. I., Gado, M. H., et al., Untreated Depression and Hippocampal Volume Loss, *Am J Psychiatry* 160 (2003): 1516–18.

Kapitel 8   Ermutigung

- Zu Coles Karriere siehe Katz, M. M., Obituary: Jonathan O. Cole, *Neuropsychopharmacology* 35 (2010): 2647;
  und Schooler, N. R., Jonathan O. Cole, MD (1925–2009): Innovator in Clinical Psychopharmacology and of the ECDEU/NCDEU Tradition, *J Clin Psychiatry* 72 (2011): 286–87.
- Katz 2010.

- Johnson, D. A., A Double-Blind Comparison of Flupenthixol, Nortriptyline and Diazepam in Neurotic Depression, *Acta Psychiatr Scand* 59 (1979): 1–8;
  und Van Megen, H. J. G. M., Van Vliet, I. M., et al., Anxiolytics as Antidepressants, in Depression: Neurobiological, Psychopathological and Therapeutic Advances, ed. A. Honig, H. M. van Praag (Chichester, UK: Wiley, 1997), 427–44, zitiert in Bech 2001: In Studien zum antidepressiven Potenzial von Benzodiazepinen zeigte sich eine Verbesserung insbesondere bei somatischer Angst, Agitiertheit und Schlafstörungen – nicht aber bei den Kernsymptomen der Depression.
- Zum Beispiel Shorter, E., Before Prozac: The Troubled History of Mood Disorders in Psychiatry (Oxford, UK: Oxford UP, 2008). In »Listening to Prozac« habe ich mich bereits mit dem Phänomen falsches Medikament – richtige Wirkung beschäftigt.

Kapitel 9   Intermezzo: Was er suchte und was er fand

- Nicht Psychotherapie gegen...: zitiert in Oldham, J. M., Psychodynamic Psychotherapy for Personality Disorders, *Am J Psychiatry* 164 (2007): 1465–67.
- Klermans Aufsatz »The Psychiatric Patient's Right to Effective Treatment: Implications of Osheroff v. Chestnut Lodge« (*Am J Psychiatry* 147 [1990]: 409–18) bildet die Grundlage dieses Kapitels – ergänzt durch verschiedene Erwiderungen auf den Artikel sowie durch Gespräche und einen Briefwechsel mit Ray Osheroff im Februar und März 2012. Der Anfangsbuchstabe »O« in »Osheroff« wird lang ausgesprochen.
- Nelson, J. C., Bowers, M. B., Jr., Delusional Unipolar Depression: Description and Drug Response, *Arch Gen Psychiatry* 35 (1978): 1321–28;
  Nelson, J. C., Bowers, M. B., Jr., et al., Exacerbation of Psychosis by Tricyclic Antidepressants in Delusional Depression, *Am J Psychiatry* 136 (1979): 574–76;
  Spiker, D. G., Weiss, J. C., et al., The Pharmacological Treatment of Delusional Depression, *Am J Psychiatry* 142 (1985): 430–36.

Kapitel 10   Anti-Depressiv

- Mayer, D. Y., Psychotropic Drugs and the »Anti-Depressed« Personality, *Br J Med Psychol* 48 (1975): 349–57.
- Yankauer, D., Mayer, H., The Question Before the House, 1935, erwähnt in Poughkeepsie Eagle-News, March 4, 1935.
- Fortes, M., Mayer, D. Y., Psychosis and Social Change Among the Tallensi of Northern Ghana, in Psychiatry in a Changing Society, ed. S. H. Foulkes, G. S. Prince (London: Routledge, 1969, 2013), 33–74.
- Drogen-Konsum-Bericht 1971: Editorial: International Use of Tranquilizers, *BMJ* 3 (1974): 300.
- In den USA: Balter, M. B., Levine, J., et al., Cross-National Study of the Extent of Anti-Anxiety-Sedative Drug Use, *N Engl J Med* 290 (1974): 769–74.

- Parry, H. J., Balter, M. B., et al., National Patterns of Psychotherapeutic Drug Use, *Arch Gen Psychiatry* 28 (1973): 769–83.
- Persönliche Kommunikation mit Mark Olfson, 2011–2015.
Die Daten aus der Valium-Ära erinnern uns daran, dass manche unserer heutigen Sorgen weniger einzigartig sind, als wir glauben möchten. Heute allerdings beschäftigen uns neben der Frage, wie viele Erwachsene Medikamente einnehmen, vor allem Probleme wie Polypharmazie – also die gleichzeitige Einnahme mehrerer Mittel – sowie die Verschreibungspraxis bei Kindern.
- Cole, J. O., Davis, J. M., Antidepressant Drugs, in Comprehensive Textbook of Psychiatry, ed. A. Freedman, H. L. Kaplan (Baltimore: Williams and Wilkins, 1974).

Kapitel 11   Intermezzo: Übergänge

- Parron, D. L., Solomon, F., et al., eds., Behavior, Health Risks, and Social Disadvantages (Washington, DC: National Academy Press, 1982).
- Marshall, E., Psychotherapy Works, but for Whom? *Science* 207 (1980): 506–8.
- Klerman, G. L., Dimascio, A., et al., Treatment of Depression by Drugs and Psychotherapy, *Am J Psychiatry* 131 (1974): 186–91.
- Weissman, M. M., Prusoff, B. A., et al., The Efficacy of Drugs and Psychotherapy in the Treatment of Acute Depressive Episodes, *Am J Psychiatry* 136 (1979): 555–58.
- Parloff, M. B., Psychotherapy Research Evidence and Reimbursement Decisions: Bambi Meets Godzilla, *Am J Psychiatry* 139 (1982): 718–27.
In diesem Beitrag setzt Parloff die Zahl der notwendigen Studien an – zwischen 6.800 und 4,7 Millionen.
- Doppel-Depression: Keller, M. B., Shapiro, R. W., »Double Depression«: Superimposition of Acute Depressive Episodes on Chronic Depressive Disorders, *Am J Psychiatry* 139 (1982): 438–42;
- Klerman, G. L., Long-Term Outcomes of Neurotic Depressions, in Human Functioning in Longitudinal Perspective: Studies of Normal and Psychopathic Populations, ed. S. B. Sells, R. Crandall, et al. (Baltimore: Williams and Wilkins, 1980), 58–70.

Kapitel 12   Ein Wendepunkt

- Eysenck, H. J., The Effects of Psychotherapy: An Evaluation, *J Consult Psychol* 16 (1952): 319–24.
- Eysenck, H. J., The Effects of Psychotherapy, *Int J Psychiatry* 1 (1965): 99–178.
- Eysenck, H. J., The Effects of Psychotherapy Discussions, *Int J Psychiatry* 1 (1965): 317–25.
- Ein zeitgenössischer Kommentar: Rosenzweig, S., A Transvaluation of Psychotherapy; a Reply to Hans Eysenck, *J Abnorm Psychol* 49 (1954): 298–304.
- Glass, G. V., Meta-analysis at 25, January 2000, http://www.gvglass.info/papers/meta25.html.
- Smith, M. L., Glass, G. V., Meta-analysis of Psychotherapy Outcome Studies, *Am Psychol* 32 (1977): 752–60.

- Smith, M. L., Glass, G. V., et al., The Benefits of Psychotherapy (Baltimore: Johns Hopkins UP, 1980).
- Glass, G. V., Primary, Secondary and Meta-analysis of Research, *Educational Researcher* 10 (1976), 3–8.
  Glass argumentiert hier, dass auch schlecht designte Studien als Informationsquellen brauchbar seien – und bekräftigt schließlich, für einen Statistiker ungewöhnlich, den Satz: »Knowledge exists in minds, not in books«.
- Jacob Cohen: Zitate stammen aus Cohen, J., Statistical Power Analysis for the Behavioral Sciences, 2nd ed. (Hillsdale, NJ: L. Erlbaum Associates, 1988).
- Vergleich mit Standard-Therapien anderer medizinischer Fächer: Leucht, S., Hierl, S., et al., Putting the Efficacy of Psychiatric and General Medicine Medication into Perspective: Review of Meta-analyses, *Br J Psychiatry* 200 (2012): 97–106.

Kapitel 13 Alchemie

- Prioleau, L., Murdoch, M., et al., An Analysis of Psychotherapy Versus Placebo Studies, *Behav Brain Sci* 6 (1983): 275–310.
- Eysenck, H. J., Meta-analysis and Its Problems, BMJ 309 (1994): 789–92.
  Siehe auch: Eysenck, H. J., Meta-analysis: An Abuse of Research Integration, *J Spec Educ* 18 (1984): 41–59.
- Später im Buch werden Irving Kirschs Emperor-Artikel, Erick Turners Auswertung der FDA-Daten sowie die Übersichten von John Davis und Per Bech zu einzelnen Antidepressiva behandelt. Diese Arbeiten berichten Effektstärken zwischen 0,3 und 0,6.
  In frühen Studien zu Imipramin, noch vor dem Einsetzen von Kuhns curse, lagen die Effektstärken um 0,6 – was in einer medikamentennaiven Population realistisch sein dürfte.
  Pym Cuijpers' Übersicht hochwertiger Studien zur Psychotherapie bei Depression ergibt eine Effektstärke von 0,2: Cuijpers, P., van Straten, A., et al., The Effects of Psychotherapy for Adult Depression Are Overestimated: A Meta-analysis of Study Quality and Effect Size, *Psychol Med* 40 (2009): 211–23.
- Hormonersatz-Therapien: Der Wikipedia-Artikel »Women's Health Initiative« bietet einen guten Einstieg.
- Lau, J., Antman, E. M., et al., Cumulative Meta-analysis of Therapeutic Trials for Myocardial Infarction, *N Engl J Med* 327 (1992): 248–54.
- LeLorier, J., Gregoire, G., et al., Discrepancies Between Meta-Analyses and Subsequent Large Randomized, Controlled Trials, *N Engl J Med* 337 (1997): 536–42.
- Zauberei: Feinstein, A. R., Meta-analysis: Statistical Alchemy for the 21st Century, *J Clin Epidemiol* 48 (1995): 71–79.
- Allegiance-Bias: Stegenga, J., Is Meta-analysis the Platinum Standard of Evidence? *Stud Hist Philos Biol Biomed Sci* 42 (2011): 497–507.

- Haynes, A. B., Weiser, T. G., et al., A Surgical Safety Checklist to Reduce Morbidity and Mortality in a Global Population, *N Engl J Med* 360 (2009): 491–99.
- Urbach, D. R., Govindarajan, A., et al., Introduction of Surgical Safety Checklists in Ontario, Canada, *N Engl J Med* 370 (2014): 1029–38.
- Leape, L. L., The Checklist Conundrum, N Engl J Med 370 (2014): 1063–64; und Gawande, A., When Checklists Work and When They Don't, Incidental Economist, March 15, 2014, http://theincidentaleconomist.com/wordpress/when-checklists-work-and-when-they-dont/.

Kapitel 14 Intermezzo: Providence, Rhode Island

- Hepatitis-Impfungen: Bodenheimer, H. C., Jr., Fulton, J. P., et al., Acceptance of Hepatitis B Vaccine Among Hospital Workers, *Am J Public Health* 76 (1986): 252–55;
- Fulton, J. P., Bodenheimer, H. C., Jr., et al., Acceptance of Hepatitis B Vaccine Among Hospital Workers: A Follow-Up, *Am J Public Health* 76 (1986): 1339–40.
- Moments of Engagement: Intimate Psychotherapy in a Technological Age; Peter Kramer, NY: W. W. Norton, 1989.
- Curing Depression: *New York Times*, May 14, 1986, A1, A17.

Kapitel 15 Beste Referenzen?

- Elkin, I., Shea, M. T., et al., National Institute of Mental Health Treatment of Depression Collaborative Research Program. General Effectiveness of Treatments, *Arch Gen Psychiatry* 46 (1989): 971–82
- Elkin, I., Parloff, M. B., et al., NIMH Treatment of Depression Collaborative Research Program. Background and Research Plan, Arch Gen Psychiatry 42 (1985): 305–16.
  – Das TDCRP ist bis heute eine der einflussreichsten Studien zur Behandlung der Depression – groß angelegt, mit mehreren Standorten, randomisiert und kontrolliert, mit bemerkenswert sorgfältiger Planung und umfassender Ergebnisdokumentation.
- Klein, D. F., Preventing Hung Juries About Therapy Studies, *J Consult Clin Psychol* 64 (1996): 81–87.
  – Diese Formulierung stammt von Donald Klein und bringt seine pragmatische Sichtweise auf die Therapieeffekte auf den Punkt: Entscheidend sei, was schneller hilft.
- Jacobson, N. S., Hollon, S. D., Cognitive-Behavior Therapy Versus Pharmacotherapy: Now That the Jury's Returned Its Verdict, It's Time to Present the Rest of the Evidence, *J Consult Clin Psychol* 64 (1996): 74–80; Elkin, I., Gibbons, R. D., et al., Science Is Not a Trial (But It Can Sometimes Be a Tribulation), *J Consult Clin Psychol* 64 (1996): 92–103; and Klein 1996, 81–87.
  – Die Ausgabe dieser Fachzeitschrift versammelt zentrale Reaktionen auf das TDCRP und illustriert, wie unterschiedlich die Ergebnisse – je nach methodischer und theoretischer Perspektive – interpretiert werden konnten.

- Da sogenannte »professionelle Patienten« ihr Einkommen durch die Teilnahme an Wirksamkeitsstudien aufbessern, hat sich dieses Problem in der gesamten Medizin verschärft. Resnik, D. B., McCann, D. J., Deception by Research Participants, N Engl J Med (2015) 373: 1192–93. »The editorial raises concerns that symptom fabrication can lower effect sizes in outcome trials and interfere with the promulgation of useful treatments«.
  – Der Hinweis betrifft eine zunehmende Verzerrungsquelle: dass manche Studienteilnehmer gezielt Symptome vortäuschen, um in Therapietrials aufgenommen zu werden. Dies kann die Effektstärken verringern und letztlich die Bewertung sinnvoller Behandlungen erschweren.

Kapitel 16 Besser, Schneller, Billiger

- Jan Fawcett: Conversations, March 26, 2012, and July 29, 2015.
  – Fawcett war einer der führenden Psychiater in der TDCRP-Studie und blieb zeitlebens ein reflektierter Kritiker der damaligen Methodik. Seine Einschätzungen stammen aus persönlichen Gesprächen.
- Gespräch mit M. Tracie Shea, 26. März 2012.
  – Auch Tracie Shea, an der Planung der Studie beteiligt, betonte im Rückblick die methodischen Begrenzungen.
- Perry, P. J., Zeilmann, C., et al., Tricyclic Antidepressant Concentrations in Plasma: An Estimate of Their Sensitivity and Specificity as a Predictor of Response, J Clin Psychopharmacol 14 (1994): 230–40
  Perry, P. J., Wehring, H. J., et al., Clinical Psychopharmacology and Other Somatic Therapies, in *The Medical Basis of Psychiatry*, ed. S. H. Fatemi, P. J. Clayton (Totowa, NJ: Humana, 2008), 600–601.
  – Der Begriff des therapeutischen Fensters beschreibt die Dosis-Spanne, in der ein Medikament wirkt, ohne unverhältnismäßige Nebenwirkungen zu verursachen – beim trizyklischen Antidepressivum Imipramin liegt sie laut Lehrbuch bei 150–300 mg täglich.
- Klein, D. F., Ross, D. C., Reanalysis of the National Institute of Mental Health Treatment of Depression Collaborative Research Program General Effectiveness Report, Neuropsychopharmacology 8 (1993): 241–51.
  – Donald Klein hatte frühzeitig auf systematische Verzerrungen bei der Auswertung der TDCRP hingewiesen, insbesondere im Hinblick auf Drop-outs und nicht optimale Dosierung.
- Hill 1966.
  – Der Bezug gilt dem frühen methodologischen Werk von Austin Bradford Hill – eine Referenz für alle, die sich mit klinischer Studienplanung befassen.
- Differenzielle Abbruchrate; siehe z. B.: Claghorn, J. L., Feighner, J. P., A Double-Blind Comparison of Paroxetine with Imipramine in the Long-Term Treatment of Depression, J Clin Psychopharmacol 13 (1993): 23S–27S.
  – Die unterschiedliche Abbrecherquote (Drop-out) zwischen Placebo- und Verumgruppen kann die Wirksamkeit von Antidepressiva unterschätzen. Besonders anschaulich zeigt sich das in der Studie von Davidson & Turnbull (1983), in der Patienten unter Placebo wegen mangelnder Wir-

kung ausschieden, während Patienten unter Isocarboxazid gingen, sobald es ihnen besser ging – was die Aussagekraft der sogenannten Completer-Analyse deutlich einschränkt.

- Collins, J. F., Elkin, I., Randomization in the NIMH Treatment of Depression Collaborative Research Program, in Randomization and Field Experimentation, ed. R. F. Boruch, W. Wothke (San Francisco: Jossey-Bass, 1985).
  – Ein technisches Papier zur Frage, wie Randomisierung im TDCRP-Design realisiert wurde – wichtig für die Einordnung methodischer Kritik.
- Greenland, S., Robins, J. M., et al., Confounding and Collapsibility in Causal Inference, *Statistical Science* 14 (1999): 29–46.
  – Der Hinweis betrifft ein grundsätzliches Problem: Bei Intention-to-treat-Analysen schneiden Medikamente, die anfangs Nebenwirkungen verursachen (wie viele Antidepressiva), schlechter ab, weil frühe Aussteiger als Nonresponder zählen – selbst wenn sie nur deshalb ausschieden, weil sie bereits Besserung verspürten.
  – Kirsch selbst, obwohl mit anderer Zielsetzung, fand in seiner FDA-Analyse (2002), dass Unterschiede zwischen Antidepressivum und Placebo in Completer-Analysen größer waren als in ITT-Analysen – was gegen die These spricht, Antidepressiva wirkten nicht.
- Thase, M. E., Larsen, K. G., et al., Assessing the ›True‹ Effect of Active Antidepressant Therapy v. Placebo in Major Depressive Disorder: Use of a Mixture Model, *Br J Psychiatry* 199 (2011): 501–7.
  – Diese Studie modelliert differenzierte Ansprechraten innerhalb der Studienpopulation – mit dem Ergebnis, dass eine relevante Teilgruppe überdurchschnittlich gut auf Antidepressiva anspricht, was durch Durchschnittswerte verdeckt wird.

Kapitel 17 Intermezzo: Erträglich gut – Depression und Lebensqualität

- Sommi, R. W., Crismon, M. L., et al., Fluoxetine: A Serotonin-Specific, Second-Generation Antidepressant, *Pharmacotherapy* 7 (1987): 1–15.
  – Diese frühe Übersicht belegt den damaligen Enthusiasmus über die zweite Generation antidepressiver Medikamente und ist ein typisches Beispiel für die akademische Rezeption von Fluoxetin kurz nach Markteinführung.
- Kramer, P. D., Metamorphosis, *Psychiatric Times*, May 1989; and Kramer, P. D., The New You, *Psychiatric Times*, March 1990.
  – Diese beiden Kolumnen stammen aus der Frühphase von Kramers Auseinandersetzung mit den Auswirkungen der SSRIs, sowohl in klinischer als auch in kultureller Hinsicht.
- Song, F., Freemantle, N., et al., Selective Serotonin Reuptake Inhibitors: Meta-analysis of Efficacy and Acceptability, *BMJ* 306 (1993): 683–87.
  – Diese Metaanalyse ist eine der ersten, die SSRIs gegenüber älteren Antidepressiva bewerteten – mit einem Fokus auf Wirksamkeit und Nebenwirkungen.
- Thase, M. E., Rush, A. J., et al., Double-Blind Switch Study of Imipramine or Sertraline Treatment of Antidepressant-Resistant Chronic Depression, *Arch Gen Psychiatry* 59 (2002): 233–39.

- Diese Studie ist wichtig, weil sie zeigt, dass ein Wechsel innerhalb der Medikamentenklasse auch bei therapierefraktären Depressionen eine relevante Strategie sein kann.
- Der Verweis betrifft eine spätere, vertiefende Diskussion zur Langzeitbehandlung mit Antidepressiva – besonders relevant im Hinblick auf Rückfallverhütung (▶ Kap. 34).
- Für einen zum Nachdenken anregenden Überblick siehe: Norman, G. R., Sloan, J. A., et al., Interpretation of Changes in Health-Related Quality of Life: The Remarkable Universality of Half a Standard Deviation, *Med Care* 41 (2003): 582–92.
  – Diese Arbeit zeigt, dass in vielen Studien zur Lebensqualität eine Veränderung um eine halbe Standardabweichung als klinisch bedeutsam empfunden wird – eine heikle Orientierung auch für die Bewertung von Antidepressiva.
- Ferrari, A. J., Charlson, F. J., et al., Burden of Depressive Disorders by Country, Sex, Age, and Year: Findings from the Global Burden of Disease Study 2010, *PLoS Med* 10 (2013): e1001547.
  – Der Referenzpunkt für Kramers Aussage über die hohe Krankheitslast durch Depression; seither regelmäßig aktualisiert, etwa in The Lancet.
- Lebensqualität: Bech, P., Social Functioning: Should It Become an Endpoint in Trials of Antidepressants? *CNS Drugs* 19 (2005): 313–24.
  Siehe auch: Bech, P., Role of Psychotropic Drugs in Quality of Life Improvement in Psychiatric Patients: Historical Aspects, in History of Psychopharmacology, 3rd ed., Lopez-Munoz, F., Alar, C., et al. (Ann Arbor, MI: NPP, 2014).
  – Bech argumentiert dafür, soziale Funktionsfähigkeit und Lebensqualität als eigenständige Endpunkte in Studien zu berücksichtigen – und verweist dabei auf die historisch belegte Wirkung von Psychopharmaka auf Vitalität und soziale Teilhabe. Kramers Verweis auf Doris Mayer (anti-depressed) erhält vor diesem Hintergrund ein zusätzliches Gewicht.
- Kocsis, J. H., Schatzberg, A., et al., Psychosocial Outcomes Following Long-Term, Double-Blind Treatment of Chronic Depression with Sertraline vs. Placebo, *Arch Gen Psychiatry* 59 (2002): 723–28.
  – Diese Langzeitstudie ist einer der Belege dafür, dass auch psychosoziale Parameter – nicht nur symptomatische Besserung – durch SSRI-Therapie bei chronischer Depression signifikant beeinflusst werden können.

Kapitel 18   »Better than well« – Die »Mehr-als-gesund«-Frage

- In »Listening to Prozac« unterschied ich nicht immer klar zwischen kosmetischer Psychopharmakologie und dem »Mehr-als-gesund«-Effekt. In späteren Texten habe ich versucht, diese Unterscheidung konsequenter beizubehalten.
  essays – Kramer 1989, 1990.
  Cole recalled – Healy 1996.
  Arvid Carlsson – Ibid.
- University of Wales – Tranter, R., Healy, H., et al., Functional Effects of Agents Differentially Selective to Noradrenergic or Serotonergic Systems, *Psychol Med* 32 (2002): 517–24.

- Crockett, M. J., Clark, L., et al., Serotonin Selectively Influences Moral Judgment Behavior Through Effects on Harm Aversion, *Proc Natl Acad Sci USA* 107 (2010): 17433–38; und Crockett, M. J., Siegel, J. Z., et al., Dissociable Effects of Serotonin and Dopamine on the Valuation of Harm in Moral Decision Making, *Curr Biol* 25 (2015): 1852–59.
- Ekselius, L., Von Knorring, L., Changes in Personality Traits During Treatment with Sertraline or Citalopram, *Br J Psychiatry* 174 (1999): 444–48.
  Siehe auch Ekselius, L., Von Knorring, L., et al., A Double-Blind Multicenter Trial Comparing Sertraline and Citalopram in Patients with Major Depression Treated in General Practice, *Int Clin Psychopharmacol* 12 (1997): 323–31. Erste Besserungen wurden nach zwei Wochen beobachtet; die Ansprechrate nach zwölf Wochen lag bei knapp 70 Prozent (Intention-to-Treat) bis rund 80 Prozent (Completer).
- Brody, A. L., Saxena, S., et al., Personality Changes in Adult Subjects with Major Depressive Disorder or Obsessive-Compulsive Disorder Treated with Paroxetine, *J Clin Psychiatry* 61 (2000): 349–55.
- Dysthymie: Hellerstein, D. J., Kocsis, J. H., et al., Double-Blind Comparison of Sertraline, Imipramine, and Placebo in the Treatment of Dysthymia: Effects on Personality, *Am J Psychiatry* 157 (2000): 1436–44.
  Siehe auch Kocsis, J. H., Zisook, S., et al., Double-Blind Comparison of Sertraline, Imipramine, and Placebo in the Treatment of Dysthymia: Psychosocial Outcomes, *Am J Psychiatry* 154 (1997): 390–95;
  sowie Kocsis, J. H., Schatzberg, A., et al., Psychosocial Outcomes Following Long-Term, Double-Blind Treatment of Chronic Depression with Sertraline vs. Placebo, *Arch Gen Psychiatry* 59 (2002): 723–28.
- Jylha, P., Ketokivi, M., et al., Do Antidepressants Change Personality? – a Five-Year Observational Study, *J Affect Disord* 142 (2012): 200–207.
- Quilty, L. C., Meusel, L. A., et al., Neuroticism as a Mediator of Treatment Response to SSRIs in Major Depressive Disorder, *J Affect Disord* 111 (2008): 67–73.
- Tang, T. Z., DeRubeis, R. J., et al., Personality Change During Depression Treatment: A Placebo-Controlled Trial, *Arch Gen Psychiatry* 66 (2009): 1322–30.
- DeRubeis, R. J., Hollon, S. D., et al., Cognitive Therapy vs. Medications in the Treatment of Moderate to Severe Depression, *Arch Gen Psychiatry* 62 (2005): 409–16. Die Effekte entsprachen einer Number Needed to Treat (NNT) von 4 bei Medikation und 5,5 bei Psychotherapie. Der Persönlichkeits-Effekt von Paroxetin gegenüber Placebo entsprach einer NNT von 3.

Kapitel 19   Intermezzo: Ein alter Traum

- sociology text – Scheper-Hughes, N., *Saints, Scholars, and Schizophrenics: Mental Illness in Rural Ireland* (Berkeley: University of California Press, 1977, 1982, 2001).
  – Eine eindrucksvolle ethnografische Studie, die aufzeigt, wie sehr psychiatrische Krankheitsverläufe von kulturellem Kontext und sozialer Rolle geprägt sein können.

Kapitel 20 Forellen in der Milch finden – Fragwürdige Statistik als Beginn der Antidepressiva-Diskussion

- »Listening to Prozac« – Kirsch & Sapirstein 1998.
- Während seines Graduiertenstudiums arbeitete Irving Kirsch satirisch mit dem *National Lampoon* zusammen und produzierte ein Comedy-Hörspiel über angeblich fehlende Nixon-Tonbänder, https://en.wikipedia.org/wiki/The_Missing_White_House_Tapes.
- Klein, D. F., Listening to Meta-analysis but Hearing Bias, *Prev Treat* 1 (Juni 1998); und Dawes, R. M., Commentary on Kirsch and Sapirstein, *Prev Treat* 1 (Juni 1998).
- Cochrane Review: Leucht, C., Huhn, M., et al., Amitriptyline Versus Placebo for Major Depressive Disorder, *Cochrane Database Syst Rev* 12 (2012): CD009138.
- Zung, W. W., Review of Placebo-Controlled Trials with Bupropion, *J Clin Psychiatry* 44 (1983): 104–14.
- TDCRP – Elkin, Shea, et al. 1989.
- Joffe, R. T., Singer, W., et al., A Placebo-Controlled Comparison of Lithium and Triiodothyronine Augmentation of Tricyclic Antidepressants in Unipolar Refractory Depression, *Arch Gen Psychiatry* 50 (1993): 387–93.
  – Bemerkenswert ist, dass in dieser Studie die Placebo-Bedingung in Wahrheit aus einer vollen Dosis Imipramin oder Desipramin plus einer Scheinpille bestand. Kirsch berechnete seinen Mittelwert des Placeboeffekts aus allen 19 Studien seiner Sammlung – obwohl einige dieser Placebogruppen de facto aktive Antidepressiva enthielten, teils mit erkennbaren Nebenwirkungen.
- Klein 1998.
- Thoreau Henry David (1817–1862), Philosoph– Tagebuch / *Diary*, 11. November 1850.
- Van Megen and Van Vliet 1997; und PHARMA, Discovers Award 2004, *Special Publications*, April 2004, S. 31. – Vgl. insbesondere die Verleihung des Awards 1989 an Jackson Hester, den Entwickler von Adinazolam.
- Rickels, K., London, J., et al., Adinazolam, Diazepam, Imipramine, and Placebo in Major Depressive Disorder: A Controlled Study, *Pharmacopsychiatry* 24 (1991): 127–31.
- Blashki, T. G., Mowbray, R., et al., Controlled Trial of Amitriptyline in General Practice, *Br Med J* 1 (1971): 133–38.
- Kirsch, I., Are Drug and Placebo Effects in Depression Additive?, *Biol Psychiatry* 47 (2000): 733–35; Kirsch, I., Medication and Suggestion in the Treatment of Depression, *Contemporary Hypnosis* 22 (2005): 59–66;
  und Kirsch, I., Antidepressants and the Placebo Response, *Epidemiologia e Psichiatria Sociale* 18 (2009): 313–22.
  – Während dieses Buch im Druck war, wiederholte Kirsch seine These erneut: Kirsch, I., Antidepressants and the Placebo Effect, in *Placebo Talks: Modern Perspectives on Placebos in Society*, Hrsg. A. Raz, C. S. Harris (Oxford: Oxford UP 2016), 17–32.
- 60 Minutes – Interview mit Lesley Stahl, produziert von Richard Bonin, 19. Februar 2012.

Kapitel 21   Placebo – Was es ist und was nicht

- Dawes's complaint – Dawes 1998.
- Kirsch 1998; und Kirsch, I., Reducing Noise and Hearing Placebo More Clearly, *Prev Treat* 1 (Juni 1998).
- In dieser Passage berücksichtige ich keine Interaktionseffekte. Es wäre denkbar, dass sich Antidepressiva bei günstigen äußeren Umständen besonders bewähren – dass also Glück und Medikation synergistisch wirken. In diesem Fall würde die Medikation gerade dort überdurchschnittlich wirksam sein, wo Placebo scheinbar besonders stark erscheint.
- demand characteristics – Orne, M. T., On the Social Psychology of the Psychological Experiment: With Particular Reference to Demand Characteristics and Their Implications, *Am Psychol* 17 (1962): 776–83.
  – Der grundlegende Aufsatz zu einer inzwischen umfangreichen Fachliteratur.
- Klerman, G. L., Scientific and Ethical Considerations in the Use of Placebo Controls in Clinical Trials in Psychopharmacology, *Psychopharmacol Bull* 22 (1986): 25–29.
- 75Prozent des Effekts – Kirsch and Sapirstein 1998.
- Angell, 23. Juni 2011.

Kapitel 22   Zwei plus Zwei = Zwei – Was Studien zeigen

- Das Beispiel folgt dem gängigen Muster, auch wenn ich skeptisch bin, ob Tonic Water in diesem Sinne tatsächlich wirken würde – ich neige nicht dazu, dem Placeboeffekt auch in diesem Bereich nennenswerte Kraft zuzusprechen.
  Siehe Hull, J. G., Bond, C. F., Jr., Social and Behavioral Consequences of Alcohol Consumption and Expectancy: A Meta-analysis, *Psychol Bull* 99 (1986): 347–60.
- Interpersonale Psychotherapie: Klerman, Dimascio, et al. 1974. – Diese frühen Studien gewinnen an Bedeutung, weil Versuchspersonen vor dem Beginn der NIMH-Kollaborationsstudien in den 1980er Jahren nicht systematisch emotionale Unterstützung angeboten wurde. In der Medikation-Gruppe wurde also tatsächlich allein Medikation getestet – und selbst in der Kombinationsgruppe zeigte die Psychotherapie kaum zusätzlichen Nutzen.
- Zajecka, J., Amsterdam, J. D. (chairs), Cognitive Therapy and Medications in the Treatment of Depression and the Prevention of Subsequent Recurrence (Symposium, Annual Meeting, American Psychiatric Association, New York, NY, 7. Mai 2014);
  und Hollon, S. D., DeRubeis, R. J., et al., Effect of Cognitive Therapy with Antidepressant Medications vs. Antidepressants Alone on the Rate of Recovery in Major Depressive Disorder: A Randomized Clinical Trial, *JAMA Psychiatry* 71 (2014): 1157–64.
- Umfassende Übersichtsarbeiten finden sich u. a. bei Cuijpers, P., Sijbrandij, M., et al., Adding Psychotherapy to Antidepressant Medication in Depression and Anxiety Disorders: A Meta-analysis, *World Psychiatry* 13 (2014): 56–67;

- Cuijpers, P., Dekker, J., et al., Adding Psychotherapy to Pharmacotherapy in the Treatment of Depressive Disorders in Adults: A Meta-analysis, *J Clin Psychiatry* 70 (2009): 1219–29;
  und – mit dem Hinweis auf eine begrenzte Additivität – von Wolff, A., Hölzel, L. P., et al., Combination of Pharmacotherapy and Psychotherapy in the Treatment of Chronic Depression: A Systematic Review and Meta-analysis, *BMC Psychiatry* 12 (2012): 61.
- Leuchter, A. F., Cook, I. A., et al., Changes in Brain Function of Depressed Subjects During Treatment with Placebo, *Am J Psychiatry* 159 (2002): 122–29.
- McGrath, C. L., Kelley, M. E., et al., Toward a Neuroimaging Treatment Selection Biomarker for Major Depressive Disorder, *JAMA Psychiatry* 70 (2013): 821–29.
- Bettruhe – Streng genommen bleibt unklar, ob Bettruhe in der präantibiotischen Ära überhaupt einen therapeutischen Nutzen hatte; bei Patienten, die mit Antibiotika behandelt werden, bringt sie jedenfalls keinen Zusatznutzen.
  Hirsch, J. G., Schaedler, R. W., et al., A Study Comparing the Effects of Bed Rest and Physical Activity on Recovery from Pulmonary Tuberculosis, *Am Rev Tuberc* 75 (1957): 359–409.
- Kirsch and Moore 2002.
- Moerman, D. E., The Loaves and the Fishes, *Prev Treat* 5 (15. Juli 2002).

Kapitel 23 Dysthymie – Im blinden Fleck der Evidenz

- American Psychiatric Association, *Diagnostic and Statistical Manual of Mental Disorders: DSM-5* (Arlington, VA: American Psychiatric Publishing, 2013).
- Evidence-Based Medicine Working Group, Evidence-Based Medicine: A New Approach to Teaching the Practice of Medicine, *JAMA* 268 (1992): 2420–25.
  – Ich spreche hier von einem Manifest, weil bereits der erste Satz des Artikels in diesem Ton gehalten ist: »A new paradigm for medical care is emerging«. Für mein – zugegeben eigensinnig geschultes – Ohr klingt das wie: »Ein Gespenst geht um in Europa«...
- *Institute of Medicine, Crossing the Quality Chasm: A New Health System for the 21st Century* (Washington, DC: National Academy Press, 2001)
  Sackett, D. L., Straus, S. E., et al., *Evidence-Based Medicine: How to Practice and Teach EBM*, 2. Aufl. (Edinburgh: Churchill Livingstone, 2000).
  Zum Stellenwert der Patientenwerte siehe: Ubel, P. A., Medical Facts Versus Value Judgments—Toward Preference-Sensitive Guidelines, *N Engl J Med* 372 (2015): 2475–77.
- Die Beobachtung, dass es eine wesentliche Funktion der evidenzbasierten Medizin sei, den Großteil der verfügbaren Evidenz auszuschließen, stammt vom praktizierenden Dermatologen Jonathan Rees, der zu diesem Thema pointiert publiziert hat. Vgl. Rees, J., Why We Should Let »Evidence-Based Medicine« Rest in Peace, *Clin Dermatol* 31 (2013): 806–10.
- De Lima, M. S., Hotoph, M., et al., The Efficacy of Drug Treatments for Dysthymia: A Systematic Review and Meta-analysis, *Psychol Med* 29 (1999): 1273–89.
  – Ich habe auf die NNT von knapp unter 4 für das Ansprechen hingewiesen. Für Remissionen waren weniger Daten verfügbar, doch auch hier lag die NNT in den einzelnen Studien jeweils um 4.

- Viele Konstellationen – potenziell unendlich viele – können eine NNT von 4 ergeben. Wenn vier Patienten unter Medikation ansprechen, aber drei unter Placebo, muss man vier behandeln, um einen zusätzlichen Effekt zu erzielen. In realen Studien spricht in der Regel mehr als die Hälfte der Patienten auf das Medikament an, und über ein Viertel auf Placebo. Eine aktuelle Übersicht bietet: Andrade, C., The Numbers Needed to Treat and Harm (NNT, NNH) Statistics: What They Tell Us and What They Do Not, *J Clin Psychiatry* 76 (2015): e330–e33.
- Sackett, D. L., Richardson, W. S., et al., *Evidence-Based Medicine: How to Practice and Teach EBM* (Edinburgh: Churchill Livingstone, 1997); und Sackett und Straus 2000.
  Siehe auch Leucht und Hierl 2012.
- Kopfschmerz-Behandlung: Migliardi, J. R., Armellino, J. J., et al., Caffeine as an Analgesic Adjuvant in Tension Headache, *Clin Pharmacol Ther* 56 (1994): 576–86.
- Kolumnist – Beam 2011.
- Levkovitz, Y., Tedeschini, E., et al., Efficacy of Antidepressants for Dysthymia: A Meta-analysis of Placebo-Controlled Randomized Trials, *J Clin Psychiatry* 72 (2011): 509–14.
- Cochrane Collaboration – De Lima, M. S., Moncrieff, J., et al., Drugs Versus Placebo for Dysthymia, *Cochrane Library*, 20. April 2005. – Diese Übersichtsarbeit wurde im Juni 2015 zurückgezogen. In der Folge nahm ich Kontakt auf mit Rachel Churchill, der koordinierenden Herausgeberin der Cochrane Depression, Anxiety and Neurosis Group, die sowohl für die Veröffentlichung als auch für den Rückzug der Arbeit verantwortlich war, sowie mit dem Erstautor Mauricio Silva de Lima. Beide versicherten mir, es gebe keinen Skandal und keine wissenschaftliche Unklarheit. Der zurückgezogene Text ist weiterhin auf der Website von Cochrane abrufbar.
  2002 hatte De Lima die erste Version der Arbeit gemeinsam mit Joanna Moncrieff verfasst – damals noch als hauptberuflicher Wissenschaftler. Auch bei der Aktualisierung 2005 war er federführend, obwohl er inzwischen bei Eli Lilly beschäftigt war. 2007 wurde er von einem Kollegen informiert, dass Pharma-Angestellte aufgrund neuer Cochrane-Richtlinien künftig keine internen Forschungszusammenfassungen mehr erhalten würden. Da solche Materialien für künftige Updates unverzichtbar sind, zog sich De Lima aus der Mitarbeit zurück.
  Da sich niemand fand, der die Übersichtsarbeit zur Dysthymie übernehmen wollte – möglicherweise auch, weil man in Zeiten zunehmender Antidepressiva-Skepsis keinen Bericht verantworten wollte, der die Wirksamkeit pharmakologischer Dysthymie-Behandlung deutlich dokumentierte –, blieb der Text unaktualisiert. 2015 wurde er schließlich aufgrund der neuen Richtlinien und mangelnder Überarbeitung formell zurückgezogen.
  Eine unabhängige Übersicht von 2013, verfasst von Psychologen ohne Industriebindung, kam zu ähnlichen Ergebnissen wie die Cochrane-Arbeit: von Wolff, A., Hölzel, L. P., Selective Serotonin Reuptake Inhibitors and Tricyclic Antidepressants in the Acute Treatment of Chronic Depression and Dysthymia: A Systematic Review and Meta-analysis, *J Affect Disord* 144 (2013): 7–15.
  Information zum Rückzug der Cochrane-Arbeit: Korrespondenz mit Rachel Churchill, August 2015, sowie Korrespondenz und Gespräche mit Mauricio Silva de Lima im Juli und August 2015.
- 2011 follow-up – Levkovitz, Tedeschini, et al. 2011.
- Wampold – Imel, Z. E., Malterer, M. B., et al., A Meta-analysis of Psychotherapy and Medication in Unipolar Depression and Dysthymia, *J Affect Disord* 110 (2008): 197–206.

Siehe auch Cuijpers, P., van Straten, A., et al., Psychotherapy for Chronic Major Depression and Dysthymia: A Meta-analysis, *Clin Psychol Rev* 30 (2010): 51–62; und von Wolff, Hölzel, et al. 2012.

– Einige Hinweise deuten darauf hin, dass auch Psychotherapie einem Schweregrad-Gradienten folgt – mit teils gegenläufigem Ergebnis: Sie wirkt am wenigsten bei den am wenigsten belasteten Patienten.
Vgl. Driessen, E., Cuijpers, P., Does Pretreatment Severity Moderate the Efficacy of Psychological Treatment of Adult Outpatient Depression? A Meta-analysis, *J Consult Clin Psychol* 782 (2010): 668–80.

– Diese Forschung ist allerdings womöglich anfällig für ähnliche Verzerrungen wie die Debatte um den Schweregrad bei medikamentöser Therapie.

- Wampold, B. E., *The Great Psychotherapy Debate: Models, Methods, and Findings*, 2. Aufl. (London: Routledge, 2015).
- McCullough, J. P., Psychotherapy for Dysthymia: A Naturalistic Study of Ten Patients, *J Nerv Ment Dis* 179 (1991): 734–40.

Kapitel 24 Verlaufskurven

- Just How Tainted Has Medicine Become? *Lancet* 359 (2002): 1167;
  sowie Wright, I. C., Conflict of Interest and the British Journal of Psychiatry, *Br J Psychiatry* 180 (2002): 82–83.
- Kramer, P. D., The Anatomy of Melancholy, *New York Times Book Review*, 7. April 1996, S. 27.
- Mojtabai, R., Olfson, M., National Trends in Long-Term Use of Antidepressant Medications: Results from the U.S. National Health and Nutrition Examination Survey, *J Clin Psychiatry* 75 (2014): 169–77;
  sowie Mojtabai, R., Increase in Antidepressant Medication in the US Adult Population between 1990 and 2003, *Psychother Psychosom* 77 (2008): 83–92.
- Zahlen nach CDC, 2007; IMS Health, 2009.
- Lenzer, J., Brownlee, S., Naming Names: Is There an (Unbiased) Doctor in the House? *BMJ* 337 (2008): a930.
- Kirsch and Moore 2002.
- Kirsch, I., Deacon, B. J., et al., Initial Severity and Antidepressant Benefits: A Meta-analysis of Data Submitted to the Food and Drug Administration, *PLoS Med* 5 (2008): e45.
- National Institute for Clinical Excellence, *Depression: Management of Depression in Primary and Secondary Care* (London: NICE, 2004), zitiert in Kirsch, Deacon, et al. 2008.
- Horder, J., Matthews, P., et al., Placebo, Prozac and PLoS: Significant Lessons for Psychopharmacology, *J Psychopharmacol* 25 (2011): 1277–88;
  und Vohringer, P. A., Ghaemi, S. N., Solving the Antidepressant Efficacy Question: Effect Sizes in Major Depressive Disorder, *Clin Ther* 33 (2011): B49–61.
- Preston, A., Does Prozac Help Artists Be Creative? *Guardian*, 18. Mai 2013.

- FDA Drug Approval Documents: Nefazodone, Dezember 1994, http://digitalcommons.ohsu.edu/cgi/viewcontent.cgi?article=1022&context=fdadrug.
- Preziosi, P., Science, Pharmacoeconomics and Ethics in Drug R&D: A Sustainable Future Scenario? *Nat Rev Drug Discov* 3 (2004): 521–26.
  – Vgl. insbesondere die Infobox im Artikel: History Repeats Itself: Bendectin and Nefazodone.
- Drei Punkte auf der Hamilton-Skala – Auf Grundlage eigener Berechnungen und der Angaben von Horder zu den Hamilton-Werten komme ich auf eine Differenz von 2,98 Punkten zwischen Verum- und Placebogruppe bei den drei verbleibenden Antidepressiva.
- Vgl. etwa Hall, H., Antidepressants and Effect Size, *Science-Based Medicine*, 19. Juli 2011, https://www.sciencebasedmedicine.org/antidepressants-and-effect-size/.
- unbiased medical experts – Lenzer und Brownlee 2008.
- Davis und Kollegen – Gibbons, R. D., Hur, K., et al., Benefits from Antidepressants: Synthesis of 6-Week Patient-Level Outcomes from Double-Blind Placebo-Controlled Randomized Trials of Fluoxetine and Venlafaxine, *Arch Gen Psychiatry* 69 (2012): 572–79.
- John Krystal – Gueorguieva, R., Mallinckrodt, C., et al., Trajectories of Depression Severity in Clinical Trials of Duloxetine: Insights into Antidepressant and Placebo Responses, *Arch Gen Psychiatry* 68 (2011): 1227–37.
- typical patient – Kirsch and Sapirstein 1998.

Katitel 25 Kein Mythos

- Turner, E. H., Matthews, A. M., et al., Selective Publication of Antidepressant Trials and Its Influence on Apparent Efficacy, *N Engl J Med* 358 (2008): 252–60.
  – Ein einflussreicher Artikel, der eindrucksvoll zeigt, wie die selektive Veröffentlichung von Studien die Wahrnehmung der Wirksamkeit von Antidepressiva verzerren kann. Zur systematischen Verzerrung durch Publikations- und Selektionsbias im gesamten Bereich der Medizin siehe auch: Song, F., Parekh, S., et al., Dissemination and Publication of Research Findings: An Updated Review of Related Biases, *Health Technol Assess* 14 (2010): iii, ix–xi, 1–193.
- Turner, E. H., Rosenthal, R., Efficacy of Antidepressants, *BMJ* (2008): 516–17.
- In den Fluoxetin-Studien mit über 1.100 Patienten fand Turner nur einen fraglichen Fall: Die Daten von 42 Probanden wurden nicht separat ausgewiesen, sondern in andere Ergebnisse eingerechnet. So oder so waren jedoch sämtliche Ergebnisse zu Fluoxetin in der publizierten Literatur enthalten.
- Korrespondenz mit Thase, Khan und James Faucett, April 2012 sowie fortlaufend 2012–2013.
  – In jenen Studien, die als erfolgreich galten, zeigten sich nicht nur geringere Placeboeffekte als in den gescheiterten Studien – auch die Antidepressiva schnitten besser ab. Offenbar erfüllte das Vergleichsmedikament hier seine Funktion: Es half, eine geeignete Patientengruppe zu identifizieren – die dann auch auf das (später zugelassene) neue Prüfpräparat ansprach.
- Kraemer, H. C., Kupfer, D. J., Size of Treatment Effects and Their Importance to Clinical Research and Practice, *Biol Psychiatry* 59 (2006): 990–96; sowie persönliche Korrespondenz mit Helena Kraemer, Januar 2013.

- Die Umrechnung von Effektstärken in kategoriale klinische Ergebnisse ist unter Statistikern umstritten. Kraemer hält die von ihr verwendeten Entsprechungen für robust – unabhängig vom Studientyp. Nach ihren Tabellen entspricht eine Effektstärke von etwa 0,45 einer NNT von 4.
- Davis – Korrespondenz mit Davis und Timothy Ryan, 2013–2015.
- Bech, *Psychol Med* 2010; sowie Bech 2012. – Für Fluoxetin lagen manche Studien bei einer Effektstärke von 0,38, andere bei 0,40.
  Siehe auch: Entsuah, R., Shaffer, M., et al., A Critical Examination of the Sensitivity of Unidimensional Subscales Derived from the Hamilton Depression Rating Scale to Antidepressant Drug Effects, *J Psychiatr Res* 36 (2002): 437–48.

Kapitel 26 Intermezzo. Antidepressiva-Forschung in den USA – Ein Blick hinter die Kulissen

- Elliott, C., The Best-Selling, Billion-Dollar Pills Tested on Homeless People, *Matter*, 28. Juli 2014, https://medium.com/matter/did-big-pharma-test-your-meds-on-homeless-people-a6d8d3fc7dfe.
  – Ein kritischer Beitrag über die Praxis, arme und sozial marginalisierte Menschen – darunter auch Obdachlose – als Studienteilnehmer in frühen klinischen Phasen zu rekrutieren.
- Elliott, C., Guinea-Pigging, *New Yorker*, 7. Januar 2008.
  Siehe auch: Elliott, C., What Happens When Profit Margins Drive Clinical Research? *Mother Jones*, September/Oktober 2010.
  – Elliott beschreibt hier die ökonomischen Zwänge, unter denen kommerzielle Studienzentren agieren, und die ethischen Grauzonen, in denen sie sich mitunter bewegen.

Kapitel 28 Placebo – Hoffnung ohne Wirkung?

- Hróbjartsson, A., Gøtzsche, P. C., Is the Placebo Powerless? An Analysis of Clinical Trials Comparing Placebo with No Treatment, *N Engl J Med* 344 (2001): 1594–602.
  Siehe auch: Hróbjartsson, A., Gøtzsche, P. C., Placebo Interventions for All Clinical Conditions, *Cochrane Library* 3, Nr. 1 (2010).
- In der Auseinandersetzung mit Hróbjartsson und Gøtzsche argumentierte Wampold, dass in Studien mit kontinuierlichen, subjektiven Zielgrößen der Placeboeffekt einer NNT von 7 entspricht.
  Wampold, B. E., Imel, Z. E., et al., The Placebo Effect: ›Relatively Large‹ and ›Robust‹ Enough to Survive Another Assault, *J Clin Psychol* 63 (2007): 401–3.
- Feinberg, C., The Placebo Phenomenon, *Harvard Magazine*, Januar/Februar 2013, S. 36–39.
- Kaptchuk, T. J., Miller, F. G., Placebo Effects in Medicine, *N Engl J Med* 373 (2015): 8–9.
- Klerman, G. L., Dimascio, A., et al., Treatment of Depression by Drugs and Psychotherapy, *Am J Psychiatry* 131 (1974): 186–91;

- Frank, E., Kupfer, D. J., et al., Three-Year Outcomes for Maintenance Therapies in Recurrent Depression, *Arch Gen Psychiatry* 47 (1990): 1093–99;
- Rabkin, J. G., McGrath, P. J., et al., Effects of Pill-Giving on Maintenance of Placebo Response in Patients with Chronic Mild Depression, *Am J Psychiatry* 147 (1990): 1622–26.
- Rabkin und McGrath 1990.
- Nandi, D. N., Ajmany, S., et al., A Clinical Evaluation of Depressives Found in a Rural Survey in India, *Br J Psychiatry* 128 (1976): 523–27.
  – Die im Artikel berichteten Hamilton-Werte ergeben sich aus der Addition zweier Beurteilungen; ich habe sie halbiert und auf ganze Zahlen gerundet.
- Quitkin, F. M., Rabkin, J. G., et al., Heterogeneity of Clinical Response During Placebo Treatment, *Am J Psychiatry* 148 (1991): 193–96; sowie Quitkin, F. M., McGrath, P. J., et al., Different Types of Placebo Response in Patients Receiving Antidepressants, *Am J Psychiatry* 148 (1991): 197–203.
  – Die Arbeiten von Quitkin und Nandi liefern den Kontext für eine neue Untersuchung aus Michigan, veröffentlicht, während dieses Buch im Druck war:
- Peciña, M., Bohnert, A. S. B., et al., Association Between Placebo-Activated Neural Systems and Antidepressant Responses: Neurochemistry of Placebo Effects in Major Depression, *JAMA Psychiatry* 72 (2015): 1087–94.
  – In dieser Studie sprachen Patienten, die bereits nach einer Woche Placebo eine leichte Besserung zeigten, mit höherer Wahrscheinlichkeit auf Antidepressiva an. Diese Frühresponder zeigten zudem Gehirnveränderungen, wie sie später auch bei Medikamentenrespondern zu sehen waren.
  Einige Kommentatoren werteten dies als Hinweis darauf, dass die Placebowirkung eine bedeutende Rolle im Antidepressiva-Effekt spielt. Doch die Forschung von Nandi und Quitkin zeigt: Selbst drastische Anfangsbesserungen unter Placebo garantieren nicht, dass die Wirkung anhält. Die Studie aus Michigan prüfte nicht, ob Frühresponder auch ohne Medikation stabil blieben oder anhaltende neurobiologische Veränderungen zeigten.
  Zudem war die Placebo-Instruktion in dieser Untersuchung besonders eindringlich: Patienten wurde gesagt, sie erhielten ein rasch wirkendes Antidepressivum; später bekamen sie eine Infusion, die viele für ein echtes Medikament hielten. Wer unter diesen Bedingungen keinerlei Symptomreduktion zeigte, mag tatsächlich schwer behandelbar sein. Der frühe Studienabschnitt war damit eher ein Belastungstest auf fehlende Resilienz – die positiven Hirnveränderungen könnten schlicht Marker für spätere Therapiefähigkeit sein.
  Die Studie kann nicht klären, ob der klassische Placeboeffekt Teil des Antidepressiva-Effekts ist oder ob beide dieselbe biologische Grundlage haben. Frühere Arbeiten (z. B. Leuchter, Cook, et al., 2002) deuten eher auf unterschiedliche neurobiologische Muster hin.
- Gøtzsche, P. C., Young, A. H., et al., Does Long Term Use of Psychiatric Drugs Cause More Harm Than Good? *BMJ* 350 (2015): h2435.
  – In seiner Bewertung der Wirksamkeit bezieht sich Gøtzsche auf die oben erwähnte JAMA-Studie. Er ist zudem überzeugt, dass Antidepressiva bei älteren Menschen deutlich mehr Stürze verursachen als bislang angenommen.

- Leuchter, A. F., Hunter, A. M., et al., Role of Pill-Taking, Expectation and Therapeutic Alliance in the Placebo Response in Clinical Trials for Major Depression, *Br J Psychiatry* 205 (2014): 443–49.
  – Obwohl Erwartungshaltungen laut Studie nur in der Placebogruppe aktiv wurden, wurde sie gelegentlich auch zur Erklärung von Antidepressiva-Wirkungen herangezogen. (Siehe etwa: Harrison, P., Patient Expectations Largely Dictate Antidepressant Response, *Medscape*, 15. September 2014, http://www.medscape.com/viewarticle/831689.)
  Allerdings erfasste die Studie Erwartungen über direkte Fragen zur erwarteten Wirksamkeit – unbewusste Erwartungseffekte bleiben dabei außen vor. Zugleich wirft die Untersuchung Fragen zur Rolle von unterstützender Psychotherapie in Medikamentenstudien auf. Wie der Hauptautor erklärte (Harrison 2014), schienen viele Teilnehmer nur wegen der Medikation teilzunehmen – wer keine Tabletten erhielt, brach ab. Lediglich zwölf Probanden beendeten die Phase der unterstützenden Gespräche, was als Hinweis auf methodische Probleme gewertet werden kann. Die psychotherapeutische Unterstützung war weniger umfangreich als in anderen UCLA-Studien, wie z. B. Leuchter, Cook et al. 2002.

Kapitel 29 Von der Wirkung zur Besserung

- Harmer, C. J., O'Sullivan, U., et al., Effect of Acute Antidepressant Administration on Negative Affective Bias in Depressed Patients, *Am J Psychiatry* 166 (2009): 1178–84.
  Siehe auch Tranter, R., Bell, D., et al., The Effect of Serotonergic and Noradrenergic Antidepressants on Face Emotion Processing in Depressed Patients, *J Affect Disord* 118 (2009): 87–93;
  sowie Harmer, C. J., Goodwin, G. M., et al., Why Do Antidepressants Take So Long to Work? A Cognitive Neuropsychological Model of Antidepressant Drug Action, *Br J Psychiatry* 195 (2009): 102–8.
  – Diese Studien lieferten eine alternative Hypothese zur Erklärung der verzögerten klinischen Wirksamkeit: Antidepressiva könnten frühzeitig emotionale Verarbeitung verändern – lange bevor Patienten selbst eine Besserung wahrnehmen.
- Finzi, E., Rosenthal, N. E., Treatment of Depression with OnabotulinumtoxinA: A Randomized, Double-Blind, Placebo-Controlled Trial, *J Psychiatr Res* 52 (2014): 1–6.
- Kirsch, I., Rosadino, M. J., Do Double-Blind Studies with Informed Consent Yield Externally Valid Results? An Empirical Test, *Psychopharmacology (Berl)* 110 (1993): 437–42;
  und Kirsch, I., Weixel, L. J., Double-Blind Versus Deceptive Administration of a Placebo, *Behav Neurosci* 102 (1988): 319–23.
  Siehe auch Zwyghuizen-Doorenbos, A., Roehrs, T. A., et al., Effects of Caffeine on Alertness, *Psychopharmacology (Berl)* 100 (1990): 36–39.
- Lessebo: Sinyor, M., Levitt, A. J., et al., Does Inclusion of a Placebo Arm Influence Response to Active Antidepressant Treatment in Randomized Controlled Trials? Results from Pooled and Meta-analyses, *J Clin Psychiatry* 71 (2010): 270–79.
  – Im Gegensatz zu Daten aus zwei- und dreiarmigen Studien in den FDA-Dossiers scheint die Lessebo-Hypothese darauf hinzuweisen, dass bereits die Möglichkeit, keine echte Medikation

- zu erhalten, die therapeutische Reaktion hemmen kann – nicht durch bewusste Wahrscheinlichkeitseinschätzung, sondern durch das Einführen von Zweifel.
- Trivedi, M. H., Rush, H., Does a Placebo Run-In or a Placebo Treatment Cell Affect the Efficacy of Antidepressant Medications? *Neuropsychopharmacology* 11 (1994): 33–43. Bestätigt durch Sinyor, Levitt, et al. 2010.
- Parkinson-Krankheit: Mestre, T. A., Shah, P., et al., Another Face of Placebo: The Lessebo Effect in Parkinson Disease: Meta-analyses, *Neurology* 82 (2014): 1402–9.
- Amygdala – Lehrer, J., The Uncertainty Effect, *Wired* blog, 6. Dezember 2010, http://www.wired.com/2010/12/the-uncertainty-effect/.
  Siehe auch Hsu, M., Bhatt, M., et al., Neural Systems Responding to Degrees of Uncertainty in Human Decision-Making, *Science* 310 (2005): 1680–83.
- Die Behauptung, Antidepressiva seien nichts anderes als Placebos mit Nebenwirkungen, ist im Grunde ein Vorschlag dieser Art. Ich werde gelegentlich gefragt, ob die öffentliche Kontroverse um Antidepressiva deren Wirksamkeit beeinträchtigt. Ich habe keine solche Entwicklung beobachtet – doch wenn es dieses Problem gibt, dürfte es in Praxen wie meiner am wenigsten zum Tragen kommen. Im Gespräch rege ich Patienten meist dazu an, positive Stimmungsauslenkungen – woher sie auch stammen mögen – aktiv zu nutzen. Am ehesten dürfte sich ein negativer Einfluss in Settings ohne engmaschige Begleitung bemerkbar machen, etwa in der hausärztlichen Versorgung. Insofern könnten weit verbreitete Lessebo-Effekte jene psychischen Gewinne verhindern, die ich in ▶ Kap. 19 als Psychotherapie für die Massen bezeichnet habe.

Kapitel 30 Intermezzo: Durchhalten

- Zimmerman, Mattia, et al. 2002.
  Siehe auch Preskorn, S. H., Macaluso, M., et al., How Commonly Used Inclusion and Exclusion Criteria in Antidepressant Registration Trials Affect Study Enrollment, *J Psychiatr Pract* 21 (2015): 267–74.
  – Diese Studien zeigen eindrücklich, wie stark die Teilnehmerzahlen durch enge Ein- und Ausschlusskriterien in Zulassungsstudien beschnitten werden – mit der Folge, dass viele reale Patienten von der Forschung ausgeschlossen bleiben.

Kapitel 31 Niedergeschlagenheit oder Depression

- Eine vertiefte Auseinandersetzung mit dieser Frage findet sich in meinem Buch »Against Depression«.
- Undurraga, J., Tondo, L., et al. 2013.
- Kirschs Antwort: Moncrieff, J., Kirsch, I., Efficacy of Antidepressants in Adults, *BMJ* 331 (2005): 155–57; Kirsch, I., Scoboria, A., et al., Antidepressants and Placebos: Secrets, Revelations, and Unanswered Questions, *Prev Treat* 5 (2002);

- und Moncrieff, J., A Comparison of Antidepressant Trials Using Active and Inert Placebos, *Int J Methods Psychiatr Res* 12 (2003): 117–27.
- Ein Meinungswechsel: Kirsch, Deacon, et al. 2008.
- Horder, Matthews, et al. 2011; und Vohringer, P. A., Ghaemi, S. N. 2011.
- Floor-Effekte: In der Antidepressiva-Debatte spielen Floor-Effekte eine zentrale Rolle – insbesondere im Zusammenhang mit der Anforderung der britischen NICE-Richtlinie, dass ein klinisch wirksames Medikament im Schnitt drei Hamilton-Punkte über Placebo liegen müsse. In einer Patientengruppe mit niedrigen Ausgangswerten führt jedoch jede Remission nur zu einem begrenzten Punkterückgang im Gesamtdurchschnitt. (Statistiker sagen: Man kann kein volles Glas Wasser aus einem halbvollen trinken.) Die Folge: Das NICE-Kriterium sorgt systematisch dafür, dass bei leichter Depression eine scheinbar geringe Wirksamkeit attestiert wird – auch dann, wenn andere Maßstäbe auf einen breiteren Nutzen.
- Melander, H., Salmonson, T., et al., A Regulatory Apologia – A Review of Placebo-Controlled Studies in Regulatory Submissions of New-Generation Antidepressants, *Eur Neuropsychopharmacol* 18 (2008): 623–27.
- Gueorguieva, R., Mallinckrodt, C., et al. 2011; sowie persönliche Mitteilung von John Krystal und Ralitza Gueorguieva, 4. und 5. Juni 2013.

Kapitel 32 Die Auswaschphase – Studienbeginn, Placeboeffekte und verzerrte Evidenz

- Fournier, J. C., DeRubeis, R. J., et al., Antidepressant Drug Effects and Depression Severity: A Patient-Level Meta-analysis, *JAMA* 303 (2010): 47–53.
  – Die Autoren verwendeten die (überhöhten) APA-Kategorien, in denen bereits mittelschwere Depression als schwer gilt. Im Text halte ich mich an die Kategorisierungen der Penn-Vanderbilt-JAMA-Arbeit und ihrer zugrunde liegenden Studien.
- Stewart, J. A., Deliyannides, D. A., et al., Can People with Nonsevere Major Depression Benefit from Antidepressant Medication? *J Clin Psychiatry* 73 (2012): 518–25.
- Robert DeRubeis, Steven Hollon, Jay Amsterdam und Richard Shelton zählen zu den prägenden Stimmen dieses Forschungsprogramms.
- Neurotizismus – Tang, T. Z., DeRubeis, R. J., et al. 2009.
- Ich verwende weiterhin den Begriff *Metaanalyse*, obwohl diese differenzierteren Auswertungen – etwa Gibbons, Hur, et al. 2012 – oft als *Megaanalysen* bezeichnet werden.
- Kobak, K. A., Leuchter, A., et al., Site Versus Centralized Raters in a Clinical Depression Trial: Impact on Patient Selection and Placebo Response, *J Clin Psychopharmacol* 30 (2010): 193–97.
- Khan, A., Schwartz, K., et al., Relationship Between Depression Severity Entry Criteria and Antidepressant Clinical Trial Outcomes, *Biol Psychiatry* 62 (2007): 65–71.
- Schweregrad-Gradient: Wenn man zwei sich überlappende Studien hat – eine zu leichter bis mittlerer Depression, die andere zu mittlerer bis schwerer –, und in beiden ist die jeweils gesündere Hälfte durch Symptom-Inflation gekennzeichnet, ergibt sich beim Zusammenlegen folgendes

Bild: Bei schwerer Depression wirkt das Medikament stark (weil die Werte echt sind), bei mittlerer Depression moderat (halbwegs echte Werte), bei leichter Depression wenig (kaum echte Erkrankung). So entsteht scheinbar ein Wirksamkeitsgradient, selbst wenn die Medikamente in der Praxis durchgehend hilfreich wären. Auswaschphasen dienen auch dazu, solche Verzerrungen zu vermeiden.

- Wichers, M. C., Barge-Schaapveld, D. Q., et al., Reduced Stress-Sensitivity or Increased Reward Experience: The Psychological Mechanism of Response to Antidepressant Medication, *Neuropsychopharmacology* 34 (2009): 923–31.
- NIMH-Arbeitsgruppe – Elkin, Shea, et al. 1989.
- Johnanniskraut-Extrakt: Das untersuchte Mittel war ein Hypericum-Extrakt mit pharmakologisch aktivem Bestandteil: Philipp, M., Kohnen, R., et al., Hypericum Extract Versus Imipramine or Placebo in Patients with Moderate Depression: Randomised Multicentre Study of Treatment for Eight Weeks, *BMJ* 319 (1999): 1534–38.
  – Die Studie wurde von einem Hersteller pflanzlicher Präparate finanziert, einer der leitenden Forscher war firmenintern tätig.
- Zu den moderaten Depressionswerten der Patienten siehe auch mein Gespräch mit Richard Shelton vom 3. August 2015.
- Zur Dosierung: 100 mg Imipramin können wirksam sein – wie bei Roland Kuhns Behandlung von Paula J. F. oder in Nandis Studie mit bengalischen Patienten. Das deutsche Team verwies jedoch auch auf eine Metaanalyse, laut der mittlere Dosen bereits wirksam sind: Bollini, P., Pampallona, S., et al., Effectiveness of Antidepressants: Meta-analysis of Dose-Effect Relationships in Randomised Clinical Trials, *Br J Psychiatry* 174 (1999): 297–303. Daneben zitierten sie Literatur, die für wirksamere Dosen von 150–300 mg spricht.
- Fatemi und Clayton 2008; sowie: Leon, A. C., Solomon, D. A., et al., A 20-Year Longitudinal Observational Study of Somatic Antidepressant Treatment Effectiveness, *Am J Psychiatry* 160 (2003): 727–33.
  – Diese Langzeitstudie bei rezidivierender Depression zeigte: Unterhalb von 200 mg Imipramin – oder äquivalent niedrigen Dosen anderer Medikamente – bestand kein Vorteil gegenüber keiner Behandlung. Bemerkenswerterweise zeigte sich hier nicht einmal ein Placeboeffekt, obwohl reale Medikamente mit realen Nebenwirkungen eingesetzt wurden. Ähnliche Muster fanden sich auch in Kurzzeitstudien: Die Wahrscheinlichkeit eines Ansprechens steigt deutlich bei Dosen ab 200 mg Imipramin-Äquivalent.
- DeRubeis, Hollon, et al. 2005; sowie Dimidjian, S., Hollon, S. D., et al., Randomized Trial of Behavioral Activation, Cognitive Therapy, and Antidepressant Medication in the Acute Treatment of Adults with Major Depression, *J Consult Clin Psychol* 74 (2006): 658–70.
  – Wenn Metaanalysen stark auf die eigene Vorarbeit des Autorenteams bauen, besteht ein Risiko unbeabsichtigter Verzerrung – vergleichbar mit methodischen Schwächen bei Randomisierung oder Verblindung.
  Oft wird bei der Studienauswahl die eigene Arbeit nicht ausgeschlossen. Die Dimidjian-Studie etwa verzeichnete eine hohe Abbruchrate in der Medikationsgruppe, möglicherweise, weil viele Teilnehmer eine kostenlose Psychotherapie erwarteten. Andere Teams hätten solche Studien womöglich ausgeschlossen.

Auch bei der Datenerhebung entstehen Vorteile: Die JAMA-Gruppe kontaktierte 21 Studiengruppen, erhielt aber nur von vier verwertbare Daten – vor allem von den eigenen Projekten. Damit lag die Chance, als Teilnehmer in die Auswertung einzugehen, bei etwa 1:5 – außer man stammte aus den Penn-Vanderbilt-Studien, dann lag sie bei 1:1. So wird aus zufälliger Rekrutierung eine gezielte Auswahl, die bereits bestehende Trends bestätigt.

Ich will damit nicht sagen, dass dieses Team untypisch handelt. Solche Verfahren sind in der Forschung gängig. Doch meiner Ansicht nach sind solche Metaanalysen eher Teil einer klinischen Debatte, nicht Ausdruck jener reinen Objektivität, die sich die evidenzbasierte Medizin zuschreibt.

- Barrett, J. E., Williams, J. W., Jr., et al., Treatment of Dysthymia and Minor Depression in Primary Care: A Randomized Trial in Patients Aged 18 to 59 Years, J Fam Pract 50 (2001): 405–12.
  – Patienten mit Major Depression in den letzten sechs Monaten wurden ausgeschlossen.
- Minor Depression: Leichte Depression ist nicht trivial. Sie kann spätere Major Depression und Suizidalität vorhersagen. Wenn wenige Symptome stark stören, liegt eine behandlungsbedürftige Störung vor. Ich habe dieses Thema ausführlich in »Against Depression« behandelt. In Studien zu Major Depression kann die Einbeziehung von Patienten mit Minor Depression zu Verzerrungen führen: Zwei Patienten mit dem Hamilton-Wert 14 – der eine mit Major Depression (7 Symptome), der andere mit Minor Depression (3 Symptome) – stehen nicht für denselben Schweregrad. Im zweiten Fall stammen viele Punkte von peripheren Beschwerden (etwa Verstopfung), die im Diagnosesystem keine Rolle spielen. Solche Symptome schwanken stark – das erzeugt Placeboeffekte. Deshalb wirken Medikamente bei leichter Depression mit hohen Hamilton-Werten oft weniger überzeugend als bei schwerer Depression mit vergleichbarem Score.
- Psychotherapie brachte in dieser Studie keinen Vorteil. Das Ergebnis repliziert eine Parallelstudie mit älteren Patienten: Williams, J. W., Jr., Barrett, J., et al., Treatment of Dysthymia and Minor Depression in Primary Care: A Randomized Controlled Trial in Older Adults, JAMA 284 (2000): 1519–26.

Kapitel 33 Jenseits der Ausschlusskriterien – Antidepressiva im echten Leben

- Die Studie gibt es: Stewart, J. A., Deliyannides, D. A., et al. 2012.
  – Die Aufnahme in diese Studie erfolgte nicht völlig wahllos: Ein Interviewer musste den klinischen Eindruck gewinnen, dass der Betroffene in einem allgemeinen Sinn depressiv war. Es gab jedoch keine Mindestanforderung beim Hamilton-Wert, und Patienten mit Scores von 8 wurden regelmäßig aufgenommen. Ein Behandler erinnerte sich sogar an einen Patienten mit einem Wert von 4. Da der Hamilton-Score nicht als Aufnahmekriterium diente, bestand kein Anreiz zur Symptom-Inflation.
- Unterschiedliche Patientengruppen: Auf meine Nachfrage hin schrieb Stewart (Korrespondenz Juli–August 2015), dass die an Columbia teilnehmenden Patienten im Durchschnitt besser ge-

bildet als berufstätig seien. Das mittlere Bildungsniveau entsprach drei Jahren College; etwa die Hälfte der Teilnehmer war erwerbstätig.
- Lancet: Neurology – Chollet, F., Tardy, J., et al. 2011.
- Morris, P. L., Robinson, R. G., et al., Depression, Introversion and Mortality Following Stroke, *Aust N Z J Psychiatry* 27 (1993): 443–49.
- Robinson, R. G., Spalletta, G., Poststroke Depression: A Review, *Can J Psychiatry* 55 (2010): 341–49.
  Siehe auch: Ayerbe, L., Ayis, S., et al., Natural History, Predictors, and Associations of Depression 5 Years After Stroke: The South London Stroke Register, *Stroke* 42 (2011): 1907–11.
- Rampello, L., Battaglia, G., et al., Is It Safe to Use Antidepressants After a Stroke? *Expert Opin Drug Saf* 4 (2005): 885–97.
- Eine Auswahl aus vielen: Chen, Y., Patel, N. C., et al., Antidepressant Prophylaxis for Poststroke Depression: A Meta-analysis, *Int Clin Psychopharmacol* 22 (2007): 159–66;
  Hansen, B. H., Hanash, J. A., et al., Effects of Escitalopram in Prevention of Depression in Patients with Acute Coronary Syndrome (DECARD), *J Psychosom Res* 72 (2012): 11–16;
  Musselman, D. L., Lawson, D. H., et al., Paroxetine for the Prevention of Depression Induced by High-Dose Interferon Alfa, *N Engl J Med* 344 (2001): 961–66;
  de Knegt, R. J., Bezemer, G., et al., Randomised Clinical Trial: Escitalopram for the Prevention of Psychiatric Adverse Events During Treatment with Peginterferon-Alfa-2a and Ribavirin for Chronic Hepatitis C, *Aliment Pharmacol Ther* 34 (2011): 1306–17;
  Schaefer, M., Berg, T., et al., Escitalopram for the Prevention of Peginterferon-Alpha2a-Associated Depression, *Ann Intern Med* 159 (2012): 94–103;
  Kraus, M. R., Schäfer, A., et al., Therapy of Interferon-Induced Depression in Chronic Hepatitis C with Citalopram: A Randomised, Double-Blind, Placebo-Controlled Study, *Gut* 57 (2008): 531–36.
- Die Widerstandsfähigkeit des Gehirns und möglicherweise auch Schutz vor kognitivem Abbau, siehe Sheline, Y. I., West, T., et al., An Antidepressant Decreases CSF Aβ Production in Healthy Individuals and in Transgenic AD Mice, *Sci Transl Med* 6 (2014): 236re4;
  sowie Cirrito, J. R., Disabato, B. M., et al., Serotonin Signaling Is Associated with Lower Amyloid-Beta Levels and Plaques in Transgenic Mice and Humans, *Proc Natl Acad Sci USA* 108 (2011): 14968–73.
  Siehe auch Wilson, R. S., Capuano, A. W., et al., Clinical-Pathologic Study of Depressive Symptoms and Cognitive Decline in Old Age, *Neurology* 83 (2014): 702–9.
  – Erste Studien zur Neurogenese habe ich in »Against Depression« diskutiert.
- Anti-Virus-Effekte: Young, K. C., Bai, C. H., et al., Fluoxetine a Novel Anti-Hepatitis C Virus Agent via ROS-, JNK-, and PPARβ/γ-Dependent Pathways, *Antiviral Res* 110 (2014): 158–67.

Kapitel 34 Intermezzo: Antidepressiva als Ko-Therapeuten

- Ekselius, L., Von Knorring, L., Changes in Personality Traits During Treatment with Sertraline or Citalopram, *Br J Psychiatry* 174 (1999): 444–48.

– Diese Untersuchung wurde in Allgemeinpraxen durchgeführt und zeigt, dass unter SSRI-Behandlung (insbesondere Sertralin und Citalopram) nicht nur depressive Symptome, sondern auch Persönlichkeitsmerkmale wie Neurotizismus messbar verändert werden können – ein Befund, der für die Diskussion über kombinierte Behandlungsstrategien von Bedeutung ist.

Kapitel 35 Wo wir stehen – Wirkungen voraussagen, Möglichkeiten begreifen

- Davidson, K. W., Rieckmann, N., et al., Enhanced Depression Care for Patients with Acute Coronary Syndrome and Persistent Depressive Symptoms, *Arch Intern Med* 170 (2010): 600–608.
  – Diese randomisierte Studie zeigt, dass auch bei kardiologischen Hochrisikopatienten ein intensives psychosoziales Interventionsprogramm eine signifikante Verbesserung depressiver Symptome erzielen kann.
- Eine Reihe großer Studien zur Collaborative Care belegt die Wirksamkeit integrierter Modelle in verschiedenen medizinischen Fachbereichen:
  bei Schlaganfallpatienten (Williams, L. S., Kroenke, K., et al., 2007), in der Gynäkologie (Melville, J. L., Reed, S. D., et al., 2014), bei geriatrischer Depression (Unutzer, J., Katon, W., et al., 2002), bei Jugendlichen (Richardson, L. P., Ludman, E., et al., 2014), bei chronisch depressiven Patienten (Katon, W., Von Korff, M., et al., 1999).
  Viele dieser Studien gehen auf die Pionierarbeit von Wayne Katon an der Universität Washington zurück.
- Diabetes-Patienten: Katon, W. J., Von Korff, M., et al. (2004) und Atlantis, E., Fahey, P., et al. (2014) zeigen, dass die kombinierte Behandlung von Depression und Diabetes in einem Collaborative-Care-Modell nicht nur die psychische, sondern auch die körperliche Gesundheit deutlich verbessert.
- Sequenzielle Therapien: Die STAR*D-Studie (Trivedi, Rush, et al., 2006) gilt als der umfangreichste Versuch, die Wirksamkeit sequenzieller antidepressiver Behandlungsstrategien unter Alltagsbedingungen zu evaluieren. Kritisch kommentiert wurde sie u. a. von Nelson (2006), der bemängelte, dass trotz komplexer Struktur keine eindeutige Antwort auf zentrale klinische Fragen gegeben wurde.
- Einschlusskriterien: Nur 18 Prozent der in STAR*D eingeschlossenen Patienten hätten die Einschlusskriterien typischer Zulassungsstudien erfüllt (Preskorn, Macaluso, et al., 2015). Damit zeigt sich, wie sehr Studienbedingungen und reale Praxis auseinanderklaffen.
- Enttäuschendes Ergebnis: Insel, T. R. (2006) kommentierte die Ergebnisse von STAR*D mit der Feststellung, dass die Studie trotz ihres Umfangs wenig zur Klärung beiträgt, was bei therapieresistenter Depression tatsächlich hilft.
- Über-Verordnung: Hollon, DeRubeis, et al. (2014) und Zajecka und Amsterdam (2014) diskutieren die Gefahr einer übermäßigen Verschreibungspraxis ohne gleichzeitige psychotherapeutische Begleitung.

- Kombination: Sifferlin, A. (2014) fasst im *Time Magazine* zusammen: Kombinationstherapie wirkt besser als Pharmakotherapie allein – eine Sichtweise, die sich in der Fachliteratur zunehmend durchsetzt.
- Besser auf Fluoxetin: Nelson, J. C., Portera, L., et al. (2005) zeigen, dass innerhalb einer allgemeinen Besserung durch Antidepressiva bestimmte Symptome bevorzugt ansprechen – etwa Antriebslosigkeit auf Fluoxetin, Angst auf Reboxetin. Die Studie klärt jedoch nicht, ob bestimmte Subtypen von Patienten systematisch auf bestimmte Medikamentenklassen ansprechen.
- University of Catania: Rampello und Kollegen (2005) belegten in einer placebokontrollierten Studie an älteren Patienten mit retardierter post-stroke-Depression die Wirksamkeit von Reboxetin. Frühere Arbeiten derselben Gruppe (Rampello et al. 1991, 1995) hatten bereits ein dopaminerges Wirkmodell solcher Depressionen postuliert.
- Therapie-Ansprechen: In einer größeren Stichprobe zeigten Rampello, Chiechio, et al. (2004), dass sich anhand klinischer Symptomprofile vorhersagen lässt, welche Patienten eher auf Citalopram oder Reboxetin ansprechen.
- Wiederholungen: Metzner und Ho (2009) fragten bei einem Fachkongress, ob differenziertere Algorithmen die Remissionsraten verbessern könnten – ein Versuch, die STAR*D-Strategie weiterzuentwickeln.
- Pharmako-Genetik: Die iSPOT-D-Studie (Schatzberg, DeBattista, 2015) identifizierte einen genetischen Marker (ABCB1), der mit dem Ansprechen auf bestimmte Antidepressiva assoziiert war. Mahon (2015) kommentierte, dass solche Befunde bislang nur eingeschränkt klinisch nutzbar sind. In einer Studie an älteren Patienten ließ sich derselbe Marker nicht replizieren – das unterstreicht die Vorläufigkeit genetischer Prädiktoren.

Kapitel 36 Zurück ins Leben – Antidepressiva auf der Langstrecke

- Pratt, L. A., Brody, D. J., et al., Antidepressant Use in Persons Aged 12 and Over: United States, 2005–2008, *NCHS Data Brief* 76 (2011);
  sowie Borges, S., Chen, Y. F., et al., Review of Maintenance Trials for Major Depressive Disorder: A 25-Year Perspective from the US Food and Drug Administration, *J Clin Psychiatry* 75 (2014): 205–14.
  – Beide Quellen geben Aufschluss über die langfristige Einnahme von Antidepressiva in der US-Bevölkerung sowie über das Studiendesign und die Bewertungskriterien der FDA.
- Glue, P., Donovan, M. R., et al. (2010) führten eine Metaanalyse zu Rückfallprävention in depressiven Störungen durch. Der Begriff »continuation« bezieht sich auf die kurzfristige Rückfallprophylaxe nach einem ersten Ansprechen, im Unterschied zur eigentlichen »maintenance«-Behandlung.
- Borges, Chen, et al. (2014) bieten eine umfassende Rückschau auf Erhaltungsstudien, die der FDA zur Zulassung von Antidepressiva vorgelegt wurden.
- R&R – Die sogenannte CPT-III-Studie von Zajecka und Amsterdam (2014) stellt ein Beispiel für langfristige Verlaufserhebungen außerhalb regulativer Studienkontexte dar.

- Baldessarini, R. J., Tondo, L., et al. (2010) dokumentieren in einer Beobachtungsstudie, dass ein abrupter Abbruch von Antidepressiva mit deutlich höherem Rückfallrisiko verbunden ist als ein schrittweises Ausschleichen.
- Contrary to prediction: Viguera, A. C., Baldessarini, R. J., et al. (1998) kommen in einer früheren Übersichtsarbeit zu ähnlichen Ergebnissen: Auch sie belegen die Schutzwirkung einer weitergeführten medikamentösen Behandlung.
- Lancet: Geddes, J. R., Carney, S. M., et al. (2003) zeigen in einer systematischen Übersicht, dass die Rückfallraten nach dem Absetzen von Antidepressiva signifikant höher sind als unter fortgesetzter Therapie.
- Die randomisierte placebokontrollierte Studie von Lépine, Caillard, et al. (2004) testete zwei verschiedene Sertralin-Dosierungen bei Patienten mit rezidivierender Depression. Der lange Auswaschzeitraum vor Randomisierung minimierte die Gefahr, dass ein latenter Rückfall fälschlich als Rezidiv gewertet wurde – damit wurde die Differenzierung zwischen Rückfall und echter Neuerkrankung methodisch abgesichert. Die Ergebnisse sprechen dafür, dass Sertralin auch Rezidive verhindern kann – nicht nur Rückfälle nach unvollständiger Remission.
- Pies, R. (2012) beschreibt die Schwierigkeit, die Langzeitwirksamkeit von Antidepressiva korrekt zu erfassen, wenn in Placebogruppen ein selektiver Ausfall der vulnerabelsten Patienten erfolgt – ein Vorgang, den er als »differential sieve« bezeichnet. Der Begriff verdeutlicht, wie sich im Studienverlauf die Gruppen systematisch entmischen können. Kramer diskutiert dies auch in Korrespondenz mit Pies.
- Viguera, Baldessarini, et al. (1998) veranschaulichen dieses Prinzip: Sobald über 80 Prozent der Placebopatienten einen Rückfall erlitten hatten, erwiesen sich die verbliebenen 20 Prozent als langfristig stabil – eine Subgruppe robuster Patienten, für die der Vergleich mit der Medikamentengruppe inhaltlich nicht mehr sinnvoll war.

Kapitel 37 Intermezzo: Ein Albtraum-Szenario

- Gøtzsche, P. C., Why I Think Antidepressants Cause More Harm than Good, *Lancet Psychiatry* 1 (2014): 104–6.
  – Peter Gøtzsche argumentiert pointiert gegen die Anwendung von Antidepressiva, unter anderem mit Verweis auf Sturzrisiken im Alter.
- Die Debatte um die Sturzgefahr illustriert exemplarisch die methodischen Schwierigkeiten bei der wissenschaftlichen Beurteilung scheinbar einfacher Fragen. So kommt ein systematisches Review von Gebara, M. A., Lipsey, K. L., et al. (2015) zu dem Schluss, dass die aktuelle Evidenz keinen gesicherten Zusammenhang zwischen SSRIs und erhöhter Sturzhäufigkeit bei älteren Menschen belegt.
- Demgegenüber wurde in einer weiteren Metaanalyse gezeigt, dass depressive Symptome für sich genommen das Sturzrisiko erhöhen können: Kvelde, T., McVeigh, C., et al., Depressive Symptomatology as a Risk Factor for Falls in Older People, *J Am Geriatr Soc* 61 (2013): 694–706.
- Echt, M. A., Samelson, E. J., et al. fanden zudem, dass der höchste Sturzschutz nicht direkt mit der Einnahme von Psychopharmaka einhergeht, sondern in einem Zeitfenster vor der Verschrei-

bung auftritt – vermutlich als Ausdruck einer sich akut verschlechternden Symptomatik: *BMC Geriatrics* 13 (2013): 19.
- Eine differenzierte Bewertung liefert Salzman, C. in Late-Life Depression and Antidepressants, *Am J Geriatr Psychiatry* 23 (2015): 995–98. Er argumentiert, dass unbehandelte Depression im Alter in ihrer zerstörerischen Wirkung auf Lebensqualität und somatische Gesundheit schädlicher ist als mögliche Nebenwirkungen einer gut angepassten medikamentösen Therapie.

Kapitel 39 Intermezzo: Therapie als Kunst – Zwischen Leitlinien und klinischer Erfahrung

- Leon, A. C., Solomon, D. A., et al., A 20-Year Longitudinal Observational Study of Somatic Antidepressant Treatment Effectiveness, *Am J Psychiatry* 160 (2003): 727–33.
  – In dieser groß angelegten Langzeitstudie zeigte sich, dass zu niedrig dosierte Antidepressiva bei rezidivierender Depression klinisch kaum wirksam sind – ein Befund, der für die Praxis der Erhaltungsbehandlung zentral ist.
- Cuijpers, P., van Straten, A., et al. 2009.
  – Während das Buch im Druck war, veröffentlichten Pym Cuijpers und Erick Turner eine Analyse NIH-geförderter Psychotherapiestudien zur Depression, analog zu Turners früherer Arbeit zu Pharmastudien. Für unveröffentlichte Studien fanden sie einen mittleren Effekt von lediglich 0,2 (also geringe Wirksamkeit), was auf Publikationsbias hinweist: Driessen, E., Hollon, S. D., et al., Does Publication Bias Inflate the Apparent Efficacy of Psychological Treatment for Major Depressive Disorder? *PLoS One* 10 (2015): e0137864.
- Kripke, D. F., A Breakthrough Treatment for Major Depression, *J Clin Psychiatry* 76 (2015): e660–e661.
  – Die Lichttherapie wird hier als potenziell wirksame, aber bislang wenig beachtete Behandlungsform vorgestellt.
- De Moor, M. H., Boomsma, D. I., et al., Testing Causality in the Association Between Regular Exercise and Symptoms of Anxiety and Depression, *Arch Gen Psychiatry* 65 (2008): 897–905.
  – Eine Zwillingsstudie zeigt, dass sportlich aktive Personen seltener depressiv sind – nicht, weil der Sport schützt, sondern weil beide Eigenschaften offenbar genetisch verknüpft sind. Wer mehr trainiert, ist meist auch derjenige mit angeborener Resilienz.
- NICE – *Depression in Adults – Quality Standard*, März 2011.
  – Die britischen Empfehlungen des National Institute for Health and Care Excellence mahnen zur differenzierten Anwendung psychosozialer und pharmakologischer Strategien.
- Chalder, M., Wiles, N. J., et al., Facilitated Physical Activity as a Treatment for Depressed Adults, *BMJ* 344 (2012): e2758.
  – Diese randomisierte Studie fand keine antidepressiven Effekte von Bewegungsprogrammen bei Erwachsenen mit Depression.
- Baldessarini, R. J., Tondo, L., et al. 2010; Viguera, A. C., Baldessarini, R. J., et al. 1998.

- Die Studien des Teams um Baldessarini liefern wichtige Hinweise zur Rückfallhäufigkeit nach Absetzen von Antidepressiva, abhängig von Dosis und Dauer.
- Lieb, J., Balter, A., Antidepressant Tachyphylaxis, *Med Hypotheses* 15 (1984): 279–91.
  - Der Begriff *Tachyphylaxie* wird in der Psychiatrie uneinheitlich verwendet. Ursprünglich stammt er aus der Immunologie und bezeichnet eine rasche Reaktionsabschwächung bei wiederholtem Reiz.
- Zimmerman, M., Thongy, T., How Often Do SSRIs and Other New-Generation Antidepressants Lose Their Effect During Continuation Treatment? *J Clin Psychiatry* 68 (2007): 1271–76.
  - Die Studie kommt zum Ergebnis, dass echter Wirkungsverlust (im Sinne von Tachyphylaxie) in der klinischen Fortsetzungsbehandlung seltener vorkommt als angenommen.
- McGrath, P. J., Stewart, J. W., et al., Predictors of Relapse in a Prospective Study of Fluoxetine Treatment, *Am J Psychiatry* 163 (2006): 1542–48;
  siehe auch Allen, A., The Ups and Downs of Depression Treatment, *WebMD*, http://www.webmd.com/depression/features/the-ups-and-downs-of-depression-treatment.
- Teicher, M. H., Glod, C., et al., Emergence of Intense Suicidal Preoccupation During Fluoxetine Treatment, *Am J Psychiatry* 147 (1990): 207–10.
  - Der Artikel löste eine jahrzehntelange Debatte über suizidale Nebenwirkungen bei Jugendlichen aus, die mit Fluoxetin behandelt wurden.
- Gibbons, R. D., Hur, K., et al., The Relationship Between Antidepressant Prescription Rates and Rate of Early Adolescent Suicide, *Am J Psychiatry* 163 (2006): 1898–1904;
  sowie Barbui, C., Esposito, E., et al., Selective Serotonin Reuptake Inhibitors and Risk of Suicide, *CMAJ* 180 (2009): 291–97.
  - Diese Untersuchungen legen nahe, dass ein höherer Antidepressiva-Gebrauch mit sinkenden Suizidraten bei Jugendlichen korreliert.
- Olfson, M., Shaffer, D., Relationship Between Antidepressant Medication Treatment and Suicide in Adolescents, *Arch Gen Psychiatry* 60 (2003): 978–82;
  sowie Friedman, R. A., Teenagers, Medication and Suicide, *New York Times*, August 3, 2015, A19.
  - Die Suizidprävention bei Jugendlichen unter SSRI-Medikation bleibt ein hochumstrittenes Feld, bei dem klinische Einschätzung, Risikoabwägung und Aufklärung eine zentrale Rolle spielen.

Kapitel 40 Zuviel oder Zuwenig – Wer Antidepressiv nicht braucht und wer sie nicht bekommt

- »Mother's little helpers«: Kramer, T. L., Klerman, G. L., et al. 1981.
  - Diese frühe Studie nahm Bezug auf das Bild der Hausfrau mit Valium – und damit auf ein kulturell aufgeladenes Narrativ von übermedikalisierten Alltagsproblemen.
- Simon, G. E., Rossom, R. C., et al., Antidepressants Are Not Overprescribed for Mild Depression, *J Clin Psychiatry* 76 (2015): 1627–32.

- Die Auswertung von Behandlungsdaten aus gemeinnützigen Gesundheitsnetzwerken ergab: Bei 85 Prozent der dokumentierten Antidepressiva-Verschreibungen lag eine moderate bis schwere Depression vor. Die übrigen Fälle betrafen zumeist Patienten mit begleitender Angststörung. Die Autoren folgerten, dass eine systematische Übertherapie milder Depressionen nicht als zentrales gesundheitspolitisches Problem zu werten sei.
- Takayanagi, Y., Spira, A. P., et al., Antidepressant Use and Lifetime History of Mental Disorders in a Community Sample, *J Clin Psychiatry* 76 (2015): 40–44.
  - Die Studie aus der Baltimore Epidemiologic Catchment Area zeigt, dass viele Menschen, die Antidepressiva einnehmen, auch außerhalb klassischer Diagnosen psychische Belastungen aufweisen – etwa chronische Stressreaktionen oder funktionale Beschwerden.
- Druss, B. G., Wang, P. S., et al., Understanding Mental Health Treatment in Persons Without Mental Diagnoses, *Arch Gen Psychiatry* 64 (2007): 1196–1203.
  - Auch in der National Comorbidity Survey zeigte sich: Ein erheblicher Teil derjenigen, die psychotherapeutische oder medikamentöse Hilfe in Anspruch nehmen, erfüllt zum Zeitpunkt der Befragung keine aktuellen Diagnosekriterien – hat aber häufig eine psychische Belastungsgeschichte oder andere plausible Gründe für die Behandlung.
- Stein, M. D., Kurth, M. E., et al., Trazodone for Sleep Disturbance During Methadone Maintenance, *Drug Alcohol Depend* 120 (2012): 65–73;
  sowie Letizia, B., Anna, C., et al., Off-Label Trazodone Prescription: Evidence, Benefits and Risks, *Curr Pharm Des* 21 (2015): 3343–3351.
  - Trazodon wird häufig nicht als Antidepressivum, sondern off-label als Schlafmittel eingesetzt – teils auch bei Patienten mit Suchterkrankungen, etwa unter Methadon.
- *Substance Abuse and Mental Health Services Administration*, *Results from the 2012 National Survey on Drug Use and Health: Mental Health Findings*, NSDUH Series H-47, HHS Publ. No. (SMA) 13-4805 (Rockville, MD: SAMHSA, 2013).
  - Die US-weite Erhebung zeigt, dass viele psychisch belastete Menschen keine professionelle Hilfe suchen – ein Umstand, der in der Debatte um vermeintliche Überversorgung oft übersehen wird.

Kapitel 41 Wie weit wir gekommen sind

- Insel, T., Keynote Address (Research Day, Department of Psychiatry, Brown University, 9. Mai 2013).
  - Thomas Insel, der damalige Direktor des NIMH, kündigte öffentlich an, dass groß angelegte Outcome-Studien künftig nicht mehr im Zentrum der US-amerikanischen Depressionsforschung stehen würden. Allerdings laufen noch wichtige Studien, etwa die VAST-D-Studie der Veterans Administration zu Strategien bei therapieresistenter Depression: Mohamed, S., Johnson, G. R., et al., *Psychiatry Res* 229 (2015): 760–70.
- Hyman, S. E., Psychiatric Drug Development: Diagnosing a Crisis, *Cerebrum*, 2. April 2013.

– Steven Hyman beschreibt eine systemische Krise in der Psychopharmakaforschung: Wegen unklarer pathophysiologischer Modelle und hoher Kosten haben sich viele Unternehmen aus der Entwicklung neuer Substanzen zurückgezogen.
- Krystal, J. H., Karper, L. P., et al., *Arch Gen Psychiatry* 51 (1994): 199–214.

– Diese Pionierstudie zeigte, dass niedrig dosiertes Ketamin subanästhetisch wirkt und charakteristische neurokognitive Effekte auslöst, ohne narkotisierend zu sein.
- Berman, R. M., Cappiello, A., et al., *Biol Psychiatry* 47 (2000): 351–54.

– In einer ersten klinischen Untersuchung hatte Ketamin bei sieben Patienten mit behandlungsresistenter Depression eine rasche stimmungsaufhellende Wirkung.
- Narendran, R., Frankle, W. G., et al., *Am J Psychiatry* 162 (2005): 2352–59.

– Studien an Freizeitkonsumenten von Ketamin dokumentierten Veränderungen des dopaminergen Systems – ein Hinweis auf mögliche Risiken bei chronischem Gebrauch.
- Zarate, C. A., Jr., Singh, J. B., et al., *Arch Gen Psychiatry* 63 (2006): 856–64.

– Carlos Zarate wies in einer randomisierten Studie die antidepressive Wirksamkeit von Ketamin bei therapieresistenter Depression nach – ein Paradigmenwechsel.
- Lester, H. A., Lavis, L. D., et al., *Am J Psychiatry* 172 (2015): 1064–66.

– Diese Untersuchung unterstreicht, dass Ketamin innerhalb der Nervenzelle auf besondere Weise wirkt – ein möglicher Erklärungsansatz für seine einzigartige antidepressive Dynamik. Eine Stellungnahme der American Psychiatric Association bestätigt weitgehend diese Einschätzung: Newport, D. J., Carpenter, L. L., et al., *Am J Psychiatry* 172 (2015): 950–66.
- Papakostas, G. I., Ionescu, D. F., *Mol Psychiatry* 10 (2015): 1142–50.

– Neue therapeutische Ansätze umfassen Modulatoren des kappa-Opioid-Rezeptors, neuroplastische Substanzen und innovative Darreichungsformen.
- Fava, M., Johe, K., et al.

– Eine frühe klinische Studie zu NSI-189, einem neurogenen Wirkstoff, zeigte Potenzial zur Stimulierung neuronaler Plastizität bei Depression (veröffentlicht in *Mol Psychiatry*, online 2015).
- Finzi und Rosenthal 2014.

– Die Idee, Depression über mimische Rückkopplung zu behandeln, führte zur experimentellen Anwendung von Botulinumtoxin im Stirnbereich.
- Ferrés-Coy, A., Galofré, M., et al., *Mol Psychiatry* (2015).

– Diese präklinische Studie verwendete intranasales siRNA zur Blockade des Serotonintransporters – ein völlig neuer Zugang.
- Liebowitz, M. R., Salman, E., *Am J Psychiatry* 171 (2014): 675–82.

– In einer kleinen Studie linderte ein intranasales Pheromonpräparat akute soziale Angst bei Frauen – ein Hinweis auf neue therapeutische Felder jenseits klassischer Psychopharmaka.
- Shelton, R. C., *Am J Psychiatry* 169 (2012): 1012–15.

– Hinweise darauf, dass bestimmte Schmerzmittel (NSAIDs) die Wirkung von Antidepressiva abschwächen könnten, werfen Fragen zur Interaktion von Entzündung und Stimmung auf.
- Gespräch mit Andrew A. Nierenberg, 6. Juni 2014.

– Der Aufbau öffentlich zugänglicher Datensammlungen könnte künftig helfen, individuelle Behandlungsverläufe besser zu analysieren.
- Blumenthal, S. R., Castro, V. M., et al., *JAMA Psychiatry* 71 (2014): 889–96.

- Die Auswertung elektronischer Gesundheitsakten zeigte teils erheblichen Gewichtsanstieg unter bestimmten Antidepressiva – ein wichtiger Aspekt in der Langzeittherapie.
- Perlis, R. H., Iosifescu, D. V., et al., *Psychol Med* 42 (2012): 41–50.
  – Mit elektronischen Krankenakten lassen sich große Kohorten untersuchen – etwa zur Definition therapieresistenter Depression.
- Arnow, B. A., Blasey, C., *Am J Psychiatry* 172 (2015): 743–50.
  – Ein neuer Versuch, Depressionssubtypen zur Vorhersage von Medikamentenansprechen zu nutzen, blieb ohne überzeugenden Erfolg – das zugrunde liegende Symptomcluster erwies sich als zu uneinheitlich.
- Papakostas, G. I., Shelton, R., et al., *J Clin Psychiatry* 76 (2015): e1038.
  – Ein Vorschlag zur Diagnostik per Bluttest wurde kritisch diskutiert – und beleuchtet die methodischen Hürden auf dem Weg zur personalisierten Psychiatrie.
- Li, Z., Zhang, C., et al., *Br J Psychiatry* 205 (2014): 29–35; Lee, B. H., Park, Y. M., et al., *Neuropsychiatr Dis Treat* 10 (2014): 1393–98.
  – Die Studien zeigen: Niedrige BDNF-Spiegel gehen mit erhöhter Rückfallgefahr einher – biologische Marker für Resilienz könnten künftig eine wichtige Rolle spielen.
- Die britische Leitlinie NICE empfiehlt auch angeleitete Selbsthilfe nach dem Modell der Kognitiven Verhaltenstherapie.
- Daley, A., Jolly, K., *BMJ* 344 (2012): e3181.
  – Die methodische Qualität vieler Studien zu Bewegungstherapie bei Depression ist eingeschränkt.
- Belvederi Murri, M., Amore, M., et al., *Br J Psychiatry* 207 (2015): 235.
  – Neue Studien deuten darauf hin, dass körperliche Aktivität eine medikamentöse Behandlung sinnvoll ergänzen kann – insbesondere im höheren Lebensalter.
- Urbach, D. R., Govindarajan, A., et al. 2014.
  – Die Anwendung standardisierter Abläufe in der chirurgischen Praxis dient Kramer hier als Modell für eine strukturiertere Depressionsbehandlung.
- Fawcett, J., Rush, A. J., et al., *Am J Psychiatry* 173 (2016): 107–11.
  – Fallberichte über den Einsatz von Pramipexol bei therapierefraktären Depressionen veranschaulichen, wie Medikamente über ihr ursprüngliches Indikationsspektrum hinaus Anwendung finden.
- Die Dominanz der Freudschen Lehre: In seinem Kurzporträt »Freud: Inventor of the Modern Mind« (HarperCollins, 2006) reflektiert Kramer die anhaltende kulturelle Dominanz psychoanalytischer Denkmodelle – und plädiert implizit für eine pragmatischere, evidenzbasierte Psychiatrie.

Glossar

Dieses Glossar ist kein Lexikon im engeren Sinne, sondern eine Merkhilfe – eine Sammlung von Fachausdrücken, die in mehreren Kapiteln vorkommen, jeweils mit einem kurzen Hinweis auf ihren Gebrauch im Text. In den betreffenden Fachdisziplinen mögen viele dieser Begriffe präzisere oder umfassendere Definitionen haben. Ziel dieser Übersicht ist lediglich, das Zurückblättern im Buch zu ersparen.

Aktive Behandlung/Experimentelle Behandlung
Psychotherapie oder Medikation, die im Rahmen einer kontrollierten Studie auf ihre spezifische Wirksamkeit hin getestet wird, meist im Vergleich zu Placebo.

Aktives Placebo
Eine Scheinpille mit Nebenwirkungen, idealerweise solchen, die denen einer wirksamen Behandlung ähneln. Trizyklische Antidepressiva verursachen häufig trockenen Mund – manche Forscher befürchteten, dass dieses verräterische Symptom die Verblindung aufheben und so übersteigerte Erwartungen an das Medikament erzeugen könnte. Ein Placebo, das ebenfalls den Mund austrocknet, sollte ein faireres Experiment ermöglichen.

Additivität/Additiv
Eine statistische Eigenschaft zweier Behandlungen: Sie gelten als additiv, wenn ihre kombinierte Wirkung der Summe ihrer Einzelwirkungen entspricht. Ist das der Fall, lässt sich etwa aus dem Effekt einer Kombination von Antidepressivum und minimaler Unterstützung Psychotherapie durch Subtraktion des Psychotherapie-Effekts der eigentliche Beitrag des Medikaments errechnen. Falls keine Additivität vorliegt, wird dieser Effekt unterschätzt.

Allegiance Bias (Loyalitätsverzerrung)
Die Tendenz, dass Studien überproportional günstige Resultate für eine Behandlung zeigen, wenn sie von ihren Erfindern oder Befürwortern durchgeführt werden. So schneiden Psychotherapien in Studien ihrer Entwickler oft besser ab als in unabhängigen Replikationen.

Antidepressiva

Medikamente, die vorrangig zur Behandlung von Depressionen eingesetzt werden. Die im Buch besprochenen Wirkstoffe finden sich unter den Stichwörtern SSRI und Trizyklika.
→ siehe: *MAO-Hemmer, Reboxetin, Trazodon, Nefazodon/Serzone.*

Antidepressiva-Kontroverse

Die andauernde Debatte darüber, ob Antidepressiva eine spezifische Wirksamkeit bei Major Depression besitzen. Kritiker argumentieren, dass ihr Effekt vorwiegend auf Erwartungshaltungen beruhe – »Placebos mit Nebenwirkungen«. Eine gemäßigte skeptische Position nimmt an, dass Antidepressiva nur bei schweren Depressionen besser wirken als Placebo.
→ siehe: *Aktives Placebo, Schweregrad-Hypothese.*

Antipsychotika/Neuroleptika

Medikamente wie Thorazine® (in Roland Kuhns Schweiz unter dem Namen Largactil® bekannt) werden vor allem zur Behandlung von Erkrankungen wie der Schizophrenie eingesetzt – also bei Zuständen, in denen Wahnvorstellungen und Halluzinationen im Vordergrund stehen. Sie werden in der Depressionsbehandlung manchmal bei besonders schwerer Erkrankung oder bei der Depression, die von psychotischen Symptomen begleitet wird, – zusätzlich zu Antidepressiva – eingesetzt.
→ siehe: *Psychotische Depression.*

Anxiolytika/Tranquilizer

Beruhigungsmittel wie Valium®, Tavor®, Temesta®, Bromazepam®, Alprazolam/Xanor®, die hauptsächlich zur Behandlung von Angstzuständen verwendet werden.

Augmentierung

Der Zusatz einer Zweitbehandlung, die allein nicht wirksam genug wäre, aber die Wirkung der Hauptbehandlung verstärken soll. Beispiel: Bei unzureichender Reaktion auf ein Antidepressivum kann eine niedrige Dosis Lithium (ein Drittel bis die Hälfte der bei bipolarer Störung üblichen Dosis) zur Wirkungsverstärkung gegeben werden.

Ausgestaltung (elaboration)
Nach der Theorie von Philip Cowen: Die sozialen und psychologischen Prozesse, mit denen Menschen – aufbauend auf der durch Antidepressiva ausgelösten kurzfristigen Veränderung von Gefühl und Wahrnehmung – über Zeit zu einer nachhaltigen Besserung finden.

Baseline-Inflation (Ausgangswert-Inflation)
Die übertriebene Bewertung depressiver Symptome zu Studienbeginn – häufig durch Studienärzte, die Einschlusskriterien erfüllen wollen. So kann es etwa zu einer Häufung von HAMD-Werten bei 16 oder 17 kommen, obwohl viele dieser Patienten eigentlich nur leicht depressiv sind. Nach realistischeren Folgebewertungen erscheinen sie als »gebessert« – was zu einer Schein-Effektivität aller Behandlungsformen einschließlich Placebo führen kann.

Bech-Skala/HAMD-6
Eine reduzierte Version der Hamilton-Depressionsskala, die nur sechs Kernsymptome erfasst: depressive Stimmung, Schuldgefühle, Arbeits- und Funktionsfähigkeit, psychomotorische Verlangsamung, psychische Angst und allgemeine somatische Beschwerden. Die Skala wurde von Per Bech entwickelt, um den klinischen Eindruck erfahrener Ärzte besser abzubilden.

Behandlungsarm
Eine Gruppe von Studienteilnehmern, die im Rahmen einer kontrollierten Untersuchung ein bestimmtes Behandlungsschema erhält. (Jede kontrollierte Studie umfasst einen Kontrollarm und mindestens einen aktiven Behandlungsarm; manche enthalten zusätzlich einen Vergleichsarm.) Der Begriff bezeichnet zugleich auch das jeweilige Behandlungsprotokoll, das auf die Gruppe angewendet wird.

Behandlungsgruppe (treatment arm)
In einer kontrollierten Studie jene Gruppe, die die aktive oder experimentelle Behandlung erhält.

Benzodiazepine (Tranquilizer)
Eine Gruppe von Medikamenten mit angstlösender, beruhigender, muskelentspannender und schlaffördernder Wirkung. Sie greifen in die GABA-vermittelte Signalübertragung im Gehirn ein und dämpfen so übermäßige Erregung. In der Psychiatrie werden Benzodiazepine vor allem zur kurzfristigen Behandlung von akuter Angst, starker innerer Unruhe oder Schlafstörungen eingesetzt – gelegentlich auch zur Überbrückung in depressiven Episoden. Wegen ihres raschen Wirkungseintritts werden sie umgangssprachlich oft als Tranquilizer bezeichnet; in der Fachsprache ist auch der Begriff Anxiolytika (Angstlöser) gebräuchlich.

Typische Vertreter sind Diazepam (z. B. Valium®), Lorazepam (z. B. Temesta®) und Alprazolam (z. B. Xanor®).

Aufgrund des Risikos von Gewöhnung, Abhängigkeit und kognitiven Nebenwirkungen ist ihre Anwendung auf kurze Zeiträume zu beschränken und gut zu überwachen.

Bias (Verzerrung)
Systematische Fehler in Studien oder Metaanalysen, die Resultate in eine bestimmte Richtung verfälschen.
→ siehe: *Allegiance Bias, Drop-out Bias, Publikations-Bias, Selektionsbias.*

Cochrane Collaboration
Eine internationale Organisation, die sich der evidenzbasierten Medizin widmet. Sie veröffentlicht systematische Übersichtsarbeiten und Metaanalysen zu medizinischen Behandlungsverfahren. Benannt nach Archie Cochrane, einem britischen Epidemiologen.

Completer Analysis/Auswertung der Studienabschließer
Eine statistische Auswertung (von Ergebnissen einer Wirksamkeitsstudie), bei der nur jene Teilnehmer berücksichtigt werden, die bis zum Ende der Studie an

den Bewertungsterminen teilgenommen haben – Aussteiger bleiben unberücksichtigt. Wenn in der Placebogruppe mehr Patienten vorzeitig abbrechen als in der Medikamentengruppe – etwa wegen mangelnder Wirksamkeit –, kann die Auswertung der Studienabschließer die Effektivität des Scheinmedikaments überzeichnen. Eine alternative Methode ist die Intention-to-treat-Analyse, bei der alle Teilnehmer einbezogen werden, die zumindest an der ersten Bewertungssitzung teilgenommen haben. Siehe auch: selektiver Studienabbruch.

Confounder/Störfaktor

Ein äußerer Einflussfaktor in einem Experiment, der geeignet ist, die Ergebnisse zu verfälschen. In den hier behandelten Zusammenhängen begegnen uns Störfaktoren häufig in Form von selektivem Studienabbruch – etwa, wenn in einem Studienarm besonders viele Patienten ausscheiden, die anfällig für einen ungünstigen Verlauf wären, während im anderen Arm robustere Teilnehmer verbleiben. Das führt zu einer Verzerrung der Ergebnisse, bekannt als »susceptibility bias«. Solche Störfaktoren können zu irreführenden Schlussfolgerungen führen.

Der Begriff *confound* wird im Englischen als Fachterminus der Statistik gebraucht. In jüngerer Zeit verwenden manche Autoren zunehmend das Substantiv *confounder*, das – zumindest für mein Empfinden – weniger geglückt klingt.

Doppelblind (double-blind)

→ siehe: *Verblindung/Doppelblind/Entblindung*.

Drop-out Bias/Abbruchverzerrung

Ein Sonderfall der Suszeptibilitätsverzerrung, verursacht durch ungleiche Ausstiegsraten zwischen den Studiengruppen.

Es handelt sich um eine *Verzerrung durch Belastungsselektion*, die infolge selektiven Studienabbruchs entsteht. Wenn in einem Studienarm mehr belastete oder vulnerable Patienten ausscheiden als im anderen, verbleiben ungleiche Gruppen: In einem Arm Patienten mit höherem Risiko, im anderen robustere Teilnehmer. Von diesem Moment an ist mit einer systematischen Verzerrung der Studienergebnisse zu rechnen.

Dysthymie
Die chronische leichte Depression. Die formale Definition (über Jahrzehnte in Gebrauch) verlangte eine depressive Verstimmung an den meisten Tagen über mindestens zwei Jahre hinweg plus mindestens zwei zusätzliche depressive Symptome, z. B. Hoffnungslosigkeit. Weitere Kriterien betrafen frühere oder begleitende Episoden Major Depression sowie zulässige symptomfreie Intervalle. Manche Metaanalysen arbeiteten mit weniger strengen Kriterien.

Effektstärke (effect size)
Ein Maß für die durchschnittliche Überlegenheit einer aktiven Behandlung gegenüber Placebo, entwickelt von Jacob Cohen. Seine Richtwerte lauten: 0,2 = klein; 0,5 = mittel; 0,8 = groß. Ein Wert von 0,5 bedeutet, dass eine durchschnittlich behandelte Person besser abschneidet als 69 Prozent der unbehandelten. Effektstärken gehen über reine statistische Signifikanz hinaus und beantworten die Frage: Wie viel hilft die Behandlung?

Ekselius
Mehrfach zitiert wird eine Studie der schwedischen Forscherin Lisa Ekselius: Sie zeigte hohe Ansprechraten auf SSRIs bei depressiven Patienten in der Primärversorgung – mit deutlicher Besserung bei über drei Vierteln der Teilnehmenden und 90 Prozent unter denjenigen, die die Behandlung durchhielten. Aussage: Im klinischen Alltag – jenseits des »Kuhn-Effekts« – wirken diese Medikamente gut.

Erhaltungstherapie
Die längerfristige Einnahme eines Medikaments über einen ausgedehnten Zeitraum hinweg. Eine typische Studie zur Erhaltungstherapie beginnt mit Patienten, die zuvor – etwa in einer kurzfristigen Wirksamkeitsstudie – gut auf ein Antidepressivum angesprochen haben. In der Erhaltungsphase werden diese Patienten dann zufällig entweder einem Scheinmedikament oder der Fortführung der aktiven Medikation zugeteilt; gemessen wird, wie lange es bis zu einem Rückfall oder einer erneuten Episode dauert. Auch andere Studiendesigns sind möglich.

Erwartungseffekt (demand characteristic)
Ein Störfaktor, der entsteht, wenn Patienten ihre Symptomangaben so formulieren, wie sie glauben, dass es von den Behandelnden erwartet oder implizit »verlangt« wird. Typische Varianten sind der *Hello-Effekt* – also eine zu Beginn übertriebene Darstellung des Leidensdrucks – und der *Goodbye-Effekt*, bei dem gegen Ende mehr Fortschritt berichtet wird, als tatsächlich eingetreten ist.

Evidenzbasierte Medizin (EBM)
Ein medizinisches Paradigma, das ärztliche Entscheidungen auf die bestverfügbare wissenschaftliche Evidenz stützt – idealerweise aus systematischen Studien, Metaanalysen und randomisierten kontrollierten Versuchen (RCTs). Ziel ist es, klinische Erfahrung, Patientenpräferenzen und Forschungsergebnisse miteinander zu verbinden. In der Praxis jedoch wurde EBM häufig auf die statistische Auswertung großer Studien reduziert – mit der Folge, dass individuelle Urteilsbildung, Plausibilitätserwägungen und klinische Intuition in den Hintergrund traten. Gerade in der Psychiatrie, in der Krankheitsbilder vielgestaltig und Studienbedingungen oft künstlich sind, stößt EBM an ihre Grenzen – und bleibt dennoch unverzichtbarer Referenzrahmen für therapeutisches Handeln.

Exogene vs. endogene Depression
Eine heute weitgehend überholte Unterscheidung, die bis in die zweite Hälfte des 20. Jahrhunderts hinein gängig war. Die *exogene Depression* wurde als reaktive Störung verstanden – ausgelöst durch äußere Belastungen wie Verlust, Überforderung oder traumatische Erlebnisse. Die *endogene Depression* hingegen galt als »aus dem Inneren« kommend, mit biologischer Grundlage, charakteristischer Symptomatik (z. B. Morgentief, Anhedonie, psychomotorische Verlangsamung) und oft ohne erkennbare Auslöser.

Diese Einteilung war klinisch eingängig, ließ sich jedoch weder neurobiologisch noch therapeutisch konsequent untermauern. Heute wird sie in den gängigen Diagnosesystemen (ICD, DSM) nicht mehr verwendet; stattdessen spricht man von *Major Depression*, unabhängig von vermuteter Ursache – mit stärkerer Betonung individueller Ausprägung und Verlaufsmuster.

Im öffentlichen Diskurs lebt die alte Unterscheidung jedoch in neuer Form weiter – etwa in der anhaltenden *Burn-out-Debatte,* in der oft zwischen »verständlicher«, äußerlich bedingter Erschöpfung und »eigentlicher«, medizinisch erklärungsbedürftiger Depression unterschieden wird. Diese Trennung wirkt entlastend, kann aber auch dazu führen, dass behandlungsbedürftige Depressionen verharmlost oder aus dem diagnostischen Blick geraten.

Experimentelle Behandlung (experimental treatment)
→ siehe: *Aktive Behandlung.*

Genesung/Remission
Das Abklingen der depressiven Episode und die anschließende Zeit ohne depressive Symptome. In vielen Studien bedeutet eine Hamilton-Skala unterhalb eines bestimmten Wertes – meist 8 – eine Remission. Manche Studien verlangen zusätzlich, dass dieser Wert über mehrere Wochen stabil bleibt. Ältere Studien verwendeten statt Remission den Begriff »Genesung«, später setzte sich Remission durch, um der Wahrscheinlichkeit eines Rückfalls Rechnung zu tragen. In der R&R-Studie wurde Genesung (recovery) jenen Remissionen vorbehalten, die mindestens sechs Monate andauerten.

Hamilton-Skala/Hamilton-Score
Ein Bewertungsinstrument, das Ende der 1950er Jahre von Max Hamilton entwickelt wurde und seither in zahlreichen Wirksamkeitsstudien zur Depressionsbehandlung eingesetzt wird. Die Skala erfasst 17 depressive Symptome, sogenannte Faktoren: depressive Stimmung, Schuldgefühle, Suizidgedanken, Einschlafstörungen, Durchschlafstörungen, Früherwachen, Antriebshemmung bei Arbeit und Interessen, psychomotorische Verlangsamung, Agitiertheit, psychische Angst, körperliche Angst, gastrointestinale Beschwerden, allgemeine körperliche Beschwerden, sexuelle Symptome, Hypochondrie, fehlende Krankheitseinsicht und Gewichtsverlust. Jeder Faktor wird je nach Ausprägung gewichtet – mit 1 bis (bei manchen Symptomen) maximal 4 Punkten – und die Summe ergibt den sogenannten Hamilton-Score. Der Höchstwert liegt theoretisch bei 50 Punkten, Werte über 30 sind jedoch selten. Grob orientierend gilt: Ein Wert von 30 steht für eine schwere,

20 für eine mittelschwere und 10 für eine leichte Depression. In vielen Studien gelten Personen mit einem Hamilton-Score unter 7 oder 8 – auch wenn sie sich selbst noch als depressiv erleben – als formal remittiert.

Hoffnungserwartung
→ siehe: *Klassischer Placeboeffekt*.

Hypothetisches Gegenereignis
Ein gedanklich konstruierter Zustand, der beschreibt, was mit einem Patienten geschehen wäre, *wenn* er eine bestimmte Behandlung *nicht* erhalten hätte. In klinischen Studien bildet dieses hypothetische Gegenereignis die Grundlage jeder Vergleichsbedingung – etwa in Form eines Kontrollarms mit Placebo oder Standardtherapie. Weil sich ein einzelner Patient nicht gleichzeitig behandeln und unbehandelt lassen kann, braucht es eine Vergleichsgruppe, die stellvertretend für das unbehandelte Szenario steht. Das hypothetische Gegenereignis ist damit ein theoretisches Konstrukt – aber essenziell für jede Aussage über Wirksamkeit.
→ siehe: *Kontrollbedingung*.

Inhärente Wirksamkeit
Der Ausdruck »inhärente Wirksamkeit« bezieht sich sowohl auf den spezifischen Beitrag einer Intervention als auch auf den Wirkmechanismus, der diesem Beitrag zugrunde liegt. Im Fall von Streptomycin etwa liegt die inhärente Wirksamkeit in seiner Fähigkeit, das Wachstum von Bakterien zu hemmen. Bei Antidepressiva wird angenommen, dass ihre Wirksamkeit auf der Veränderung der Neurotransmission im Gehirn beruht. Ein älterer Ausdruck für dasselbe Konzept ist »pharmakologische Potenz«. Der Begriff steht implizit im Gegensatz zu den unspezifischen Effekten im Rahmen des Placebophänomens – etwa der Einnahme einer Tablette an sich, dem bloßen Verstreichen von Zeit oder allgemeinen Erwartungseffekten.

Instruktionseffekt
In einer Wirksamkeitsstudie bezeichnet dies den Einfluss, den die Aussagen des Untersuchungsleiters auf das Ergebnis haben können. Wird beispielsweise Pro-

banden, die koffeinhaltigen Kaffee erhalten, gesagt, sie trinken entkoffeinierten, berichten sie seltener von Nervosität.
→ siehe: *Lessebo-Effekt*.

Interpersonelle Psychotherapie (IPT)
Eine kurze, manualisierte Psychotherapie zur Behandlung der Depression, entwickelt in den 1960er Jahren von Gerald Klerman und anderen. Sie war ursprünglich als Ersatz für Psychoanalyse und verwandte Verfahren in klinischen Studien konzipiert.

Kandidaten-Medikamenten-Studie
Eine Wirksamkeitsstudie, in der ein neu entwickeltes Medikament – ein sogenannter Arzneimittelkandidat – auf seine therapeutische Wirkung und Sicherheit hin geprüft wird, meist mit dem Ziel einer späteren Zulassung durch die zuständigen Arzneimittelbehörden.

Kategoriale Analyse/Kategorial
Statistische Auswertung anhand definierter Schwellenwerte – etwa Remission (vollständiges Abklingen der Symptome) oder Response (50 Prozentige Besserung).
→ siehe: *Number Needed to Treat*.

Kernsymptome der Depression
→ siehe: *Bech-Skala*.

Klassischer Placeboeffekt
Die symptomatische Besserung, die allein durch die Erwartung entsteht, behandelt zu werden – unabhängig von einer pharmakologisch wirksamen Substanz. Der klassische Placeboeffekt beruht auf Hoffnung, Zuwendung, dem rituellen Rahmen medizinischer Behandlung und dem subjektiven Eindruck von Veränderung. In Studien kann er sowohl in der Placebogruppe als auch in aktiv behandelten Gruppen wirksam werden – und ist damit schwer vom eigentlichen Therapieeffekt zu trennen.

Kognitive Verhaltenstherapie (CBT)
Eine strukturierte, manualisierte Psychotherapie, die auf der Korrektur dysfunktionaler Gedanken basiert (»Wenn ich diese Aufgabe nicht schaffe, bin ich wertlos«), meist mit direktiven, instruktiven Mitteln.

Kontrollbedingung (control condition)
Eine Vergleichsintervention in einer Wirksamkeitsstudie – z. B. Placebo oder ein bekannt wirksames Medikament (Comparator). Ziel ist es, einen Maßstab zu schaffen, an dem die Wirkung der geprüften Behandlung gemessen werden kann. Wenn die Kontrollbedingung ein Placebo umfasst, soll sie alle Aspekte der Behandlungssituation nachbilden – etwa zeitlicher Ablauf oder Kontakte mit dem Studienpersonal – nur ohne die spezifisch wirksamen Bestandteile der geprüften Intervention. Die Ergebnisse der Kontrollgruppe gelten dann als hypothetisches Gegenfaktum: Was wäre passiert, wenn die Behandlungsgruppe nicht aktiv behandelt worden wäre?

Kuhns Fluch
Meine Kurzformel für die historische Tendenz – die Roland Kuhn selbst erkannt hat –, dass die Patientengruppen in Medikamentenstudien im Lauf der Zeit immer weniger repräsentativ für das gesamte Spektrum depressiver Menschen werden. Denn sobald wirksame Antidepressiva breit verfügbar sind, werden die typischen, weniger komplizierten Fälle direkt in der Hausarztpraxis behandelt – und tauchen in Studien kaum mehr auf.

Lebensqualitätsforschung
Studien, deren Ergebnisparameter nicht nur Gesundheit, sondern auch Arbeitsfähigkeit, soziale Integration und allgemeines Wohlbefinden erfassen.

Lessebo-Effekt
Ein Instruktionseffekt, bei dem Patienten, die ein wirksames Medikament erhalten, aber darüber informiert wurden, dass sie möglicherweise ein Placebo bekommen, geringere Behandlungserfolge zeigen als solche, denen zutreffend mitgeteilt wurde, dass sie ein echtes Medikament einnehmen. Der Lessebo-Effekt entsteht

möglicherweise auch deshalb, weil die durch die Unsicherheit gedämpfte Erwartung verhindert, dass erste Besserungen innerlich verstärkt oder weitergetragen werden.

Liothyroxin/L-Thyroxin
Ein synthetisch hergestelltes Schilddrüsenhormon (T4), das üblicherweise zur Behandlung einer Schilddrüsenunterfunktion eingesetzt wird. In der Psychiatrie wird es gelegentlich als Augmentation, also zur Wirkverstärkung eines Antidepressivums, verwendet – insbesondere bei Patienten mit therapieresistenter Depression. Auch bei normaler Schilddrüsenfunktion kann Liothyroxin eine stimmungsaufhellende Wirkung entfalten, wobei die genauen Mechanismen noch nicht vollständig verstanden sind.

Lithium
Ein einfaches chemisches Element, das in Form von Lithiumsalzen seit Jahrzehnten in der Psychiatrie verwendet wird. Als Phasenprophylaktikum gilt Lithium bis heute als wirksamstes Mittel zur Vorbeugung manischer und depressiver Episoden bei Bipolarer Störung. Darüber hinaus wird es in niedriger Dosierung zur Augmentation bei unzureichendem Ansprechen auf Antidepressiva eingesetzt – insbesondere bei schweren oder chronischen Verläufen. Die genaue Wirkweise ist bis heute nicht vollständig geklärt; vermutet wird unter anderem ein stabilisierender Effekt auf neuronale Signalübertragung und intrazelluläre Botenstoffe.

Major Depression
Ein diagnostischer Begriff aus dem amerikanischen Klassifikationssystem DSM (Diagnostic and Statistical Manual of Mental Disorders), der eine depressive Störung mit mindestens fünf Symptomen über mindestens zwei Wochen beschreibt – darunter gedrückte Stimmung, Interessenverlust, Antriebsmangel, Schuldgefühle, Schlaf- oder Appetitstörungen und ggf. Suizidgedanken. Im internationalen Sprachgebrauch dient »Major Depression« oft als Oberbegriff für behandlungsbedürftige depressive Erkrankungen. [Ergänzung der Übersetzer: In der ICD, dem weltweit verbreiteten Klassifikationssystem der Weltgesundheitsorganisation,

wird stattdessen von einer »depressiven Episode« oder einer »rezidivierenden depressiven Störung« gesprochen.]

MAO-Hemmer
Eine ältere Klasse von Antidepressiva, die die Monoaminoxidase hemmen – ein Enzym, das Neurotransmitter wie Serotonin, Noradrenalin und Dopamin abbaut. Aufgrund potenziell gefährlicher Wechselwirkungen (z. B. mit tyraminhaltigen Lebensmitteln wie gereiftem Käse oder Rotwein) werden MAO-Hemmer heute nur noch selten eingesetzt. Dennoch zeigen sie in manchen Fällen eine überdurchschnittliche Wirksamkeit, insbesondere bei atypischen oder therapieresistenten Depressionen.

Metaanalyse
Eine Studie, in der mithilfe statistischer Verfahren die Ergebnisse mehrerer Einzelstudien – unabhängig von deren Größe – systematisch zusammengeführt und gemeinsam ausgewertet werden, um verlässlichere Aussagen über die Wirksamkeit einer Behandlung zu ermöglichen. Die Methode wurde von Gene Glass entwickelt und beruht unter anderem auf dem von Jacob Cohen eingeführten Konzept der Effektstärke (*effect size*). Metaanalysen spielen eine zentrale Rolle in der evidenzbasierten Medizin, insbesondere wenn einzelne Studien zu unterschiedlichen Ergebnissen kommen oder nur begrenzte Aussagekraft besitzen.

Minimal unterstützende Psychotherapie (minimal supportive psychotherapy)
Eine standardisierte, bewusst niedrig intensive Form psychotherapeutischer Betreuung, die in Studien eingesetzt wird, um einen Placeboeffekt realistischer abzubilden. Dazu gehören etwa kurze Gespräche mit validierenden Kommentaren und emotionaler Begleitung – aber ohne strukturierte Interventionen oder gezielte Veränderungsarbeit. Diese »Minimal Intervention« diente in der TDCRP-Studie als Placebo-Bedingung für psychotherapeutische Behandlungen.

Nefazodon/Serzone
Ein atypisches Antidepressivum mit kombinierter Wirkung auf Serotonin-Rezeptoren und -Wiederaufnahme, das in Europa und den USA wegen seltener Fälle von Lebertoxizität vom Markt genommen wurde. Es wurde in den 1990er Jahren als schlaffördernde und angstlösende Alternative zu SSRIs entwickelt.

Neuroleptika/Antipsychotika
→ siehe: *Antipsychotika, psychotische Depression.*

Neurotizismus (Neuroticism)
Ein Persönlichkeitsmerkmal, das durch emotionale Labilität, Reizbarkeit und erhöhte Anfälligkeit für Stress und negative Gefühle gekennzeichnet ist. In manchen Studien wurde untersucht, ob bestimmte Antidepressiva (etwa Paroxetin) auch das Ausmaß des Neurotizismus beeinflussen können – unabhängig vom eigentlichen Depressionsverlauf.

Neurotransmitter
Ein Botenstoff, der Signale von einer Nervenzelle zur nächsten überträgt. Zu den bekanntesten Neurotransmittern zählen Serotonin, Noradrenalin, Dopamin und Glutamat.

NICE/National Institute for Clinical Excellence
Eine halbstaatliche britische Regierungsbehörde, gegründet 1999, mit dem Auftrag, die Qualität der medizinischen Versorgung im staatlichen Gesundheitssystem (NHS) zu verbessern – vor allem durch die Entwicklung und Durchsetzung von Behandlungsstandards. Im Jahr 2005 wurde der Name in *National Institute for Health and Clinical Excellence* geändert, die Abkürzung NICE blieb jedoch erhalten.

Number Needed to Treat (NNT)
Eine Maßzahl zur Darstellung klinischer Wirksamkeit: Sie gibt an, wie viele Patienten behandelt werden müssen, damit eine Person zusätzlich von der Behandlung profitiert – im Vergleich zur Kontrollgruppe. Beispiel: Eine NNT von 5 bedeutet,

dass fünf Personen behandelt werden müssen, damit eine Person mehr profitiert als unter Placebo. Je kleiner die NNT, desto wirksamer gilt die Behandlung.

Off-label-Behandlung

Die Verordnung eines Medikaments außerhalb der offiziell zugelassenen Anwendungsgebiete – also jenseits der Indikationen, Dosierungen oder Altersgruppen, für die eine behördliche Zulassung (z. B. durch die EMA oder FDA) vorliegt. In der Psychiatrie ist Off-label-Verwendung relativ häufig, etwa bei Augmentationen oder der Behandlung seltener oder therapieresistenter Störungsbilder. Sie basiert meist auf klinischer Erfahrung und wissenschaftlicher Literatur, auch wenn für den konkreten Einsatz keine formale Zulassung besteht. Voraussetzung ist eine sorgfältige Nutzen-Risiko-Abwägung und in der Regel die informierte Einwilligung des Patienten.

Outcome-Studie

Eine Studie, die nicht nur kurzfristige Symptome erfasst, sondern längerfristige Verläufe und relevante Endpunkte untersucht, wie Rückfallvermeidung, Funktionsniveau oder Lebensqualität. Beispiele: STAR*D, R&R.

Paroxetin

Ein SSRI, der vor allem in den 1990er- und frühen 2000er-Jahren eine breite Anwendung fand. Kritisch diskutiert wurde seine potenzielle Wirkung auf Persönlichkeitsmerkmale wie Neurotizismus sowie sein besonders schweres Absetzsyndrom.

Placebo

In einer Wirksamkeitsstudie ist das Placebo jenes Element der Kontrollbedingung, das der aktiven Behandlung äußerlich ähnelt, aber keine *inhärente Wirksamkeit* besitzt. In Studien zu Antidepressiva handelt es sich dabei meist um eine Tablette oder Kapsel, die genauso aussieht wie das Medikament, aber lediglich neutrale Füllstoffe enthält – also Substanzen, die bei der Herstellung des eigentlichen Wirkstoffs zur Stabilisierung oder Volumenanpassung verwendet werden. Es gibt viele Varianten: In der TDCRP-Studie etwa diente eine Scheinmedikation in

Kombination mit minimaler stützender Psychotherapie als Placebo für die beiden getesteten Verfahren – Kognitive Verhaltenstherapie (CBT) und Interpersonelle Psychotherapie (IPT).

Placebo-Arm
In einer kontrollierten Studie jener Studienarm, in dem die Teilnehmer als Hauptintervention ein Placebo erhalten.

Placebo-Kontrollgruppe
→ siehe: *Placebo-Arm*.

Placebokontrollierte Studie
Eine Wirksamkeitsstudie, in der eine Behandlung mit einem Placebo verglichen wird – z. B. Antidepressivum gegen Tablette ohne Wirkstoff.

Placebo-Response
Die beobachtete Verbesserung depressiver Symptome in der Placebogruppe einer Studie. Der Begriff umfasst sowohl klassische Placeboeffekte (Erwartung, Kontext) als auch spontane Remissionen und minimale psychotherapeutische Unterstützung.
→ siehe: *»Wundertüte« Placeboeffekt*.

Primärversorgung (primary care)
Die erste Anlaufstelle im Gesundheitssystem – z. B. Allgemeinmediziner, die Depressionen oft diagnostizieren und behandeln. Studien wie jene von Ekselius zeigten hier besonders hohe Ansprechraten auf Antidepressiva.

Psychomotorische Verlangsamung
Ein typisches Symptom der Depression. Es umfasst eine allgemeine Verlangsamung von Sprache, Denkprozessen und körperlicher Bewegung.

Psychopharmaka
Oberbegriff für Medikamente, die auf psychische Prozesse einwirken – z. B. Antidepressiva, Neuroleptika, Tranquilizer, Stimulanzien.

Psychosomatik
Die Erforschung und Behandlung der Wechselwirkungen zwischen psychischen Erkrankungen und körperlichen Leiden – in der Regel in medizinischen Fachbereichen außerhalb der Psychiatrie angesiedelt.

Psychotherapie
Eine strukturierte, auf wissenschaftlichen Theorien beruhende Behandlungsmethode zur Linderung seelischer Leiden. In diesem Buch werden v. a. die Kognitive Verhaltenstherapie und die Interpersonelle Psychotherapie (IPT) behandelt.

Psychotische Depression
Eine besonders schwere Form der Depression, die von ausgeprägten Wahnvorstellungen – also starren, realitätsfernen Überzeugungen – und/oder Halluzinationen begleitet wird. Psychotische Depressionen sprechen in der Regel nicht auf Antidepressiva allein an, sondern erfordern eine kombinierte Behandlung, die auch Antipsychotika einschließt.

Publikations-Bias/File-Drawer-Bias
Die Tendenz wissenschaftlicher Literatur, die Wirksamkeit von Behandlungen überhöht darzustellen – weil sowohl Forscher als auch Fachzeitschriften dazu neigen, positive Ergebnisse zu veröffentlichen und weniger günstige Befunde in der sprichwörtlichen Schublade verschwinden zu lassen. Eine aufsehenerregende Analyse von Erick Turner, basierend auf Daten aus den Archiven der US-Arzneimittelbehörde FDA (vor allem aus Studien zu noch nicht zugelassenen Medikamenten), zeigte: Betrachtet man alle verfügbaren Daten, fällt die Wirksamkeit von Antidepressiva deutlich geringer aus als in den veröffentlichten Studien. Das veröffentlichte Gesamtbild war durch einen solchen Publikations-Bias verzerrt.

Randomisierte Studie

Eine Wirksamkeitsstudie, bei der die Teilnehmenden nach dem Zufallsprinzip den verschiedenen Behandlungsgruppen zugeteilt werden. Man kann sich das bildlich so vorstellen: Ein Patient tritt an eine Art Triage-Schwester heran, die – ohne Rücksicht auf Alter, Gesundheitszustand oder andere persönliche Merkmale – einen verschlossenen Umschlag überreicht, in dem steht, welcher Gruppe er zugewiesen wird. Durch diese Form der Zuteilung soll verhindert werden, dass systematische Verzerrungen entstehen, wie sie bei anderen Verfahren der Gruppeneinteilung auftreten könnten.

R&R

Meine Eselsbrücke – sie steht für *Remission* und *Recovery* (also Symptomfreiheit und Wiederherstellung) – und bezeichnet eine groß angelegte, multizentrische Langzeitstudie zur Depressionsbehandlung, durchgeführt unter anderem an der University of Pennsylvania. Ziel der Untersuchung war es, den Nutzen eines konsequenten, intensiven medikamentösen Behandlungsansatzes zu überprüfen – mit oder ohne begleitende Kognitive Verhaltenstherapie.

Reboxetin

Ein Antidepressivum, das in Deutschland und Österreich unter dem Namen Edronax® verwendet wird. In der Schweiz und in den USA ist es nicht erhältlich. Es wirkt vermutlich über die Beeinflussung der Noradrenalin-Wiederaufnahme im Gehirn. In experimentellen Studien wird die Wirkung von Reboxetin häufig mit jener von SSRIs verglichen, da es – anders als diese – nicht primär auf den Serotoninspiegel, sondern auf Noradrenalin abzielt.

Remission

→ siehe: *Genesung/Remission*.

Rescue-Strategie

Die rasche Gabe von Antidepressiva beim erneuten Auftreten einer depressiven Episode. In Situationen, in denen sonst eine vorbeugende Dauerbehandlung mit Antidepressiva erwogen würde, kann es eine alternative Strategie sein, den Patienten engmaschig zu begleiten und bei Bedarf gezielt einzugreifen – also *Rescue* einzuleiten, sobald sich ein Rückfall abzeichnet.

Rückfall/Rückfallvermeidung
Ein zentrales Thema in Studien zur Erhaltungstherapie mit Antidepressiva oder Psychotherapie. Oft ist ein Rückfall definiert als Wiederauftreten depressiver Symptome nach vorangegangener Remission. Die Rückfallrate dient als Kriterium für die Nachhaltigkeit einer Behandlung.

Schweregrad der Depression
Ein Maß für die Intensität depressiver Symptome, meist anhand standardisierter Skalen wie HAMD. In vielen Debatten spielt der Schweregrad eine zentrale Rolle, etwa bei der Frage, ob Antidepressiva nur bei schwerer Depression wirksam sind.
→ siehe: *Schweregrad-Hypothese*.

Schweregrad-Verlauf
Ein Verlaufsmuster von Behandlungsergebnissen, bei dem eine Therapie bei schwerer Erkrankung wirksamer ist als bei milderen Formen. Dieses sogenannte »Schweregrad-Verlaufsmuster« spielt vor allem in der Antidepressivaforschung eine Rolle: Manche Studien deuten darauf hin, dass der Nutzen medikamentöser Behandlung mit dem Ausmaß der depressiven Symptomatik zunimmt – bei schwer Erkrankten also deutlicher ausfällt als bei Patienten mit leichter Depression.

Schweregrad-Hypothese
Die Annahme, dass Antidepressiva vor allem bei schweren oder sehr schweren Formen der Major Depression wirksam sind – bei leichten oder leicht bis mittelschweren Verläufen jedoch möglicherweise keinen Vorteil gegenüber Placebo zeigen.
→ siehe: *Antidepressiva-Kontroverse*.

Selektionsbias
Ein systematischer Fehler bei der Rekrutierung von Studienteilnehmern, etwa wenn nur bestimmte Patientengruppen eingeschlossen werden. Beispiel: Wenn eine Antidepressiva-Studie nur Teilnehmer mit hoher Therapiebereitschaft oder ohne Komorbiditäten aufnimmt, lassen sich die Ergebnisse nicht auf alle depressiven Patienten übertragen.

Selektiver Studienabbruch
Ein Störfaktor, der entsteht, wenn Teilnehmer unterschiedliche Studienarme aus unterschiedlichen Gründen verlassen. Im Extremfall brechen Patienten in der Placebogruppe ab, weil es ihnen deutlich schlechter geht – während Teilnehmer im Behandlungsarm aussteigen, sobald sie sich besser fühlen. Zurück bleibt eine verzerrte Verteilung: In der Placebogruppe bleiben die natürlicherweise robusten Patienten, im Behandlungsarm hingegen jene mit nur teilweiser Besserung – also mit gewisser Therapieresistenz. In der Folge leidet die Studie unter einem *susceptibility bias*.
→ siehe: *Abbruchverzerrung*.

Selektives Durchsickern
Eine Ursache für Verzerrungen in kontrollierten Studien, die entsteht, wenn die jeweiligen Interventionen dazu führen, dass in den verschiedenen Studienarmen unterschiedliche Patientengruppen mit unterschiedlich hohem Erkrankungsrisiko zurückbleiben. So kann etwa die Gabe eines Scheinmedikaments – aufgrund fehlender Wirksamkeit – wie ein engmaschiges Sieb wirken: Besonders anfällige Patienten brechen ab, übrig bleiben die von Natur aus robusten. Gleichzeitig kann die Gabe eines Antidepressivums wie ein grobmaschiges Sieb funktionieren: Sie stabilisiert auch Patienten mit chronischer oder wiederkehrender Depression, die dadurch in die nächste Studienphase übergehen. Ab diesem Punkt leidet die Studie unter einem *susceptibility bias* – also einer Verzerrung durch unterschiedliche Anfälligkeit.

Serotonin
Ein Neurotransmitter, der eine wichtige Rolle bei Stimmung, Schlaf, Appetit und Schmerzempfinden spielt. Viele Antidepressiva – insbesondere SSRIs – zielen darauf ab, den Serotoninspiegel im Gehirn zu erhöhen.

[Ergänzung der Übersetzer:]
Signifikanzniveau (p-Wert)
Ein statistischer Schwellenwert zur Beurteilung, ob ein Ergebnis zufällig zustande gekommen sein könnte. Ein p-Wert unter 0,05 bedeutet, dass die Wahrscheinlichkeit eines Zufallsergebnisses unter 5 Prozent liegt – ein Ergebnis gilt dann als statistisch signifikant.
→ siehe: *Statistische Signifikanz*.

SNRIs (selektive Serotonin-Noradrenalin-Wiederaufnahmehemmer)
Eine Klasse moderner Antidepressiva, die sowohl die Wiederaufnahme von Serotonin als auch von Noradrenalin im Gehirn hemmen. Zu den bekanntesten Vertretern zählen Venlafaxin, Duloxetin und Desvenlafaxin. SNRIs gelten als »dual wirksam« und werden häufig bei mittelgradigen bis schweren Depressionen eingesetzt, insbesondere wenn zusätzlich körperliche Beschwerden oder Angstsymptome bestehen. Ihre Nebenwirkungen ähneln jenen der SSRIs, können jedoch – insbesondere bei höheren Dosen – auch noradrenerge Effekte wie Blutdruckanstieg umfassen.

Spontanremission
Das spontane Abklingen depressiver Symptome ohne spezifische Behandlung. In klinischen Studien ist es wichtig, diesen Effekt von Medikamenten- oder Psychotherapie-Effekten abzugrenzen.

SSRIs (selektive Serotonin-Wiederaufnahmehemmer)
Antidepressiva wie Fluoxetin, Sertralin, Paroxetin, Citalopram oder Escitalopram, deren Wirkung auf der Beeinflussung des Serotoninhaushalts im Gehirn beruht. SSRIs gehören zur Gruppe der »zweiten Generation« von Antidepressiva – sie

haben die älteren trizyklischen Präparate weitgehend abgelöst, da sie bei vergleichbarer Wirksamkeit meist besser vertragen werden.

SSRI-Absetzsyndrom
Beschwerden, die beim plötzlichen Absetzen von SSRIs auftreten können – etwa Schwindel, Reizbarkeit, Schlafstörungen oder elektrische Missempfindungen (»brain zaps«). Besonders häufig und intensiv unter Paroxetin beschrieben. Das Syndrom ist nicht lebensbedrohlich, kann aber sehr unangenehm sein und zu Fehldiagnosen führen

STAR*D (Sequenced Treatment Alternatives to Relieve Depression)
Eine multizentrische Wirksamkeitsstudie aus den frühen 2000er Jahren, in der verschiedene Behandlungsstrategien – vor allem mit Antidepressiva – an einer breiten und heterogenen Gruppe depressiver Patienten untersucht wurden. Die meisten Teilnehmer litten an chronischen Depressionen, oft begleitet von weiteren körperlichen oder psychischen Erkrankungen. Ziel der Studie war es, herauszufinden, wie Patienten unter realitätsnahen Bedingungen – also ähnlich wie in der klinischen Praxis – auf verschiedene Therapieansätze ansprechen.

Statistische Signifikanz
Ein statistisches Kriterium, das anzeigen soll, ob ein beobachtetes Ergebnis – etwa ein Zusammenhang oder ein Behandlungseffekt – wahrscheinlich »echt« ist, also nicht bloß zufällig zustande gekommen. (Üblicherweise gilt ein Ergebnis dann als signifikant, wenn die Wahrscheinlichkeit eines Zufallstreffers unter 1 zu 20 liegt.) Ein Ergebnis kann statistisch signifikant sein – also nicht zufallsbedingt –, ohne zugleich *klinisch signifikant* zu sein, das heißt: von Bedeutung für Patienten. Die statistische Signifikanz sagt nichts über die »*Wie stark wirkt es?*«-Frage aus.

Stimulanzien
Eine Gruppe von Medikamenten – etwa Amphetamine wie Ritalin® (Methylphenidat) –, die heute vor allem zur Behandlung von Aufmerksamkeitsdefizit- und Hyperaktivitätsstörungen (ADHS) eingesetzt werden. In bestimmten Fällen erweisen sich Stimulanzien auch bei der Behandlung von Major Depression als hilf-

reich, insbesondere bei ausgeprägter Antriebslosigkeit oder therapieresistenter Symptomatik.

Störvariablen/Statistisches Rauschen
In einer Wirksamkeitsstudie sind damit äußere Einflussfaktoren gemeint, die die Messung der eigentlichen Wirksamkeit einer Behandlung erschweren. So kann etwa ein besonders optimistisches Team von Beurteilern in allen Studienarmen die Ansprechrate überzeichnen – und wirkt damit als *Rauschen* oder Störfaktor im statistischen Sinn. Eine zentrale Funktion des Kontrollarms besteht darin, solche Störvariablen zu erfassen und abzufangen.

Subgruppen-Effekt
Ein Effekt, der nur bei einem Teil der Studienpopulation auftritt – etwa, wenn ein Medikament bei schwer depressiven Patienten wirkt, nicht aber bei leicht depressiven. Die Suche nach solchen Effekten ist zentral für die individualisierte Medizin, aber auch methodisch heikel, da sie zu Fehlinterpretationen führen kann.

Subsyndromal
Bezeichnung für Symptome oder Beschwerden, die zwar eindeutig vorhanden, aber nicht stark oder zahlreich genug sind, um die Kriterien einer voll ausgeprägten Diagnose zu erfüllen. In der Depressionsforschung spricht man etwa von subsyndromaler Depression, wenn einzelne depressive Merkmale bestehen – wie Antriebslosigkeit, Schlafstörungen oder gedrückte Stimmung –, ohne dass die Anzahl oder Dauer der Symptome für eine Major Depression ausreicht. Subsyndromale Zustände können das Befinden und die Lebensqualität deutlich beeinträchtigen und sind klinisch keineswegs unbedeutend – auch wenn sie diagnostisch »unterhalb der Schwelle« bleiben.

Tachyphylaxie
Ein plötzlicher, drastischer Wirkungsverlust während einer laufenden Behandlung mit einem Medikament, das zuvor stabilisierend gewirkt hat. In jüngerer Zeit wird der Begriff zunehmend weiter gefasst und schließt auch allmählich eintretende Wirkungsverluste bei fortgesetzter Einnahme ein.

TDCRP (Treatment of Depression Collaborative Research Program)
Eine groß angelegte Vergleichsstudie aus den 1980er Jahren, finanziert vom US-amerikanischen National Institute of Mental Health (NIMH). Ziel war es, die Wirksamkeit von Kognitiver Verhaltenstherapie, Interpersoneller Psychotherapie, medikamentöser Behandlung mit Imipramin und Placebo (plus minimaler Unterstützung) bei schwer depressiven Patienten zu vergleichen. Die TDCRP gilt als eine der einflussreichsten Studien in der Depressionsforschung.

Therapieansprechen (Response)
Eine positive Reaktion auf eine Behandlung. Schon in den frühesten Studien wurde das Ansprechen in der Regel definiert als eine Reduktion des Hamilton-Scores um 50 Prozent.

Therapiedauer
Die Länge einer Behandlung – in Antidepressiva-Studien häufig unterteilt in Akutbehandlung (ca. 6–8 Wochen), Erhaltungstherapie (Monate) und Langzeitbehandlung (1 Jahr und länger). Die optimale Therapiedauer hängt vom Verlauf und der Schwere der Erkrankung ab.

Therapieresistente Depression
Bezeichnung für eine depressive Störung, die auf mindestens zwei korrekt durchgeführte Behandlungsversuche mit Antidepressiva unterschiedlicher Wirkstoffklassen in ausreichender Dosierung und Dauer nicht anspricht. Man spricht dann von therapieresistent oder behandlungsresistent. Solche Verläufe sind klinisch besonders anspruchsvoll und erfordern oft zusätzliche Strategien – etwa Kombinationstherapien, Augmentation (z. B. mit Lithium oder atypischen Antipsychotika), Psychotherapie, Ketamin Behandlung oder in Einzelfällen Elektrokonvulsionstherapie (EKT). Die genaue Definition kann je nach Leitlinie variieren, spielt aber auch in der Forschung eine zentrale Rolle, etwa bei der Bewertung neuer Wirkstoffe oder innovativer Therapieansätze. Inzwischen ist mit Esketamin ein Nasenspray zur Behandlung therapieresistenter Depressionen zugelassen – unter strengen Auflagen und nur in Kombination mit einem klassischen Antidepressivum.

Trajektorie
→ siehe: *Verlauf*.

Tranquilizer
→ siehe: *Anxiolytika*.

Trazodon
Ein sedierendes Medikament mit antidepressiver und angstlösender Wirkung.

Trizyklika
Eine Klasse von Antidepressiva, benannt nach ihrer charakteristischen chemischen Struktur mit drei Ringen. Zu den bekanntesten Vertretern zählen Imipramin, Amitriptylin (Elavil®) und Desipramin. Trizyklika wirken überwiegend über die Beeinflussung des Noradrenalin-Stoffwechsels im Gehirn, mit teils zusätzlicher Wirkung auf serotonerge Systeme. Sie gehören zu den ersten modernen Antidepressiva und gehen zurück auf Roland Kuhns Beobachtungen zur Wirkung von Imipramin in den 1950er Jahren. Neuere Antidepressiva wie Venlafaxin (Effexor) und – in abgeschwächter Form – Duloxetin (Cymbalta) gelten in ihrem Wirkprofil als trizyklikaähnlich.

Verblindung/Doppelblind/Entblindung
Bezeichnet die Unkenntnis über die jeweilige Behandlungszuordnung in einer klinischen Studie. Eine Wirksamkeitsstudie gilt als *doppelblind*, wenn weder die Patienten noch die behandelnden Ärzte oder Beurteilenden wissen, wer welchem Studienarm zugeteilt wurde. Wenn das Personal oder die Teilnehmer erkennen, wer das echte Medikament und wer ein Placebo erhält, spricht man davon, dass die *Verblindung aufgehoben* oder »gebrochen« wurde. Verblindung dient dem Schutz vor Verzerrung – insbesondere vor dem systematischen Fehler, Behandlungsverläufe bei aktiv behandelten Patienten günstiger einzuschätzen.

Vergleichspräparat
Eine etablierte, wirksame Behandlung, die in einem eigenen Studienarm innerhalb einer Wirksamkeitsstudie eingesetzt wird, um die »Validität der Stichprobe« zu

überprüfen. Die Annahme dahinter: Wenn die untersuchte Patientengruppe tatsächlich repräsentativ für die Zielerkrankung ist, sollte die Vergleichsbehandlung in diesem Arm die erwarteten Verbesserungen erzielen – was darauf hindeutet, dass auch die übrigen Teile der Studie (etwa ein Prüfpräparat im Vergleich zu einem Scheinmedikament) zuverlässig sind. Eine Studie, in der das Vergleichspräparat nicht besser abschneidet als das Placebo, gilt als »gescheitert« – das heißt, von den restlichen Studienarmen sind keine gültigen Ergebnisse zu erwarten.

Verlauf
Ein charakteristisches, in sich stimmiges Reaktionsmuster auf eine Behandlung, das typischerweise von einer bestimmten Patientengruppe geteilt wird. So spricht man etwa bei depressiven Patienten, die früh und plötzlich eine Besserung erleben und in den folgenden Beobachtungsphasen stabil bleiben oder sich weiter verbessern, von einem bestimmten – in diesem Fall günstigen – *Verlauf*.

Verum
Lateinisch für »das Wahre« – in Studien die aktive, also tatsächlich wirksame Behandlung im Gegensatz zum Placebo.

Verzerrung durch Belastungsselektion
Eine systematische Verzerrung, die entsteht, wenn in einer Wirksamkeitsstudie – etwa durch fehlerhafte Randomisierung oder einen vergleichbaren Störfaktor wie selektiven Studienabbruch – in einem Studienarm mehr anfällige, rückfallgefährdete Patienten verbleiben als im anderen. Der Studienarm mit den weniger vulnerablen Teilnehmern kann dann bessere Ergebnisse zeigen, selbst wenn die getestete Behandlung eigentlich wirkungslos ist.

Wartekontrollgruppe (waitlist control group)
Eine Studiengruppe, die zunächst keine Behandlung erhält, aber später Zugang zur Intervention bekommt. Dient häufig in Psychotherapiestudien als Kontrollbedingung, um spontane Remissionen zu erfassen.

»Wie stark wirkt es?«-Frage
Mein Ausdruck für die anhaltende Debatte – oder das allgemeine Interesse – an der tatsächlichen Wirksamkeit von Antidepressiva. Nahezu alle Übersichtsarbeiten zeigen, dass sie wirken. Die eigentliche Frage lautet: *Wie stark?*

Wirkmechanismus (mechanism of action)
Die Art und Weise, wie ein Medikament seine Wirkung entfaltet – z. B. durch Blockade bestimmter Transporterproteine (wie bei SSRI) oder Modulation neuronaler Signalwege. Bei vielen Psychopharmaka ist der genaue Wirkmechanismus bis heute nicht vollständig geklärt.

Wirksamkeit (efficacy)
Der Nutzen einer Behandlung unter idealen Bedingungen, etwa in einer streng kontrollierten Studie. In der Praxis (unter Alltagsbedingungen) spricht man von Effektivität (engl. effectiveness).

»Wundertüte« Placeboeffekt
Mein Ausdruck für das Gemisch verschiedenster Einflussfaktoren, die in den Kontrollarmen von Antidepressiva-Studien wirksam werden – darunter überhöhte Ausgangswerte (baseline score inflation), klassische Placeboeffekte, Erwartungseffekte (demand characteristics), minimale stützende Gespräche sowie die natürliche Besserung im Lauf der Zeit. All diese Einflüsse zusammen bilden jene schwer durchschaubare »Wundertüte«, die den Placeboeffekt in der klinischen Forschung so schwer fassbar macht.

Zufallsverteilung/Randomisierung
Die zufällige Zuweisung von Studienteilnehmern zu Behandlungsgruppen, um Verzerrungen auszuschließen und die Vergleichbarkeit der Gruppen zu gewährleisten.
→ siehe: *Randomisierte Studie.*

Sachwortverzeichnis

A

Additivität 155, 157–161, 165, 174, 182, 273, 286
Adinazolam 146, 150
Affektive Störung des depressiven Typs 49
Against Depression 18, 20, 26, 309, 312
Aggression, reduziert 29, 132
Agitiertheit 63–65, 178
Aktive Behandlung 43, 45, 211
Akupunktur 44, 291
Alkoholabhängigkeit 89, 97–98, 225, 302
Alprazolam 146
Ambivalenz 252
Amitriptylin 82, 90, 108, 144, 149, 158, 187
Amphetamin 30, 34, 75, 77, 86, 260
Amylobarbiton 146, 148, 150
Anekdote 22, 24, 27, 37, 57, 296
Angell, Marcia 58, 154, 168
Angst 51, 60, 64, 76, 79, 97–98, 108, 125, 132, 148, 176, 194, 204–205, 213, 223, 226, 252, 263–264, 301, 303
 – Somatisch 241
 – Soziale Angst 230
Anorexie 100
Antibiotika 42, 49, 59, 167, 303
Antidepressiva
 – Dosierung 39, 60, 65, 77, 115–116, 126, 147–149, 177, 186, 189–190, 218, 226, 237–238, 241–242, 244–245, 255, 260, 277, 286, 288, 290, 292, 294–295, 301, 307
 – Kontroverse 19–20, 23, 25, 43, 46, 58, 66, 92, 97, 106, 143, 267, 299, 316
Antiepileptika 77
Antipsychotika 77, 80, 86, 260, 279
Anxiolytika 76–77, 86–87, 299
Auden, W. H. 97
Ausschleichen 127, 227, 253, 291, 294, 300
Auswaschphase 235–236, 241, 244
Autismus 312
Autonomie 68, 94

B

Baldessarini, Ross 272, 276, 280, 291
Barbiturat 146, 148–150
Baseline-Inflation 152–153, 235–236, 242
Beam, Alex 22
Bech, Per 64–66, 189–190, 207, 254, 285
Benzodiazepin 146, 299
Beth Israel Hospital
 – Boston 37
 – New York 134
Better than well 131–133
Bettruhe 42–43, 45, 47, 160
Bewegung 210, 227, 250, 267, 289, 291, 293, 315
Bewegungsstörung 69, 227
Bias 45, 101, 118, 147, 161, 169, 213, 281
Binswanger, Ludwig 29, 50
Bipolare Störung 56, 72, 194, 225, 279
Blutdruck 59, 77, 98, 127, 167, 199, 212, 221
BMJ 123, 173, 179, 216, 314
Boston 68–69, 139
 – Beth Israel Hospital 37
 – Boston Medical and Surgical Journal 47
 – Globe 168
Boston
 – Globe 22
Botox 220, 310
Bowers, Malcolm 84
Broadhurst, Alan 31, 49, 63
Brown University 226, 250

Bupropion 145, 263, 312

C

Carlsson, Arvid 131
Catania-Universität 263
Charney, Dennis 307
Chestnut Lodge 79–82, 84, 317
Chlorpromazin 30–31, 35, 68
Citalopram 133, 188, 190, 257–258, 263–264, 309, 312
Cochrane, Archie 48, 59
Cochrane Collaboration 168, 211
Cohen, Donald 278
Cohen, Jacob 98, 185
Cole, Jonathan 54, 75, 87, 93, 131, 145, 179, 230, 296, 316
Collaborative Care 255
Columbia University 144, 215, 243, 255
Completer-Analyse 119, 121, 145, 198
COPES-Projekt 255
Cowen, Philip 218
Cymbalta 179

D

Darmflora 310
Dartmouth 54, 239
Dasein 29
Davis, John 179, 188, 216
Dawes, Robyn 144, 151, 155, 181, 211
De Lima, Mauricio Silva 165
Demenz 71, 202, 236
Denkprozess 111
Depression
 – Atypisch 132
 – Bei Schlaganfallpatienten 246–247, 257, 263–264, 277, 302, 318
 – Chronisch 56, 73, 92, 123, 126, 128, 134, 139, 141, 162, 165, 168, 239–240, 258, 260–261, 279, 285, 294, 303, 309
 – Leicht bis mittelschwer 74, 245, 256, 284, 289
 – Major Depression 239–240, 243, 250
 – Melancholisch 67, 232
 – Minor Depression 239–241, 250
 – Psychotisch 70–71, 80, 83, 225
 – Reaktiv 230
 – Schwer 237, 239–240, 242, 245
 – Schweregrad 236, 238
 – Terminal 73
 – Vital 230
Desipramin 146, 263
Diazepam 76, 87, 124, 260, 299
Differenzielles Sieb 275–276, 281
Domenjoz, Robert 36
Drogenabhängigkeit 71, 194
DSM 162, 228, 239, 250
Durchsetzungskraft 130
Dürer, Albrecht 67
Dysthymie 134, 139, 162, 164, 168–170, 237, 239, 245, 250, 284, 301, 303

E

Effektiv 41, 59, 99, 240
Effektstärke 97–98, 101–102, 136, 144–145, 154–155, 159, 165, 174, 178, 183, 185, 188–190, 209, 213, 232, 244, 256, 262, 268, 270, 288, 304, 309
Einsicht 39, 64, 163, 200, 220
Ekselius, Lisa 133, 209, 223, 254
Elaboration 223
Elektrokrampftherapie 32, 56, 69–70, 310
Eli Lilly 179, 184
Elliott, Carl 202
Emotionale Verletzlichkeit 135, 141, 162
Empathie 50, 198, 251

Erhaltungstherapie 126, 268, 270–271, 276, 278, 280, 288, 318

Erwartungseffekt 152, 154, 197, 216, 311

Escitalopram 21, 180, 189–190, 232, 243, 246, 265, 308–309

Essstörung 72

Ethische Aspekte 20, 130, 156, 201–202

Evidenzbasierte Medizin 48, 59, 105, 150, 164, 166, 189, 211, 262, 315–316

Eysenck, Hans 95–96, 100–101, 104, 135

F

Facial-Feedback-Hypothese 220

Fallbeispiel
- Adele 37, 73, 108
- Alan 234, 246, 314
- Caroline 125, 283, 292
- Chloe 290
- Doug 206
- Irma 67, 162, 286
- Josh 243
- Libby 267
- Lois 206
- Maggie 229, 243
- Moira 139, 286, 318
- Nora 184, 217, 269, 283
- Olivia 252, 283
- Stephan 92, 108
- Troy 251, 318

Fawcett, Jan 115, 259

FDA 63, 169, 174, 176–177, 184, 186–187, 189–190, 193, 203, 208, 230, 232–233, 235, 268, 270, 272, 274–275

Fluoxetin 15–16, 21, 66, 77, 87, 122–124, 127, 130–132, 139, 141, 168, 172–174, 179–180, 184, 189, 208, 216, 230, 232, 244, 246, 263, 292, 296, 308, 310, 317, 319

Freud, Sigmund 32, 37, 39, 49, 225, 317

Fromm-Reichmann, Frieda 79

G

G22355 29, 31, 33

Gastrointestinale Beschwerden 33, 107–108, 207

Gedächtnis 72, 82, 247, 279

Gemeindepsychiatrie 89

George Washington University 92

Gewichtsverlust 64

Gewichtszunahme 292, 312

Ghaemi, Nassir 175

Gibbons, Robert 179, 216

Glass, Gene 96–98, 100–102, 106, 175, 183, 188, 238, 284

GlaxoSmithKline 184

Global Assessment Scale 120

Goodbye-Effekt 152, 213

Gøtzsche, Peter 213–214, 216–217, 278

Gruppenpsychotherapie 47

H

Hamilton-Skala 51–52, 60, 62–66, 109, 113, 115, 120, 123, 145, 149, 157, 174, 177–179, 189, 200, 204–205, 207, 212, 221, 231, 241, 244, 286
- HAM-D6 65
- HAM-D17 65

Harvard 37, 39, 69, 75, 235, 272, 296, 302

Hausarzt 61, 71, 148–149, 172, 234, 266, 299

Havens, Leston 50, 126

Healy, David 131–132, 180, 265, 273

Heidegger, Martin 29

Hello-Effekt 152

Hepatitis 107, 194, 247, 249

Herz-Kreislauf-Erkrankung 67–68, 103, 166–167, 194, 247–248, 255–257, 308, 314, 318

Hill, Austin Bradford 42, 60, 62, 66, 117, 223

HIV 194

Horder, Jamie 175

Hospitalisierung 56, 84, 95
Hróbjartsson, Asbjørn 211–214
Hypochondrie 51, 63

I

Imipramin 33–35, 37, 40, 49, 52, 54–55, 57, 59, 61, 63, 68, 75, 77, 79, 82, 86–87, 101, 108, 112–113, 115–117, 119–120, 122, 124–125, 133–134, 145, 153, 168, 186–188, 201, 214, 218, 230, 237–238, 241, 244, 260, 284, 288, 293, 308, 317
Impulsivität 40, 226, 296
Inhärente Wirksamkeit 146, 221, 286
Intention-to-treat-Analyse 118
Interferon 247, 249, 318
Interpersonellen Psychotherapie 90–91, 109, 111–112, 121, 158

J

JAMA 234, 236, 238–240, 242–244
Joffe, Russell 146–147
Johns-Hopkins-Universität 55
Jugendliche 91, 257, 297

K

Kandidatenstudie 185, 187, 190
Kaptchuk, Ted 213
Kategorial 119–120
Ketamin 306–309, 313, 316
Khan, Arif 187, 236
Kirsch, Irving 143–146, 148–149, 151, 154–155, 160–161, 169, 174–175, 182, 184, 191, 211, 221, 230, 233, 258
Klein, Donald 113, 116, 144, 147, 150–151, 215, 238, 244
Klerman, Gerald 54, 57–58, 81–82
Kognitive Verhaltenstherapie 97, 109, 111–114, 259, 261
Kontrollarm 44–46, 181

Kontrollbedingung 43, 45–46, 95, 111–112, 158, 160
Kontrollgruppe 43–44, 52, 97, 153–154, 165, 201, 212, 256, 276, 289, 311
Konzentrationsfähigkeit 40, 206, 251, 283
Kopfschmerzen 66, 167, 189, 271
Ko-Therapeut 250, 253, 292
Krauthammer, Charles 89
Krebs 60, 73, 104–105, 167, 194, 202, 247, 249, 312
Krystal, John 179, 181, 232
Kuhn, Ronald 29–32, 34–36, 40, 49–50, 53, 61, 68, 83, 107, 133, 186, 203–204, 209, 218, 230

L

Lebensqualität 127–128, 136, 185, 241, 284–285
Lessebo-Effekt 222–223, 286
Lethargie 32, 264
Lexapro 209
Liberman, Robert 54–56, 286, 318
Libido 87, 267
Librium 76, 87
Lichttherapie 227, 250, 267, 289, 291
Liothyronin 146, 150
Listening to Prozac 17, 23, 34, 58, 113, 122, 125, 131–132, 137, 139, 202, 279, 294, 296, 308
Listening to Prozac but Hearing Placebo 19
Listening to Prozac but Hearing Placebo\
 – A Meta-Analysis of Antidepressant Medication 143
Lithium 72, 146–147, 150, 260, 279, 294, 319

M

Magnesium 103
MAO-Hemmer 34, 294
Massachusetts 283
 – General Hospital 311
 – Mental Health Center 68

– University 70
Mayer, Doris Y. 85–87, 143, 304, 314
McLean Hospital 75, 296
Medicare 90
Medikamentengruppe 117–118, 154, 178, 180, 201, 215, 246, 275, 280–281
Meditation 289, 293
Melancholie 20, 32, 69–70, 318–319
Meningitis 42
Metaanalyse 95, 100, 102–106, 120, 144, 146, 148, 164, 168, 171, 175, 188, 190, 234, 238–241, 243–244, 270, 272, 284, 314–315
Metzner, Richard 264
Migräne 303, 309
Miltown 76
Minimale unterstützende Therapie 112–113, 117, 152, 159, 200, 273, 286
Mirtazapin 190
Missbrauchserfahrung, Kindheit 227
Moncrieff, Joanna 168
Mondale, Walter 89
Montreal, Universität 103–104
Morphin 297
Mother's Little Helpers 76, 87, 299
Mundtrockenheit 33, 57, 122

N

Nandi, Dhirendra Nath 214
Nebenwirkung 31, 69, 87, 115, 117, 127, 148–149, 173, 176–177, 181, 205, 208, 210, 213, 227, 248, 265, 267–268, 278, 292, 308–309, 316
 – Imipramin 33, 54, 57, 168
 – MAO-Hemmer 34
 – Placebo 57, 145–146
 – SSRI 122, 292
Nefazodon 174
Nelson, J. Craig 84
Neuromodulation 70

Neurose 32, 83, 95, 162
Neurotizismus 135–136, 158, 284–285, 309
Neurotransmitter 122
 – Glutamat 307
 – Noradrenalin 132–133, 179, 263–264, 307
 – Serotonin 57–58, 87, 122, 131, 148, 176, 179, 263, 265, 273, 282, 307
Neurowissenschaft 20, 131
New England Journal of Medicine 21, 47, 103, 184, 190, 212–213
New York Times 21, 109, 234
NICE 174, 178, 185, 231, 244, 289, 314–315
NIMH 75, 89, 91, 115–117, 120–122, 145, 153, 200, 237, 259, 284, 306–307, 309, 312
Nobelpreis für Physiologie oder Medizin 131
Numbers Needed to Treat 165–168, 178–179, 239–240, 242, 244, 251

O

Obamacare 311
Offenheit 41, 56, 154, 205, 317
OP-Checkliste 315
Opiat 30, 212
Oregon Health and Science University 184
Osheroff gegen Chestnut Lodge 79, 81
Osheroff, Ray 79–84, 87, 250, 286, 317
Outcome 66, 90, 92–93, 121, 142, 176, 247, 311
Oxford 175, 218

P

Panikattacke 82
Paranoia 225
Parkinson-Krankheit 69, 222–223, 227
Parloff, Morris 91
Paroxetin 134–136, 158, 174, 178, 180, 184, 187, 232, 234, 237–238, 240–242
Pennsylvania, University 187, 245, 259

Penn-Vanderbilt-Studie 135–136, 158, 234, 236–237
Persönlichkeitsstörung 80
Pflanzliches Präparat 238, 310
Pharmaindustrie 20, 23, 131, 172–173, 185, 192, 201, 233, 306, 316
- Geigy 29–30, 32–33, 35–36, 49
- Upjohn 148
Picasso, Pablo 67
Placebo 112, 114, 118–119, 128, 133, 135, 144, 146–147, 149, 151, 153–154, 158–160, 165, 178–181, 185–188, 196, 198, 201, 210–214, 218, 221–222, 236, 239–240, 242, 244, 249, 270–271, 273–276, 281, 316
- Aktiv 57, 145–146, 148
- Placebogruppe 181
Placeboeffekt 18, 41, 44, 54–55, 57, 95, 144, 151, 153–154, 157, 160, 171, 181–183, 186, 199, 201, 208, 210–212, 215–217, 221, 233, 258, 317
- Wundertüte 153, 158–159
Polio 33, 59, 230
Polypharmazie 294
Posttraumatische Störung 71, 253, 302
Power-Analyse 98
Psychiatrie 29, 37–38, 49, 52, 54, 58, 60, 64, 69, 73, 75, 81, 85, 89, 102, 107, 164, 172, 174, 183, 190, 243, 247, 255, 268, 283, 304, 306, 308, 313, 317
Psychoaktiv 21, 147
Psychoanalyse 29, 31, 37, 39, 49, 79, 83, 90, 95, 97, 111, 163, 201, 225
Psychomotorische Verlangsamung 51, 64, 232, 264
Psychopharmakologie 29, 36, 58, 75, 113, 131, 229
- Kosmetische Psychopharmakologie 130
Psychose 30
Psychosomatik 38, 108, 248, 255, 264, 318
Psychotherapie 35, 37, 49, 55, 73, 78–79, 85, 89–91, 95–96, 98, 100–102, 107, 109, 111–115, 117, 120, 123, 126, 136, 139, 142–143, 157, 159, 161, 163, 170, 199, 212, 220, 227–229, 239, 243, 250, 252, 256–257, 260, 262, 271, 280, 288, 290, 293, 299, 302, 304, 306, 310, 313, 315–316, 319–320

Q

Quitkin, Frederic 215, 219, 244

R

Randomisierung 23, 42–43, 46, 52, 58, 60, 72, 95, 102–103, 121, 135, 144, 164, 176, 223, 237, 244, 251, 256, 268, 272, 276, 281, 284, 286, 297, 306, 311
Rapidly Acting Treatments for Treatment-Resistant Depression 310
Rauschen 45, 206–207
Reagan, Ronald 93, 95, 107
Reboxetin 132, 263–264, 273
Remission 33, 40, 52, 123, 165, 212–213, 215, 258, 260, 262, 264, 273–274, 285, 294
- NNT 240, 244
- Spontan 29, 216
Resilienz 141, 218–219, 225, 275, 313
Rettung 38–39, 82, 84, 92, 103, 292
Richmond, Julius 299
Ritalin 77, 86, 316
Ritchie Boys 91
Roe v. Wade 81
Rothschild, Anthony 70
R&R-Studie 260–262, 271, 306
Rückfall 196, 214, 259–260, 271–274, 276, 278, 294, 300, 309
- Prophylaxe 270, 301, 309

S

Sapirstein, Guy 143
Schilddrüse 146–147, 210, 260, 313
Schizophrenie 30–32, 35, 91, 202
Schlafhygiene 289

Schlaflosigkeit 63–65, 77, 148, 303
Schlafstörung 51, 227, 239, 288, 301–302
Schuldgefühl 51, 64
Schweregrad-Hypothese 171, 229–231, 233–234, 237–238, 240, 245, 247, 249, 284
Seconal 148
Sedierung 63, 77, 123
Selbstbewusstsein 130, 135
Selbstverletzung 51
Selbstwertgefühl 64, 162, 254, 288
Selektiver Studienabbruch 118, 274
Semrad, Elvin 68
Senat, U. S. 90, 95
Sertralin 123–125, 127–128, 132–134, 188, 218, 230, 246, 253–254, 257, 265, 273, 292, 308
Should You Leave? 19
Silver Hill Hospital 80, 84
Soziale Funktionsfähigkeit 61, 128, 142
SSRI 87, 122–124, 126, 128, 133–136, 140, 142, 144–145, 163, 167, 176, 178, 180, 227, 244, 248, 253, 258, 265, 273, 292, 296–297, 308, 313, 319
Stabilisierung 57, 72, 93, 127, 141, 268, 279, 291, 309
Stahl, Lesley 150
Standardabweichung 97–98
STAR*D 257–260, 262, 264, 306
Statin 166
Statistik 42, 45, 48–49, 61–62, 66, 96–97, 103–104, 144, 155, 169, 204, 206, 311, 313
Stimmungsaufhellung 134, 220, 245
Stimulanzien 30, 34, 75–76, 260
Stockman, David 107
Streptokinase 102–103
Streptomycin 42–47, 49, 52, 60, 160
Stress 141, 204, 219, 285
Suizidalität 31, 63–65, 205, 231, 296–297
Sullivan, Harry Stack 79

Symptom 31, 33, 39, 41, 44, 49–50, 52, 60, 62, 65, 72, 76, 80, 83, 95, 100, 109, 113, 115, 118–119, 122, 130, 134, 140, 146, 148–149, 157, 162–163, 165, 168, 172, 174, 181–182, 185, 189, 197, 204, 206, 208, 211, 215, 220, 227–228, 231, 235–236, 240, 244, 246, 248, 251–252, 255, 258, 260, 284, 291, 314, 317, 319
– Absetzsymptom 271–272, 293
– Diagnostische Kriterien 239–240
– Kernsymptom 30, 64, 66, 189, 307
– Körperlich 51, 64, 108, 285
– Restsymptom 262, 288
– Vitale Depression 50

T

Tachyphylaxie 294–295, 308
Tageslicht 154, 210, 291
TDCRP 110–111, 113–114, 116, 145, 237
Teicher, Martin 296
Thase, Michael 187
The Lancet 15, 22, 172, 246, 272
The New You 131
Thoreau, David 147
Tiefe Hirnstimulation 70
Tourette-Syndrom 236
Trauer 32, 86, 253
Trizyklische Antidepressiva 65, 79, 108, 123, 146, 313
Tuberkulose 34, 42, 47
Tufts University 175
Turner, Eric 184–185, 187, 190, 209

U

Über-Verordnung von Antidepressiva 86, 173, 299, 301
UCLA 134, 216–217, 235, 264
Unerwünschte Reaktion 180, 208, 265
University College London 168

Urteilsbasierte Medizin 65, 100, 104–105, 117, 191, 251, 262
USA Today 234

V

Vanderbilt University 135, 137, 245, 259
Venlafaxin 172, 174, 178–179, 209, 216, 263, 265, 311
Verblindung 43, 60, 223, 311
 – Doppelverblindung 23, 47, 57, 61, 221–222, 257
Vergleichsgruppe 46, 97, 112, 114, 272, 281
Verlaufsmuster 179, 230, 233–234

W

Wahn 70, 84, 99
Wales, University 132, 265
Wampold, Bruce 170
Weissman, Myrna 90
Weiterentwicklung 225, 297
Wellbutrin 145
WHO 239
Wie stark wirkt es?"-Frage 97, 103, 106, 136, 175, 311
Wirkmechanismus 157, 159, 177, 308
Wisconsin, University 69, 170

Y

Yale University 69, 89, 307
Yoga 289–290

Z

Zeitverlauf 44, 65, 217
Zwangsstörung 131–132, 134
Zweiter Weltkrieg 59, 91